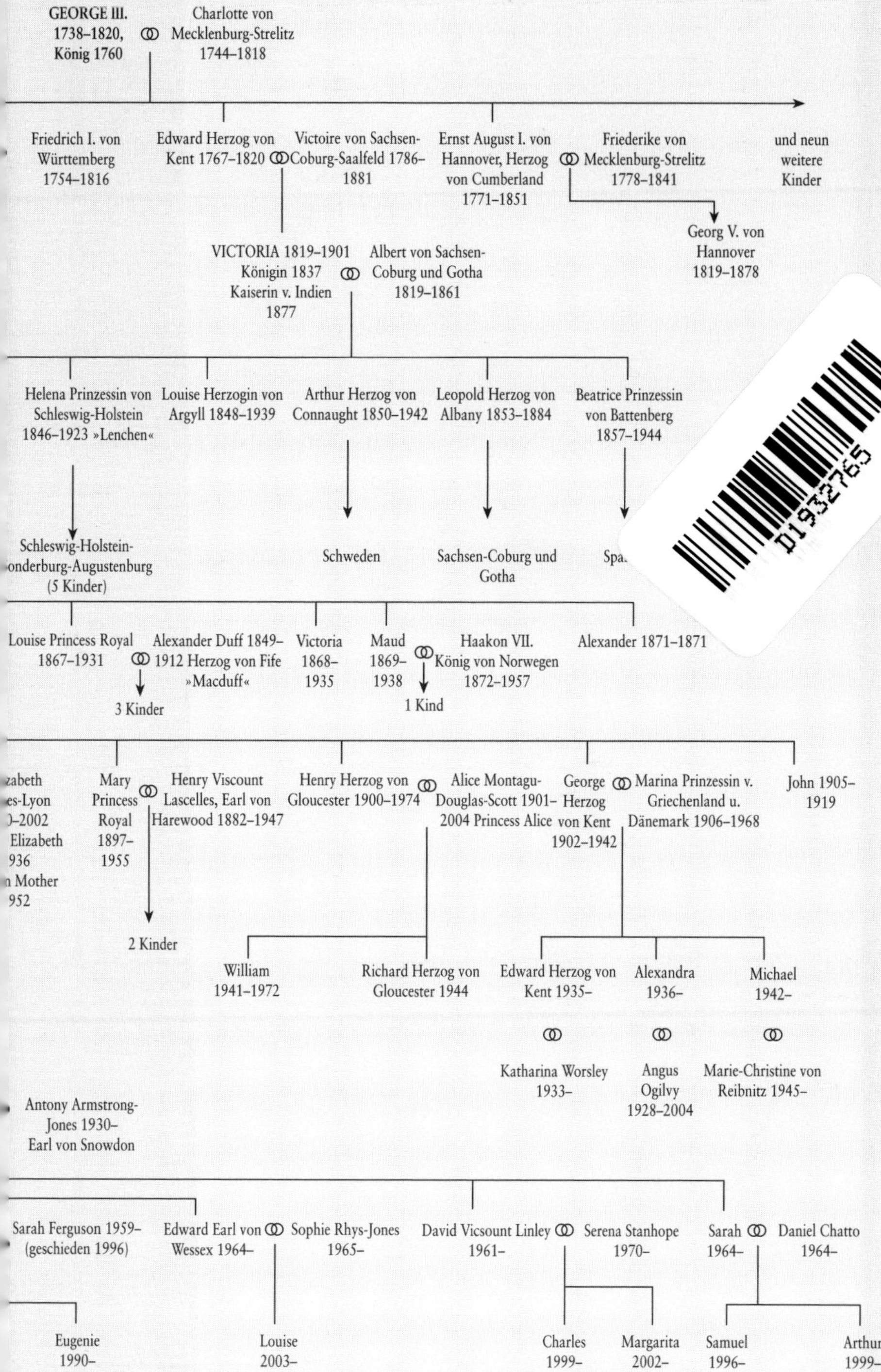
GEORGE III. 1738–1820, König 1760
Charlotte von Mecklenburg-Strelitz 1744–1818
Friedrich I. von Württemberg 1754–1816
Edward Herzog von Kent 1767–1820
Victoire von Sachsen-Coburg-Saalfeld 1786–1881
Ernst August I. von Hannover, Herzog von Cumberland 1771–1851
Friederike von Mecklenburg-Strelitz 1778–1841
und neun weitere Kinder
Georg V. von Hannover 1819–1878
VICTORIA 1819–1901 Königin 1837 Kaiserin v. Indien 1877
Albert von Sachsen-Coburg und Gotha 1819–1861
Helena Prinzessin von Schleswig-Holstein 1846–1923 »Lenchen«
Louise Herzogin von Argyll 1848–1939
Arthur Herzog von Connaught 1850–1942
Leopold Herzog von Albany 1853–1884
Beatrice Prinzessin von Battenberg 1857–1944
Schleswig-Holstein-
onderburg-Augustenburg (5 Kinder)
Schweden
Sachsen-Coburg und Gotha
Spa
Louise Princess Royal 1867–1931
Alexander Duff 1849–1912 Herzog von Fife »Macduff«
3 Kinder
Victoria 1868–1935
Maud 1869–1938
Haakon VII. König von Norwegen 1872–1957
1 Kind
Alexander 1871–1871
zabeth
es-Lyon
)–2002
Elizabeth
936
n Mother
952
Mary Princess Royal 1897–1955
Henry Viscount Lascelles, Earl von Harewood 1882–1947
2 Kinder
Henry Herzog von Gloucester 1900–1974
Alice Montagu-Douglas-Scott 1901–2004 Princess Alice
George Herzog von Kent 1902–1942
Marina Prinzessin v. Griechenland u. Dänemark 1906–1968
John 1905–1919
William 1941–1972
Richard Herzog von Gloucester 1944
Edward Herzog von Kent 1935–
Alexandra 1936–
Michael 1942–
Katharina Worsley 1933–
Angus Ogilvy 1928–2004
Marie-Christine von Reibnitz 1945–
Antony Armstrong-Jones 1930– Earl von Snowdon
Sarah Ferguson 1959– (geschieden 1996)
Edward Earl von Wessex 1964–
Sophie Rhys-Jones 1965–
David Vicsount Linley 1961–
Serena Stanhope 1970–
Sarah 1964–
Daniel Chatto 1964–
Eugenie 1990–
Louise 2003–
Charles 1999–
Margarita 2002–
Samuel 1996–
Arthur 1999–

Die Windsors sind kein Königshaus wie jedes andere. Sie gehören nicht allein zum Revier der Regenbogenpresse, sondern haben mehr zu bieten: eine ältere Geschichte, eine stärkere Symbolkraft für die Gesellschaft – und die größeren Skandale. Tom Levine erzählt die Geschichte dieser besonderen Familie und ihrer wichtigsten Protagonisten. Warum sind die Windsors so wichtig für die britische Gesellschaft und Kultur? Was macht den Reiz der Royals heute aus? Wie funktioniert das: Monarchie? Und was fasziniert am Königtum auch hierzulande so, dass derart viele Menschen Anteil nehmen am Schicksal der Windsors? Ein informativer und spannender Blick hinter die Kulissen der Königlichen Familie – und eine fundierte Einschätzung der Zukunft der britischen Monarchie.

Die Windsors

Tom Levine hat mehrere Jahre als Korrespondent in London gelebt. Er arbeitet heute als freier Journalist und Autor für mehrere überregionale Zeitungen und ist Autor der Doppelbiografie *GegenSpieler. Lady Diana – Königin Elisabeth.*

Tom Levine

Die Windsors

Glanz und Tragik einer
fast normalen Familie

Campus Verlag
Frankfurt/New York

Bibliografische Information der Deutschen Bibliothek
Die Deutsche Bibliothek verzeichnet diese Publikation in der Deutschen Nationalbibliografie. Detaillierte bibliografische Daten sind im Internet über http://dnb.ddb.de abrufbar.
ISBN 3-593-37763-2

Umschlaggestaltung: Büro Hamburg
Umschlagmotiv: © David Pollack/CORBIS
Satz: Fotosatz L. Huhn, Maintal-Bischofsheim
Druck und Bindung: Freiburger Graphische Betriebe
Gedruckt auf säurefreiem und chlorfrei gebleichtem Papier.
Printed in Germany

Besuchen Sie uns im Internet: www.campus.de

Inhalt

Prolog

Eine fast normale Familie

Es war ein Samstag im April, und es passierte nichts, über das man sich hätte aufregen müssen. Auf dem Standesamt der Kleinstadt war ein Witwer erschienen, 56 Jahre alt, um eine Jugendfreundin zu heiraten, die seit langem schon als Geschiedene alleine lebt. Sein ältester Sohn und ihr ältester Sohn hatten sich schick gemacht, weil sie als Trauzeugen auserwählt waren, und vor der Zeremonie sah man die beiden jungen Männer ein bisschen herumalbern, erstaunt wohl über ihre nunmehrige »Verwandtschaft«. Auch der Rest der Familie begleitete das etwas reifere Brautpaar mit einer Mischung aus amüsierter und gerührter Fröhlichkeit. Nachher wollte man noch in die Kirche gehen und dann ein bisschen was essen. Ein Empfang, keine große Sache. Seine Eltern hatten eingeladen. Es hieß, sie mochten die Braut nicht sehr, aber Gott, sie hatten schon ganz anderes erlebt. Nur eines ihrer vier Kinder lebte noch in erster Ehe.

Nichts Außergewöhnliches, solch eine Hochzeit. Man lebt so, heutzutage. Das, was Soziologen »Patchwork-Familien« nennen, gehört zur Normalität unserer Zeit. Menschen heiraten früh, spät, nie oder mehrfach, Ehen oder Partnerschaften dauern nicht mehr für die Ewigkeit, Familien werden geteilt und neu zusammengelegt. Es ist keine Ausnahme, wenn Menschen ein zweites, vielleicht auch ein drittes oder gar viertes Mal Ringe tauschen. Die Toleranz ist allgemein groß. Sollen sie doch. Jeder darf das beste aus seinem Leben machen.

Diesen 9. April 2005 haben sehr viele sehr lange für völlig unmöglich gehalten. Es sei undenkbar, so lautete eine dieser ewigen Wahrheiten, die dann plötzlich mit einem einzigen Augenaufschlag in Vergessenheit geraten, es sei völlig undenkbar, dass der zukünftige König Großbritanniens, Prinz Charles, Prinz von Wales, seine Lebensgefährtin Camilla Parker Bowles je heiraten würde. Das Volk – immer noch verliebt in die von ihm und ihr betrogene, dann bei einem Unfall getötete erste Ehefrau des Prinzen, Diana – werde die Ehe nicht akzeptieren, die Politik sie nicht zulassen, die Kirche sie verhindern. Wollte er Camilla heiraten, so müsste Charles erst auf den Thron verzichten zugunsten seines Sohnes William. Sonst wäre die Monarchie am Ende. Sonst werde es einen Aufstand geben.

Den Aufstand am 9. April machten allein die Medien. Das eigentliche Ereignis war allenfalls ganz nett, fast harmlos. Die leidlich interessierte Welt, die an den Fernsehbildschirmen zuguckte (ein paar Zehnmillionen, also lange nicht die Milliarde, die bei der großen Traumhochzeit von Charles und Diana 1982 an den Mattscheiben klebte), wurde Zeuge eines angenehm zurückhaltenden, bescheidenen, dabei nicht unfestlichen Tages. Die Sonne schien ganz überraschend, es waren ein paar Tausend an die Straßen von Windsor gekommen, mit Wimpeln zu winken, obwohl ihnen klar war, dass man wahrscheinlich nicht viel sehen kann. Die 30 Gäste für die standesamtliche Zeremonie kamen in zwei ganz normalen Bussen vorgefahren, die Braut Camilla, nun Herzogin von Cornwall, trug ziemlich viel Hut und der in Ehren ergraute Bräutigam, der Prinz von Wales, ein entspanntes Lächeln. Später gab Rowan Williams, der Erzbischof von Canterbury, das geistige Oberhaupt der anglikanischen Kirche, in der St. George's Chapel von Windsor Castle der Ehe des Thronfolgers und seiner Gefährtin den Segen. Es gab keine antimonarchistischen Demonstrationen, keine vorrevolutionäre Stimmung im Unterhaus, sogar die Königin gab sich ganz amüsiert. Die größte Aufregung des Tages konzentrierte sich auf den seltsamen Hut, den Camilla trug in der Kirche, diesen Heiligenschein aus Federn. Oder waren es doch Stinktierstacheln?

Beinahe schien es an diesem Tag, als wäre die Sache wirklich normal – so normal, wie es sein kann, wenn 700 Gäste auf einen Empfang kommen, zu dem eine Königin eingeladen hat. Man konnte beobachten, wie das Brautpaar sich übereinander freute, als wären sie jedermann. Er war ein bisschen steif, aber so ist er nun mal, sie ein bisschen nervös, vielleicht weil sie sich Sorgen machte, ob sie auf den Fotos nachher auch etwas hermachen würde. Sie wirkten beide wie ganz normale Menschen mittleren Alters, die zum zweiten Mal heiraten.

So kann man sich täuschen. Sie sind nicht normal. Camilla vielleicht noch – aber Charles? Das ist nicht böse gemeint. Aber die Regeln, die für das richtige Leben gelten, also jene, die heute zweite und dritte Ehen, uneheliche Kinder, Halbgeschwister und dergleichen akzeptabel gemacht haben, sind nicht die Regeln, denen sich der Prinz von Wales zu unterwerfen hat. Charles ist der Sproß einer Familie, die vor allem und zu allererst außergewöhnlich ist. Nicht wie normale Menschen zu sein, ist ihr Markenzeichen und Lebenszweck. Die Windsors bevölkern das wichtigste, das bekannteste, das reichste und das traditionsreichste Königshaus der Welt; sie stehen an der Spitze der (angeblich) ältesten Institution der Menschheit nach dem Papsttum. Das macht sie wahrscheinlich zur berühmtesten lebenden Familie des Erdballs. Diese Position, die die Windsors von den alltäglichen Sorgen ihrer Untertanen abschirmt, ist Privileg und Belastung zugleich.

Das Leben eines jeden, der in diese Familie hineingeboren wird, ist von Anfang an von der Herkunft berührt. Das gilt vor allem für diejenigen, die in der Thronfolge stehen. Niemand im Hause Windsor ist völlig frei, das zu tun, was ihm oder ihr beliebt. Der Prince of Wales und seine Söhne schon gar nicht. Die Prinzen haben kein Recht auf Berufswahl (jedenfalls nicht wirklich), kein Recht auf freie Meinungsäußerung (sie dürfen sich nicht parteipolitisch positionieren), kein aktives oder passives Wahlrecht, noch nicht einmal das Recht, sich ohne Einschränkung eine Gattin zu suchen (die Heirat mit einer Katholikin führt automatisch zum Verlust des Anspruchs auf den Thron).

Und das ist nicht alles. Das ganze Leben ist eingebettet in Tradition. Jede Abweichung von den Präzedenzen, so gebietet es ebendiese Tradition, gilt als Risiko für die Institution Monarchie. Das Königtum begründet sich heute vor allem auf der Faszination seiner Geschichtlichkeit. Die Monarchie ist die Bestimmung dieser Familie. Es gibt keine Alternative für die Windsors, keinen Plan B. Das Gottesgnadentum mag tot sein, aber an die göttliche Fügung, die von Gott auferlegte individuelle Verpflichtung gegenüber dem Ganzen wird im Hause Windsor nach wie vor geglaubt.

Schon weil die Windsors anders sind als alle anderen Menschen, selbst wenn sie eigentlich normale menschliche Wesen sind, sind so viele normale Menschen an dieser Familie interessiert. Es gibt heute ein großes Publikum, das nicht genug bekommen kann von Tratsch und Klatsch aus diesem Königshaus, von Spekulationen und Gerüchten. Es gibt ein sicher ebenso großes Publikum, das sich ganz königlich amüsiert über die moralischen oder privaten oder politischen Abgründe, über die die Windsors in den vergangenen Jahrzehnten gestolpert sind. Es gibt schließlich ein Publikum, das staunt über das Schicksal dieser völlig anachronistischen Institution an der Spitze einer ganz modernen, erfolgreichen, europäischen Gesellschaft.

Das ist schon immer so gewesen: Es gehört zum Charakter der Monarchie, dass sie die Erwartungen der Öffentlichkeit zugleich erfüllt und formt. Es gehört zum Erfolgsrezept der Windsors, dass es ihnen über Jahrzehnte hinweg gelang, in ihren Untertanen genau das Maß an Neugier und Interesse, Ehrfurcht und Respekt zu generieren, dass das britische Königtum – anders als andere Höfe – bis in die heutige Zeit überlebte. Der Blick auf die Entwicklung von der kleinen, großen Königin Victoria bis zu jenem Samstag im April 2005 bringt daher nicht nur die in Vergessenheit geratenen Windsors wieder in Erinnerung: George V. zum Beispiel, Edward VIII., George VI. Unter all der Kontinuität und Traditionsverhangenheit dieses Königshauses ist ein erstaunliches Maß an Wandel und Anpassung auszumachen, das die Entwicklung der britischen und der europäischen Gesellschaft spiegelt.

Die Geschichte der Windsors ist glanzvoll. Sie ist nicht ohne Tragik, nicht ohne Drama. Es ist eine Geschichte von Mensch und Macht, und immer auch eine Geschichte von uns selbst.

Kapitel I

Königtum in der Krise

Victoria

Immer häufiger ist in den Zeitungen Kritisches über die Queen zu lesen, von boshaften Andeutungen über das Privatleben des Prinzen von Wales, ihres ältesten Sohnes, ganz zu schweigen. Die Königin zeigt sich getroffen von den Angriffen, denen sie sogar von der sonst so ehrwürdigen *Times* ausgesetzt ist. Sie ärgert sich derart, dass sie Anweisung gibt, ihr in Zukunft keine kritischen Texte mehr vorzulegen. Die Vogel-Strauß-Methode macht natürlich alles nur schlimmer. Bald muss die Queen erfahren, dass die Kritik an ihrem Lebenswandel die Niederungen des Journalismus verlassen hat. Ein Lord und nicht ganz unwichtiger Mann, jahrelang ein treuer Diener der Krone im In- und Ausland, nimmt ihr Verhalten im britischen Oberhaus scharf ins Visier; sie ist empört. Ein anderer höchst einflussreicher Aristokrat schreibt besorgt an den Privatsekretär Ihrer Majestät, es bestehe die große Gefahr, dass das Volk sein Interesse an der Monarchie verlieren und auf die Idee kommen könnte, das Königtum habe keinen Wert mehr.

In der besseren Gesellschaft, im Parlament und selbst am Hof macht man sich ernsthaft Gedanken über die Zukunft der Krone. Gewichtige Leute denken laut an eine Republik. Das ist neu. Bisher haben nur Anarchisten und ähnlich schlechte Menschen solch revolutionären Ideen das Wort geredet. Aber mit dem Personal dieses Königtums, dem Anlass der allgemeinen Aufwallung, ist man nicht mehr einverstanden. Weil es sich nicht zu benehmen weiß.

Warum sollte ein demokratisch gewählter Präsident den Staat nicht besser repräsentieren, fragen sich die Leute. Das Wort Abdankung findet den Weg in die parlamentarische Fragestunde des Unterhauses. Ein Vorschlag, der vom Fragesteller selbst wieder verworfen wird, weil man der Queen als Person nicht zu nahe treten will. Aber wenn sie dann einstmals nicht mehr sein wird, wäre dann nicht ...

Diese Debatte stammt nicht aus den neunziger Jahren des 20. Jahrhunderts und hat nichts mit den Diskussionen zu tun, die vor der Hochzeit von Charles, dem Prinzen von Wales, mit Camilla Parker Bowles geführt wurden. Diese Auseinandersetzung ist gut 140 Jahre alt. Die Angriffe in der *Times* stammen aus dem Jahr 1864. Edward Law, der Earl of Ellenborough, Ihrer Majestät vormaliger Generalgouverneur in Indien, war der Mann, der im House of Lords gegen die Krone wetterte, und der Lord-in-Waiting George Viscount Torrington, ein früherer Generalgouverneur von Ceylon, war es, der seine Sorgen 1866 für General Charles Grey, den Privatsekretär der Königin Victoria, zu Papier brachte. Knapp fünf Jahre später wurden Sätze über die Königin geschrieben, die vielleicht ein bisschen gestelzt, aber sonst völlig zeitgenössisch, unverändert gültig klingen:

> Gekrönte Häupter müssen genauso wie andere Leute einiges tun, was in früheren Tagen nicht nötig war, um die veränderten Umstände und den veränderten Ton moderner Zeiten zu treffen. Die Masse der Menschen erwartet, dass ein König und eine Königin [ihre] Rolle spielen und verkörpern. Sie [die Leute] wollen Goldschimmer für ihr Geld.

Charles Wood, Viscount Halifax, ist der Verfasser. Wood war damals Lord Privy Seal, der Bewahrer des Königlichen Privatsiegels, das ist das offiziös fünfthöchste Amt im Vereinigten Königreich von Großbritannien und Irland. Der Brief stammt aus dem Jahr 1871, in Frankreich war nach dem deutsch-französischen Krieg gerade König Napoleon III. aus dem Land gejagt und eine Republik errichtet worden. Das hatte, bevor die Republik im Chaos der Pariser Kommune endete, den Londonern gar nicht schlecht gefallen. Es gab offenbar eine Alternative zur Monarchie.

Man hat das heute vergessen: Die im Rückblick mit einem eigenen Zeitalter verehrte Queen Victoria, die von den Briten wie von der Restwelt so bewunderte Herrscherin über das letzte große Kolonialreich der Geschichte, verlor damals fast ihren Thron. Hätte sie nicht in Benjamin Disraeli und William Gladstone zwei sehr unterschiedliche, untereinander absolut verfeindete, aber von der Bedeutung der

Monarchie für die Stabilität der britischen Gesellschaft fest überzeugte und sehr kluge Premierminister gehabt, dann wäre die Geschichte anders verlaufen. Disraeli wie Gladstone haben die Monarchie neu aufgestellt und geprägt bis in unsere Zeit. Hätten die beiden Premiers in den siebziger und achtziger Jahren des 19. Jahrhunderts sich für eine Republik ausgesprochen (was Disraeli nie, Gladstone aber möglicherweise schon erwogen hat), gäbe es heute kein Königreich mehr auf den britischen Inseln.

Gladstone, den Victoria als Menschen wie als Premierminister unerträglich fand (ganz im Gegensatz zu Disraeli, den sie verehrte), hatte die Krise der Monarchie damals in der ihm eigenen unverschnörkelten Art auf den Punkt gebracht: Die Queen ist unsichtbar, und der Prince of Wales wird nicht respektiert. Von Victoria erfuhr das Land wenig, weil sie zurückgezogen lebte, von ihrem Sohn Prinz Albert Edward, »Bertie« genannt, hörte es dafür um so mehr, aber leider nur Skandal- und Sexgeschichten. Gladstone verzweifelte schier daran, dass so ein alberner Grund wie die Schwäche der handelnden Personen die britische Monarchie und damit das englische Staatswesen zum Einsturz zu bringen drohte. Es ist anders gekommen. Es war sogar, welch Ironie der Geschichte, gerade die (gesundheitliche) Schwäche eines der Handelnden, an der das britische Königtum sich wieder aufrichten konnte. Der britische Republikanismus ist damals über Nacht aus den Köpfen verschwunden und hat sich nie wieder erholt.

Victoria sieht das in den 1860er Jahren natürlich anders. Der Rückzug aus der Öffentlichkeit und damit aus einem Teil ihrer königlichen Aufgaben ist für sie etwas Unausweichliches. Denn es ist doch ihr »Bester und Liebster« gestorben, ihr Prinzgemahl Albert, den sie, wenn sie ihn zu Lebzeiten schon verehrt hat, nach seinem Tod wie einen Gott anbeten will. Am 14. Dezember 1861 ist das Unglück über sie herein gebrochen, als ihr erst 42-jähriger Gatte dem Typhus erlag.

Seit jenem Tag lebt Victoria in Trauer; soweit man es noch Trauer nennen will, mit welcher Leidensleidenschaft sie sich ins Wehklagen und Gedenken verspinnt. Bis an ihr Lebensende trägt die Königin nun schwarz. Das gesellschaftliche Leben ihres Hofes ist auf ein Minimum reduziert, jede Gastlichkeit bis an den Rand der Unhöflichkeit eingeschränkt, jeder Anflug von Vergnügen für Jahre unter Generalverdacht gestellt. Die Königin umgibt sich mit Albert-Bildern, Albert-Statuen und Albert-Büsten. Gedenkanlagen werden bald nicht nur die königlichen Residenzen, sondern das ganze Königreich überziehen. Prinz Albert ist der am häufigsten in Stein gehauene, in Bronze gegossene und öffentlich ausgestellte Mensch in Großbritannien.

Sein Leben wird in Gedichten, Liedern, Biografien und Gemälden konserviert. In den von ihm genutzten Gemächern auf Windsor Castle und auf dem privaten Landsitz der Königlichen Familie an der englischen Südküste, in Osborne House, bleibt die Zeit stehen: In seinem Schlafzimmer in Windsor wird auch 40 Jahre später noch jeden Abend Nachtmantel und Wäsche zurecht gelegt, heißes Wasser ans Bett gestellt, frische Blumen verteilt. Auf dem Schreibtisch in Osborne House liegt sein Füllfederhalter auch noch im Jahre 1900 bereit und sein Schal auf dem Sofa, als habe er ihn dort eben erst achtlos hingeworfen. Es ist neurotisch. Bis zu Victorias Tod wird eine steinerne Nachbildung der Hand ihres Mannes in ihrer Schlafstatt liegen, und wenn man den Überlieferungen trauen darf, dann hält sie jede Nacht ein Hemd des Gattens als tröstende Erinnerung umklammert, so wie kleine Kinder einen Teddybären.

In praktisch jedem Brief, den Victoria geschrieben hat (und sie schrieb viele Briefe), findet Albert Erwähnung, bei privaten Adressaten als »dear Papa«, in offiziellen Schriften als ihr »Gatte, dessen Anwesenheit allein wie eine Feste von Kraft erschien, und an dessen lieber Seite ich mich sicher und unterstützt fühlte«, und jeder dieser Briefe ist mit einem dicken, schwarzen Rand versehen, denn nur noch Briefpapier mit Trauerflor hält die Königin nach 1861 für angemessen, zur Frustration ihrer Mitarbeiter und der nachlebenden Historiker, denn jede Zeile endet von nun an unleserlich als schwarze Schrift auf schwarzem Karton.

Sie zelebriert das. Sie richtet sich in der Trauer ein. Bis zu ihrem Lebensende wird Victoria es als eine Zumutung bezeichnen, sich den Blicken ihrer Untertanen auszuliefern. Ob Kutschfahrten durch Windsor und Eton, ob größere Auftritte in London, vor dem Parlament, in den Kathedralen: Sie will das eigentlich nicht mehr. Sie habe dafür die Kraft nicht mehr, schreibt sie ihren Kritikern. Bis mindestens 1871 lebt Victoria in ihrem selbst gewählten Exil. Ihre öffentlichen Auftritte in den zehn Jahren davor lassen sich bequem an zwei Händen abzählen. Abgeschieden lebt sie in Osborne House oder auf ihrem schottischen Schloss Balmoral, selten in Windsor Castle und so gut wie nie in Buckingham Palace. Dort ist sie so selten zu sehen, dass 1864 ein nicht ganz dummer Witzbold ein Plakat an den Palastzaun klemmt: »Da das Geschäft des bisherigen Bewohners nicht mehr betrieben werde,« liest das staunende und wahrscheinlich königlich amüsierte Publikum, »steht die Anlage zur Vermietung oder zum Verkauf.« Das sitzt.

Ob dem Schildermaler klar gewesen ist, welche Frage er da angestoßen hat? Was ist denn das Geschäft der Monarchie? Die Zeitgenossen Queen Victorias, vom Zirkel der Regierungsmitglieder mal abgesehen, wissen nicht, dass die Königin auch in ihrer Zurückgezogenheit als Monarchin fleißig ist. Ihre politische Arbeit versieht sie mit Gewissenhaftigkeit und großem Zeitaufwand. Täglich sitzt sie am Schreibtisch und bearbeitet den Inhalt der so genannten »dispatch boxes«, der roten Lederkoffer, in denen bis heute die mehr oder minder geheimen Staatspapiere zwischen allen britischen Ministerien und dem Hof transportiert werden. Das Staatsoberhaupt liest damals (und heute, wenn auch mit Einschränkungen) alle wichtigen Dokumente des Staates und zeichnet sie ab: diplomatische Noten, Briefe, Gesetzesinitiativen, Kabinettsprotokolle, selbst Ernennungsurkunden höherer Beamter und Offiziere. Das gehört sich so. Als Victoria 1837 als erst 18-Jährige den Thron besteigt, hat Lord Melbourne, ihr erster Regierungschef, ihr das Geschäft der Monarchie entsprechend beigebracht. Als Souverän über der Regierung hat sie sich mindestens einmal pro Woche mit dem Premierminister zu treffen, um die Regierungsgeschäfte zu besprechen – und eben die roten Boxen zu bearbeiten. Öffentliche Auftritte sind von zweitrangiger Wichtigkeit für die Monarchie in der ersten Hälfte des 19. Jahrhunderts, abgesehen vielleicht von der jährlichen Parlamentseröffnung. Weder die Presse – damals von deutlich bescheidenerem Umfang und mit anderem Publikum als heute – noch die Öffentlichkeit interessieren sich besonders dafür. Aber es gibt auch kein ausgeprägtes Talent für Prachtentfaltung am Hof.

Stattdessen gibt es Macht. Robert Peel, Melbournes Nachfolger, bekommt sie 1839 zu spüren. Victoria verhindert seine erste Regierungsbildung, obwohl die von Peel geführten Tories im Mai 1839 die Wahlen gewonnen haben. Peel, nach dem Wahlsieg mit der Übernahme der Amtsgeschäfte in Downing Street beauftragt, hat die junge Königin aufgefordert, wie üblich eine Handvoll adliger Hofdamen auszutauschen, damit in der Umgebung der Königin nicht nur die großen Familien der bisher herrschenden Partei, der Whigs, vertreten sind, sondern auch die der Tories. Aber Victoria weigert sich. Ein außerordentlicher Vorgang. Peel muss sich fügen. Ohne das Vertrauen des Souveräns (der Königin also, nicht des Volkes) kann er nicht regieren. Melbourne bleibt Premier für zwei weitere Jahre, gegen den Willen der Wähler.

Die Affäre um die »Ladies of the Bedchamber«, als die Peels Niederlage in die Geschichte eingegangen ist, wird heute gerne als Verfassungsbruch durch die britische Krone zitiert, als Putsch von oben. Damals ist man sich nicht ganz so sicher. Natürlich gibt es Kritik. Aber niemand will wirklich seine Hand dafür ins Feuer legen, dass Victoria nicht so hätte handeln dürfen. Es gibt schließlich – auch das gilt bis heute – keine schriftlich fixierte Verfassung in Großbritannien, die den Handlungsspielraum des Monarchen begrenzt und aufzeigt, wo seine beziehungsweise ihre Rechte und Pflichten liegen. Es gibt keine Arbeitsplatzbeschreibung für den Thron, keine Geschäftsordnung. Was das Geschäft der Monarchie ist, das gilt es auszuhandeln, von Tag zu Tag, von Ereignis zu Ereignis, von Krise zu Krise.

Noch jede Epoche hat für sich festgestellt, dass die Monarchie sich wandeln müsse, neu beweisen oder neu etablieren. Das Königtum ist immer schon eine Staatsform gewesen, die sich den Erfordernissen der gesellschaftlichen Entwicklung angepasst hat. Es ist dadurch eine sehr zähe Institution geworden. Hoch tradiert, anachronistisch im wahrsten Sinn des Wortes: nicht der Zeit gemäß. Aber ungeheuer überlebensfähig.

Streng genommen gibt es nur eine einzige, aber sehr zentrale Kontinuität in der Monarchie: die Erbfolge. Es gibt Leute, die behaupten, Victoria (und damit natürlich auch die heutige Queen Elizabeth) könnte sich darauf berufen, mit jenem halb mythischen Ethelbert von Kent verwandt zu sein, der um das Jahr 600 als erster König in England getauft wurde. Es wird auch behauptet, Victoria sei mit König Arthur verwandt, jenem von der Tafelrunde, Parzival an seiner Seite, aber das ist Phantasie. Wirklich belegbar ist die Verwandtschaft erst seit dem normannischen Eindringling Wilhelm dem Eroberer, der 1066 den letzten angelsächsischen König Harold bei Hastings besiegte. Es gibt keine gerade Linie von diesem William I. zu Elizabeth II., aber immerhin eine nachvollziehbare Kette von Verbindungen, die sich hin und wieder über mehrere Verwandtschaftsgrade seitwärts retten muss. Eine Kette, die trotzdem tief beeindrucken kann, führt sie doch über all die märchenhaften Namen der Königshäuser der englischen Geschichte: Angevine, Plantagenet, Lancaster, York, Tudor.

Viel mehr als die Verbindung im Stammbaum hat die Monarchie heute mit der damaligen aber nicht gemein. Die Könige, denen die Dramatiker der elisabethanischen Ära, William Shakespeare allen voran, literarische Denkmäler gesetzt haben, all die Richards, Heinrichs und Edwards, waren Gewaltherrscher in einer gewalttätigen Welt. Sie standen in voller Rüstung auf den Schlachtfeldern ihrer Zeit und starben nicht selten daselbst. Sie schienen mächtig: Sie befehligten Truppen, entschieden über das Wohl und Wehe ihrer Lehnsmänner, ihrer Herzöge, Bischöfe, Barone. Aber es waren komplizierte Zeiten und gefährliche überdies. Auch damals schon gab es politische Notwendigkeiten, Regeln, Sachzwänge, diplomatische Unausweichlichkeiten, ging es schon um Parteiräson, um Koalitionsfrieden oder -streit. Und es ging sehr schnell um Leben und Tod, sehr schnell um den Verlust aller Privilegien. Das hoch anstrengende Geschäft des Königs war es, ständig seinen Einfluss abzusichern und aufrecht zu erhalten: gegen die Konkurrenten, gegen die Kirche, gegen die Verwandtschaft, nicht selten gegen die eigenen Kinder. Es gab Könige, die fast in Armut lebten und solche, die es verstanden, unerhörte Reichtümer anzuhäufen. Es gab solche, die fest auf dem Thron saßen, und solche, die nur von Gnaden anderer eine Leerstelle besetzen durften. Manch einer fand sich im Tower von London wieder. Manch einer musste seine Macht beschneiden lassen.

Es gibt zwei Ausnahmeerscheinungen in der britischen Königsgeschichte. Heinrich VIII. (1491–1547) ist die eine: ganz sicher der grausamste und zynischste unter Englands Königen. Aber Heinrich machte nicht nur Geschichte, weil er sich durch sechs Ehen arbeitete und Abertausende seiner Untertanen umbringen ließ. Er schaffte die anglikanische Staatskirche (weil ihm der Papst das Recht verweigert hatte, sich von seiner ersten Frau scheiden zu lassen), er festigte das Staatswesen (jedenfalls für eine Weile), und er begründete durch den Aufbau der Marine die Vormacht Englands auf den Weltmeeren. Seine Tochter Elizabeth I. (1533–1603) übertraf ihn noch als Künstlerin der Intrige. Unter ihrer Führung entstand England als Nation. »Das elisabethanische Zeitalter«, begründet der konservative deutsche Historiker Alexander Gauland, »war Englands größte und fruchtbarste Zeit. In wenigen Jahren brachte es eine nationale Dichtung, eine nationale kulturelle Renaissance, eine unüberwindbare Flotte und, was das wichtigste ist und uns Deutschen immer versagt blieb, ein Bild des Engländers von sich selbst hervor«. Ihre Nachfahren würden vieles von dem, was die Jungfrau auf dem Thron erschaffen hatte, schnell wieder verspielen, nicht aber ihr kulturelles Erbe. Die Weltmacht blieb Weltmacht bis ins 20. Jahrhundert.

Mit Heinrich VIII. und mit Elizabeth I. ist Victoria und sind die Windsors nicht eng verwandt. Nach dem Tod der kinderlosen Elizabeth im Jahr 1603 (und dem Aussterben der Tudors) hatte die Aristokratie die Thronfolge durch Abstimmung entschieden, um einen blutigen Erbfolgekrieg wie im 15. Jahrhundert zu vermeiden. So kamen die schottischen Stuarts (über Anheirat mit den Tudors verwandt) an die Macht und vereinigten den Inselnorden mit dem Süden. Seitdem hört Großbritannien auf den Namen »Vereinigtes Königreich«. Die Stuarts erwiesen sich als tragisch ungeschicktes Herrschergeschlecht. James I. lag ständig im Streit mit dem Landadel, Charles I. verlor 1649 seinen Kopf, als das Parlament unter Oliver Cromwell gegen den König putschte. Zwar bekam sein ältester Sohn Charles II. die Krone ein gutes Jahrzehnt später zurück, nicht aber die ursprüngliche Macht. Sein Bruder James II., der ihm folgte, stürzte das Land in einen neuen Streit um die Religion, weil er durch die Hintertür den von Heinrich VIII. geschaffenen Anglikanismus wieder durch den Katholizismus ersetzen wollte.

Damit stand der nächste Staatsstreich ins Land, diesmal etwas weniger blutig und schon deshalb die *Glorious Revolution* genannt, die glanzvolle Revolution. Die Aristokratie, das Oberhaus des Parlamentes also, lud 1688 den niederländischen König Wilhelm von Oranien dazu ein, seinen Schwiegervater James II. vom Thron zu drängen. Als William III. herrschte er neben seiner britischen Gattin, Queen Mary II., gleichberechtigt über Großbritannien – der einzige Moment der Geschichte, in dem das Königreich zwei legitime Souveräne hatte. Der Preis für diese Ausnahmeregelung war Machtverlust. 1689 unterschrieb Wilhelm, ohne sich wahrscheinlich sehr mit den Details zu befassen, die *Bill of Rights* und damit das Stück Papier, mit dem sich die Briten so etwas wie die Verfassung einer konstitutionellen Monarchie zulegten. Beschrieben wird darin in groben Zügen, was ein König darf und vor allem was nicht; das Parlament erhält weitreichende Rechte und die Parlamentarier Immunität, ein Ansatz von bürgerlichen Grundrechten wird festgelegt. In weiser Voraussicht verhandelte man auch gleich noch über die Bedingungen der zukünftigen Thronfolge, 1701 endlich im *Act of Settlement* festgelegt. Geregelt ist darin vor allem, dass der englische Thron nur noch von einem Protestanten bestiegen werden kann, und dass ein Thronfolger nicht ohne Zustimmung des Parlamentes und keinesfalls einen Anhänger des Katholizismus heiraten darf.

Als 1714 mit Queen Anne die letzte Stuart-Königin von England verstirbt, erfahren die Nummern 1 bis 51 auf der Thronfolgeliste in aller Härte, was diese Vorschrift für sie persönlich bedeutet: Sie werden übergangen. Die Krone erbt ein gewisser Georg Guelph, der Herrscher des unbedeutenden Königreichs Hannover. Er nimmt sie nur widerwillig. George I. kann kein Englisch und interessiert sich nicht für sein neuestes Reich. Für Winston Churchill ist er ein langweiliger deutscher Zuchtmeister, langsam von Begriff und grob in den Manieren. Unter seinen Nachfahren wird es nicht wesentlich besser. George II. ist ein Weichling ohne Fortune, George III. ein frömmelnder Begriffsstutz, George IV. ein für die Sippe überraschend kulturell interessierter Mann, der es sich aber durch Maß- und Sittenlosigkeit gründlich mit seinem Volk verdirbt. Nicht, dass England darunter sehr leidet: Die Macht im Land haben ohnehin der Landadel über das Oberhaus und in wachsendem Maße die Industriebarone über das Unterhaus. Kulturell und wirtschaftlich geht Großbritannien von Blüte zu Blüte in dieser Zeit. Der Publizist Alexander Gauland schreibt dazu: »Die englischen Könige aus dem Hause Hannover sind ein gutes Beispiel für das Wirken des dialektischen Prinzips in der Geschichte. Wohl selten hat eine Abfolge von derart beschränkten, obstinaten und langweiligen Herrschern über soviel Eleganz, Anmut und Witz geherrscht.«

Aus dieser Sippschaft also stammt Victoria? Schlimmer noch, viel schlimmer: Von dieser Sippschaft ist Victoria gezielt in die Welt gesetzt worden. Man müsste es wahrscheinlich sogar »gezüchtet« nennen, aber schreibt man so über Königinnen? Edward, Herzog von Kent, der drittälteste Sohn Georges III., lebt 1817 mit seiner Mätresse Julie de St. Laurent zusammen, einer Bürgerlichen, die seit 25 Jahren seine Freundin ist; eine fröhliche, allerdings kinderlose Beziehung. Die beiden wohnen einigermaßen behaglich in Brüssel, wohin der Herzog sich vor seinen englischen Gläubigern geflüchtet hat. Da stirbt in London die einzige Tochter seines ältesten Bruders, des zukünftigen Königs George IV., die beim Volk sehr beliebte Prinzessin Charlotte nach einer Fehlgeburt. Nicht nur ihr Mann, Prinz Leopold von Sachsen-Coburg, auch die Massen sind außer sich vor Trauer.

Für Edward ist der Tod der bisherigen Thronfolgerin Charlotte nicht nur Tragödie, sondern auch Chance. Seine drei älteren Brüder haben keine ehelichen Kinder. Es ist unwahrscheinlich, dass sie noch welche in die Welt setzen werden. Edward indes ist »erst« 50 Jahre alt und traut sich eine Zeugung noch zu. Er braucht dafür allerdings eine geeignete Frau, was Madame de St. Laurent als Bürgerliche bedauerlicherweise nicht ist. Der Herzog geht also im Hochadel auf Brautschau. Aussehen, Gefallen, Sympathie, alles egal, die Frau muss nur eines sein: gebärfähig. Edwards Helfer werden im kleinen deutschen Fürstentum Leiningen fündig, wo die 1786 geborene Prinzessin Victoire seit vier Jahren als Witwe lebt und als Regentin an ihres Sohnes Stelle regiert. Es ist unklar, ob die aus dem Fürstenhaus Sachsen-Coburg stammende Prinzessin am Herzog von

Kent irgendetwas persönlich reizt: Er ist, wie seine Zeitgenossen behaupten, ebenso hässlich wie weitgehend mittellos. Vielleicht reizt die Witwe einfach jenes dynastische Spiel, das der Bewerber spielen möchte. Jedenfalls heiraten die beiden, und Victoire wird pflichtschuldig schwanger. Um ja keine Unwägbarkeiten für den britischen Thronanspruch des Kindes entstehen zu lassen, reisen die verarmten Kents noch zwei Monate vor der Geburt in mehreren zusammengeliehenen Kutschen nach England. Die Familie samt Gefolge (auch in der Not hat man als Hochadliger zwei Köche, einen Kammerdiener, eine Kammerdienerin für die Tochter aus erster Ehe, zwei Sekretäre, eine Hofdame, eine Ärztin und einen Leibarzt, zwei Lakaien, Kutscher nicht mitgezählt) rettet sich Ende April über den Kanal nach Dover. Am 24. Mai 1819 wird in einem Apartment des zu den königlichen Anwesen gehörenden Kensington Palace zu London eine kleine Prinzessin zur Welt gebracht; mit der Hilfe einer deutschen Geburtsärztin (was revolutionär ist), von der Mutter selbst gestillt (in höheren Kreisen ein Skandal) und sogleich gegen Pocken geimpft (eine sehr neue und schwer umstrittene Errungenschaft der Medizin). Die Beschreibung des Babys, die der hoch erfreute Vater in einem Brief an seine frische Schwiegermutter nach Coburg vermeldet, geht in die Geschichte ein: »plump as a partridge«, fett wie ein Rebhuhn. Nach einigem Hin und Her wird dieses Rebhuhn auf den Namen Alexandrina Victoria getauft.

Das Glück des Vaters über Victorias Erscheinen ist kurz. Er hatte sich erhofft, dass das Parlament ihm die pflichtgetreue Lieferung eines Thronfolgers oder einer Thronfolgerin durch die Übernahme der nicht unerheblichen Schulden und möglicherweise durch das Einräumen einer standesgemäßen Pension danken würde. Das Parlament will davon nichts wissen. Auch sein Bruder, damals als Regent, also als Stellvertreter des Königs, tätig (König George III. lebt noch, aber schon in geistiger Umnachtung), sieht keinerlei Anlass, der jungen Familie aus der Patsche zu helfen. Edward ist ihm nicht nur politisch suspekt (der Herzog von Kent liebäugelt mit den damaligen Liberalen, den Whigs, der König mit den konservativen Tories), er sieht ihn auch als Konkurrenten. Das Ausbleiben finanzieller Fortune hat Edward nicht vorausgesehen. Bei der Renovierung des ihm zustehenden Apartments im St. James's Palace hat er nach Rückkehr aus Brüssel leichtfertig mit dem Geld um sich geworfen und ist völlig überschuldet. Weil London ihm langsam zu teuer wird (oder, wie er öffentlich betont: aus gesundheitlichen Gründen), ziehen die Kents nach Sidmouth in Devonshire, einem kleinen Ort an der Südküste Englands, ein paar Meilen östlich von Exeter gelegen. Lytton Strachey, einer der bekanntesten zeitgenössischen Biografen Victorias, beschreibt mit leiser Ironie, wie Edward von Kent dort über die Prophezeiung eines Wahrsagers sinniert, nach der in nächster Zeit zwei Mitglieder der Königlichen Familie sterben müssen. »Meine Brüder«, so zitiert Strachey den Herzog, »sind nicht so stark wie ich; ich habe ein regelmäßiges Leben gelebt. Ich werde sie alle überleben. Die Krone wird zu mir kommen und zu meinen Kindern.«

Am Weihnachtstag zieht die Familie in die zugige Bude, erst plagen sich Kind wie Vater mit Erkältungen herum, dann wird es ernster, und am 22. Januar 1820 erliegt der Herzog von Kent einer Lungenentzündung. Victoria ist mit acht Monaten zur Halbwaise geworden. Die Prophezeiung des Wahrsagers erfüllt sich indes in Gänze. Sechs Tage später endet das Leben George III., des unglücklichen »Mad King George«, Victorias Großvater. Das georgianische Zeitalter geht seinem Ende entgegen.

Es ist nicht überliefert, ob der Hellseher auch etwas über das kleine Mädchen gewusst haben will. Deren Schicksalsfaden ist an dieser Stelle recht dünn geworden. Wäre der Prinz Leopold von Sachsen-Coburg nicht gewesen (worauf er später immer wieder gerne hingewiesen hat), dann hätte die Geschichte der Prinzessin Alexandrina Victoria an dieser Stelle gut und gerne als Fußnote enden können. Der frisch gekürte König George IV. würde sie samt Mutter gerne wieder aus dem Land jagen, zurück nach Deutschland. Und die Herzogin Victoire ist solchem Ansinnen nicht einmal abgeneigt, der Gedanke an Rückkehr ist ihr auch schon gekommen. Zumal das dynastische Spiel nicht aufzugehen scheint: Schwager Wilhelm, Herzog von Clarence, stolzer Vater von zehn (!) unehelichen Kindern, hat nach dem Tod seiner langjährigen Lebensgefährtin doch noch ehrlich geheiratet, und Prinzessin Adelheid von Sachsen-Meiningen ist tatsächlich schwanger geworden. Victoria könnte in der Thronfolge also bald wieder nach hinten rutschen. Wozu in London bleiben?

Victoires Bruder Leopold, als Witwer der hochbetrauerten Charlotte noch immer in der Gunst seines kurzzeitigen Schwiegervaters, des nunmehrigen Königs George VI., will von alldem nichts wissen. Die kleine Victoria müsse eine englische Prinzessin werden, ganz gleich, wie die Thronfolge sich entscheidet. Leopold lässt Worten Taten folgen. Er holt Victoire und Victoria, die »Dowager Duchess of Kent« (so der offizielle Titel der Herzoginwitwe) und ihre kleine Prinzessin, wieder nach London zurück, wo er ihnen ein Apartment im Kensington Palace besorgt. Er zweigt für sie erst 2 000, dann 3 000 Pfund im Jahr aus seiner üppigen Staatspension ab, ein für damalige Hochadelsverhältnisse bemitleidenswert niedriger Etat – nach heutigen Preisen aber immerhin 95 000 respektive 140 000 Euro. Der kleinteilige Palast am westlichen Ende des heutigen Hyde Parks, wird (wie heute) als der soziale Wohnungsbau des Königtums genutzt, als zentrale Aufnahmestätte für gestrandete Angehörige des Hochadels oder ehemalige Angestellte. Die Kents bewohnen dort eine stattliche Anzahl von Zimmern, die allerdings in eher zurückhaltender Pracht ausgestattet sind. Gebrauchte Möbel stehen auf fadenscheinigen Teppichen, Victoria teilt sich ihr Schlafzimmer mit dem Kindermädchen. Überliefert ist der Nachwelt, dass die Kents vor allem Hammelfleisch essen, das schon damals als minderwertiges, billiges Nahrungsmittel gilt. Victoria wird später in ihr Tagebuch schreiben, dass sie als Königin nie und nimmer wieder Hammel essen werde.

Victorias Mutter hadert mit dem Schicksal. Mal von Selbstzweifeln, mal von überhöhtem Stolz überschwemmt, brütet die Herzogin Missgunst und Misstrauen aus. Zwar darf das Töchterchen wieder als wahrscheinliche Thronfolgerin gelten, seit der Nachwuchs im Hause Clarence im März 1920 – keine drei Monate alt – gestorben ist, doch Victoire wittert trotzdem Verrat und Verschwörung. Sie fühlt sich schlecht behandelt vom Königshaus, das sie auf Distanz hält. Die Whigs, ihre politischen Freunde, warnen sie besonders vor dem nächst jüngeren Bruder ihres verstorbenen Gatten Edward, Ernst August, dem Herzog von Cumberland (und späteren König von Hannover). Der hässliche, erzreaktionäre Mann sei sehr erpicht, auf den britischen Thron zu gelangen und die Uhr wieder zurückzudrehen. Nur die kleine Victoria stehe in der Thronfolge zwischen Reaktion und Fortschritt. Man redet ihrer Mutter ein, die Anhänger Cumberlands könnten Victoria zu vergiften suchen.

Noch ein Grund für Victoire von Kent, dem Hof und den »bösen Onkeln« zu misstrauen. So isoliert sie sich und ihre Tochter von den Hannoveranern. Mit ihrem Haushofmeister, einem etwas zwielichtigen Mann namens John Conroy, entwirft sie eine Gegenwelt für die Prinzessin: das »Kensington System«.

Victoria hat ihre Kindheit später als einsam und melancholisch beschrieben. Sie hat darüber geklagt, dass sie selten an den gesellschaftlichen Ereignissen am Hof teilnehmen und kaum mit Gleichaltrigen habe spielen dürfen. Sie hat eigentlich nur zwei, drei Menschen ihrer Kindheit als wahre Freunde in Erinnerung behalten: Baroness Luise Lehzen, ihr Kindermädchen, Feodora, ihre um zwölf Jahre ältere Halbschwester, und Prinz Leopold, ihren Onkel. Sie war die einzige, so hat sie selbst es dargestellt, die sich innerhalb des »Kensington System« dem Charme, dem Drängen, dem Regime John Conroys widersetzt habe. So habe ihre Jugend also unter einem düsteren Stern gestanden. Man möchte es ihr fast glauben.

Historisch gesehen ist es aber ungerecht. Ihre Mutter Victoire und John Conroy haben aus welch niederen Gründen auch immer etwas geleistet, was die nachfolgenden Generationen dieser Familie nie wieder so erfolgreich und so umfassend hinbekommen sollten: eine vernünftige Erziehung und Bildung ihrer Tochter auf die zukünftige Aufgabe hin. In ihrer fast psychotisch anmutenden Ablehnung dessen, was am zeitgenössischen Hof passiert, spiegelt Victoire durchaus die öffentliche Meinung ihre Zeit wider. Sie hat Victoria die Möglichkeit eröffnet, ein ganz neues, frisches, ein anderes Königtum zu beginnen. Dass ihre Tochter dabei über ihre ganze Jugend hauptsächlich von Erwachsenen umgeben ist, ist für die Kinder hochadliger Familien jener Zeit nicht außergewöhnlich.

Die kleine Victoria wächst sehr behütet auf. Luise Lehzen verbindet Strenge mit liebender Zuneigung. Ein Kirchenmann, Reverend George Davys, bringt ihr mit offenbar reichlicher Geduld das Schreiben und Lesen bei, die Grundlagen von Religion, Geschichte und Geographie,

Latein, Englisch, Deutsch, Französisch sowie ein bisschen Italienisch. Victoria bekommt Klavier- und Gesangsunterricht vom Organisten der St. Margaret-Kirche in Westminster, sie hat Zeichen- und Malunterricht bei Richard Westall, einem Historienmaler und Buchillustratoren. Sie tanzt, sie reitet. In zeitgenössischen Quellen ist oft von großem Selbstbewusstsein und fehlender Geduld die Rede; das kleine Mädchen habe häufig Wutanfälle gehabt und versucht, seinen Willen durchzusetzen. Als junge Frau habe Victoria, die auf Anraten und in Obhut ihrer Mutter über mehrere Sommer hinweg das Land bereiste, um England kennen zu lernen und sich selbst dem Volk bekannt zu machen, reichlich Wert auf ihre Stellung gelegt. Sie habe frei gesprochen und immer auf Wahrheit und Ehrlichkeit bestanden, selbst wenn das bedeutete, dass sie sich selbst belasten musste. Sie sei dabei zuweilen etwas taktarm vorgegangen, mitunter habe sie aber unerhörten Charme gezeigt. Vergnügungen und Luxus waren ihr nicht fremd.

Einer der wichtigsten Chronisten jener Zeit, der eifrige und hoch begabte Tagebuchschreiber Charles Greville, Sekretär des Kronrats, beschreibt, wie er die kleine Victoria das erste Mal in Augenschein nehmen durfte: im Mai 1829, da war sie zehn Jahre alt. »Unsere kleine Prinzessin ist ein kurzes, vulgär aussehendes Kind. Aber wenn die Natur nicht viel getan hat, dann wird das Glück schon etwas mehr für sie tun,« spottet er. Acht Jahre später hat dieser scharfe Beobachter der öffentlichen und gesellschaftlichen Szenerie Londons seine Kenntnisse noch nicht vertiefen können. König Wilhelm IV., der seinem Bruder George IV. 1830 nachgefolgt war, liegt im Sterben, und Greville bereitet sich mit anderen Höflingen auf das Ereignis der Thronfolge vor. Was er verbreiten kann, ist vor allem Unsicherheit:

> Was die Spekulationen so einfach macht und die Ereignisse unsicher, ist die absolute Unwissenheit von jedem, ohne Ausnahme, über den Charakter, die Anlagen und die Fähigkeiten der Prinzessin. Sie ist von ihrer Mutter in solch eifersüchtiger Abgeschiedenheit gehalten worden, dass nicht einer ihrer Bekanntschaften, keiner der Anwohner von Kensington, nicht einmal die Herzogin von Northumberland, ihre Gouvernante, irgend eine Idee davon hat, was sie ist und was sie verspricht zu sein.

Victoria weiß seit ihrem zehnten Lebensjahr, dass sie eines Tages

Königin werden dürfte. Damals hat Lehzen ihr lehrreiche Tafeln mit der Aufstellung aller Königinnen und Könige Englands vorgelegt. Victoria hat sich darauf selbst die Thronfolge ausrechnen können. Sie habe nicht gewusst, soll das kleine Mädchen damals ihrer Vertrauten gesagt haben, dass sie »so nah dran« sei. Sie hat diesen sicher recht überwältigenden Fakt aber Lehzen gegenüber nur mit einem Versprechen kommentiert: »I will be good.« Ich werde gut sein. Was im Innersten Victorias vorgegangen ist, können wir heute nicht mehr ermessen. An dem Tag, an dem sie Königin wird, vertraut Victoria ihrem Tagebuch an:

Da es dem Schicksal nun gefallen hat, mich an diesen Platz zu setzen, werde ich mein Äußerstes tun, um meine Pflicht gegenüber dem Land zu erfüllen; und ich bin sehr jung und vielleicht in vielen, wenn auch nicht in allen Dingen unerfahren, aber ich bin sicher, dass nur sehr wenige mehr wirklich guten Willen und mehr Begierde haben als ich, das zu tun, was passt und recht ist.

Als Victoria 1837 den britischen Thron besteigt, ist sie 18 Jahre alt. Das Königreich hält den Atem an. Das kann schief gehen. Da kommt eine Königin auf den Thron, kaum bekannt, sehr jung, sehr unerfahren, umgeben von umstrittenen Beratern. Wer ist sie?, fragt sich das Land. Welchen Einfluss wird sie nehmen? Die Granden der Nation, die Mitglieder des altehrwürdigen »Privy Council«, zu deutsch wohl am ehesten als »Kronrat« zu bezeichnen, versammeln sich nervös im Roten Salon von Kensington Palace. Es sind, trotz der sehr kurzfristigen Benachrichtigung, ungewöhnlich viele gekommen. Herzöge und Minister, Lords und Bischöfe, die Parteiführer und obersten Hofbeamten: Sie alle wollen der neuen Königin ihre Aufwartung machen und herausbekommen, wie es weiter gehen wird mit der britischen Monarchie.

Sie werden Zeugen eines wahrhaft außergewöhnlichen Moments der Geschichte, der gleich mehrfach für die Nachwelt beschrieben wird. Die Türen öffnen sich, und ein sehr kurz gewachsenes, sehr schlankes Mädchen in einfacher Trauerkleidung kommt in den Raum – allein. Sie mag nicht von großer Schönheit sein, aber ihr Gesicht ist gewinnend. Blonde Haare über den leicht vorstehenden blauen Augen, das Markenzeichen der Hannoveraner. Der angenehme Mund unter der kleinen, gebogenen Nase ist leicht geöffnet, sie hat ein feines Kinn, die Haut ist klar und zart. Der Salon, wird Strachey berichten, ist plötzlich angerührt von dieser merkwürdigen Mischung von Jugend und Würde, von Unschuld und Haltung. Mit hoher, fester Stimme liest das junge Mädchen eine Proklamation vor, die ihr der Premierminister Lord Melbourne wenige Stunden zuvor geschrieben hat. Dann lässt sie sich von den alten, vor ihr knienden Männern die Hand küssen, so, wie es Brauch ist zwischen Lehnherr und Lehnsmann. Ohne Umstände steht sie auf, um dem gebrechlichen Herzog von Sussex entgegenzukommen, einem ihrer Onkel. Und dann, als die lange Zeremonie der Einschwörung vorbei ist, steht die kleine Figur wieder auf, nickt anmutig und würdevoll und entschwebt, wie sie gekommen ist: allein. Die Staatsspitze ist wie vom Donner gerührt. Charles Greville, sonst ein Freund des zynischen Witzes und der kalten Boshaftigkeit, schreibt ganz untypisch in sein Tagebuch: »Nie gab es so etwas wie diesen ersten Eindruck, den sie machte, oder den Chor an Lobesstimmen und Bewunderung, den ihre Art und ihr Verhalten hervorrief, und [dies] sicher nicht ohne Recht. Es war sehr außergewöhnlich, und ging weit über das hinaus, was man erhofft hatte.«

Ganz unverhofft gibt es einen Neuanfang für die Monarchie und für das Land. Victorias Thronbesteigung verändert das Königreich. Die erste Entscheidung als Königin aber ist eine sehr persönliche. Noch in den ersten Stunden ihrer Regentschaft gibt sie die Anweisung, ihr Bett aus dem Zimmer ihrer Mutter zu entfernen. Das erste Mal in ihrem Leben wird sie ganz alleine schlafen, unbeobachtet, unbeaufsichtigt sein. Der kleine Umzug ist Vorbote dessen, was kommen wird: Victoria wird ihre machtsüchtige Mutter und deren Kameraden Conroy an den Rand des neuen Hofes verweisen; nicht gnadenlos, aber als unübersehbare Rache für die jahrelange Gängelei. Die Herzogin von Kent ist außer sich. Sie sieht sich ihres Lebensinhaltes und -zieles beraubt. Es wird Jahre dauern, bis sich das Verhältnis zwischen Mutter und Tochter wieder normalisiert.

Die eigentliche Revolution betrifft das Königtum. Die Öffentlichkeit vor allem ist begeistert. Es ist, als würde sich das Land ungeahnten Frühlingsgefühlen hingegeben: Sentiment und Romanze werden zur

Mode, die Mädchenkönigin erfüllt die Phantasien ihrer Untertanen. Der Hof entwickelt neue Anziehungskraft. Die Paläste, die unter den Hannoveranern fast an den Rand des gesellschaftlichen Lebens gedrängt worden waren, weil sich niemand an dem lasterhaften Treiben hatte anstecken wollen, sind plötzlich wieder en vogue. Victoria feiert Bälle in Buckingham Palace (von nun an der echte, erste Sitz des britischen Königtums), lädt ein zu großen und kleinen Dinners, vergnügt sich prächtig. Dabei lässt sie die Pflichten ihrer Stellung keineswegs außer Acht, ganz im Gegenteil. Die Politiker der Stunde loben ihre schnelle Auffassungsgabe, ihre Bereitschaft, ihren Beratern zuzuhören, ihre klugen Entscheidungen. Lord Melbourne, der verwitwete Premierminister, wird fast zu einem Dauerbegleiter der jungen Queen – es gibt bald sogar böse Gerüchte. Aber ernsthaft zweifelt (noch) niemand an der jungen Königin.

Die Flitterwochen halten nicht ewig. Natürlich wird Victoria Fehler machen. Im Umgang mit ihrem Premierminister zum Beispiel und seinem Nachfolger, wie schon beschrieben. Sie wird stolpern über die Fallstricke des höfischen Lebens, sie wird Leute verärgern durch unbedachte Äußerungen oder bedachte Entscheidungen; das Intrigenspiel am Hof wird wieder aufleben, wenn die Aufregung des Neuanfangs sich gelegt hat. Ihr Stolz und ihr Eigensinn wird ihrer Umgebung zur Last fallen, ebenso ihr Hang zur Übertreibung. Keine Wirklichkeit kann so gülden bleiben, dass sie dem Pomp der Proklamation oder gar dem Krönungsfest standzuhalten weiß, bei dem sich London am 28. Juni 1838 in ein mittelalterliches Heerlager verwandelt – der ersten Krönung übrigens, die auf Betreiben des Parlaments durch Belustigungen für das Volk flankiert wird; allerdings noch lange nicht so prächtig wie bei ihren Amtsnachfolgern.

Es wird Kritik geben. Die Presse des 19. Jahrhunderts ist, anders als man sich das heute vielleicht vorstellt, keineswegs lieb, brav, artig und königstreu. Sie spielt nur eine völlig andere Rolle in der Vor-Mediengesellschaft. Zeitungen werden zum Beispiel für ein viel kleineres, aber dafür sehr viel aufmerksameres und anspruchsvolleres Publikum verfasst. Schon deshalb (und natürlich, weil die Leserschaft das gar nicht goutiert) wühlen die Journalisten jener Zeit nicht nach Bettgeschichten oder in schmutziger Wäsche. Es gibt

– mangels Fotografie – keine Papparazzis, die eine Königin fürchten müsste, wenn sie vielleicht einmal baden geht. Dafür gibt es die Karikatur, den gezeichneten wie den geschriebenen Spott, und auch manche öffentliche Schelte in den Kommentarseiten der Zeitungen. Die Medien sind subtiler als heute, aber nicht weniger scharf.

Über das Leben, das Lieben und Denken am Hof des 19. Jahrhunderts weiß man heute aber nicht dank der damaligen Zeitungen, sondern deshalb ausnehmend gut Bescheid, weil jedermann Tagebücher führte und Briefe schrieb und beides aufbewahrte – durchaus mit dem Hintergedanken, dass diese Werke später von anderen gelesen werden können. Victoria, so weiß man also, amüsiert sich. »Was für ein angenehmes Leben«, schreibt sie in ihr Tagebuch, und ihrer Halbschwester Feodora vertraut sie an, dass »ich eine ganz andere Person bin, seit ich auf den Thron gekommen bin. ... Ich [führe] genau die Art von Leben, die ich mag.« Victoria hat seit ihrer Jugend Tagebuch geführt und wird es bis wenige Tage vor ihrem Tod tun, täglich, unermüdlich, kaum unterbrochen durch schwere Krankheiten (wenn sie das Tagebuch diktiert) oder so außergewöhnliche Lebenseinschnitte wie den Tod ihres Gattens Albert. Was sie notiert, ist nicht immer sehr aufregend, zuweilen beschreibt sie ganz einfach das Tagesprogramm. Aber immer wieder stößt man bei der Lektüre auf fast poetische Beschreibungen von Menschen oder Landschaften, auf Beweise großer Beobachtungsgabe und einen unbestechlichen Blick fürs Detail. An solchen Stellen verrät der Text auch etwas über Victorias geistigen Horizont. Sie schreibt, fast erschreckt man, ganze Dialoge aus der Erinnerung nieder. Victoria liefert Gefühle mit: Sie nutzt eine überschwängliche Sprache, mit einer bis ins hohe Alter mädchenhaft ungebremsten Lust nach extremen Qualifizierungen. Immer ist alles »ganz, ganz prächtig«, »sehr, sehr schön«, »außergewöhnlich gelungen« oder völlig niederschmetternd und grauenvoll. Victoria versetzt ihre Tagebucheinträge darüber hinaus mit einer Unmenge von Ausrufezeichen und Unterstreichungen, schreit in Großbuchstaben die Wichtigkeit hinaus.

Victoria schreibt Zeit ihres Lebens mit der Hand (die Schreibmaschine, die in der zweiten Hälfte des 19. Jahrhunderts die Welt der Büros verändern wird, hält sie für Teufelszeug, weswegen man in der

Korrespondenz des Hofes und mit dem Hof per Ordre de Regina bei der Handschrift bleiben wird, bis Edward VII. die Effizienz getippter Briefe entdeckt). Victoria ist, besonders aus heutiger Sicht, eine unglaublich fleißige Schreiberin. In ihren bald 64 Jahren auf dem Thron, so hat es der britische Historiker Giles St. Aubyn ausgerechnet, hat Victoria etwa 60 Millionen Wörter aufgeschrieben, 2 500 am Tag. Das ist täglich mehr als eine große Zeitungsseite voll. Wäre die Königin eine Schriftstellerin gewesen, hätte man ihre Werke zu 700 Büchern binden können.

So weiß die Nachwelt auch ziemlich genau, wie Victoria ihren Albert gefunden hat: zuerst etwas langweilig. Der erste Besuch, durchaus schon in Heiratsabsicht, ist schlecht verlaufen, nicht zuletzt, weil der deutsche Gast so müde ist, dass er sich bereits um 21.30 Uhr zur Ruhe begibt. Victoria ist eine Nachtschwärmerin. Das Leben fängt für sie am Abend erst an.

Aber der Prinz aus dem Hause Sachsen-Coburg und Gotha (eine Nebenlinie der Sachsen-Coburgs) muss dranbleiben. Victorias Onkel Leopold, seit 1830 König des neu gegründeten Belgiens und stets an der dynastischen Vernetzung Europas interessiert, hat seinen Neffen schon länger auf diese eine Karriere angesetzt: Er soll Victoria heiraten, eine Cousine ersten Grades, und der Dynastie von Sachsen-Coburg bleibenden Einfluss sichern. Noch bevor er seine vorgewählte Braut überhaupt so recht kennen lernen kann, ist er für die Aufgabe eines königlichen Prinzen vorbereitet worden: Bildung in den Künsten und Wissenschaften, Politik, Geschichte, ein Training in akzeptablem Sozialverhalten am Hof, englische Sprache.

Kein Wunder, dass Albert nervös wird, als Victoria Onkel Leopold anvertraut, sie habe ihn beim Antrittsbesuch in London so langweilig gefunden. Was soll er nur tun, fragt er den engagierten Ehestifter, wenn aus der Liaison nichts wird. Dann bliebe ihm ja kaum etwas übrig im Leben.

Er braucht sich keine Sorgen machen. Victoria, die es eigentlich gar nicht so eilig hatte mit der Aufgabe des Single-Lebens, verliebt sich beim Zweitbesuch im Oktober 1839 auf der Stelle in den deutschen Prinzen, schon als er ihr auf den Treppen von Windsor Castle entgegenkommt. Albert ist immer noch ganz Zurückhaltung, bei ihr dagegen gehen nun – charaktertypisch – die Gefühle durch. »So hübsch und gefällig … so ausgesprochen hübsch, so schöne blaue Augen, eine exquisite Nase, und so ein niedlicher Mund mit so einem feinen Bärtchen und kleinen, aber sehr kleinen Backenbärtchen; ein schöner Körper, breit in den Schulter und eine feine Hüfte«, schreibt sie in ihr Tagebuch. Die Dame ist aber nicht nur von den Äußerlichkeiten angetan, Herr von Sachsen-Coburg und Gotha spielt auch ausnehmend schön Klavier, besser noch als er tanzt, und er hat überhaupt ein allernettestes Benehmen. Keine fünf Tage ist Albert in England, da hält sie um seine Hand an – sie hat, wahrscheinlich zu Recht, die Entscheidung getroffen, dass der junge Mann aus Coburg viel zu schüchtern wäre, um sie um die Ehe zu bitten. Es überrascht nicht, dass er zusagt. Die beiden sind ganz außer sich vor Entzücken, wenn man ihren Notizen glauben darf, alles ist rosarot und herzlich, und so findet sich der hübsche Albert auch gerne damit ab, dass seine junge Victoria, ein Dank an die gute Palastküche, seit seinem ersten Besuch im Lande reichlich zugenommen hat. Lord Melbourne hat der jungen Frau vergeblich empfohlen, doch bitte langsamer zu essen und vor allem etwas weniger fett. Sie wiegt am Tag der Hochzeit 82 Kilogramm, verteilt auf 150 Zentimeter. »Ein unglaubliches Gewicht für meine Größe«, gesteht sie dem Tagebuch. Schlanker wird sie nie wieder werden.

Albert ist für die Geschichte der Windsors wichtig – gleich in mehrfacher Hinsicht. Zum einen, und diesen Umstand haben natürlich schon die Zeitgenossen bemerkt und vor allem beklagt, ist er ein Deutscher. Das mag in dieser Familie, die sich seit dem beginnenden 18. Jahrhundert immer mit deutschem »Heiratsmaterial« hat versorgen lassen, eigentlich gar keine Besonderheit mehr sein, aber bei Albert sieht die Sache ein bisschen anders aus: Er ist ein Mann. In der Mitte des 19. Jahrhunderts macht das einen riesengroßen Unterschied. Das britische Establishment fürchtet zu Recht, dass er einflussreicher sein wird als all die Prinzessinnen oder Herzoginnen zuvor, und dass er fremde, deutsche Formen in die englische Kultur bringen wird.

Er bringt vor allem Ideen und Ideale: über allgemeine und politische Ordnung, über den Anspruch des Königshauses als politische

Institution, über Naturwissenschaften und Technik, über Hygiene und Medizin. Großbritannien ist wahrlich kein Entwicklungsland, aber es gibt einiges abzugucken oder zu lernen vom kontinentalen Vetter. Für die Briten wird Albert immer der »deutsche Prinz« bleiben, dem möglicherweise Respekt, vor allem aber Misstrauen entgegengebracht werden muss. Er wird Zeit seines Lebens um Anerkennung zu buhlen haben und sich mitunter heftigen Angriffen ausgesetzt sehen. Vielleicht ist das einer der Gründe, warum Albert sich verausgaben wird im Dienste des Königreichs. Er will der erste Patriot sein, der »erste Minister der Königin«, wie er selbst schreibt, gleich dazu noch das Empire, nein: die ganze Welt auf den rechten Pfad bringen, zu Fortschritt und Liberalität, Toleranz, aber auch Moral. Vor allem aber wird Albert seiner geliebten Victoria langsam, aber sicher einimpfen, was sie als Königin leisten muss und was sie dafür von ihren Untertanen erwarten soll.

Aber erst einmal wird geliefert. Königliche Verbindungen haben das so an sich (soweit es sich um jüngere Paare handelt): Es wird Nachwuchs erwartet, und zwar pronto. Die zynische Vorgabe zur dynastischen Absicherung, die immer noch gilt, lautet »a heir and spare« – ein Erbe und ein Ersatz, wobei es angesichts höherer Sterblichkeit auch ein paar mehr Ersatzthronfolger sein durften. Möglichst männliche. Victorias erstes Kind ist eine Tochter: Vicky. Als sie am 23. November 1840 zur Welt kommt, tröstet Victoria – ist es zu glauben – ihren Gatten: »Keine Sorge, das nächste wird ein Prinz werden.« Die Tradition erlaubt zwar auch Königinnen auf dem britischen Thron, wie ja schon das Beispiel Victoria zeigt, aber gewissermaßen nur »zur Not«. Jüngere Brüder überholen ältere Schwestern in der Thronfolge. Nur wenn es keine Prinzen gibt, kommen die Prinzessinnen zum Zuge.

Victoria ist der Idee der Schwangerschaft nicht eben zugeneigt, man könnte, wenn man ihre Bekundungen in Briefen und dem Tagebuch zusammenfasst, auch von tiefer Ablehnung sprechen. Eine »arme Frau« sei »körperlich und moralisch des Ehemannes Sklavin«, das sehe sie, wenn sie sich »den leidenden, schmerzvollen Zustand anschaue, zu dem junge Frauen im allgemeinen verurteilt sind«. Dem Endergebnis der Bemühungen kann sie, so Victorias schriftliche Bekundungen, ebensowenig abgewinnen: Ein hässliches Baby sei »ein sehr gemeines Objekt, und das hübscheste war furchterregend wenn entkleidet«. Lassen kann sie es offenbar trotzdem nicht. Neunmal wird Victoria in den Jahren zwischen 1840 und 1857 gebären und damit einen Teil ihres Ruhmes begründen: die Großmutter Europas zu sein. Prinzessin Vicky, geboren 1840, Prinz Albert Edward (»Bertie«, 1841), Prinzessin Alice (1843), Prinz Alfred (»Affie«,1844), Prinzessin Helena (1846), Prinzessin Louise (1848), Prinz Arthur (1850), Prinz Leopold (1853) und endlich Prinzessin Beatrice (1857). Fast alle werden später gut nach Europa verheiratet werden. Sie werden die skandinavischen Königreiche, den spanischen Thron, Griechenland, Rumänien, Jugoslawien und das Zarenreich übernehmen. Und Deutschland. Vicky wird 1858 den preußischen Kronprinzen Friedrich Wilhelm heiraten und mit ihm einen Jungen haben: den späteren deutschen Kaiser Wilhelm II.

Auf die Erziehung ihrer Kinder haben die Mütter der höheren Gesellschaft jener Zeit wenig Einfluss genommen, von den Vätern ganz zu schweigen. Kinder lebten mit dem Kindermädchen und der Gouvernante in den ihnen zugewiesenen Teilen des Hauses, lernten und spielten, und am Abend wurden sie dann, hübsch aufgebrezelt, den Eltern vorgeführt. So hielt man es für richtig – jede größere Abweichung hätte sicher schwere Kritik heraufbeschworen. Ein bisschen fortschrittlicher ist man aber schon im Buckingham Palace. Victoria findet Kinder in erster Linie nervig und hat als Königin ohnehin eigentlich immer zu tun: Aber Albert scheint zumindest Spaß daran zu haben, sich mit ihnen zu beschäftigen. Er liest abends häufig die Gute-Nacht-Geschichte vor, wird beim Drachenbau beobachtet und dabei, wie er dem Thronfolger das Purzelbaumschlagen beibringt. Man schmunzelt über soviel zeituntypische Zuneigung und rechnet diese Kinderliebe seiner deutschen Herkunft zu sowie dem Umstand, dass er selbst in einer zerrütteten Familie aufgewachsen ist.

Sonst aber sind Aufzucht und Hege am Hof ganz konventionell. Die Kinderstube der Großfamilie Sachsen-Coburg und Gotha (das ist, seit der Hochzeit, offiziell der Familienname) ist eine anstrengende Angelegenheit für die Betroffenen. Schon im Kleinkindalter gibt es Unterricht für den königlichen Nachwuchs, ein streng reguliertes Programm von Privattutorien, unterbrochen nur gelegentlich von Spiel und körperlicher Ertüchtigung. Auf Untaten oder Unflätigkeiten hin wird zur Strafe nicht nur geschlagen, nein, auch die Peitsche halten Victoria und Albert für eine sinnvolle Erziehungshilfe. Auf Unglück oder Unfähigkeit wird mit Druck reagiert. Vicky, der Ältesten, macht das nicht viel aus: Sie ist hell, temperamentvoll, lernt schnell. Mit drei Jahren spricht sie Französisch, Deutsch und Englisch; sie ist der Augapfel ihres Vaters. Ihr kleinerer Bruder Bertie, ausgerechnet der Thronfolger also, entwickelt sich dagegen früh und ernsthaft zum Problemkind. Heute würde man wohl diagnostizieren, dass er lernbehindert war, vielleicht legasthenisch. Als kleiner Junge ist er liebenswürdig und charmant, aber immer etwas abwesend. Für die Welt um sich herum scheint er sich nicht zu interessieren; für geistige Anstrengung schon gar nicht. Er lernt nur langsam, nur unter großen Mühen und erheblichem Druck, und wird dafür von seiner Schwester gnadenlos gehänselt. Als Bertie älter wird, beschreiben ihn seine Lehrer als unruhig, unhöflich, jähzornig und unerhört arrogant. Er will sich nicht konzentrieren und hört auf niemanden. Häufig hat er Wutanfälle.

Auf jeden Bericht über die Unzulänglichkeiten des »heir presumptive«, des mutmaßlichen Thronerben, reagieren die Eltern, ganz im Geist der Zeit, mit der Verschärfung des Regimes. Bertie bekommt strengere Lehrer; muss häufiger berichten über die Fortschritte seiner Schulbildung; die Freizeit des Prinzen wird eingeschränkt; die Möglichkeit für Belustigungen verringert. »Der Junge«, schreibt der Biograf Stratchey, »wuchs auf inmitten einer endlosen Runde von Paradigmen, syntaktischen Übungen, Daten, genealogischen Tabellen und Listen von Landzungen.« Jeder Fortschritt – oder vielmehr der Mangel an demselben – wird in täglichen Journalen für die Königin und Prinz Albert dokumentiert. Weil sie glauben, dass Bertie nur deshalb nicht lernen und sein Wesen verbessern will, weil er seine Energie in Vergnügungen verschleudert, versuchen sie eben jene einzuschränken. Alles wird nun von ihm fern gehalten, was zu reinem Amusement dienen könnte. Schon bald wird er von seinen Schwestern getrennt, weil man fürchtet, er würde in weiblicher Gesellschaft verweichlichen. Nur selten darf Bertie gleichaltrige Jungen in den Palast einladen, und wenn, dann nur Kinder aus dem höheren Adel, von unzweifelhaftem Blut. Spielen dürfen sie in diesen Fällen nur unter Aufsicht des Prinzgemahls Albert. Es ist ein goldener Käfig, in dem das Kind aufwächst, anders lässt es sich nicht bezeichnen. Das Ziel allein, dass die Eltern sich gesetzt haben, hat etwas Unmenschliches: Der perfekte Mann schlechthin soll im Prinz von Wales entstehen.

Die Zeitgenossen finden es noch merkwürdig, dass dieses kolossale Regime nicht fruchten will. Sie schieben das fehlende Verständnis zwischen Souverän und Sohn auf die Tradition: Auch bei den Hannoveranern hat es immer Ärger zwischen den Generationen gegeben. Heute weiß man altklug, dass das, was Victoria und Albert mit Bertie machten, natürlich kontraproduktiv wirken muss. Der Junge ist durch den wachsenden Druck schließlich auf Verweigerung programmiert; und jede Hilfestellung, jede Aussicht auf ein Erfolgserlebnis wird ihm entzogen. Er soll mehr lernen und lernt folglich immer weniger. Er soll artiger werden und wird unartiger. Und je sorgfältiger er abgeschirmt wird von der Welt des Amusements und der Lust, desto sehnsüchtiger, desto begieriger strebt er danach.

Am Anfang mag Victoria noch Hoffnung haben, dass sich der Junge einfach spät entwickelt. Doch die Jahre gehen ins Land, und Victoria verzweifelt. Im Jahre 1859, da ist Bertie immerhin schon 17 Jahre alt, schreibt sie an ihre Tochter Vicky, seine Schwester, in ihrem üblichen exaltierten Stil:

> Oh! Güte, was würde passieren, wenn ich sterben würde im nächsten Winter. Es ist eine zu schlimme Vorstellung. Seine [Berties] Berichte sind um vieles schlimmer als die Briefe von Affie [Prinz Alfred]. Und das alles aus Faulheit. Noch müssen wir hoffen auf Besserung …; aber die größte Besserung, so fürchte ich, wird ihn nie geeignet machen für seine Position. Seine einzige Sicherheit – und die des Landes – ist seine implizite Rückversicherung in allem auf den lieben Papa, diese Perfektion eines menschlichen Wesens.

Der perfekte Mensch: Victorias Vorbild, Berties also auch. Albert, der nur noch zwei Jahre leben soll, hat sich zu diesem Zeitpunkt in der Tat in eine Stellung manövriert, die fast der eines Regenten nahe kommt. Es ist ein schwieriger Weg gewesen. Gleich nach der

Hochzeit 1837 hat Albert feststellen müssen, dass er eigentlich gar keinen Job hat und im Prinzip nichts zu sagen. Gar nichts. Er ist der Gatte der Königin, wird aber noch nicht mal vom Personal gefragt, was es zum Abendbrot geben soll. Seine Frau trifft sich ständig mit ihren Ministern und fällt allerhand Entscheidungen, er darf, wenn sie einen Brief geschrieben hat, über selbigen liebevoll das Löschpapier legen, um die nasse Tinte aufzusaugen. Aushilfssekretärinnen haben eine höhere Verantwortung. Für einen hochgebildeten (Albert hat in Bonn unter anderem die Vorlesungen von August Wilhelm von Schlegel und Gottlieb Fichte besucht), sehr ambitionierten jungen Mann hingegen ist das auf die Dauer viel zu wenig, da hilft auch große Liebe nicht (wenn es die je gegeben hat, von Albert zu Victoria). Ganz anders als seine Gattin findet Albert Schwangerschaften deshalb gar nicht so schlecht. Als Victoria das erste Mal in anderen Umständen ist, wird er nämlich vom Parlament zum Regenten bestimmt – für den Fall, dass sie im Wochenbett stirbt. Seitdem darf er immerhin mal mitregieren, aushilfsweise; seitdem lernt er die Spitzen der Politik in Großbritannien kennen und umgekehrt sie ihn. Lord Melbourne und sein Nachfolger Robert Peel, auch der Herzog von Wellington, Napoleons Bezwinger und der eigentliche Führer der Tory-Partei, lernen den »deutschen Prinzen« zu schätzen: Sie drängen Victoria dazu, ihn stärker zu beteiligen. Endlich darf er die Inhalte der roten Koffer lesen, bald ihre Briefe korrigieren, schließlich schreiben, dann ergänzen mit immer größeren, immer ausgiebigeren Kommentaren und Memoranden.

Nach und nach hat Albert sich Verantwortungen zugeschustert, hat er Hofleben eingemeindet. Er beginnt, das schier byzanthinische Organisationslabyrinth der Königlichen Verwaltung zu reformieren und die dringend notwendige Renovierung des Buckingham Palace in die Wege zu leiten. Er ordnet die Finanzen der Familie (woraufhin, das erste Mal seit über 50 Jahren, ein britischer Monarch schwarze Zahlen schreibt) und gibt das Geld gleich wieder aus, indem er für Victoria, sich selbst und die Nachkommen zwei Landsitze erwirbt und praktisch von Grund auf neu baut: 1845 Osborne House auf der Isle of Wight (wo Albert als Co-Architekt auch Details bis hin zum Billardtisch entwirft) und 1848 das Schloss Balmoral in den schot-

Ein Ideal von Anstand, Glaube und Tüchtigkeit: die junge Königin Victoria mit dem fleißigen Albert, ihrem deutschen Prinzgemahl.

tischen Highlands, westlich von Aberdeen (das er ebenfalls neu errichten und mit der von ihm entworfenen, höchst scheußlichen Inneneinrichtung ausstatten lässt). Albert kümmert sich aber nicht nur um das eigene Wohlbefinden, sondern auch um das Proletariat, um die dunkle Seite der industriellen Revolution. Aber während Karl Marx im runden Lesesaal der British Library sitzt und mit dem *Kapital* eine soziale Revolution herbeischreibt, sieht Albert – nicht untypisch für seine Klasse – die Lösung in Wohltätigkeit, Bildung und neuer Technologie. Er kümmert sich um die Lebensumstände der Hafenarbeiter, lässt gesündere Musterwohnungen bauen und versucht, die Landwirtschaft technisch aufzurüsten.

Sein Triumph aber wird die *Great Exhibition*, die große Weltausstellung im Hyde Park von 1851. Gegen großen Widerstand setzt er sich durch mit der Idee, den Stand der Technik und der Wissenschaften in eine große Weltmesse zu packen. Die Große Ausstellung wird ein Riesenerfolg in praktisch jeder Hinsicht, sechs Millionen Besucher kommen, bestaunen 100 000 Exponate und hinterlassen einen Überschuss von 168 000 Pfund, ein gigantischer Profit für jene Zeiten. Albert steht auf dem Höhepunkt seiner Popularität.

Auch wenn er sich im Krimkrieg 1854 wieder Verdächtigungen ausgesetzt sieht, er halte es als Deutscher eher mit dem russischen Feind: Längst ist Albert, wie Victoria in jenen Monaten an den damaligen Premierminister George Hamilton-Gordon, Lord Aberdeen, schreibt, »ein und dasselbe wie die Königin selbst«. Wer ihn angreife, greife den Thron an, sagt sie.

Auch die Nachwelt ist sehr beeindruckt von Alberts Aktiva. Der Historiker Reginald J. White etwa schreibt, es sei korrekter, von einer albertinischen Epoche zu sprechen; die viktorianische habe eigentlich erst begonnen, als Albert tot war und Victoria ohne die Hilfe ihres Mannes Entscheidungen treffen musste. Das eine wie das andere ist nicht ganz gerecht. Die beiden haben als Team gewirkt. Er war der introvertierte Vordenker und Analyst, sie spielte auf der Klaviatur des Königtums und der Gesellschaft. Er schrieb lange, trockene Expertisen; sie handelte aus dem Bauch. Er stand früh auf, sie spät; er ging früh ins Bett, sie genoss das Nachtleben. Die beiden haben überhaupt nicht zusammen gepasst. Dennoch sind sie als eines der wenigen Traumpaare der Weltgeschichte in Erinnerung geblieben.

Auch Victoria, die Albert anfangs so gar nicht an ihrer Regentschaft beteiligen wollte, hat die Doppelherrschaft irgendwann akzeptiert. Ab 1843 hat sie in ihren Briefen immer das »Wir« benutzt, damit aber nicht den Pluralis Majestatis gemeint, sondern die Zweisamkeit mit ihrem Prinzen. 1857 hat sie ihn zum Prinzgemahl (»Prince Consort«) erhoben; ein erfundener Titel, durch den sein hervorgehobener, wichtiger Status an ihrer Seite unterstrichen werden sollte. Sie hat auf ihn gehört, wenn er Vorschläge machte, und hat sich leiten lassen von seinen Visionen. Sie hat ihn bewundert für seinen Fleiß, der ungewöhnlich war für eine Zeit, in der auch die Premierminister nicht wirklich viel Zeit mit dem Regieren verbrachten.

Noch am Vorabend seines Todes regiert Albert mit. Er macht, werden manche Historiker später sagen, sogar regelrecht Geschichte. 1860 haben sich die USA in Nord- und Südstaaten gespalten, und der neue Unionspräsident Abraham Lincoln hat einen Feldzug gegen den Süden in Gang gesetzt. In Großbritannien betrachtet man das mit gemischten Gefühlen; die Beziehungen zur ehemaligen Kolonie sind – auch 90 Jahre nach dem Unabhängigkeitskrieg – nie ohne Schwierigkeiten gewesen.

Im Oktober 1861 kommt es zu einer diplomatischen Krise, die beide Länder an den Rand eines Kriegs bringt. Ein Kriegsschiff der Union, die »San Jacinto«, hat auf offener See ein von Kuba kommendes britisches Handelsschiff aufgebracht, die »Trent«. Von Bord des Dampfers entführt ein bewaffnetes Kommando zwei Diplomaten, die im Auftrag des Konförderationspräsidenten Jefferson Davis in London und Paris um Unterstützung für die Südstaaten bitten sollen. Die »Trent« darf anschließend weiter fahren – aber das kann die britische Regierung keineswegs befrieden. Der Zwischenfall auf offener See ist ein klarer Verstoß gegen internationales Seerecht und in den Augen der Briten eine Beleidigung ihrer Fahne. Der britische Premier Henry John Temple, Lord Palmerston, ist außer sich. Er beruft, kaum ist die Affäre bekannt geworden, das Kabinett zu einer Sondersitzung ein. »Ich weiß nicht, ob Sie das ertragen können, aber ich soll verdammt sein, wenn ich es tue«, donnert er und lässt eine geharnischte Note verfassen, in der die USA ultimativ um eine öffentliche Entschuldigung und die Freilassung der beiden Diplomaten gebeten werden.

Am nächsten Tag liest Albert Palmerstons Note – es ist Gepflogenheit, dass die diplomatische Post vom Palast »abgezeichnet« wird; bis zu 28 000 Schriftstücke im Jahr, schreibt Alberts deutscher Biograf Hans-Joachim Netzer, gehen über die königlichen Schreibtische. Albert zeichnet diesmal nicht ab: Er ahnt, dass die Krise zum Krieg führen wird, wenn man der Lincoln-Regierung ein unerfüllbares Ultimatum stellt. Er formuliert den Brief also derart um, dass sich für die Amerikaner die Möglichkeit eröffnet, ihren Fehler gutzumachen, ohne das Gesicht zu verlieren. Palmerston, mit dem sich Albert schon mehrfach über die Außenpolitik zerstritten hat, ist höchst beleidigt, ärgert sich über die erneute Einmischung aus dem Palast, aber er lässt sich korrigieren. So ist das, damals. Die Folge: Es gibt keinen Krieg zwischen dem Norden und den Briten.

Gut zwei Wochen später ist Albert tot. Ein Typhus-Fieber hat ihn dahingerafft, wissen die Historiker heute. Victoria glaubt, er habe sich für die Monarchie ums Leben gearbeitet: weil er doch bis in die letzten Tage so fleißig gewesen ist. Und sie glaubt, dass Prinz Bertie, ihr Ältester, seinen Vater in einen tödlichen Gram getrieben hat, weil er ihn mit einem Skandal enttäuschte.

Bertie ist inzwischen erwachsen geworden. Er hat seinen Eltern etwas Hoffnung gemacht in den letzten Monaten vor dem Tod seines Vaters. Man hat ihn nach Berlin geschickt und nach Rom, in der Hoffnung, ein Interesse für die Kultur Europas zu erwecken. Zeitverschwendung. Drei Monate lang wird er in Edinburgh in eine Art Repetitorium gesteckt, zum Büffeln. Das geht. Dann geht er nach Oxford, zum Studieren. Und legt, was für eine Überraschung, 1860 einige Prüfungen am Christ Church College mit solch einem Erfolg ab, dass der Dekan seinen Eltern einen recht ermunternden Brief zu schreiben wagt. Bertie reist wieder nach Deutschland und zeigt sich von seiner besten Seite. Schließlich überquert er den Atlantik, um Kanada und die USA zu besuchen. Endlich wird er von seinen Eltern gelobt. Als er zurückkehrt nach Windsor Castle, wird er fast wie ein junger Held empfangen.

Bertie wird nun nach Dublin verfrachtet, in ein Militärlager, wo er das Leben der Armee kennen lernen soll – das macht man halt so als junger Prinz. Die Übung ist kein Erfolg; Bertie kann am Militär nichts reizen. Es gibt aber eine Kompensation. Eine »Schauspielerin« namens Nellie Clifden ist des häufigeren im Offiziersheim zu Gast – und nicht nur in der Messe offenbar. Die indiskrete junge Dame vergnügt auch den Prinzen von Wales; und der verliebt sich gleich in seine erste echte Affäre.

Albert, als er davon hört, ist völlig entsetzt. Der Prinzgemahl ist ein Mensch mit unerhört hohen moralischen Maßstäben, und seine Gattin hat sich gern von dieser Pietät anstecken lassen. Das ist ein Teil des Erfolgsrezepts dieses Paares geworden, eine wichtige Stütze ihrer Popularität – dass sie sich nicht wie die Hannoveraner in Luxus und Verschwendung, Wollust und Maßlosigkeit üben, sondern so fromm und einwandfrei leben, wie ihre fehlbaren Untertanen gerne leben würden. Das ist auch längst Teil ihres »Images«, sorgsam gepflegt wie offenbar auch ganz natürlich gelebt: Beschaulichkeit,

Treue, Eifer. Ein Skandal, gar noch ein Sexskandal, gehört in dieses Bild nicht hinein.

Die Beziehung von Queen Victoria zu ihrem ältesten Sohn, dem Prinzen Albert Edward, ist nie gut gewesen. Der Tod des Prinzgemahls Albert hat Victorias Verhältnis zu Bertie noch einmal schwer belastet. Im Januar 1865 vertraut sie Lord Hertford an, sie sei sicher, Albert habe »diese schreckliche Angelegenheit umgebracht«. Ihrer Tochter Vicky schreibt sie nach Berlin, dass sie es kaum aushalte, mit dem Prinzen von Wales das gleiche Zimmer zu teilen.

Bertie aber bräuchte sie jetzt eigentlich. Er braucht sie, weil ihn der Tod seines Vaters weit mehr mitgenommen hat als sie das wahrnehmen kann. Er braucht sie aber auch, weil in seinem Fall die Beziehung zur Mutter eben doppelte Bedeutung hat: Es ist gleichzeitig die Beziehung zwischen Königin und Thronfolger; es wird von ihm erwartet, dass er sie in ihrer Funktion als Staatsoberhaupt unterstützt, doch dafür muss sie sich von ihm eben stützen lassen.

Bertie versucht es mit Einlenken. Er gibt seine Abneigung gegen ein frühes Heiraten auf und verlobt sich – eine seit längerem angebahnte Beziehung – mit Prinzessin Alexandra von Dänemark. »Alix«, wie sie von allen genannt wird, stammt aus einer, was Monarchien angeht, wenig bemittelten Familie, hat aber offenbar eine sehr herzliche, glückliche Kindheit verbracht. Bertie ist nicht wirklich verliebt, aber Alix ist auch keine Zumutung, darum ist er durchaus offen für den Vorschlag: Sie ist ausnehmend hübsch, intelligent, wenn auch nicht sehr gebildet, heiter und aufgeschlossen, wenn auch leider unter einer beginnenden Hörschwäche leidend. Am Buckingham Palace ist man einerseits entzückt über die junge Dame, die einen sehr guten Eindruck macht, andererseits etwas nervös ob der politischen Vorzeichen, die über der Ehe stehen würden. Deutschland liegt mit Dänemark über Kreuz, weil es Ansprüche auf das Herzogtum Schleswig-Holstein erhebt. Das könnte zum Krieg führen (und wird es dann auch), und die Briten wären in einer dummen Lage zwischendrin.

Aber irgendwen muss Bertie heiraten, und das bitte möglichst schnell, damit nicht noch ein »Unfall« passiert. Alix wird, darauf legt Victoria Wert, von der zukünftigen Schwiegermutter eigens in Augenschein genommen, sozusagen probevorgeführt. Und sie wird

– ganz vorsichtig – sogar über die Vorfälle von Dublin informiert. In aufgeräumter Form. Bertie habe sich verführen lassen, bereue aber und die Sache sei vergessen.

Es gibt, wie wohl noch in jeder freiwilligen Ehe, eine Zeit der frischen Fröhlichkeit am Hof. Nach der Hochzeit im März 1863 werfen sich der Prinz und die Prinzessin ins gesellschaftliche Leben, woran vor allem die Aristokratie – nach eineinhalb Jahren strikter Trauer am Hof – Gefallen findet. Auch beim Volk sind Bertie und Alix beliebt, was bald der Königin auf die Nerven fällt. Es gibt erste Reibereien zwischen den Generationen. Als Alix am 8. Januar 1864 einen Sohn zur Welt bringt, bestimmt Victoria, wie er heißen soll: Albert Victor. Vater Bertie ist sauer, aber er fügt sich.

Doch dann fangen die Probleme an. Bertie findet Babys nicht wirklich interessant und möchte nicht ständig ans Haus gebunden sein. Die Mutter will auch mal raus, die Kindererziehung wird dem Personal überlassen, es gibt Streit mit der Schwiegermutter, die sich einzumischen sucht. Dann ist die Mutter schon wieder schwanger und muss das Bett hüten, während er sich zu einer Hochzeit nach Russland begibt. Dort – und auch andernorts – gibt es viele schöne Frauen. Und Gerüchte. 1870 wird Bertie hineingezogen in einen Ehescheidungsprozess. Eine gewisse Lady Mordaunt hat zugegeben, Ehebruch begangen zu haben – mit dem Prinzen, unter anderen. Bertie muss vor Gericht aussagen; die Richter retten ihn, indem sie Lady Mordaunt für verrückt erklären. Aber es hilft nicht viel. Bertie hat längst ein Imageproblem, und die Monarchie gleich mit.

Kapitel 2

Die Entdeckung von Glanz und Gloria

Edward VII.

Das verursachte also die Krise dieser Monarchie Mitte der 1860er Jahre: das Siechtum einer nicht einmal 50 Jahre alten Königin, die aber so tut, als sei ihr Leben zu Ende, und das nervige Lotterleben eines Prinzen von Wales, der Erinnerungen weckt an die moralisch ephemeren Zeiten der Georgianer.

In dieser Zeit erscheint in der Zeitschrift *Fortnightly Review* eine Reihe von Aufsehen erregenden Aufsätzen. Sie stammen aus der Feder des Chefredakteurs der Zeitschrift *The Economist*, Walter Bagehot. 1867 wird er die Beiträge noch einmal als Buch herausbringen, unter dem ganz unbescheidenen Titel *The English Constitution*, die englische Verfassung. Aber genauso wird sein Werk schon damals gelesen: als Quasi-Grundgesetz dieses Königreichs. Und es hält an. Bagehots Einfluss wirkt bis in die heutige Zeit. Selbst wenn sich seine Aussagen über die Regierung, das Kabinett und über die beiden Häuser des Parlaments mit der Zeit überholt haben, so gilt seine Deutung zur konstitutionellen Monarchie in großen Teilen fort. Alle zukünftigen Regenten werden das Werk lesen und studieren, von Edward VII. bis Elizabeth II.; und jeder noch so kleine Mitarbeiter des Palastes wird eingebläut bekommen, für wie wichtig Bagehot es erachtet, dass das Königtum sich sein Geheimnis erhält – das Magische, die unergründliche Quelle seiner seltsamen Macht. »Ihr Mysterium ist ihr Leben«, schreibt Bagehot über die Monarchie. Und dann einen Satz, der zum Klassiker geworden ist: »We must not let in daylight upon magic.« – Wir dürfen auf das Magische kein Tageslicht fallen lassen. Es wird der Lieblingssatz aller Diskussionen um die Monarchie der neunziger Jahre des nächsten Jahrhunderts.

Bagehots Kern aber ist ein anderer. Es ist die Erklärung, warum

Monarchie und wie Monarchie funktioniert, und das liest sich heute fast wie eine Beleidigung der Aufklärung. Wenn man ehrlich ist, gilt der Satz allerdings heute noch viel mehr als damals.

Der beste Grund, dass die Monarchie eine starke Regierungsform ist, liegt darin, dass sie eine verständliche Regierungsform ist. Die Masse der Menschheit versteht sie. ... Es wird häufig gesagt, dass Menschen von ihrer Vorstellungskraft regiert werden; aber es wäre wahrhaftiger zu sagen, dass sie von der Schwäche ihrer Vorstellungskraft geleitet werden. Die Natur einer Verfassung, das Handeln einer Versammlung, das Spiel der Parteien, das unsichtbare Entstehen einer führenden Meinung, das sind alles komplexe Fakten, schwer zu erkennen und leicht misszuverstehen. Aber das Handeln eines einzelnen Willens, das Werk eines einzigen Geistes, das sind leichte Ideen: Jeder kann sie verstehen, und niemand kann sie je vergessen.

Monarchie, so Bagehot weiter, sei »eine Regierungsform, in der die Aufmerksamkeit der Nation sich darauf konzentriert, wie eine Person interessante Dinge tut«. Interessante Dinge und verständliche Dinge. Da würde eine pensionierte Witwe über die Hügel von Windsor wandeln, und ein arbeitsloser junger Mann zum Derby gehen. Das fände mancher ein bisschen wenig oder reichlich lächerlich. Aber weil es die Queen ist und der Prince of Wales, würden die Leute sich wiederfinden in diesem Handeln und ihm Bedeutung geben.

Das also ist der Job des Monarchen, schreibt Bagehot: Er erfüllt mit seinem Handeln den »würdevollen Teil« des Staatsgeschäftes, er sorgt dafür, dass die Menschen das Staatsgebilde als Vormacht anerkennen, ihm Loyalität und Vertrauen schenken. Damit der König das kann, muss er Ehrfurcht erzeugen; Verehrung auf sich ziehen. Ein Prinz, der heiratet, muss aus diesem alltäglichen Vorgang deshalb etwas ganz Besonderes machen. »Die Hochzeit eines Prinzen ist die brillante Ausgabe eines universellen Faktes, und als solche erschüttert sie die Menschheit«, schreibt Bagehot. So funktioniere Königtum.

Victoria hat Bagehot nicht gelesen. Sie hat sich darüber aufgeregt, das ist bekannt, dass seine Schriften als Erziehungsmaterial für ihren Sohn und ihre Enkel genutzt wurden. Aber Bagehot hatte ohnedies prophetische Wirkung. Die Erschütterung der Menschheit nämlich sollte die Monarchie retten – nicht eine Veränderung des Verhaltens ihrer Protagonisten.

Am 6. November 1871 – zehn Monate, nachdem sich der preußische König Wilhelm I. im Spiegelsaal zu Versailles zum Deutschen Kaiser hat proklamieren lassen – hält der Unterhausabgeordnete Sir Charles Dilke eine beachtenswerte Rede gegen die Monarchie. Die Kosten der königlichen Familie, so rechnet er einem hier ent- und da begeisterten Publikum vor, wären auf über eine Million Pfund im Jahr angewachsen; zehnmal so viel wie der amerikanische Präsident verdiene. Diese enorme Summe sei herausgeschmissenes Geld, erklärt Dilke unter großem Beifall. Selbst der Mittelstand ziehe der Monarchie inzwischen eine Republik vor, nur um damit der Korruption des Königtums zu entkommen. Es brodelt im Saal.

Zwei Wochen später, am 21. November, legt sich Prinz Albert Edward mit hohem Fieber ins Bett. Ein Arzt wird gerufen, ihn auf seinem Landsitz in der Grafschaft Norfolk, Sandringham House, zu untersuchen. Die Diagnose lässt einen Ruck durch Hof und Regierung gehen. Typhus, ausgerechnet Typhus. Queen Victoria eilt vom schottischen Balmoral aus ans Krankenbett ihres Sohnes. Ihr Beten und Hoffen aber scheint umsonst. Der Zustand Berties verschlechtert sich zunehmend. Das Interesse der Öffentlichkeit am Schicksal des Prinzen explodiert. Bald ist das Tor von Sandringham von Reportern belagert, die auf Informationen über den Gesundheitszustand des Prinzen hoffen. Mit düsterer Vorahnung wartet alles auf den 14. Dezember – das ist der zehnte Todestag des Prinzgemahls Albert, der auch an Typhus gestorben ist. Der Hof, die Regierung, das Land, die Menschheit hält den Atem an. Genau am 14. Dezember bricht das Fieber. Bertie überlebt.

Premierminister William Ewart Gladstone weiß, was zu tun ist. Die öffentliche Aufregung um das Schicksal des Prinzen muss aufgefangen und ausgenutzt werden. Jetzt ist der Moment gekommen, in dem die Monarchie endlich wieder an Bedeutung gewinnen kann. Die Königin ist – natürlich – dagegen, aber Gladstone setzt sich durch: Ein öffentlicher Dankesgottesdienst wird angesagt. Am 27. Februar 1872 fahren Victoria und Albert Edward in einer offenen Kutsche durch London; es ist das erste Mal seit einem Jahrzehnt, dass sich die Königin so exponiert in der Öffentlichkeit zeigt. An der ganzen Strecke von Buckingham Palace bis zur Kathedrale von St. Paul's wird die Kutsche von Menschenmassen beklatscht. Die Hochrufe auf die Monarchin und ihren Sohn machen sogar auf Victoria Eindruck. »Leute weinten. ... Es war ein sehr bewegender Tag«, schreibt sie ins Tagebuch.

Nicht so für Charles Dilke und Freunde. Die Idee, die Monarchie abzuschaffen und in Großbritannien eine Republik zu errichten, noch wenige Wochen zuvor eine ernst zu nehmende Option, wird über Nacht zu einer schwindenden Ersatzreligion. Für über 100 Jahre soll sich der britische Republikanismus nicht wieder erholen. Ein arbeitsloser junger Mann ist krank geworden, und plötzlich ist die Stimmung im Staatsgebilde wie verwandelt, alle sind wieder begeistert von dieser Monarchie. Bagehot muss gejubelt haben.

Und Gladstone? Der freut sich über die »zufriedenstellendste Feier«, die London je erlebt habe. Zufriedenstellend nicht zuletzt für ihn. Darüber muss Klarheit herrschen: Gladstone lässt nicht für Victoria jubeln oder für Bertie, sondern für die Krone und für die Nation. Mit der Person der Königin hat er so wenig zu schaffen wie umgekehrt Victoria mit Gladstone. Der Premier findet sie dumm und uninteressant und über den Prinzen schimpft er meistens. Doch an der Institution der Monarchie hat der Liberale ein großes Interesse. Er erkennt instinktiv, wie wertvoll das ist, was der britische Historiker David Cannadine ein Jahrhundert später die »bewusste zeremonielle Präsentation eines ohnmächtigen, aber verehrten Monarchen als ein vereinigendes Symbol von Kontinuität und nationaler Gemeinschaft« nennt: Gladstone braucht den Thron, weil er überall Veränderung sieht und betreibt, und weil er weiß, dass die Menschen etwas zum Festhalten brauchen.

Zwischen 1868 und 1894 wird Gladstone viermal Premierminister sein und für Veränderungen kämpfen, die allesamt nicht Victorias Gnade finden: Er will Irland Autonomie geben, damals in Gänze Teil des Vereinigten Königreichs und nicht erst seit der Hungersnot von 1848 ein ständiger Herd berechtigter Unruhe. Er will mit Sozialreformen das Schicksal derer verbessern, die zu den Verlierern der Industriellen Revolution gehören. Er will Steuern senken und die Justiz ausdünnen. Er will die Kolonien abstoßen, weil er Imperialismus für einen teuren Irrweg hält. Victoria entsetzt das alles. Sie schimpft und zetert, aber in seine Politik lässt sich William Gladstone von der Königin nicht hineinreden, so viel und so häufig sie es auch versucht. Er weiß genau, dass sie es furchtbar findet, wenn er eine Wahl gewinnt, und dass sie bejubelt, wenn er eine Wahl verliert. Er hat ein dickes Fell.

Sein politischer Antikörper, der konservative Benjamin Disraeli, hat es deutlich leichter. Er ist Victorias Lieblingspremier, keine Frage. Die beiden führen nicht nur einen herzigen Briefwechsel. Sie kümmert sich um ihn. Weil er gichtig ist, darf er sich setzen bei Audienzen (einem seiner Vorgänger, greis und klapprig, mussten noch warme Worte des Bedauerns reichen, dass die Königin ihm ja leider, leider nicht anbieten könne, Platz zu nehmen). 1876 macht sie ihn zum Earl of Beaconsfield, damit er nicht mehr die elenden Unterhausdebatten aushalten muss. Disraeli bedankt sich, indem er seine Königin noch mehr umschmeichelt als ohnehin.

Und doch spielt er das selbe Spiel wie Gladstone. Er hält sie sich gut, weil er die Krone braucht; ansonsten entmachtet der konservative Charmeur die Königin genauso wie der liberale Sturkopf. Wenn sie sich überarbeitet fühle, solle sie dies und jenes nicht mehr selber entscheiden, sondern der Regierung überlassen, umsäuselt Disraeli seine Victoria. Natürlich fühlt sich die Königin überarbeitet; schon jahrzehntelang. Sie lässt ihre Macht fahren, ohne dass es Streit gibt. Das ist uncharakteristisch. Victoria wird, je älter sie nun ist, immer bizarrer in ihren Ansprüchen, die sich mit ihrer Dienstbereitschaft gegenüber Volk und Staat schon längst nicht mehr decken.

Wer will, kann das ablesen in der Affäre John Brown. Sechs, sieben Jahre nach dem Tod von Prinz Albert schon gibt es Gerüchte in der Presse, Victoria habe mit einem Angestellten des Hofes, jenem John Brown, ein Verhältnis. Brown hat als persönlicher Diener (zu gut schottisch: »Gillie«) des königlichen Paares auf dem Schloss Balmoral angefangen und sich durch seine selbstbewusste, aber immer höchst aufmerksame Art einen eigenen Platz im Herzen der Königin erobert. Nach dem Tod des Prinzgemahls wird er der trauernden

Witwe immer wertvoller. Zunächst in Balmoral, ab 1864 auch in Windsor und Osborne spielt Brown erst die simple Rolle einer Eskorte, dann eines Kammerdieners, schließlich eines Gesellschafters. Als er 1883 stirbt, lässt Victoria einen Nachruf schreiben (und veröffentlichen), der dreimal so lang ist wie der auf ihren geliebten Premier Disraeli.

Sie selbst schreibt, Brown sei ihre wichtigste Stütze gewesen in jenen Jahren. Er ist anders als die offiziellen Berater. Er lässt sich nicht vom Respekt vor der Königin übermannen. Er meckert sie auch mal an, raucht in ihrer Anwesenheit, trinkt. Niemand sonst nimmt sich so etwas heraus. Das ist erfrischend. Das amüsiert sie. Das Muster wird sich wiederholen in der Geschichte des Hauses Windsor.

Victoria wird bedeutet, dass die Beziehung Ärger mache. Sie interessiert das nicht. Sie weist nur von sich. Sie glaubt, dass man sich als Königin unbeschwert mit einem Gillie vergnügen kann, ohne den Respekt der Umgebung zu riskieren. Das zeugt von Selbstbewusstsein.

Es gibt noch andere Zeichen. 1873 will Victoria eine Kaiserkrone – der preußische König hat jetzt eine, und der Zar tut auch ganz imperial; und ist sie nicht selbst längst Kaiserin, nämlich von Indien? Benjamin Disraeli ist gerade wieder Premierminister; er umgarnt die Königin mit Komplimenten und möchte ihr alles Recht machen, aber mit diesem Wunsch stößt er an Grenzen. Die liberale Presse würde sie zerreißen (und ihn gleich mit). Also muss sie warten, bis Disraeli die Überspanntheit der Königin so in eine Politik einbetten kann, dass sie sich nahtlos einpassen lässt (was die liberale Opposition, allen voran William Gladstone, nicht davon abhält, dagegen zu wettern). 1876 wird Victoria »Regina et Imperatrix« und ihre Unterschrift lautet nun »Victoria RI«, Königin und Kaiserin. In Delhi feiern am 1. Januar 187 784 000 Menschen – in erster Linie der indische Adelsstand und sein Gefolge – die formelle Einführung des Kaisertums. Knapp 20 Jahre nach dem großen Aufstand der Inder 1858 herrscht für einen Moment Harmonie zwischen Kolonie und Kolonialisten.

Gladstone zieht immerhin die richtigen Schlüsse aus derlei Erfolg. Als sich die Thronbesteigung Victorias zum 50. Mal jährt, schlägt er die Feier eines »Jubilees« vor, eines Thronjubiläums.

Das ist keineswegs ein Anlass, der auf der Hand liegt oder für den es Vorbilder gibt. Jubilees kennt die altjüdische Kultur, auch das Papsttum hat im Mittelalter 100-jährige Rhythmen gefeiert. Von Heinrich III. und Edward III., den beiden einzigen britischen Langzeitkönigen des Mittelalters, ist über Jubiläumsfeiern nichts überliefert. Bei George III., der 60 Jahre auf dem Thron saß, wurde das 49. Regierungsjahr gefeiert, aber nur halbherzig und in einigen Kolonien. Victoria ist wenig angetan von Gladstones Vorschlag. Sie sieht nicht ein, sich den Anstrengungen einer prachtvollen Feier auszusetzen. Wie gut, dass die Regierung wechselt. Gladstone geht, Lord Salisbury kommt: ein alter Freund der Königin. Dessen Drängen wird schon eher gehört.

Das Jubilee von 1887 wird eine unglaublich prachtvolle Veranstaltung, wenn man bedenkt, dass die Planer und Organisatoren auf bestenfalls dürftige Vorbilder zurückgreifen können. Es wird ein Fest mit Massenbeteiligung. Es gibt Straßenfeste, Grundsteinlegungen für allerhand Jubilee-Bauten, Militärparaden, Konzerte und Feuerwerke, es gibt einen Feiertag extra und das erste Mal in der Geschichte dieser Monarchie einen gigantischen Berg an Jubilee-Souvenirs zu kaufen. Höhepunkt der Feierlichkeiten ist die Kutschfahrt der Königin und zahlreicher weiterer europäischer Hoheiten von Buckingham Palace zur Westminster Abbey sowie ein Fürbittengottesdienst daselbst.

Durch das Jubilee entsteht in Großbritannien – aber nicht nur da – eine völlig neue Gattung in der politischen Kultur: das nationale Fest. Auch in Berlin ist diese Entwicklung schon in vollem Gang mit der Errichtung der Siegessäule, dem Ausbau der Kurfürstenallee zur Prachtstraße, dem Bau der Siegesallee und des Reichstags. In London hinkt man etwas hinterher, aber bis zum Ersten Weltkrieg wird auch hier die Mall erweitert werden, bekommt der Trafalgar Square seine heutige Form und wird vor allem Buckingham Palace mit seiner bekannten Fassade samt Balkon versehen. Das Zeitalter des Nationalstaates bastelt sich seine Kulisse.

1897, zehn Jahre nach dem *Golden Jubilee*, wird die Königin noch einmal gefeiert. Das *Diamond Jubilee* ist noch imperialer: Der Kolonialminister Joseph Chamberlain, eine der schillerndsten Figuren jener Zeit des Imperialismus, lädt diesmal die Regierungschefs und Gouverneure der zum Empire gehörenden Staaten ein und nicht die europäische Monarchenfamilie. Dieser Umzug soll die Kaiserin und Königin Victoria endgültig zum Symbol des Empires machen, das ist der Sinn. Die alte Dame ist gerührt. »Niemand ist jemals, glaube ich, mit solchen Ovationen begrüßt worden, wie sie mir gegeben wurden, als wir durch diese sechs Meilen von Straßen fuhren«, schreibt sie am Abend in ihr Tagebuch. Die Menschen am Straßenrand, die genauer hingucken konnten, haben sie weinen sehen.

Es ist ein Missverständnis, aber ein nettes. Die Menschen wissen nichts von ihrer Königin, von ihren Eigenheiten, die sie im Alter inzwischen entwickelt hat. Nicht nur die Stimmung hat sich geändert, auch die Begleitmusik. Die Presse verändert sich radikal im letzten Viertel des 19. Jahrhunderts. Vorbei sind die Zeiten, in denen die Queen in den Zeitschriften und Zeitungen der gebildeten und reichen Schichten zum Gespött gemacht wurde. Zeitungen sind jetzt Massenprodukte; sie spiegeln das Denken und die Sehnsüchte der unteren Schichten wider. Seit etwa 1875 wird gelobhudelt. Die Kritik ist weitgehend verstummt: Die ewige Monarchin wird als Symbol genutzt für den unvergänglichen Glanz des Königreichs. Die Königin wird mit Stärke und Macht in Verbindung gebracht, weil Großbritannien sich stark und mächtig fühlt. Die Ovationen für die 78-Jährige in den Tagen ihres *Diamond Jubilees* richten sich nicht an die Person Victoria. Das Land feiert sich selbst, indem es seine Königin hochleben lässt.

Dem Prinzen von Wales gefällt das. Albert Edward ist im Gegensatz zu seiner Mutter ein Enthusiast der königlichen Prachtentfaltung. Victorias Verhältnis zu ihrem Sohn ist nach 1871, nach seiner Krankheit, etwas besser geworden, aber gut ist es noch lange nicht. Sie führt ihn in seine zukünftige Aufgabe praktisch nicht ein, sondern begnügt sich mit der Hoffnung, dass er so bald kein König werde. Er bekommt von ihr keinen Zugang zu den »roten Koffern«, zu den Staatspapieren. Victoria schickt ihren Sohn höchstens auf Staatsbesuche und royalen Zeremonien im Ausland, weil sie selbst keine Lust mehr dazu hat. Ansonsten aber ist Bertie immer nur auf Urlaub, 365 Tage im Jahr.

1871 ist der Prinz von Wales 30 Jahre alt und hat zu diesem Zeitpunkt fünf Kinder: Prinz Albert Viktor Christian Edward, genannt »Eddy«, ist 1864 geboren, Prinz George Frederick Ernest Albert ein

Der spätere König Edward VII. mit seiner Frau Alix und – von links nach rechts – George (hinten), Maud, Albert Victor (»Eddy«), Louise und Victoria.

gutes Jahr später; 1867 folgte Prinzessin Louise und 1868 Victoria. 1869 schließlich ist Maud geboren und 1871 Alexander John. Der letzte kommt – wie schon Eddy – als Frühgeburt zur Welt, wiegt kaum etwas und schwächelt. Nach einem Tag schon stirbt er. Bertie und Alix sind am Boden zerstört.

Sie führen eine merkwürdige Ehe. Auf der einen Seite liest man in den Biografien, dass die Familie des Prinzen von Wales, die mal in Marlborough House, mal in Sandringham House lebt, eine sehr glückliche kleine Gemeinde war. Die Kinder werden offenbar sehr liebevoll aufgezogen, die Eltern lassen ihnen all jene Freiheiten, die es bei Victoria und Albert, den Großeltern, seinerzeit nicht gegeben hat. Der intellektuelle Anspruch der Erziehung ist eher begrenzt, aber die Wales-Kinder lernen, wie man hochadlig sein kann, ohne überheblich zu werden. Man ist viel zusammen, hat häufig Gäste, reist gemeinsam nach Dänemark zu Alix' Eltern oder zu anderen kontinentalen Verwandten. Man ist herzlich miteinander, den Zeiten entsprechend.

Aber der Prinz und die Prinzessin sind sehr unterschiedliche Charaktere mit sehr unterschiedlichen Lebensweisen. Alix ist – spätestens seit einer Rheuma-Erkrankung 1867 – immer seltener in großer Gesellschaft zu sehen. Auch die wachsende Taubheit macht ihr zu schaffen; sie begibt sich ungern in größere Runde. Zudem ist sie nicht die interessanteste Gesprächspartnerin. Wie ihr Gatte nimmt sie nur selten ein Buch in die Hand, anders als ihr Gatte interessiert sie sich nicht für die Gerüchte der Gesellschaft. Bertie ist anders. Er sucht ständig Abwechslung, tanzt auf allen Hochzeiten und nicht nur auf großem Parkett. Mit seinen männlichen Freunden (und immer häufiger mit seinen weiblichen) lässt er sich in Etablissements sehen, die die Gnade seiner Mutter nicht finden würden. Und bald macht niemand mehr niemandem etwas vor. Albert Edward ist ein untreuer Gatte. Alix tröstet sich mit der Überzeugung, dass ihr unruhiger Gatte sie am meisten liebt. Das hält man damals vielleicht so. Wer weiß schon, was wirklich in ihr vorgegangen ist.

Spätestens ab 1876 hat Albert Edward für alle sichtbar stets eine Mätresse an seiner Seite: immer eine hübsche Dame, die mit ihm ausgeht und ihn vergnügt und der er den Hof machen kann. Die verheiratete Lily Langtry macht den Anfang. Sarah Bernhardt, eine der berühmtesten Schauspielerinnen jener Zeit, gehört zu den Liebschaften des Prinzen. Mit Jennie Jerome, der Tochter des Besitzers der *New York Times*, soll er eine Affäre gehabt haben, nachdem sie bereits mit Sir Randolph Churchill verheiratet war. Ein Sohn aus dieser Ehe wird als Winston Churchill Karriere und Geschichte machen.

Und schließlich macht er – nach und neben vielen anderen – 1898 Alice Keppel zu seiner Mätresse, die schöne Gattin des stolzen Colonel George Keppel. Sie ist die berühmteste all dieser Nebenfrauen, vielleicht auch die bedeutendste, und das nicht deshalb, weil ihre Urenkelin Camilla Shand dereinst erst Geliebte und dann Ehefrau eines anderen Prinzen von Wales sein wird. Alice Keppel hat ihrem Geliebten in seinen Jahren auf dem Thron als wohl wichtigste Stütze gedient, bescheiden und bestimmt, generös und galant. Sie ist deshalb sogar von seiner Frau akzeptiert worden, ein bisschen jedenfalls: Sie wurde 1910 ans Sterbebett des Königs vorgelassen.

Es sind private Sorgen der anderen Art, die Albert Edward und Alix immer wieder zusammenbringen. Ihr Ältester, Albert Victor, 1890 zum Herzog von Clarence erhoben, von der Familie aber weiter nur »Eddy« genannt, ist ein Spätentwickler der besonderen Art: Eigentlich entwickelt er sich gar nicht. Donald Spoto, der Windsor-Biograf, erzählt, Eddy sei »nie richtig erwachsen« geworden: »Er saß oft mit starrem Blick da, nahm offenbar seine Umgebung überhaupt nicht wahr und schien nur mit sich selbst beschäftigt zu sein. Zudem hatte er schon in jungen Jahren ein ungewöhnliches Interesse an Sex, und seine Persönlichkeit ließ keine Entwicklung erkennen.« Verschiedene Biografen vermuten, Eddy habe an wachsender Hörschwäche gelitten; eine Erkrankung, die seine ebenfalls taube Mutter Alix aber nicht hätte wahrhaben wollen.

Die Eltern versuchen es, wie man es in dieser Familie offenbar gelernt hat: erst mit harter Schulerziehung, dann mit einer Marineausbildung, die er gemeinsam mit dem zweitgeborenen Prinz George absolviert. Über vier Jahre lang sind die beiden Prinzen auf See. George zeigt sich als ein erfolgreicher junger Offizier; sein Bruder eher weniger. 1883 hat Bertie von den Experimenten genug und schickt seinen ältesten Sohn nach Cambridge ans Trinity College. Geschichte wiederholt sich. Bald reist wieder ein Vater in die Universitätsstadt, um seinem Sohn ins Gewissen zu reden, sich mehr mit akademischen Inhalten denn mit sexuellen Abenteuern zu befassen. Aber was will er machen? Eddy hat schlechte Manieren, kann sich kaum verbal ausdrücken, liest extrem langsam und ist ungeheuer faul. So wird das nichts mit der Bildung. Der sinnlichen Versuchungen aber gibt es viele, und offenbar nicht ausschließlich der konventionellen Art. In einer Ausgabe des *Punch* von 1883 spielt ein Sketch recht unmissverständlich darauf an, dass Prinz Eddy sich mit jungen Männern vergnügt habe. 1889 wird sein Name noch einmal entsprechend an die Öffentlichkeit geraten: Als ein Schwulen-Bordell in der Cleveland Street von London ausgehoben wird (Homosexualität ist in jener Zeit, wie man sich denken kann, verboten), belasten die dort aufgegriffenen männlichen Prostituierten nicht nur den Leiter des königlichen Rennstalls, Lord Arthur Somerset, sondern auch Prinz Eddy.

Eddy wird wieder aus Cambridge entfernt und diesmal in die Armee gesteckt. Erneut erfolglos. Der Mann, so ein Offizier, verstehe nichts von Kriegsführung, nicht einmal die Ansätze. Eddy ist nur mit sich selbst beschäftigt, interessiert sich für Mode, fürs Polo-Spiel und Sex.

Was tun? Man verheiratet den Mann. Er ist schließlich der zukünftige Thronfolger, und ein solcher bedarf zumindest zum Schein einer glücklichen Familie.

Victoria, der Prinz und die Prinzessin von Wales haben sich sogar schon auf die Braut geeinigt: eine junge Frau aus beinahe königlichem Hause, die junge Victoria Mary Augusta Louise Olga Pauline Claudine Agnes von Teck, kurz: May. 1867 im gleichen Zimmer des Kensington-Palasts wie einst Victoria geboren, ist sie die Tochter eines relativ verarmten Sohnes des Königs Alexander von Württemberg und damit Nachfahrin einer so genannten morganatischen Verbindung: Des Königs Frau, Claudine Rhedey, entstammt niederem Stand und ist deshalb nicht Königin von Württemberg, sondern lediglich Herzogin von Hohenstein geworden. Die gemeinsamen Kinder tragen keinen königlichen Status, sondern sind lediglich »Prinzen von Teck«. May ist also, streng genommen, nicht königlichen Blutes. Ein Umstand, den die Königin und der Prinz von Wales gerne zu übersehen bereit sind, nicht aber die Schwestern von Eddy: Sie werden die entfernte Cousine immer mit Missachtung strafen.

Eddy und May sind mit der Verbindung einverstanden, vielleicht mögen sie sich sogar. Für May bedeutet die Heirat in die königliche Familie mit Sicherheit einen Aufstieg; sie ist über die intellektuellen und emotionalen Besonderheiten ihrer Sandkastenbekanntschaft

Eddy durchaus schon länger informiert, aber es hätte – aus ihrer Sicht – ja auch schlimmer kommen können. Nicht nur die Töchter des Hochadels werden in jener Zeit von ihren Eltern verheiratet; sie hätte auch an einen fetten Mittfünfziger geraten können.

Alles geht sehr schnell. Queen Victoria nimmt die zukünftige Thronfolgergattin im November 1891 für zehn Tage (!) in Balmoral in Augenschein. Anfang Dezember darf Eddy förmlich um ihre Hand anhalten, May sagt offiziell ja. Die Hochzeit soll schon im Februar sein, damit nicht noch etwas dazwischen kommen kann. Die Braut nebst Eltern werden nach Sandringham eingeladen, um am 8. Januar 1892 den 28. Geburtstag des Bräutigams in spe zu feiern. Am Tag zuvor legt der sich, von der Jagd zurückkommend, ins Bett, weil er sich unwohl fühlt. Zu seinem Geburtstag hat er eine Lungenentzündung entwickelt, so dass er nur kurz im Bademantel auftaucht, um seine Geschenke entgegen zu nehmen. Fünf Tage später ist Prinz Albert Victor, der Herzog von Clarence, tot.

Prinzessin May darf ein Jahr trauern. Am 3. Mai 1893 hält George, der jüngere Bruder Eddys, um ihre Hand an. May und George sind Freunde geworden in diesem Jahr, sie haben sich durch die Zeit der Trauer gegenseitig geholfen und hin und wieder geschrieben. Die Verlobung ist trotzdem schwierig. Viele Zeitgenossen sind entsetzt, und auch in beiden Familien gibt es gemischte Gefühle. Wenn man zynisch ist, könnte man sagen, dass hier eine einfache Lösung gesucht wurde für das Anschlussproblem, das sich für den Prinzen von Wales ergeben hatte: Wenn sein Erstgeborener tot war, musste sein Zweitgeborener schnell unter die Haube. Die Dynastie ist zu sichern; und warum nicht mit der Braut, die schon für den ersten vorgesehen war. Am 6. Juli schon wird geheiratet.

Man könnte genauso behaupten, dass die Verbindung zwischen George und May weitaus vielversprechender ist als die ursprünglich geplante zwischen Eddy und der Prinzessin. Eddy war unstet, emotional unreif, neigte zu völligem Egoismus und Despotismus. George ist im Wesentlichen ein einfacher Marineoffizier mit leidlichen Manieren und einem scheuen, steifen, aber wohl auch sanftem Herz. May und George werden sich nie ganz offen und verbal ihre Liebe eingestehen; dazu sind sie beide einfach zu gehemmt. Sie schreiben sich lieber, manchmal mehrfach am Tag, und machen sich niedliche Komplimente.

Sie sind auch ein bisschen langweilig. Die Flitterwochen verbringen sie im vergleichsweise kleinen York Cottage auf dem Anwesen von Sandringham, wo sie anschließend für 33 Jahre residieren werden. George sammelt Briefmarken und geht Schießen, May sammelt Kunstgewerbliches und Möbel. Die beiden führen keine große Gesellschaft und sind gerne zu Hause. Es gibt Kinder: Prinz Edward Albert Christian George Andrew Patrick David, genannt David, kommt am 23. Juni 1894 auf die Welt, gefolgt am 14. Dezember 1895 von Prinz Albert. Im *Morning Advertiser* jener Tage heißt es zu dieser Geburt:

Der kleine Prinz gehört der Nation genauso wie seinen Eltern. Er mag nie auf den Platz vor den Stufen des Thrones gerufen werden so wie sein Vater, der unter solch traurigen Umständen von einem älteren Bruder verlassen wurde. Aber seine Geburt ist die zweite Garantie für eine direkte Folge für die Britische Krone – jenes größte aller Erben, wie Mr. Gladstone sie einst treffend genannt hat.

Als Queen Victoria am 22. Januar 1901 in ihrem Bett in Osborne House ganz friedlich stirbt, ihren Sohn Albert Edward zur einen und ihren Enkel, Kaiser Wilhelm II. zur anderen Seite, ist die Monarchie in ihrer Thronfolge so abgesichert wie wohl nie zuvor: In drei Generationen schon stehen die »wahrscheinlichen Thronerben« bereit. Auch sonst aber ruht die Monarchie auf viel stabileren Füßen als 60 Jahre zuvor. Die spürbare historische Erschütterung, die anlässlich Victorias Ablebens um den Globus geht, ist ein kollektives Gewahrwerden des Abschieds von einem Zeitalter, aber keine Zukunftsangst. Kein britischer Politiker hält, wie einst 1837, in ängstlicher Geste den Atem an, weil er fürchtet, dass nun das ganze Staatswesen in sich zusammenstürzen könnte, weil der Nachfolger einfach eine Katastrophe wird. Sie mögen ja viel herumgemeckert und Befürchtungen gehegt haben über Prinz Albert Edward, den Prinzen von Wales. Aber jetzt, da er auf den Thron rückt, sind sie eigentlich ganz gelassen.

Edward VII., wie Victorias Sohn sich mit leichtem Trotz gegenüber seiner verstorbenen Mutter nennt, die immer von einem »König Albert Edward I.« ausgegangen war, Edward VII. ist ein Phäno-

Abschied eines Zeitalters: Die Beerdigung Königin Victorias im Jahr 1901.

men in der Geschichte der Windsors. In seiner immensen Lebenslust, seiner Neigung zu Pracht, Prunk und Vergnügung erinnert er an die Hannoveraner. Er wird seiner Zeit sogar seinen Namen geben: *Edwardian England*. Das wird nach ihm nie wieder einem König oder einer Königin gelingen: ein Zeitalter zu verkörpern. Es ist das letzte Jahrzehnt der »Belle Époque«, deren Aushängeschild der prächtige britische König wird. Eine optimistische Zeit, der Edward einen ganz neuen Impetus gibt, weil er den Hof nach Jahrzehnten der selbst gewählten Düsternis öffnet und zu einem neuen gesellschaftlichen Zentrum macht. Buckingham Palace wird wieder ein Ort großer Dinners, prächtiger Bälle, glanzvoller Rituale. Dem Zeitgeist entsprechend lässt Edward neue Schichten an den Hof: die »nouveau riche«, die Künstler, Ausländer aller Art; der König wirft manche Begrenztheit über Bord, ohne grenzenlos zu sein.

Edward ist nicht nur modern für seine Zeit, er macht sogar Mode. Der »Smoking« ist seine Idee, das Dinner Jacket, und er adelt den Strohhut. Der König beteiligt sich am Entwurf für die Roben der britischen Lords, die bis heute bei der jährlichen Eröffnung des Parlaments durch die Königin getragen werden, und lässt eine neue Staatskarosse bauen: eine goldene Kutsche, wie aus absolutistischen Zeiten. Aber er lässt sich auch im Daimler herumfahren; eine wahrhaft revolutionäre Entwicklung, die nicht allen gefällt. Egal. Edward gilt als offen, als tolerant, als modern. »Den Monarchen liebten und bewunderten die Menschen wegen seiner persönlichen Eigenschaften, wegen seiner Umgänglichkeit, seiner Geselligkeit, seines stets freundlichen Auftretens in der Öffentlichkeit, seiner allzumenschlichen Schwächen ..., wegen seines Charmes und seiner tadellosen Manieren und der Liebe, die er seinen Enkeln und seiner (stets loyalen) Alix entgegenbrachte«, schreibt Donald Spoto.

Kurzum: Edward macht etwas her. Auf den Bildern jener Zeit sieht man ihn zufrieden und meist in prächtiger Uniform, oft huldvoll lächelnd wie ein wohlwollender Unternehmer. Das Repräsentieren geht ihm leicht von der Hand: Er liebt die Pracht und den Glanz des Hofes, er versteht von wenig mehr als von Etikette, er wird zum Experten für *pomp and circumstance*. Nie wieder wird es am Hof so prächtig und so glänzend werden wie zu seinen Zeiten; schon weil die Zeiten andere werden. Aber dafür lieben die Briten ihren König damals: für die Verkörperung ihres imperialen Anspruchs. In Edward VII. und seinem Gepränge sieht Großbritannien und sein Empire den ihm gebührenden »Platz an der Sonne« repräsentiert. Der König schafft Patriotismus; das macht ihm Spaß. Und weil er das gut macht, verzeiht ihm das Volk manche Marotten, Mätressen eingerechnet.

Und so ist Edward eben doch politisch. Nicht, weil er Premierminister zu stürzen oder Einfluss zu nehmen sucht – da hält er sich, so konservativ er auch sein mag, selbst nach den Aussagen der Labour-Politiker jener Zeit immer zurück. Nein: Edward VII. ist politisch, weil er genauso als König wirkt, wie Bagehot es gefordert hat. Er schart die Menschen hinter sich zusammen; er schafft Begeisterung und Patriotismus durch simples Dasein, durch feierliche Zeremonien und dadurch, dass er Respekt verlangt.

Der König ist ein wirksames Werkzeug der Regierung, wenn es darum geht, Allianzen zu schmieden. Sein Besuch 1904 in Paris, ein Riesenerfolg bei den monarchieentwöhnten Franzosen, bildet die Grundlage für die »Entente cordiale« zwischen den beiden Ländern, eine Verbindung, die die alte Feindschaft ersetzt und stilbildend wird für das 20. Jahrhundert. Ist Edward sonst unterwegs, zum Beispiel rund ums Mittelmeer oder in Österreich-Ungarn, dann macht er überall Werbung für sein Land und dessen Politik, bei den anverwandeten Adelshäusern (also praktisch überall) oder den jungen Republiken.

Er ist weniger wirksam, was Deutschland betrifft; aber da trifft ihn nicht die Alleinschuld. Wilhelm II. hat ein anerzogenes, persönliches Minderwertigkeitsproblem gegenüber England, das gut harmoniert mit dem Minderwertigkeitsproblem der deutschen Kolonialpolitik. Er ist gleichzeitig ein England-Bewunderer – das gehört zu Minderwertigkeitsgefühlen notwendigerweise dazu. Als Victoria ihn im Juni 1889 zu einem englischen Flottenadmiral ernennt, ist der Mann ganz aus dem Häuschen vor Stolz. Er entwickelt damals die fixe Idee, dass er sich mit den Engländern einigen werde: Sie würden die Weltherrschaft auf dem Meere übernehmen, Deutschland die Landherrschaft in Europa.

Es gibt aber einen wichtigen Unterschied zwischen Wilhelm II.

und Victoria, respektive ihrem Thronfolger Edward VII. Der deutsche Kaiser bestimmt die Politik: Er ist nicht nur ein Aushängeschild Deutschlands, er regiert. Die britische Königin und der britische König können nur einwirken auf ihre eigene Regierung, und sie können diplomatisch tätig werden, indem sie sich mit ihrer ausgedehnten europäischen Familie Briefe schreiben. In Großbritannien ist es also nicht entscheidend, dass Victoria ihren Enkel Wilhelm II. nicht mag. Es ist nicht kursbestimmend, dass Edward VII. seinen Neffen für einen gefährlichen Idioten hält, dem gegenüber zwar Höflichkeit, vor allem aber Misstrauen angebracht ist. Die britischen Monarchen geben Empfehlungen an ihre Premierminister und ihre Außenminister, an die sich jene aber nicht halten müssen. Wilhelm II. kann befehlen.

Edward hat nicht viel Zeit, und er weiß das auch. Er ist 61 Jahre, als er den Thron übernimmt, und kein gesunder Mensch. Zeit seines Lebens hat er eifrig Zigarren und Zigaretten geraucht, in den späteren Jahren viel Alkohol getrunken. Vor allem aber hat er gegessen. In seinen Hochzeiten verschlingt er vier bis fünf gigantische Mahlzeiten am Tag: Zum Frühstück schon serviert man ihm zweimal Eier mit Speck, es geht mit Fisch weiter und Suppe, mittags ein viergängiges Menü, nachmittags Kuchen, Eier und Gebäck mit Sahne, abends zwölf (!) Gedecke. Edward ist nur 1,60 Meter groß, weshalb er hochhackige Schuhe trägt, sein Körperumfang wird mit bis zu 1,37 Meter angegeben; das ist ein bisschen viel. 1906 ist er das erste Mal richtig krank, seitdem kurt er immer ausgiebiger und mit schwindendem Erfolg. Es wundert nicht, dass er seinen Sohn George schon früh in die Staatsgeschäfte einbezieht; dass er ihm Verantwortung überträgt.

George ist, noch als Herzog von York, kurz nach der Beerdigung seiner Großmutter 1901 mit May nach Australien gereist, wo er in Canberra das erste Parlamentsgebäude der Dominion eröffnet hat. In 231 Tagen hat er 21 Grundsteine gelegt, 4 329 Medaillen vergeben, 62 000 Soldaten inspiziert und 24 855 Hände geschüttelt – so sagt die Statistik. Im Winter 1905/06 besuchen George und May, inzwischen Prinz und Prinzessin von Wales, das indische Kaiserreich. Es ist eine aufreibende Visite, auch für die Gastgeber. In Kalkutta, damals noch Sitz der Kolonialregierung, werden allein 50 riesige

Wohnzelte aufgebaut (mit Steinfußböden, Schlaf-, Wohn- und Badezimmern, feinst möbliert), um das Gefolge des Prinzenpaares unterzubringen. Zur Bewältigung des Gepäcks der Besucher sind 500 Diener einbestellt.

Edward VII. wäre wohl gerne selbst auf den Subkontinent gereist. Er teilt mit seinem Sohn die Sehnsucht nach Indien, und er teilt dessen Vorliebe für die Großwildjagd. Er teilt allerdings auch Georges Kritik an der Realität des britischen Kolonialismus, am grassierenden Rassismus der britischen Beamten, an den zahllosen Gedankenlosigkeiten der Kolonialregierung, an der Arroganz des weißen Mannes in Indien.

Aber Edward kennt seine Gesundheit; solche Reisen sind einfach nicht mehr drin. Sie würden vor allem zu viel Zeit kosten. Der Mann ist hoch beschäftigt, wie schon immer, ständig auf der Suche nach einer neuen Ablenkung, nach einem neuen Projekt, nach einem anderen Thema (oder einer anderen Frau, auch das). Er scheint jede Minute auskosten zu wollen, ist ständig auf Reisen, auf der Jagd, an der Rennbahn, im Theater, in der Oper, zum Dinner. Er nimmt noch einmal Einfluss auf die Geschäfte seiner Regierung: Er drängt, als Antwort auf die deutsche Aufrüstung die eigene Marine zu stärken. Edward weiß, wovon er spricht; er ist selbst lange genug zur See gefahren.

Kenneth Rose beschreibt in seiner Biografie Georges V. die letzten Tage Edwards als »Spiegel der ruhelosen Energie seines Lebens«. Am Mittwoch, den 27. April 1910, kommt er aus Biarritz zurück und geht trotz eines heftigen Hustens ins Royal Opera House. Am nächsten Tag hat er Termine, abends trifft er Agnes Keyser, die Gründerin des nach ihm benannten Londoner Krankenhauses. Am Freitag sitzt er wieder in der Oper. Das Wochenende verbringt er in Sandringham in Norfolk, wo er – bei Regen und Wind – Reparaturen am Haupthaus überwacht.

Wenige Tage später, am 6. Mai 1910, stirbt er nach kurzer, schwerer Krankheit 68-jährig, weil er seinen Körper schon zuvor schlicht heruntergewirtschaftet hatte.

Kapitel 3

Die Zeit des Patriarchen

George V.

Was sind das für seltsame Verhältnisse? Da stirbt ein Vater, und der Sohn darf sich freuen. Für Trauer, jenes ordinäre Gefühl der einfachen Menschen, für Gedenken, dafür ist weder Zeit noch Raum. Für einen Prinzen liegt im Ende aller Anfang. Der Tod des Vaters ist die Startlinie, an der dieser Sohn sich aufstellt, sein Dasein zu rechtfertigen. Erst jetzt, mit dem Tod noch im Haus, ist das Warten vorbei. Endlich gibt es einen Beruf, und endlich ist man gleichzeitig ganz oben.

Bei Erben anderer Art läuft das anders. Natürlich gibt es Unternehmerkinder, die gleich nach der Beerdigung in die Firma einkehren, einen Platz einzunehmen, auf den sie es lange abgesehen haben. Aber bis zu diesem Punkt haben sie zumeist schon eine eigene Karriere, einen eigenen Beruf verfolgt. Sie hatten die Chance, etwas aus ihrem Leben zu machen. Der britische Thronerbe aber ist ein Nichts bis zum Moment der Thronbesteigung. In der ungeschriebenen Verfassung dieses Königreiches kommt er als Funktion nicht vor (auch wenn alle von ihm erwarten, irgendwie sinnvoll zu leben). Er hat keine Aufgaben oder Pflichten, keine Verantwortung. Es gibt noch nicht einmal wirkliche Vorbilder für das, was der Prinz von Wales mit seinem Leben anstellen könnte. Nein: Er muss nur warten auf den Moment, an dem der Vater stirbt. Dann ist er selbst der König, und nichts kann ihn von diesem Amt erlösen als der eigene Tod.

Es wird oft übersehen, dass diese eigenartige Überlagerung des Privaten mit dem Öffentlichen auch das Verhältnis zwischen Vater und Sohn, Vater und Tochter, Mutter und Sohn verändern muss. Könige und Königinnen sind keine normalen Eltern. Das können sie nicht sein. Kenneth Rose schreibt in seiner Biografie über George V.:

Der Prinz von Wales zeigte nicht nur die verständliche Loyalität eines Sohnes gegenüber seinem Vater, sondern auch die Ehrfurcht eines Untertanen vor seinem Souverän. Dass ein König nicht fehlen [nichts falsch machen] könne, war für ihn nicht so sehr ein Grundsatz der Verfassung als nüchterne Wahrheit. ... Während sein Vater lebte, raubte diese Unterwürfigkeit ihrer Intimität die Spontaneität und Kraft; und als Prinz George selbst auf den Thron nachgefolgt war, erschwerte sie seine eigene Beziehung zu Frau und Kindern.

Sein Vater war für George immer in erster Linie König gewesen: Er hatte sich vor ihm verbeugt und ihn neun Jahre lang nicht mit »Papa«, sondern mit »Eure Majestät« angesprochen. Nun ist es zu Beginn des 20. Jahrhunderts ohnehin nicht üblich, dass sich Väter und Söhne in Beziehungsarbeit verlieren; aber dennoch: Der staatliche Aspekt in ihrem Verhältnis hat die »übliche« emotionale Bindung zwischen Vater Edward VII. und seinem Sohn George überspielt. Eng sind sie nie gewesen. Und doch gibt sich George erschüttert: »Ich habe meinen besten Freund und den besten aller Väter verloren«, schreibt er am 7. Mai 1910 in sein Tagebuch.

Für mehr ist keine Zeit. George muss sich eilig darum kümmern, seine Herrschaft zu festigen. Am frühen Morgen hat ihn David, sein ältester Sohn, en passant darauf aufmerksam gemacht, dass über Buckingham Palace die Königliche Standarte auf Halbmast gesetzt ist. George reagiert fast konsterniert und gibt die erste Anweisung seiner Regentschaft: Auf seinem Palast, dem Marlborough House, nur ein paar Schritte von der königlichen Residenz entfernt, möge die Standarte unverzüglich ganz nach oben gezogen werden. So hat es sein Vater seinerzeit auch gehalten, als er mit einem Schiff an Osborne House, Victorias Sterbeort, vorbeisegelte. Es gilt, was damals galt, was immer gelten wird, so lange die Monarchie überlebt: »Der König ist tot, es lebe der König.« Der Monarch mag gestorben sein, und ein neuer Monarch mag ihm erst noch folgen, aber der Souverän, den die Standarte repräsentiert, der besteht ja fort. Der hat nur den Körper gewechselt, sozusagen.

Wie geht eine Thronbesteigung vor sich? Der künftige König wird zuerst formell informiert, selbst wenn er, wie bei George der Fall, am

Sterbebett seines Vaters anwesend war. Am nächsten Morgen wird er »proklamiert«. Dazu kommt im St. James's Palace, dem alten Königspalast, ein erweiterter Kronrat in einer zeremoniellen Sondersitzung zusammen: das »Privy Council«, die ursprüngliche Versammlung der Guten, Großen und Wichtigen im Land, einst regierend, heute von eher zeremonieller Bedeutung, und für dieses Ritual erweitert durch Vertreter der City of London, ausgewählte Bischöfe, die Lords des Oberhauses, den Dekan von Windsor und noch ein paar Würdenträger.

Vor dem Kronrat gibt der neue Monarch eine förmliche Erklärung ab, die Deklaration, und schwört, ein bisschen unvermittelt, die Kirche von Schottland zu erhalten. Das hat etwas mit der 1707 geschlossenen Union der beiden Königreiche und ihren unterschiedlichen Staatskirchen zu tun. Es ist nicht anzunehmen, dass der neue Monarch die Hintergründe noch kennt. Oder dass irgendjemand nachfragt. Thronbesteigungszeremonien werden nicht auf Effizienz geprüft oder auf anhaltende Plausibilität. Es macht sich auch niemand Gedanken über eine passendere Tagesordnung. Thronbesteigungszeremonien verlaufen wie so vieles in der Monarchie einfach genauso, wie sie früher stattfanden. Damit allein erfüllt sich ihr Sinn.

Zwei Tage später wird der neue König im Vorhof des St. James's Palace auch für den Rest der Untertanen proklamiert, öffentlich und durch den »Garter King of Arms«, dem obersten Herold des Hofes. Der König selbst ist bei der Proklamation traditionell nicht dabei: Er verfolgt das Geschehen allenfalls vom Fenster aus, hinter einem Vorhang verborgen.

Wenn die neue Regentschaft auf diese Weise gesichert ist, kann der alte Monarch beerdigt werden. Dazu wird er, eine Erfindung des 20. Jahrhunderts, drei Tage lang aufgebahrt in Westminster Hall, dem ältesten Teil der Parlamentsgebäude am Themseufer. Dort wird der Sarg von den Soldaten »seiner« Regimenter bewacht und vom Volk bestaunt; »Lying-in-State« nennen die Briten dieses Ritual. Edward VII. werden 250 000 Menschen ihre Reverenz erweisen.

Beim Begräbnis seines Vaters bekommt George einen Vorgeschmack von den Problemen, mit denen er von nun an in seinem Tagesgeschäft rechnen muss. Es geht – noch – nicht um Politik, sondern um Rangordnungen – Präzedenz, das Lieblingswort des Hofes. Kann der deutsche Kaiser bei der Prozession hinter dem Lieblingsterrier des Königs (»Caesar«) laufen? Steht die neue Königin Mary in der Kirche hinter der Königinwitwe Alexandra oder vor ihr? Dürften die Prinzen von Orleans, Prätendenten auf den Thron des untergegangenen Königreichs Frankreich, in einer Kutsche sitzen, die vor jener in der Prozession fährt, in der der bürgerliche, aber immerhin legitime Außenminister der Französischen Republik sitzt – oder umgekehrt? Es gibt jede Menge Briefe, Beschwerden, erregte Diskussionen um all diese Fragen, und der König muss praktisch alles selbst entscheiden. Noch Jahre später werden die nach hinten Gesetzten beleidigt sein und die Vorgezogenen in tiefer Dankbarkeit verbunden. Es ist alles höchst albern und gleichzeitig ungemein wichtig für die Politik des Landes.

Wahrscheinlich ist das aber ganz nach dem Geschmack dieses neuen Königs. Er kommt ja vorbereitet in seinen neuen Job. Anders als Edward VII. ist George schon jahrelang am Geschäft der Monarchie beteiligt. Genau wie Edward VII. und anders als Queen Victoria hält er die Präsentation der Monarchie für ungemein bedeutsam. Sein Vater hat ihm eingeschärft, wie wichtig die Zeremonien und ihre Regeln sind, wie zentral für die Monarchie, indem sie den königlichen Hof von allen anderen Orten gesellschaftlichen Verkehrs abheben. Er hat George klar gemacht, dass sie aber nur funktionieren und Erfolg haben, wenn sie gut vorbereitet sind; notfalls wie Theaterspiel geübt, aber nie einfach nur »aufgeführt«. George V. ist von seinem Vater in Etikette geschliffen worden, er kennt sich aus in den letzten Feinheiten der Kleiderordnung. Er weiß, welche Orden man zu welchen Gelegenheiten wo anlegt, wann man Handschuhe trägt, wie ein Herzog im Gegensatz zum Marquis, zum Viscount oder zum Earl zu behandeln ist, kurz: welche Arbeit dahinter steckt, wenn man sich richtig benehmen will.

Das ist natürlich nicht alles. George hat auch Akten zur Lektüre bekommen; die roten Koffer sind für ihn keine Neuigkeit. Er ist recht viel auf Reisen gewesen, erst in der Königlichen Marine, dann auch als Staatsbesucher. Er hat die *English Constitution* von Walter Bagehot studiert und eine Art Inhaltsangabe geschrieben, das war ein

Teil seiner »Zusatzausbildung«, nachdem sein Bruder Albert Edward gestorben war. Seit 1892 saß er als Herzog von York auch im Oberhaus, hat, ermutigt und ermuntert von seinem Vater, recht häufig den Unterhausdebatten von der Tribüne aus gelauscht. Er hat also ein wenig Politik geschnuppert.

Aber George V. fühlt sich bei seinem Amtsantritt nicht wirklich wohl in seiner Haut – und der Rest der Staatselite deshalb auch nicht. Das Königtum ist für George eine Bürde, der er sich nur bedingt gewachsen fühlt. Mit Recht, wie man in der Rückschau anmerken möchte. Kenneth Rose, dessen Biografie von George V. 20 Jahre nach ihrem Erscheinen noch immer die umfassendste und fundierteste ist, hat das Objekt seiner Betrachtungen nicht eben für seine Fähigkeiten als Monarch gepriesen. Er habe schon als Prinz von Wales alle Mängel gezeigt, die seiner militärischen Erziehung bei der Marine entsprechen, schreibt Rose, »seine mentale Armut, seine Ungeduld mit Vorbehalten, Unterscheidungen und Subtilitäten, sein Misstrauen gegenüber Phantasie und Intuition«. George V. habe Politik nicht verstanden, weil er die Doppeldeutigkeiten und Zweigleisigkeiten der Politiker schlicht nicht zu durchschauen vermochte, sie auch gar nicht wahrhaben wollte – und weil er nicht wirklich »helle« war. Rose kann, wie alle anderen Biografen auch, als Kronzeugen den damaligen Schatzkanzler und späteren britischen Premierminister David Lloyd George zitieren, der 1910 von Balmoral aus nach Hause schrieb, nachdem er zum ersten Mal beim neuen König und der neuen Königin zu Gast war: »Der König ist ein sehr fröhlicher Kerl, aber Gott sei Dank ist da nicht viel in seinem Kopf. Sie sind einfache, sehr, sehr gewöhnliche Leute, und vielleicht ist das im Ganzen, wie es sein sollte.«

Könige müssen nicht klug sein, ist Lloyd George sich sicher. Sie sollen sich nicht einmischen in die Angelegenheiten der Regierung; und deshalb ist es eigentlich ganz passend, wenn sie nicht auf Augenhöhe mit den wahren Mächtigen im Lande diskutieren können. Es reicht, wenn sie mit »gesundem Menschenverstand« und Fingerspitzengefühl ihre Aufgabe erfüllen. Es reicht, wenn sie ihren Premiers und Ministern Empfehlungen aus der Außensicht geben und von der Warte dessen, der sich nicht wiederwählen lassen muss.

Es ist trotzdem erstaunlich, rein dynastisch gesehen. Die Großmutter Victoria hat sich für Alles und Jedes interessiert, vielleicht manchmal sehr naiv und emotional reagiert, aber doch großen Einfluss besessen, weil sie aus großer Einsicht sprechen konnte. Der Großvater Albert war akademisch gebildet, immens ambitioniert, besaß diplomatisches und sprachliches Geschick, schrieb, las, erarbeitete viel und brachte dabei sein »Gastland« visionär nach vorne. Ausgerechnet deren am wenigsten intellektueller Sohn durfte die Firma Monarchie erben, aber Edward VII. konnte neben Englisch immerhin noch leidlich Deutsch und ziemlich gut Französisch sprechen, er brachte eine gewisse Cleverness mit für die Welt der Politik und ein großes Interesse am Theater und der Oper, wenn schon nicht an der bildenden Kunst und an der Literatur.

Und der nächste Erbe ist nun ein fast schon beschränkt zu nennender Mann von einfachem Geschmack, der Literatur verabscheut (»Leute, die Bücher schreiben, sollte man erschießen«, dieses Zitat ist schon zum geflügelten Wort geworden, weil es so unglaublich klingt), den am Theater, der Oper, der Malerei nichts, aber überhaupt nichts reizt, der sich nur mäßig mit der Politik versteht, kein Wort irgendeiner Fremdsprache behalten hat und am liebsten zuhause bei seiner Königin sitzt, sie stickend vielleicht und er Briefmarken sortierend. Da ist doch etwas schief gelaufen, möchte man sagen: Wenn diese Familie ein Wirtschaftsunternehmen weitervererbt hätte, dann wäre jetzt wahrscheinlich bald das Buch zu Ende oder zumindest die wirtschaftliche Erfolgsgeschichte. George V. aber beendet diese Monarchie nicht, ganz im Gegenteil. Er wird sie festigen und ihre heutige Situation fast so beeinflussen wie sein Großvater Albert. George V. wird alle überraschen. Nicht zuletzt sich selber.

Zuerst sagt er sich los. George setzt, ohne eigentlich etwas dafür zu tun, dem Erbe seines »besten Freundes und besten Vaters« ein Ende: der edwardianischen Ära. *Edwardian England* hat allein von Edward VII. gelebt. Sein Hof und der Kreis seiner Freunde, nach seinem Club auch »Marlborough Set« genannt, waren der Mittelpunkt jener fortwährenden Party, in der sich die High Society jener Zeit um sich selbst gedreht hat.

George und seine Gattin haben sich vom Strudel des edwardianischen Englands nie so recht erfassen lassen. Sie leben auf ihrem vergleichsweise kleinen Landsitz, York Cottage, abgeschieden und sonderlich wie nachrangige Landadlige: mit kleiner Dienstbotenschaft, ohne Aufregungen, ohne Geldsorgen, ohne störende Geschäfte. Mary ist York Cottage durchaus ein bisschen zu eng, aber sie wagt es nicht, gegen George aufzubegehren. Der bevorzugt das relativ einfache und etwas langweilige Haus, schon weil es zu klein ist, um große Gesellschaften auszurichten. George mag Festlichkeiten nicht, bei denen man Small Talk halten und sich gegenseitig amüsieren muss.

Von den intimen Amüsements am Rande solcher Gesellschaften hält er schon gar nichts. Die *Edwardians* und also auch sein Vater haben sich ja fast professionell der Schürzenjägerei gewidmet. Ehebruch ist so en vogue gewesen, dass manches Wochenendfest auf den Landgütern der Aristokratie ganz dem (schwer geregelten, hoch diskreten) Partnertausch galt. George und May haben nicht daran teilgenommen. Der Prinz habe sein Eheversprechen gegenüber Mary als Pflicht begriffen, Mary das ihre genauso, liest es mancher Historiker. Vielleicht liegen die Dinge banaler: George ist einfach ein kreuzgerader Mensch. Ihm liegt nicht die Intrige des Liebesbetrugs.

Vielleicht ist George aber auch gezeichnet. Er hat erlebt, wie sich sein Vater 35 Jahre lang fast durchgehend Mätressen gehalten und selbst diese noch mit flüchtigen Frauenbekanntschaften betrogen hat. Er kennt das stille Leiden, das seine Mutter Alix gequält haben muss. Er weiß, dass es die Leichtigkeit in diesen Beziehungsdschungeln nicht gegeben hat. Die Mittelschichten wären entsetzt, wenn sie von all dem wüssten. Drum lässt er es.

George V. holt den moralischen Rigorismus seiner Großmutter zurück nach Buckingham Palace. Er »säubert« die Einladungslisten von allen Namen, die ihm moralisch zweifelhaft oder politisch inopportun erscheinen. Er führt einige der alten Regeln wieder ein (nicht alle: Schreibmaschinen bleiben erlaubt, und Brillen werden nicht wieder verboten) und erschwert genau jenen Kreisen wieder den Zugang zum Hof, denen Edward VII. die Türen geöffnet hatte. Am liebsten würde George sogar gleich Buckingham Palace verschenken, diese Monstrosität von Palast mit seinen endlosen Fluren und prächtigen, zugigen, nach großen Festen dürstenden Sälen. Er würde gerne um vieles bescheidener in Kensington Palace leben, aber er darf nicht. Da ist die Regierung vor.

Unter George V. fährt keine biedere Ödnis ein in den Londoner Hof, die Gesellschaft hört nicht über Nacht auf, zügellose Feste zu feiern oder über ihre Verhältnisse zu leben. Der König weiß, was von ihm erwartet wird, so gibt er natürlich auch Gesellschaften. Er ist präsent, weil er weiß, dass das zu seinem Job gehört. Aber er lässt nun nach seinen Regeln tanzen und richtet das gesellschaftliche Leben nach seinen Bedürfnissen aus. George liebt vor allem die Jagd, er gilt gar als einer der besten Schützen des Landes. An einem einzigen Tag werden auf den Ländereien um Sandringham tausend Fasane gezählt, die seiner Schießwut zum Opfer fallen – Tiere, die einzig zu dem Lebenszweck aufgezogen wurden, bei der Jagd dasselbe wieder auszuhauchen und deshalb, wie die Kritiker einwenden, besonders lahme Flieger sind. George schießt auch gerne mal bei den Nachbarn mit oder auf den schönen Landgütern des Hochadels. Aber er ist halt nicht mehr auf jeder Party in London zu sehen und hält sich keinen »Club«.

Die Routine, die in Buckingham Palace einkehrt, wenn der König in der Hauptstadt weilt, hat schon sein offizieller Biograf Harold Nicolson in den fünfziger Jahren süffisant mit der eines Schiffskapitäns verglichen: Morgens fällt der erste Blick auf das Barometer, dann werden anderthalb Stunden Papiere gelesen, danach gibt es Frühstück mit Queen Mary, anschließend Beratungen mit den wichtigeren Hofbeamten, Spaziergang durch den Park (schnellen, uninteressierten Schrittes, als wäre eine lästige Pflicht zu erfüllen), Mittagessen (wieder mit Mary), 15 Minuten Mittagsschlaf. Am Nachmittag dann Variationsmöglichkeiten: entweder Programm außerhalb des Palastes oder weitere Büroarbeiten. Eine Stunde mit den Kindern, wenn es passt. Abends dann ein Empfang, Dinner, am liebsten aber einfach nur ein Essen mit seiner Frau. Punkt 23.10 Uhr kann der diensthabende Rittmeister das Licht löschen; Seine Majestät liegt im Bett, nach einem zweiten Blick auf das Barometer.

Piers Brendon und Phillip Whitehead nennen in ihrer Biografie den neuen Stil des neuen Königs »Balmorality«. Sie fühlen sich an Prinz Albert und Königin Victoria erinnert. Die hatten ja ein kleinbürgerlich-königliches Familienglück auf Schloss Balmoral zelebriert, mit bieder-heiterer Selbstunterhaltung und Ausflügen in die saubere Natur. Indem George dort anknüpft, wo das viktorianische England aufgehört hat, »folgte er zweifelsohne seiner eigenen tugendhaften Ader, aber er baute auch einen der beiden großen Säulen der modernen Monarchie wieder auf – Ehrbarkeit«.

Die andere Säule ist offizielle Pracht und repräsentativer Prunk, und in dieser Beziehung ist George ganz Edwardianer. Ohne Murren und Zögern nimmt er alle Rituale wahr, die zu den Pflichten des Königs gehören. Seine erste »Staatseröffnung des Parlaments«, das seit Edwards Aufrüstungsbemühungen besonders prachtvolle Spektakel am Anfang des politischen Geschäftsjahres, beschreibt er selbst zwar als »die fürchterlichste Tortur, die ich je durchlaufen habe« – aber dem politischen Publikum erscheint er als ein besonders würdiger Monarch, schon weil er die Reichskrone (die über ein Kilogramm schwere »Imperial State Crown«) trägt und damit donnerndes Pflichtbewusstsein beweist. Sein Vater hatte sich aus Bequemlichkeit mit einer Admiralskappe begnügt.

Die Krönungsfeierlichkeiten, mit ihren bis zu 1 100 Jahre alten Ritualen, ebenfalls aufgefrischt unter seinem Vater Edward VII., lässt George im Juni 1911 über sich ergehen; »mit der Ruhe und der leisen Würde eines perfekten englischen Gentleman«, wie der liberale Minister Alexander Murray schreibt. Auch diese Zeremonie ist eine harte Prüfung für denjenigen, der im Mittelpunkt steht, unter anderem weil die alte »St. Edward's Crown«, die zu diesen Anlässen aus dem Tower geholt wird, satte 2,2 Kilogramm wiegt. Noch jeder und jede Gesalbte hat am nächsten Tag Kopfschmerzen von diesem Gewicht.

Aber George nimmt die Sache mit dem Zeremoniell sehr ernst; er weiß, dass zu einem guten Teil sein Einfluss, sein Ansehen und ergo das Fortbestehen der Monarchie in demokratischer werdenden Zeiten davon abhängen, dass Glanz und Gloria kräftig funkeln. Er ist sogar ein bisschen erpicht darauf. George selbst macht schon Ende 1910 den Vorschlag, nach Indien zu reisen, um sich dort – vor den Augen seiner Untertanen – selbst zum Kaiser zu krönen. Es gibt allerhand Opposition in Großbritannien: Die Regierung will nicht, dass der König für eine so lange Periode das Land verlässt; der Erzbischof von Canterbury wettert dagegen, das essenziell christliche Ritual der Krönung (der König wird vor Gott gesalbt) in die »heidnische« Kultur Indiens zu exportieren. Man einigt sich auf eine Prunkzeremonie, bei der die Majestäten ihre (eigens für diesen Zweck hergestellten) indischen Kronen bereits auf den Häuptern tragen, wenn sie vor ihre Untertanen treten. Es soll keine Krönung werden, sondern eine Ausrufung.

Es wird die erste Interkontinentalreise der Geschichte für einen britischen Monarchen. Und was für eine. Im November 1911 schifft George mit Mary, in der Begleitung von ein paar Hofdamen, Privatsekretären, Politikern und Militärs sowie dem Nötigsten an Personal auf dem Kreuzfahrtschiff »Medina« ein – ingesamt 733 Passagiere. Über Ägypten und durch den britisch-französischen Suez-Kanal geht es Richtung Bombay. Ziel der Reise ist Delhi, das anlässlich des kaiserlichen Besuchs zur neuen Hauptstadt Indiens ernannt wird. Am 12. Dezember nehmen George und Mary in einer eigens für den Reisezweck entwickelten Zeremonie namens »Dehli Durbar« in einem speziell für diesen Anlass gebauten Amphitheater die Huldigungen ihrer indischen Untertanen entgegen. Liest man sich heute die seitenlangen Beschreibungen des Durbars durch, die der Hofarchivar John Fortescue der Nachwelt hinterlassen hat, ist man nicht nur von dem Aufwand, sondern bald auch von der immensen Eintönigkeit des Programms erschüttert. Was da passiert, ist höchst unspannend: Ankunft der Majestäten im Vorzelt, Huldigung durch einige Dutzend indischer Hochadliger. Dann Umzug in den zentralen Pavillon, Verlesung von zwei Proklamationen, Huldigung durch allgemeines Publikum, Salutschießen, Hymne, Ende. Die Hunderttausenden aber, die in riesigen Runden um den Pavillon stehen, sind ganz hingerissen von dieser Zeremonie, selbst wenn im Zeitalter vor der Erfindung der Platzbeschallung niemand hören kann, was die in Krönungsroben gehüllten Huldempfänger die ganze Zeit sagen. Am Ende reißen sich die Massen, selbst Angehörige der indischen Herrscherschicht, um einen Platz am Teppich des Pavillons, um selbigen ekstatisch zu küssen, lange nachdem der Kaiser und die Kaiserin schon wieder in die Zeltstadt abgefahren sind. Die Rundumfeierlichkeiten dauern eine Woche.

Das kolossalste Spektakel seiner Zeit: George V. und Mary werden auf dem »Durbar« von Delhi zu Kaiser und Kaiserin von Indien ausgerufen.

Und der Zweck des Ganzen? Es zementiert. »Indern wurde nachgesagt, einen ‚Appetit für das Zeremoniell' zu haben, und Prunk wurde als praktisches politisches Werkzeug gepflegt, um die Lücke zwischen den feudalistisch orientierten einheimischen Untertanen und dem modernen britischen Staatswesen zu überbrücken«, schreibt der Historiker Stephen Bottomore in seinem Aufsatz über die Verfilmung des »Delhi Durbars«. Die Briten regieren den Subkontinent ja nicht direkt, sondern mittels des indischen Adels. Dessen ewiger Streit war durch die Briten beendet worden, weil sie über alle großen Fürsten einen besonders großen Fürsten gesetzt hatten. Mit der Huldigung von Delhi befestigen die indischen Prinzen ihre Macht; und gleichzeitig festigt der britische König und indische Kaiser seinen Anspruch auf die Vorherrschaft.

Dank Film und Fotografie gelangt die Botschaft schnell nach Europa, wo man den Durbar mit großer Bewunderung und Staunen zur Kenntnis nimmt. Die inhärente Botschaft ist hier freilich eine andere: Seht her, zu welcher Größe die Briten fähig sind, wie sehr man ihren Kaiser-König weltweit verehrt. Vor allem für die Deutschen ist diese Nachricht bestimmt. Sie bauen seit 1908 an einer großen Flotte, rüsten auf, wollen ganz offen Druck machen auf die Briten. Zeig ihnen, dass du in einer anderen Klasse spielst, und vielleicht bleiben sie brav, mag man in Downing Street erhofft haben. Gleichzeitig müssen die Verhältnisse zuhause stabil gehalten werden, damit der Konkurrent nicht auf die Idee kommt, er könnte Großbritannien durch Subversion destabilisieren. Es rumort überall ein bisschen; die Zeiten sind (auch wirtschaftlich) nicht gut für die Unterschicht, der Fortschritt ganz oben hat sich ganz unten noch nicht einmal in einer Veränderung der Luftfeuchtigkeit bemerkbar gemacht. Sechs Jahre wird es noch dauern bis zur Oktoberrevolution in St. Petersburg; die Sozialdemokraten und die Sozialisten sind auch in den Demokratien des Westens gewaltig auf dem Vormarsch. Und Demokratie gilt immer noch als etwas Gefährliches. Es brodelt.

In solchen Momenten helfen Inszenierungen wie in Delhi, noch im Geringsten der Untertanen Nationalstolz zu erwecken und damit Loyalität gegenüber dem System. Der König ist konservierend tätig, wenn er mit Krone und Zepter herumrennt.

George ist ein »stickler«, wie man im Englischen sagt, für Protokoll und Etikette. Er sieht auf 100 Meter, wenn jemand die Krawatte falsch gebunden hat, er lässt sich von Damen um Vergebung bitten, wenn sie statt des ordnungsgemäßen Diadems im Haar versehentlich einen Hut getragen haben. George kann sehr laut und sehr absurd werden über solche Details. Der König lernt aber auch. Er erfährt sehr bald, dass er nicht nur ein Aushängeschild ist. Es gibt politische Probleme, in die er hineingezogen wird.

Es geht um ein uraltes Problem der britischen Verfassung. Das Parlament der Briten besteht, soweit bekannt, aus dem Ober- und dem Unterhaus, dem House of Lords und dem House of Commons. Das Oberhaus, die Kammer der per Geburtsrecht mitbestimmenden Adligen und einer Hand voll Bischöfe, war bis Anfang des 19. Jahrhunderts der mächtigere Teil des Parlaments gewesen; die gemeinen Bürger (die »Commons«) hatten als gewählte Abgeordnete nur (aber immerhin) bei den Finanzen das letzte Wort. 1832 hatten die

Lords ihre Übermacht aus Übermut verloren: Sie hatten versucht, eine vom Unterhaus beschlossene Wahlreform zu kippen, und scheiterten damit. Der im Unterhaus gewählte Premierminister jener Zeit, Charles Earl Grey, hatte nämlich Victorias Onkel und Vorgänger König William IV. dazu gebracht, den reformunwilligen Lords zu drohen: Er würde, wenn sie sich dem Willen der »demokratisch« gewählten Regierung verweigerten, die Mehrheitsverhältnisse ändern, indem er einfach reihenweise reformwillige Bürger in den Adelsstand erheben werde.

Er musste die Drohung nicht umsetzen. Die Lords knickten ein, weil sie sich nicht verdünnt wissen wollten, gaben grünes Licht für die Reformen – und sich bis auf weiteres mit einer weniger wichtigen Rolle zufrieden.

1909, im Jahr vor dem Tod Edwards VII., scheinen die Vorfälle von 1832 in Vergessenheit geraten sein. Im House of Commons regiert seit 1905 eine liberale Mehrheit, die folglich auch die Regierung stellt. Sie wird gegängelt durch ein Oberhaus, in dem – wie schon immer – die konservativen Großgrundbesitzer das Sagen haben. Der liberale Finanzminister und spätere Premier David Lloyd George bringt in diese Situation das »People's Budget« ein, den »Haushalt des Volkes«. Hinter dem pathosgeladenen Titel steckt nicht nur eine kräftige Erhöhung der Sozialausgaben, sondern auch die Anhebung oder Einführung einer ganzen Reihe von Steuern auf Vermögen und Erbschaften, insbesondere auf Landbesitz. Kein Wunder, dass die Lords dagegen sind. Sie lehnen den Haushalt ab.

Ergo stürzt die Regierung des liberalen Premiers Herbert Henry Asquith, es gibt einen Wahlkampf. In dem geht es vor allem um eine Frage: Was dürfen die Lords? Die Konservativen erklären, dass sie die Interessen des Volkes vertreten, weil sie durch den Erhalt einer Balance im Zwei-Kammer-Systems eine »demokratische Diktatur« verhindern wollen. Die Liberalen sammeln Stimmen mit dem Argument, dass die Macht an der Wahlurne vergeben werde und nicht mit der Geburtsurkunde. Die Wahlen enden mit einem Patt. Nur mit der Duldung durch die relativ kleine Fraktion der (jungen) Arbeiterpartei Labour und einiger irischer Nationalisten kann Asquith weiterregieren. Der Preis der Duldung ist ein recht radikales Vorhaben: ein neues

Parlamentsgesetz. Darin geregelt werden soll das zukünftige Verhältnis zwischen Lords und Commons. Asquith will die Entmachtung des Oberhauses. Man kann sich ausmalen, wie die Lords reagieren. Sie lehnen ab. Eine Verfassungskrise beginnt zu schwelen. Edward VII. stirbt über sie hinweg.

Für George V. ist der Streit zwischen den beiden Häusern des Parlaments vielleicht der schwierigste Teil seines Erbes. Es fehlt ihm an Erfahrung und an Verständnis, um die mannigfaltigen politischen Dimensionen dieses Konflikts zu erfassen. Der König ist abhängig von der Beratung durch den (parteiischen) Premier und durch den nicht minder parteiischen königlichen Privatsekretär, Sir Francis Knollys, der auch schon Edward VII. in dieser Stellung gedient hat. Doch George schmeckt gar nicht, was die beiden im Schilde führen. Ihr Lösungsvorschlag erinnert stark an 1832. George V. soll wieder Lords am laufenden Band benennen – mit erblichen Titeln. Der König fühlt sich missbraucht. Er will auch nicht, dass die Macht der Aristokratie beschnitten wird, schon weil ihm klar ist, dass mit deren Niedergang auch der Abstieg des Königtums eingeleitet werden könnte. Aber er bemerkt recht schnell, dass er gegen den Premierminister keine Chance hat. Er darf sich nicht einmal mehr mit dem Oppositionsführer treffen, ohne dass die Regierung einverstanden ist. Nur auf »Empfehlung« des Premiers, so der Brauch, darf der König sich in die politischen Gespräche einmischen – und eine solche Empfehlung gibt Asquith in diesem Falle nicht. Aufbegehren gegen dessen Pläne kann George nur sehr bedingt. Er kann ihn im Gespräch warnen, kann versuchen, ihn zu überzeugen, dass es falsch ist, so mit dem König umzuspringen, er kann, wenn er möchte, sogar schimpfen, fluchen und sich aufführen wie ein Wüterich.

Aber erzwingen kann er nichts. Denn das wäre gefährlich für die Monarchie. Wenn der König dem Premierminister das Vertrauen entzieht, muss der Premierminister seinen Hut nehmen. Bei den nachfolgenden Wahlen wird die von der Macht vertriebene Partei möglicherweise (und im Fall von 1910 ganz bestimmt) ihren Disput mit dem Souverän zum Thema machen. Was wäre das für ein Wahlkampf? Das Volk gegen den König. Und was, wenn die vorherige Regierungspartei gewinnt? Dann ist die Monarchie kaputt: Das Volk hätte gegen den König gestimmt.

Am 19. November 1910 trifft sich George V. mit Asquith und Lord Crewe, dem Vorsitzenden des Oberhauses in Buckingham Palace; sonst ist niemand im Raum, wie üblich bei diesen Angelegenheiten. Offenbar werden bald die Samthandschuhe ausgezogen. Asquith und Crewe reden heftig auf den unwilligen König ein, drohen mit Rücktritt und mit einem Wahlkampf gegen die Krone, verweigern ihm Bedenkzeit, verweigern ihm Rücksprache mit der Opposition, anderthalb Stunden lang, bis er – stinksauer – einwilligt, nach ihrer Pfeife zu tanzen. »Ich habe sehr widerwillig zugestimmt«, schreibt George V. am Abend in sein Tagebuch; und: »Ich verabscheute es sehr, das tun zu müssen.« Aber es habe keinen anderen Ausweg gegeben, meint er. Das sei, schreibt Kenneth Rose, ein entwürdigender Moment gewesen, den George V. nie vergessen würde. Noch 21 Jahre später wird der König den alternden Lord Crewe daran erinnern, dass dieser ihn an jenem Tage wie eine Schuljungen in die Ecke gedrängt habe. Es sei die schmutzigste Sache gewesen, die man je mit ihm gemacht habe.

Schon das Versprechen des Königs, Lords nachzuliefern, verändert das Machtverhältnis zwischen den beiden Häusern des britischen Parlaments auf Dauer: Die Aristokratie stimmt ihrer Entmachtung zu. Alexander Gauland hält dies für »die entscheidende Verfassungsänderung in diesem [dem 20.] Jahrhundert«, deren Folgen bis heute zu spüren seien. »Auch die Stellung der Monarchie wurde nun eine andere«, schreibt Gauland:

> War das Oberhaus bisher der aristokratische Geleitschutz für den Thron gewesen, so wurde das erbliche Prinzip nun zum Anachronismus, den man so lange duldet, wie er nützlich ist, wie der Träger der Krone das Lebensgefühl des durchschnittlichen Engländers zum Ausdruck bringt und damit Identität stiftet. Fallen die Träger der Krone auf längere Zeit oder gar dauerhaft hinter diesen Anspruch zurück, ist die Republik eine reale Alternative. Die Krone ist damit auf repräsentative Aufgaben beschränkt, ihre reale Macht löst sich auf. ... Das Funktionieren (des Königtums) hängt von den politischen Tagesströmungen ab.

Man mag den Machtverlust der Krone durchaus vordatieren. Aber sicher ist der Einschnitt schwer. George hat allerdings nicht allzu viel

Zeit, seine Wunden zu lecken. Zweieinhalb Jahre später rückt die Innenpolitik völlig in den Hintergrund.

Am 28. Juni 1914 wird in Sarajewo der österreichische Kronprinz Franz Ferdinand und seine Frau Sophie erschossen, einen Monat darauf gibt es Krieg zwischen Österreich und Serbien. Am 1. August 1914 erklärt Deutschland Russland den Krieg, zwei Tage später Frankreich. Die Briten zögern erst, aber dann fällt auch das Empire ein. Die Automatik der Bündnissysteme, die für gut 40 Jahre einen weitgehenden Frieden in Europa gehalten haben, führt geradewegs in die europäische Katastrophe. Am 4. August 1914 unterschreibt George V. die Kriegserklärung gegen Deutschland.

Der Erste Weltkrieg wird in Großbritannien bis heute bezeichnenderweise »The Great War« genannt, der Große Krieg. Kein Waffengang nämlich ist für die Briten wichtiger gewesen, keiner hat stärker die Psyche der Nation berührt. Die »Battle of Britain«, der Verteidigungskampf gegen die Luftwaffe der Nazis im Zweiten Weltkrieg mag konstituierend sein für das heutige Verhältnis der Briten zum Kontinent und für das Bild von Deutschland. Aber für die Fortentwicklung und Ausbildung der eigenen Gesellschaft ist der Erste Weltkrieg bedeutender. Er hat Großbritannien demokratischer gemacht, das Ende des Empire eingeleitet und den Niedergang der aristokratischen Vorherrschaft besiegelt. Und er hat die Monarchie verändert.

Der Erste Weltkrieg ist der erste größere Krieg, in dem nicht Söldner und Berufssoldaten irgendwo gegen Söldner und Berufssoldaten kämpfen, saisonal, örtlich und zeitlich begrenzt, mit einer überschaubaren Menge an Kriegsparteien. 1914 ziehen alliierte Massenheere gegen alliierte Massenheere, die die technischen Möglichkeiten mitbringen, sich rund um die Uhr, sommers wie winters schwere Material- und Vernichtungsschlachten zu liefern. Vom Heldentod auf dem Schlachtfeld mögen die Männer geträumt haben oder die Daheimgebliebenen reden: Die Infanterie aber stirbt fast hilf- und würdelos in den Schützengräben vor Verdun, an der Sommes und an der Marne, im mörderischen Gasangriff oder einfach aus Erschöpfung nach tagelangem Dauerbombardement. Nach den ersten Kriegswochen schon ist die Front von der belgischen Kanalküste bis zur Schweizer Grenze erstarrt: Mal gehen ein paar hundert, mal mehrere tausend Männer für einen Hügel in den Tod; doch jeder Geländegewinn geht anderswo bald wieder verloren. Das erbarmungslose Regelwerk dieses Krieges lässt den Kombattanten aus ihrer eigenen Sicht keinen Ausweg. Wer zurückweicht, sich verliert in riskanten Manövern, der hat vielleicht bald ganz verloren. Also läuft die Vernichtungsmaschinerie weiter, immer weiter.

Der erste »totale Krieg« der Menschheitsgeschichte schließt bald nicht nur die Soldaten ein, sondern alle. Die Schrecken des Krieges kehren heim mit den Briefen, mit den Verwundeten, mit der im Laufe der Jahre schwieriger werdenden Versorgungslage. Aus deutschen Zeppelinen erst, dann aus deutschen Flugzeugen fallen Bomben auf britischen Boden. Es ist das erste Mal seit den Zeiten Wilhelms des Eroberers, dass ein fremder Eindringling den Krieg auf die britischen Inseln führt. Die Heimatfront ist wichtig geworden für die kriegsführenden Politiker, nicht nur weil sie abhängig von gewisser Popularität bei den Wählern sind. Die gewaltige Kriegsanstrengung bedarf psychologischer Standfestigkeit. Die Untertanen müssen bei Laune gehalten werden, damit der Nachschub weiter rollt und sich motivierte junge Leute finden, die die Lücken an der Front füllen. Und es darf keine Unruhe geben zuhause, wie mancher Labour-Abgeordnete sie sich hoffnungsvoll ausmalt. Die Fackel des Patriotismus muss brennen. Es muss die höchste Ehre sein, für »King and Country« in den Krieg zu ziehen, für König und Vaterland. Das ist das Opium für dieses Volk.

Ist George V. für seine kriegswichtige Tätigkeit wirklich geeignet? Unter den Zeitgenossen ist mancher nicht so sicher. Sein Privatsekretär zum Beispiel: Sir Arthur Bigge, seit der Pensionierung von Francis Knollys 1913 des Königs wichtigste Stütze, bittet George V., nicht nur in kleiner Runde, sondern auch vor großem Publikum seinen Charme spielen zu lassen; zum Beispiel mal freundlich zu gucken – ohne Erfolg. »Wir Segler«, sagt der König, »lächeln nie im Dienst.«

Das ist ein Problem. Sein Vater Edward VII. setzte Charme ein, um die Menschen für sich zu gewinnen. Er verstand – ohne notwendigerweise das Wort zu benutzen – etwas von Propaganda. Edward erfand den »Foto-Termin«: Wann immer es sich anbot, richtete er es ein, dass die Presse- und die Hoffotografen an privilegierter Position ihrer Arbeit nachgehen konnten. Er ließ Sorge dafür tragen, dass die Reporter bei Laune gehalten und mit den richtigen Informationen versorgt wurden, damit die entstehende Massenpresse ein gutes Bild vom Leben und Wirken des Monarchen zeichnen konnte. Seinem Sohn ist das alles ein Horror. Journalisten sind garstige Gestalten, von nur wenig respektablerem Beruf als Schauspieler und Huren. »Propaganda« ist ein Schimpfwort, keine Kunst. Er versteht das, was er zu tun hat, als Zweck und nicht als Mittel. Der König hat die (traurige) Pflicht, sein Volk in den Krieg und zum Sieg zu führen – das hat für ihn mit zynischer Verführung rein gar nichts zu tun.

Diejenigen, die den Krieg wirklich führen, die Politiker und die hohen Militärs, gehören schon deshalb nicht zu den ausgesprochenen Fans von George V. Im Gegenteil: Er stört sie ja. Ständig müssen sie ihm berichten und sich anhören, was er für richtig hielte, weil er solche Beratung für den Kern seiner Aufgabe hält. Seine Gesprächspartner nicht. Es wird in diesem Krieg zu den absoluten Ausnahmen gehören, dass sich George V. mit einer Idee durchsetzt. Meistens warnt und rät er vergeblich. Manchmal wird er einfach falsch informiert. Er macht trotzdem weiter.

Das Volk bekommt von diesem Streit nichts mit. Damals gibt es noch einen tief verwurzelten Respekt vor Autorität; in der Familie genauso wie im Staat. Den König als Person mögen die meisten überhaupt nicht kennen; als Symbol ist er den Menschen sehr wichtig. Und als der Patriarch ihres Gemeinwesens, als der gestrenge, puritanische Übervater ist George V. überhaupt nicht fehlbesetzt. Er handelt, als hätte er nie etwas anderes getan: Er vergibt Orden und Auszeichnungen für die kämpfende Truppe, tausendfach in diesen Jahren. Er ist bereit, im Verzicht auf Luxus der Nation voranzugehen, Sparsamkeit zu zeigen. Am Hof wird vier Jahre lang auf große Bewirtung verzichtet (ganz im Gegenteil zum Rest der höheren Gesellschaft; da speist man noch gut). George lässt sogar den Weinkeller versiegeln. Es gibt keinen Alkohol während des Krieges; nicht offiziell zumindest.

Immer mehr imponiert der König seinen Untertanen; eine wohlige Abwechslung zu den Politikern und Generälen, mit denen das Volk im anhaltenden Misserfolg des Krieges im Westen immer weniger einverstanden ist. George V. ist ständig auf Achse, um Truppen zu besuchen oder Verwundete, Veteranen, die Kriegsindustrie, die Bombenkrater. Sogar an der Front lässt er sich sehen (als erster britischer König seit 1743) und wird dort gar verletzt, nicht allerdings vom Feind, sondern weil sein Pferd unter dem Hurrahgeschrei der Soldaten scheut und ihn abwirft.

George tut seine Pflicht, so wie sich seine Untertanen in den Dienst des Empires stellen. Das bringt ihm Respekt, mit den Jahren auch eine gewisse Zuneigung ein. Das ist ein weitaus stilleres Anerkennen als das, was Georges Vetter Wilhelm II. in Deutschland erfährt. Der deutsche Kaiser ist der Kriegsführende; er nimmt Einfluss, macht Politiker und Generäle zur Schnecke und rührt gar die Kirche auf und die Künste. George V. ist im Vergleich dazu ein bescheidener Monarch. Bescheiden in seinem Duktus, auch in seinen Fähigkeiten, doch deshalb nicht weniger majestätisch.

In der vom Krieg dezimierten Pracht von Buckingham Palace lebt der Herr im Haus die gleiche Rolle, die er im Staatsgebilde spielt. Queen Mary, stets steifen Rückens und von Würde ernsten Gesichts, wird es nicht wagen, etwas zu erwidern. Er weist, sie folgt. Mary hat nichts anderes gelernt; die ganze Gesellschaft funktioniert nach diesem Prinzip. Was ihr fehlt (und was andere hochherrschaftliche Damen haben mögen), ist jeder Hang zur Subversion. Die stille Starre aus dem Hause Teck ist nicht der Typ dafür, via Küchentisch das eigentliche Regiment zu führen – oder gar ein eigenes, unabhängiges Leben. Sie fügt sich in ihr Schicksal ohne größeres Murren ein.

Was nicht heißen muss, dass es ihr an Selbstbewusstsein fehlt; das zeigt sie nur in anderen Momenten. Mary sammelt zum Beispiel gerne; Juwelen, Möbel, Kleinkunst, Nippes. Alles standesgemäß teure Sachen, wie es sich gehört, und zuweilen auf relativ unorthodoxem Weg requiriert. Wenn Mary bei Gleichesgleich oder im Landadel unterwegs ist, dann zeigt der ihr die hübsche Chippendale-Tischgruppe im Esszimmer nur auf eigene Gefahr. »Ach, das hätte doch nicht nötig getan«, gibt die Königin nämlich möglicherweise zu verstehen und umgehend Anweisungen, die Pretiosen einzupacken. Wer wollte es wagen, einer Königin zu widersprechen; zumal sie sich nicht mal anmerken lässt, dass sie sich der Übertretung insgeheim bewusst ist.

Es gibt ein paar mutige Leute, die halten ein bisschen dagegen; in solchen Situationen kann die Königin sogar ungehalten werden. Mancher hat das Glück, dass das Erbstück später zurückerstattet wird. Das Gros der Beute Marys verschwindet auf Nimmerwiedersehen in den unermesslichen Weiten von Windsor Castle.

Aber Mary tut auch ihre Pflicht; und das nicht für den Effekt, sondern aus Überzeugung. Die Besuche an der Front, in Lazaretten, Krankenhäusern, Waisenheimen scheinen aus heutiger Sicht wie gestellt, wie aufgesetzt: Da wird weder umarmt noch angefasst noch groß mitgefühlt, nur würdevoll geguckt. Aber Mary übt hier nicht Distanz, weil sie kalt wäre oder uninteressiert am Schicksal der Menschen. Hingebung hält sie nur für das falsche Mittel, für das falsche Werkzeug einer Königin. Eine Königin trägt Würde aus und ist »besonders«; und das ist auch der Effekt für die Besuchten. Es reicht, wenn man als Königin die viel gerühmte »stiff upper lip« der britischen Oberschicht zeigt und überdies einen Hang zum Pragmatischen. Ob die Kleiderkammer gut aufgeräumt ist, will Mary also wissen; und sie lässt sich vom Personal zeigen, wo es gerade fehlt. Auf den Fotos nachher wirkt die Königin dann wie ein Fremdkörper unter ihren Untertanen. Steif und unnahbar, das angedeutete Lächeln wie zugefroren. Aber das Publikum blickt immer dankbar in die Kamera, dankbar und voller Erstaunen über diesen hohen Besuch, der die eigene Existenz für einen Augenblick über den Alltag erhebt. Mission erfüllt.

Diese Distanz wird stilbildend für diese Königliche Familie werden. Es ist der Abstand der Auserwählten, den sie von nun an alle üben werden: der innere Zwang, sich selbst in Alltäglichkeiten »besonders« zu verhalten, selbst die Gesichtszüge noch zu kontrollieren, verbunden mit der unbedingten Erwartung, dass auch alle anderen, die man trifft, sich eines besonderen Verhaltens bemüßigen.

Nicht, dass es zuhause so viel anders wäre. Ihre Steife und Distanz, ihre Angewohnheit, jedes kleinste Fehlverhalten noch des niedersten Dieners, jede Unpünktlichkeit noch des höchsten Staatsbeamten zu einer Lebenskrise aufzuplustern, diesen ungeheuren Standesdünkel werden weder George noch May an der Garderobe ablegen wie andere Leute einen Hut. Vom König erzählen die Historiker, dass er in geselliger Runde auch nett, witzig, gesprächig, unterhaltsam sein kann. Von Mary sind Albernheiten nur sehr eingeschränkt überliefert.

Sechs Kinder entstammen dieser Ehe: Nach David, dem Erstgeborenen (1894) und Albert (»Bertie«, 1895) wird 1897 die Prinzessin Mary geboren. 1900 kommt Henry zur Welt, der spätere Herzog von Gloucester, 1902 George, später der Herzog von Kent; 1905 schließlich Prinz John: eine tragische Gestalt in diesem Familiendrama. John ist von Geburt an geistig behindert und leidet zudem an Epilepsie. Wie in jenen Zeiten in höheren Kreisen üblich, wird der Junge schon in der Kindheit mehr oder minder aus der Familie ausgelagert (zu seinem eigenen Schutz und Wohl, wie man erklärt hätte): Er lebt mit einer kleinen Entourage am Rande des Anwesens von Sandringham, wo er 1919 stirbt. Die einzige aus der Familie, die zu ihm ein verantwortungsvolles Verhältnis entwickelt, ist die Königinwitwe Alexandra, die auch auf Sandringham lebt und ihn häufig besucht.

Über die Erziehung und Ausbildung der anderen Kinder weiß die Nachwelt relativ gut Bescheid: Es gibt, einzig in der Geschichte der britischen Königsfamilie, eine Autobiografie als Quelle. Der Erstgeborene David hat sie Ende der vierziger Jahre verfasst. In *A King's Story* beschreibt er die Normalitäten wie die Eigenarten einer königlichen Kinderstube: den von Kindermädchen, Gouvernanten, Tutoren geprägten Alltag in York Cottage, die Besuche bei den Großeltern auf Schloss Balmoral, wo der kleine David auch seine ein bisschen furchterregende Urgroßmutter Victoria kennen lernt. Er protokolliert die gewisse Fremdheit der Eltern, die ihre Kinder nur punktuell, bestenfalls eine Stunde lang vor dem Dinner sehen, wenn sie überhaupt in der Nähe sind.

Der spätere Herzog von Windsor gibt der Erinnerung an seine Kindheit einen anklagenden Unterton: Es sei eine unglückliche Kindheit und Jugend gewesen. »Ich habe oft gedacht, dass mein Vater – trotz seiner unzweifelhaften Zuneigung zu uns allen – Kinder eher im Abstrakten bevorzugte, und dass seine Idee davon, wo ein kleiner Junge seinen Platz in der erwachsenen Welt hat, sich zusammenfassen ließ in dem Satz: Kinder sollte man sehen, aber nicht hören«, heißt es bei David etwa. Er beschreibt eine Kindheit in Furcht vor einem

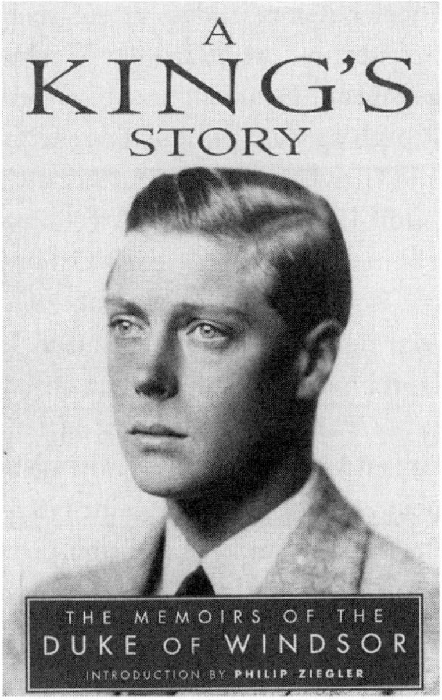

Dieser schöne, traurige Blick: Die Memoiren des Herzogs von Windsor.

autoritären Vater und die Hinwendung zu einer Mutter, die sich nicht wirklich traut, ihren Kindern ein wärmendes Refugium zu geben. Man muss diese Schilderungen selbstverständlich ernst nehmen: David hat den allgemeinen Eindruck von Kälte oder Desinteresse ja nicht ohne Grund gehabt. Ob das Urteil des Herzogs von Windsor über seine Kinderjahre als Kritik an den Eltern gerecht ist, ist eine andere Frage. Die *King's Story* ist kein Versuch einer objektiven Geschichtsschreibung, ganz im Gegenteil: Der Ex-König legt seine Geschichte so aus, wie er sich selbst an sie erinnern möchte. Es gibt erhebliche Lücken in diesem Buch. Nicht alles ist so passiert, wie der Herzog es darstellt. In der Literatur sind die Urteile über die Kinderstube, die George V. errichtet hat, gespalten. Es gibt Kritiker wie Brendon und Whitehead, die davon ausgehen, dass »die königlichen Kinder einem Regime unterworfen wurden, das darauf aus war, psychologische Krüppel zu produzieren«. Andere wie Kenneth Rose dagegen behaupten, dass es anderen Kindern der höheren Gesellschaft genauso, wenn nicht schlechter ging.

George V. legte die gleichen Maßstäbe an seinen Kindern an, an denen er auch Erwachsene maß: ungemein hohe. In seinen ständigen Ermahnungen und Zurechtweisungen, die zumal in seinen beiden ältesten Jungen Pflichtbewusstsein und Gehorsam erwecken sollten, erwies sich George, wie sein wohlmeinender Biograf Harold Nicolson schreiben sollte, als »häufig pragmatisch und manchmal roh«. Es war ein strenges Regiment; darauf kann man sich wohl verständigen.

Und kein besonders kluges dazu. George V. hat sich immer darüber beschwert, dass er auf seine Aufgabe als König schlecht vorbereitet war. Seine bei der Marine erworbene Bildung war stets ungenügend. Dennoch erzieht er seine Kinder fast ebenso. Gegen den Ratschlag der Tutoren besteht George darauf, die kleinen Jungen von Gleichaltrigen der Adelsschicht zu isolieren: Im zarten Alter von zwölf Jahren wird der erstgeborene David 1907, im Jahr darauf der zweitgeborene Bertie nach Osborne House gebracht, wo inzwischen das Royal Naval College eingezogen ist, die Nachwuchsakademie der Marine. Sachlich ist die Entscheidung, die Prinzen in eine Marinelaufbahn einzuschleusen, noch nachvollziehbar; Mitgliedern königlicher Familien steht sonst ja kaum eine Karriere offen. Aber den beiden keine Begleitung mitzugeben und sie »ganz normal« behandeln zu lassen, führt zu einem Schock: Eben noch lebten die kleinen Prinzen in Prunk, Pracht und Luxus, nun finden sie sich in Schlafsälen mit 30 Betten wieder, ob ihrer Herkunft doppelt gehänselt und gedemütigt von den Mitschülern.

Immerhin: David behauptet sich ziemlich schnell in der Hölle von Osborne und wechselt nach zwei Jahren freudig zur weiteren Ausbildung nach Dartmouth. Bertie hat weitaus größere Probleme. Er ist viel schüchterner als David, wird wegen seines Stotterns mehr gehänselt und tut sich schwerer, den Lernstoff zu verarbeiten. Aber auch er lernt etwas bei der Marine: Durchhaltevermögen auf der einen Seite, und eine unbedingte Treue zu denen, die zu ihm halten. 1912 schickt George seinen Ältesten nach Oxford; aber auf dessen nicht einmal mittelmäßigem Schulwissen lässt sich schwerlich ein akademischer Prunkbau errichten. David bringt kaum einen Satz ohne Rechtschreibfehler aufs Papier. Von Geschichte, von Kunst, von Musik, von Literatur, ach: von den meisten Dingen hat der Marineschüler allerhöchstens Patchworkwissen.

Seit seinem 16. Geburtstag wird David immer häufiger und stärker in die Pflichten des Königshauses eingebunden. Im Sommer 1911 ist er nach den ehernen Regeln einer angeblich aus dem Mittelalter stammenden, aber eigentlich frisch erfundenen Tradition in den Ruinen der walisischen Burg Caernarvon zum Prinz von Wales geschlagen worden; in einem »grotesken Aufzug«, wie er sich selbst erinnert. Er muss von nun an bei ausgewählten Empfängen am Hof dabei sein, wenn er nicht gerade unterwegs ist. Und wenn er reist, nach Frankreich etwa zum Sprachenlernen (erfolglos) oder nach Deutschland (schon erfolgreicher), dann geht er hier beim Präsidenten und dort beim Kronprinzen ein und aus.

Im Ersten Weltkrieg darf David den *Grenadier Guards* nach Frankreich folgen, aber nicht »an die Front«. Der Prinz bekommt einen Job als Hilfsherumsteher im Hauptquartier der britischen Truppen weit weg von jeder Gefahr, mit Kammerdiener und Fahrer, langweilt sich und nörgelt ständig, dass er auch in die Schützengräben will wie seine Kameraden (wovor er aber, klammheimlich, Riesenangst hat). General Kitchener muss ihm schließlich erklären, warum der Prinz von Wales nicht in Feindesnähe gelangen darf: nicht, weil er an der Front ehrenhaft fallen könnte, sondern weil die Deutschen ihn kidnappen könnten, um das Königreich zu erpressen. Das schluckt der Prinz, wenn auch unwillig. Er wird seinen ganzen Krieg hinter den Linien verbringen – mit gelegentlichen Heimaturlauben und einer Inspektionsreise in den Mittleren Osten zur Auflockerung.

Albert lebt im Vergleich unaufgeregter. Er fährt nach seinem Abschluss in Dartmouth (1912, als schlechtester Schüler seines Jahrgangs) erst auf dem Kreuzer »Cumberland«, dann als Leutnant – während des Weltkriegs – auf dem Schlachtschiff »Collingwood«, wo die Listen ihn – damit niemand unruhig wird – als »Mr. Johnson« führen. Es wissen natürlich trotzdem alle, wer da an Bord ist. Albert ist allerdings ein so bescheidener, schüchterner, fast passiv-phlegmatischer Mensch, dass sein Vater keine Angst haben muss, der Prinz könnte Dünkel zeigen. Albert leidet auf seine eigene Weise: still und verschlossen. Viel lieber als auf See wäre er, schreibt er in seinen Briefen, bei seinem Bruder David in Oxford. Er hat wachsende Schwierigkeiten mit dem Magen (bald ein erstes Magengeschwür), raucht zuviel und ist häufig seekrank.

Bei der Seeschlacht im Skagerrak ist der Prinz, von seinem Vater inzwischen zum Herzog von York geschlagen, mit dabei. Wie gefährlich sein Einsatz ist, lässt sich nicht nur seinem Brief an den Bruder entnehmen, in dem er sich brüstet, keine Angst vor den Granaten gehabt zu haben, die ringsum eingeschlagen seien. Das Schwesterschiff der »Collingwood«, die »Vanguard«, explodiert 1917 wegen eines technischen Versagens an Bord. Alle 804 Mitglieder der Besatzung finden den Tod.

Die Schicksale der beiden älteren Söhne (die jüngeren gehen noch zur Schule) sind für Mutter Mary und Vater George sicher die wichtigsten, aber nicht die einzigen Familiensorgen, die der Kriegsausbruch 1914 mit sich bringt. Der König führt immerhin Krieg gegen die eigene Familie: Auf der Gegenseite kämpft nicht nur der Kaiser, sein Vetter, sondern noch allerhand andere Cousins und Onkel ersten, zweiten und dritten Grades. Das Familiäre hat in diesem Fall den Konflikt der Nationen nicht verhindern können – eher im Gegenteil. Die Konkurrenz zwischen dem Reich und dem Empire ist durch das schwierige Verhältnis zwischen Edward VII. und Wilhelm II. noch befördert worden. Der Kaiser hat sich immer schlecht behandelt gefühlt durch seinen englischen Onkel, man könnte fast von Verfolgungswahn sprechen. Edward hat diesem Eindruck nichts entgegensetzen wollen; George schon. Als 1911 das große Victoria-Denkmal vor dem Buckingham Palace eingeweiht wird, lädt George auch seinen Vetter zum Fest. Der Kaiser kommt, benimmt sich gut, und eine sehr kurze Hoffnung auf eine gewisse Entspannung zwischen den Staaten keimt auf. Aber die Politik ist schon weiter. Die Monarchen haben Anweisung von ihren jeweiligen Regierungen, keine Politik miteinander zu besprechen. Der Kaiser tut es trotzdem, höchst ungeschickt, und heizt damit nur die gegenseitigen Aversionen an.

Nach dem Kriegsausbruch 1914 wird die deutsche Verwandtschaft langsam zur Belastung. Anfangs spielt Nationalität noch keine große Rolle: Das Militär wie das Volk geht davon aus (hier wie dort übrigens), dass man bis Weihnachten wieder zuhause ist, siegreich selbstredend. Aber als sich die britische Einsatztruppe, die man zur Verteidigung des Verbündeten Frankreich über den Kanal geschickt hat, vor den deutschen Angreifern zurückziehen muss und die Deutschen Anfang September gar bis vor Paris vorrücken, kippt die Stimmung im Vereinigten Königreich. Fast über Nacht bricht ein ungeheuerer Hass auf alles Deutsche aus. Wer noch eben der gute Vetter war – misstrauisch vielleicht, aber doch auch bewundernd betrachtet – ist nun der niederträchtige Hunne. Wer einen deutschen Namen trägt, wird anfangs schief angeguckt, dann malträtiert, schlimmstenfalls interniert. Deutsche Waren werden boykottiert; selbst der Dackel (»Dachshund«) kommt unter Druck. George V. ist entsetzt über die Fremdenfeindlichkeit, sieht sich aber gezwungen, das einzige deutsche Hausmädchen der Königlichen Familie, Else, nach Hause zu schicken. Es trifft – auf weitaus höherer gesellschaftlicher Stufe – einen angeheirateten Cousin des Königs, den Gatten der Prinzessin Victoria von Hessen, Prinz Ludwig (Louis) von Battenberg. Der seit Jugendtagen in Großbritannien lebende und längst eingebürgerte Karriereoffizier, der seit Ende 1912 als First Sea Lord den höchsten militärischen Rang der Royal Navy bekleidet, sieht sich in Presse und Oberhaus bösen Verdächtigungen ausgesetzt. In ungebührlicher Eile und gegen den Widerstand des Königs wird er aus dem Amt gedrängt. Von Battenberg nimmt das übel, ist sich aber klar darüber, dass er gegen den Hass auf den Straßen machtlos wäre. Er wird 1921, drei Jahre nach dem Krieg, mit dem Ehrentitel »Admiral of the Fleet« entschädigt. Die Wunde bleibt.

Von Battenberg ist längst nicht der einzige, der gehen muss. Das wohl prominenteste Opfer der Hatz auf alles Deutsche wird Lord Richard Haldane, von 1906 bis 1912 britischer Kriegsminister und Vater der »British Expeditionary Force«, wie die britischen Einsatzdivisionen heißen. Lord Haldane dient 1914 als der Vorsitzende des Oberhauses, ist also »Lordkanzler«, als sich ein Freund daran erinnert, dass er zwei Jahre zuvor einmal bei einem Abendessen erklärt habe, dass seine geistige Heimat Deutschland sei. Haldane wollte nur auf seine Göttinger Studienjahre 40 Jahre zuvor verweisen, aber die Bemerkung wird in der Presse wochenlang aufgekocht. Er wird zum Ziel einer heftigen Kampagne: Bis zu 2 600 Drohbriefe gehen täglich in seinem Büro ein. Er zieht die Konsequenzen und tritt zurück.

Bei Kriegshalbzeit 1916 ist praktisch nur noch eine deutsche Familie im Staatswesen übrig, deren Nachname »Wettin« ausschließlich Fachhistorikern bekannt ist, während ihr »Hausname«, nämlich »Sachsen-Coburg-Gotha«, im Eifer des Gefechts schon mal mit »Hannover« durcheinander gebracht wird. Egal. Der Name ist so unmissverständlich deutsch, da spielt es keine Rolle, dass diejenigen, die diese Namen tragen, sich längst als waschechte Briten empfinden. George V. spricht noch nicht mal die Sprache seiner Vorväter;

seine Frau Mary, geborene von Teck, hat von zuhause aus immerhin einen leichten Akzent, den ihre Untertanen als »deutsch« verstehen. Das reicht. Wie schon zu Zeiten des Krimkriegs 1854–1856, als der Prinzgemahl Albert unter Generalverdacht geriet, und wie während des deutsch-französischen Krieges 1870/71, als es Victoria selber traf, mehren sich im Ersten Weltkrieg bald die Stimmen im Volk und auf den Leserbriefseiten der Zeitungen, die über die »Fremden« im Buckingham Palace schimpfen. Herbert George (HG) Wells, Schriftsteller, Sozialist und Deutschenhasser, ist die lauteste dieser Stimmen; er wütet in der *Times* gegen die »importierte Dynastie«. In dem Artikel »Die Zukunft der Monarchen«, eigenwillig veröffentlicht in der seichten Literaturpostille *Penny Pictorial* im Mai 1917, aber eifrig aufgegriffen auch von der seriösen Presse, macht der Autor einen Vorschlag, wie man die Monarchie populärer machen könnte: Das britische Königshaus müsse sich zwischen seiner europäischen Verwandtschaft und dem britischen Volk entscheiden.

George V. würde sich von einem Sozialisten wie Wells nichts vorschreiben lassen. Aber 1917 ist ein schlechtes Jahr für Monarchen. Eben erst ist aus den Hungermärschen von St. Petersburg eine wahrhaftige Revolution geworden, die den russischen Zaren von seinem Thron gefegt hat; seitdem gibt es ein regelrechtes Fingerhakeln um die Frage, ob Vetter Nikolaus II. und seine Familie in England Asyl erhalten sollen. George stimmt erst zu, lehnt dann aber wieder ab, als er erfährt, wie populär die Revolution ist bei den Arbeitern und bei »dem großen Ungewaschenen«, wie der Plebs am Hof genannt wird. Es gibt eine Streikwelle mitten im Krieg, und das Volk wird langsam kriegsmüde, weil es an Fortschritten mangelt, geschweige denn an Erfolgen. Am Hof geht die Angst um; plötzlich scheint alles möglich, auch eine Revolution in Großbritannien. Nikolaus II. wird unauffällig wieder ausgeladen. Noch ahnt niemand, dass der Zar ein Jahr später samt seiner Familie von den Bolschewisten ermordet werden wird.

Im Sommer 1917 greift der Premier Lloyd George die Kritik von HG Wells wieder auf. Der König ist jetzt weich gekocht. Die Idee einer Umbenennung des Königshauses wird geboren. George lässt nach einer passenden Namensalternative suchen. Vorschläge kommen und werden vom Tisch gefegt. Der frühere Premierminister Lord Roseberry wendet ein, dass der »Gegner, den man in solcher Frage fürchten muss, die Lächerlichkeit ist«. Schließlich kommt des Königs Privatsekretär Arthur Bigge, inzwischen zu Lord Stamfordham geadelt, von einer Exkursion in die Archive zurück und hat die Lösung aller Lösungen gefunden. König Edward III. ist einst »Edward von Windsor« genannt worden, möglicherweise, weil er 1312 auf der Burg geboren wurde. Es gäbe also ein historisches Vorbild, auf das man sich beziehen kann; das ist immer wichtig in der britischen Monarchie. Und »Windsor« ist genial – das ist ein Name, der so englisch ist wie der Michel deutsch. Egbert, der Angelsachsenkönig, hat im frühen Mittelalter schon in dieser Ecke gelebt, Wilhelm der Eroberer hat die Burg zur Festung ausgebaut, in der gleichen Gegend hat König John die *Magna Carta* unterschrieben, Edward III. (»von Windsor«) hat auf Windsor den Hosenbandorden gegründet, das Castle ist genutzt, geputzt und erweitert worden von Heinrich VIII., Charles II., George IV. Und Queen Victoria, von Ruyard Kipling »die Witwe von Windsor« genannt, ist hier im Park begraben. Windsor – das ist perfekt.

So entsteht am 17. Juli 1917 das »House of Windsor« per Proklamation, und alle deutschen Familien rundherum werden auch schnell umbenannt. Der Herzog von Teck wird zum Marquess (Markgrafen) of Cambridge und sein Bruder zum Earl (Grafen) of Athlone. Prinz Ludwig von Battenberg, der Ex-Sea Lord, anglifiziert seinen Familiennamen zu Mountbatten und wird zum Marquess of Milford Haven. In einem (juristisch schwer umstrittenen) Parlamentsgesetz werden gleichzeitig allen deutschen Adeligen, die für Wilhelm II. kämpfen, die britischen Titel aberkannt. Der Herzog von Braunschweig beispielsweise verliert den Titel Duke of Cumberland, der Herzog von Sachsen-Coburg-Gotha ist nicht mehr Duke of Albany.

Aber – nützt es etwas? HG Wells hat eine Welle des Patriotismus vorhergesagt, eine Renaissance des Royalismus, doch weder noch ist zu verspüren. Die Unterschicht, die in diesem Krieg die undankbare Aufgabe hat, den Nachschub an Munition, Waffen und Soldaten aufrecht zu erhalten, wird politisch immer aufmüpfiger: Sie will, nachdem sie Opfer bringt, jetzt auch ihren Teil vom Kuchen der Macht.

Die Gewerkschaften erleben einen Boom, ebenso wie die Arbeiterpartei Labour. Im Frühjahr 1918, Ludendorff hat mit der »Operation Michael« das erste Mal seit Jahren Bewegung in die Front gebracht und vor allem den britischen Divisionen immense Verluste zugefügt, ist der König dem Verzweifeln nah. Er glaubt – trotz der Ankunft der ersten amerikanischen Truppen in London – nicht mehr an einen Sieg der Alliierten; er weiß nicht mehr, so vertraut er seinem Tagebuch an, »wo das alles enden soll«. Im britischen Establishment geht die Angst um: vor Revolution, Umsturz, einer Invasion der Deutschen. Im Sommer nehmen die fremdenfeindlichen Eskapaden der Presse noch einmal Anlauf.

Der Krieg rettet den König letztlich. Die deutsche Offensive bleibt im Juli 1918 stecken. Dafür ist kein Dolchstoß nötig: Ludendorff selbst hat seinen Truppen eine strategische Falle gestellt. Die in der Frühjahrsoffensive geschaffene Front ist mit ihren riesigen Ausbuchtungen schlicht zu lang für die ausgezehrte deutsche Armee; und die Alliierten, die sich jetzt auch eine flexiblere Kriegsführung erlauben, wissen sich gestärkt durch die Ankunft von monatlich 300 000 »frischen« Amerikanern. In der Schlacht von Amiens am 8. August wird die Reichswehr so schwer geschlagen, dass Ludendorff den Kaiser um die Aufnahme von Friedensverhandlungen ersucht. Die Alliierten lehnen ab. Am 30. Oktober ergibt sich die Türkei, am 4. November Österreich, am 9. November 1918 ruft der Sozialdemokrat Philipp Scheidemann von einem Fenster des Reichstags in Berlin die Republik aus. Wilhelm II. dankt ab und geht nach Holland ins Exil – sein Vetter wird ihn mit völliger Missachtung strafen bis an sein Lebensende, und nur noch ein Wort einlegen, als es darum geht, ob der Ex-Kaiser als Kriegsverbrecher angeklagt werden soll. Er hält ihn, so das Tagebuch Georges V., »für den größten bekannten Kriminellen, weil er die Welt in diesen grässlichen Krieg gestürzt hat« – und das, weil er »die Welt zu beherrschen wünschte«. Aber George V. spricht sich trotzdem gegen ein Tribunal aus. Aus naheliegenden Gründen: Er will nicht, dass Monarchen für Kriege zur Verantwortung gezogen werden können.

Am 11. November 1918, pünktlich um 11 Uhr, wird das Kriegsende in den Londoner Nieselregen hinein verkündet. Das Volk trotzt dem

Wetter und strömt die Mall entlang vor den Buckingham Palace. »We want the King«, verlangen die Sprechchöre. George V. erscheint in Admiralsuniform auf dem berühmten Balkon, begleitet von Queen Mary und David, dem Prinzen von Wales, um die Ovationen in Empfang zu nehmen. Später fährt er in einer offenen Kutsche durch die Straßen, um sich möglichst vielen Untertanen zu zeigen. Bis in die Nacht hinein kommt das königliche Paar immer wieder auf seinen Balkon, weil die Menschen da unten offenbar nicht genug von ihnen bekommen können.

Und wieder ist es plötzlich so, als hätte in Großbritannien nie irgendjemand einen Gedanken daran verschwendet, dass es vorbei sein könnte mit dieser Monarchie. In Deutschland gibt es seit zwei Tagen keinen Kaiser mehr, in Österreich hat Kaiser Karl an diesem 11. November seinen Rückzug erklärt, der bulgarische Zar Ferdinand ist aus dem eigenen Land geflohen. In Preußen, Sachsen, Bayern, Württemberg, Mecklenburg, Braunschweig und Hessen verlieren die Adelshäuser in diesen Tagen ihre Privilegien. Der Thron George V. aber erscheint stabiler und sicherer als seit Jahren.

Am Abend des Sieges lässt George den Weinkeller von Buckingham Palace wieder öffnen. Die Zeit der Sparsamkeit soll vorbei sein. Er feiert, so ist überliefert, den Sieg über die Deutschen mit einer Flasche Brandy, die sein Vorgänger George IV. am Tag des Triumphs von Waterloo hat versiegeln lassen. Sie habe etwas staubig geschmeckt, heißt es.

Der Feier folgt der Kater. Es dauert nur wenige Wochen, schreibt Kenneth Rose, dann »weicht die Euphorie, die im Moment des Sieges den König und die Königin überwältigt hatte, der bitteren Selbstreflexion einer trauernden, verarmten und unruhigen Nation«. Lloyd George hatte im Krieg versprochen, dass man das Königreich herrichten wolle, damit es »würdig werde, die Helden des Krieges zurück zu empfangen«. Das Gegenteil wird wahr. Großbritannien ist der große Verlierer unter den Siegern des Krieges – es leidet wie das niedergerungene Deutsche Reich unter dem Versailler Vertrag. Dem Vereinigten Königreich ist mit Deutschland ein wichtiger Handelspartner weggebrochen, der sich aufgrund der Reparationslast nicht so bald erholen kann. Die erzwungenen Kohlelieferungen der Deutschen nach Frankreich bringen den Weltmarkt für Kohle durcheinander und ruinieren damit auch den britischen Bergbau. Die Reparationszahlungen aus Deutschland können nichts daran ändern, dass die Briten aus ihren Kriegsschulden nicht wieder herauskommen.

Jetzt, da die Sicherheiten schwinden, ist plötzlich wieder alles im Fluss. Im Empire werden die Rufe lauter, dass man an den Beziehungen zwischen dem Mutterland und den Kolonien etwas ändern muss. Im Mutterland selbst hat der Krieg die Beziehungen zwischen den Schichten verändert. Der Massenkrieg hat der Masse Selbstbewusstsein gegeben; dem Volk erscheint die Ordnung der Dinge, die dem Adel Vorrechte gewährt, nicht mehr unumstößlich. Die Frauen, die im Krieg vor allem in der Munitionsindustrie und in der Krankenpflege Großes geleistet haben, sehen sich selbst mit anderen Augen. Die Parteien haben dieser Veränderung schon Ausdruck verliehen: Im Februar 1918 – also vor dem Ende des Krieges – haben die Parlamentarier mit dem *Representation of the People Act* die Zahl der Wahlberechtigten verdreifacht und unter anderem erstmals Frauen das Wahlrecht gegeben (wenn auch nur denen über 30 Jahren und mit Immobilienbesitz). Die Demokratie ist – unter den misstrauischen Blicken des Establishments – auf dem Vormarsch.

Am Hof scheint George V. den alten Untugenden zu verfallen: Er beschäftigt sich wieder sehr mit seiner Briefmarkensammlung und den Petitessen des höfischen Lebens. In einem Brief an ihren Bruder beschwert sich die Tochter des Königspaares, Prinzessin Mary, über die unendliche Langeweile ihres Lebens unter den gestrengen Augen der Eltern. Das schlimmste seien die schweigenden Abendessen, »bei denen Papa die Zeitung liest«, schreibt sie. Prinz Albert nennt den Buckingham Palace in einem Brief an seinen Bruder David ein »Gefängnis«. Die Routine erdrücke alles.

Wenn das Land sich verändert, muss auch die Monarchie sich bewegen. Clive Wigram, Stellvertreter (und bald Nachfolger) des Königlichen Privatsekretärs Lord Stamfordham, macht sich schon 1917 erhebliche Gedanken darüber, wie er »Ihren Majestäten eine gute Presse verschaffen« kann. Wigram, »in keiner Weise ein Radikaler«, wie Kenneth Rose ihn beschreibt, hält es angesichts des gesellschaftlichen Wandels für unumgänglich, dass die Königin und der

König »es sich abgewöhnen, ihr Licht unter den Scheffel zu stellen«. Er schlägt vor, am Hof einen gut bezahlten, in der Hierarchie hoch angesiedelten Pressesprecher zu installieren. In einem Strategiepapier definiert er dem Königtum die Aufgabe als »PR-Abteilung des Königreichs« zu – das Staatsoberhaupt soll Werbung machen für den Staat, innen wie außen.

In Vorkriegszeiten hätte George V. ein derartiges Ansinnen im besten Falle mit zorniger Nichtachtung gestraft. Aber jetzt lässt er sich bewegen. Wie schon Victoria und Edward VII. treibt George V. die dumpfe Sorge, womöglich als George der Letzte auf dem britischen Thron zu sitzen.

Wigrams Strategie wird umgesetzt. Von nun an (und bis heute) wird die Königsfamilie bei allem, was sie öffentlich tut, von Reportern und Fotografen umringt. Von nun an organisiert der Hof eine Art Werbeprogramm. Die Gartenpartys des Palastes zum Beispiel und eine ganze Reihe von Empfängen werden einem größeren Kreis geöffnet: Jetzt gehören nicht nur Aristokraten zu den Geladenen, sondern auch »normale Leute« wie Lehrer, Offiziere, Journalisten, sogar Gewerkschaftsführer. Das kommt an. Selbst Sozialisten mit republikanischer Grundtendenz lassen sich einfangen vom Charme einer königlichen Einladung. Mancher, der in seinem Club noch über den Hof und seine Formalitäten gespottet hat, ist hingerissen von der Pracht, dem Prunk, den Traditionen.

Was Wigram von innen macht, schaffen die Sozialisten von außen. Die Linken haben dem erzkonservativen König immer schon große Sorgen gemacht; er hält sie für potenzielle Revolutionäre, Mörder und Vaterlandsverräter. In privatem Kreise schimpft er ungehemmt über die Gefahr, die die Vertreter der Arbeiterklasse für sein Königreich bedeuten. Als konstitutioneller Monarch allerdings weiß George sich zu benehmen. Im Dezember 1923 passiert das Unvermeidliche: Labour wird zweitstärkste Partei im Unterhaus und kann – dank Duldung durch die Liberalen – sogar die Regierung bilden. Am 22. Januar 1924 kommt der Labour-Parteichef, Ramsay MacDonald, in den Buckingham Palace, um »die Hand des Königs zu küssen«: Das bedeutet auf gut britisch, dass er den Auftrag zur Regierungsbildung angenommen hat. MacDonald, der noch 1917 öffentlich von roten

Fahnen über dem Palast geträumt hatte, ist sofort eingenommen vom König – und der sogar von ihm. »Er war entgegenkommend, höflich korrekt, menschlich und freundlich«, schreibt MacDonald später. »Der König hat mich nie als einen Minister empfangen, ohne mir das Gefühl zu geben, dass er mich auch als Freund empfing.« Der neue Premier hört auf den König, der hier und da Einwände gegen die Kabinettsliste hat (und sich durchsetzt), dafür tut der Hof alles, um den neuen Herren in der Downing Street entgegenzukommen.

Dieser Regierungswechsel verlangt der etablierten Ordnung einiges ab: Erstmals ist eine Regierung an der Macht, deren Mitglieder nicht weitgehend aus der Oberschicht stammen. Da sitzen Minister, denen nicht nur administrative Erfahrung fehlt, sondern – aus Sicht des Hofes – auch jede gesellschaftliche Formung. Ausgerechnet George V., der seinen eigenen Söhnen das Leben zur Hölle macht, wenn sie in der falschen Jacke zur Jagd erscheinen, dereguliert – in einem monatelangen Schriftwechsel wohlgemerkt – die Kleiderordnung für das Kabinett. Ein Minister braucht am Hof jetzt nicht mehr in der rot-goldenen Uniform der Mitglieder des Kronrats zu erscheinen, sondern darf im »einfachen« Frackanzug mit Kniebundhose kommen. Der König sieht milde über solche Ärmlichkeit hinweg. Die Hofbeamten verteilen gnädig Tipps zur Nutzung von Anzugsverleihfirmen und geben möglichst unauffällig Benimmhinweise. Auch in der Hofhierarchie selbst macht die Machtübernahme von Labour eine Veränderung nötig: In Übereinstimmung mit der Regierung wird die althergebrachte Regel aufgehoben, dass eine neue Regierung die (ehrenamtlichen) Posten in der Hofbürokratie neu besetzen darf. Labour hat niemanden in den eigenen Reihen, der über den nötigen materiellen Hintergrund verfügt, als (unbezahlter) Lord Chamberlain oder »Lord-in-Waiting« an den Hof gehen zu können. Von nun an werden die Positionen der Hofherren und -damen vom König selbst und auf Lebenszeit verliehen.

Doch niemand sollte auf die Idee kommen, dass George V. das alles passt. Er mag sich zu Veränderungen gezwungen sehen, sie auch akzeptieren; seine Sache aber ist die Modernisierung der Monarchie nicht. Er hat sich einen Hof aufgebaut, der seinen Konservatismus unterstützt. Queen Mary hat schon zu Zeiten Edwards VII. davor gewarnt, sich dem Zeitgeist hinzugeben; und als wollte sie dies jeden Tag beweisen, kleidet sie sich weiterhin in der Mode des vergangenen Jahrhunderts. Die Höflinge um George V., allen voran Lord Stamfordham, haben verinnerlicht, was für Brendon und Whitehead seitdem als goldene Regel des Hofbetriebs gilt: »Niemand sollte irgendetwas tun, das nicht schon vorher getan worden ist.«

Des Königs ältestem Sohn David, dem Thronfolger, geht der Wandel dagegen längst nicht schnell genug. Er hat Eindrücke im Krieg gewonnen, über die vor ihm noch nie ein Prinz von Wales verfügte. Er hat den Krieg als den großen Gleichmacher kennen gelernt. Jetzt will er die Moderne hineinlassen in die Monarchie und das Formale, das Distanzierende des Protokolls überwunden sehen. Im Jahr 1930 wird der Prinz ein etwas heruntergekommenes Haus in einer entfernteren Ecke des königlichen Parks von Windsor in Besitz nehmen, das Fort Belvedere, und es (nicht gänzlich, aber immerhin) mit eigener Hände Arbeit renovieren. Dort wird er seine Freunde empfangen, und sie werden wie andere Leute mit kurzen Hosen oder hochgekrempelten Ärmeln in der Sonne auf der Terrasse sitzen und einfach ganz normal sein. Für George V. ist solch ein Umgang undenkbar. *One is royal*, man ist königlich. Man hat Distanz zu wahren, die Kleiderordnung einzuhalten (selbst in der »informellen« Atmosphäre von Sandringham oder Balmoral ist es nötig, sich vier- bis fünfmal am Tag komplett umzuziehen, um den erwünschten Formalitäten Rechnung zu tragen), man hat einfach ein gewisses Niveau nicht zu unterschreiten.

Davids erster Beitrag zur Erneuerung der Monarchie aber findet viel früher schon und auf Anraten des Premierministers David Lloyd George statt. Ein Jahr nach dem Krieg schon wird der noch junge Prinz von Wales auf eine Tour durch das Empire geschickt. David besucht Kanada (samt Abstecher in die USA), er fährt über Barbados und den Panama-Kanal nach Neuseeland und Australien, er reist nach Südafrika und Südamerika, nach Indien und Japan. Fast zwei Jahre lang ist er unterwegs, mit seltenen Ruhepausen zuhause; die Reise ist für den jungen Mann körperlich wie seelisch eine gigantische Tortur. Aber sie ist ein ungeheuerer Publikumserfolg. In Toronto strömen zig Tausende in das Stadtzentrum, um den Prinzen zu sehen; in New

York wird er gefeiert, in Melbourne sind die Straßen so dicht mit Menschen gefüllt, dass eine auf fünf Minuten angesetzte Autofahrt von einem Termin zum anderen eine Stunde dauert. Begeisterte Menschen reißen die Motorhaube vom Auto und zertreten das Trittbrett. Am Abend ist der Prinz mit blauen Flecken übersäht und muss seine vom ständigen Begrüßen geschwollenen Hände pflegen. Admiral Sir Lionel Halsey, sein Chief of Staff auf der Tour, schreibt an die Königin: »Ich höre überall nur die wundervollsten Dinge«, etwa »dass Leute, die vor seiner Ankunft nichts mit dem Empfang für ihn zu tun haben wollten, sich völlig gewandelt haben und jetzt, falls das überhaupt möglich ist, noch enthusiastischer sind als die anderen.« Die Gastgeber feiern den Prinzen als einen jungen, ernsthaften, aber unsteifen, warmherzigen und interessierten Besucher.

George ist mit den Einsätzen seines Sohnes sehr zufrieden, kann das in seinen Briefen an den Reisenden aber gut verbergen. Mal meckert der König darüber, dass sich David in einem Swimmingpool hat fotografieren lassen (»Ihr hättet auch gleich nackt sein können«), mal darüber, dass er zu einer weißen Uniform eine schwarze Fliege und einen Umschlagkragen getragen habe, »das uneleganteste, was ich je gesehen habe«.

King George, schreibt Rose, »sah in der lässigen Haltung seines Sohnes zu Fragen der Kleidung das Symptom einer tieferen Krankheit: eines Unwillens, sich auf seine zukünftige Rolle vorzubereiten. In der Nachkriegszeit war kaum der Schatten eines göttlichen Rechts übrig geblieben, um die Monarchie zu begründen; ihr Überleben hing von der Haltung und der Selbstdisziplin des Monarchen ab.« Sein Sohn hatte deutlich gemacht, dass er die Zukunft der Monarchie in anderer Weise zu retten hoffte: in größerer Nähe zum Volk, in stärkerem Engagement in sozialen Fragen. Beide hatten Recht in ihren Argumenten; aber beide waren längst zu weit voneinander entfernt, um das zu erkennen.

Das Verhältnis zwischen dem Throninhaber und dem Thronfolger ist Mitte der zwanziger Jahre schlecht; und es wird nur noch schlechter werden mit der Zeit. Dreimal zwischen 1922 und 1932 versucht George V., mit seinem Sohn ein klärendes Gespräch zu führen. Er macht jeweils deutlich, dass er vor allem unzufrieden ist, weil der Sohn nicht das tut, was von Thronfolgern gemeinhin erwartet wird: heiraten und Nachwuchs zeugen. George V. sagt das nicht nur aus Staatsräson, er warnt seinen Sohn durchaus im Guten. Er selbst könnte es sich nicht vorstellen, schreibt er ihm, König geworden zu sein ohne die Unterstützung durch die Königin an seiner Seite. Das Amt des Souveräns sei ein sehr einsamer Posten.

Es nützt nichts. Der Sprachlosigkeit folgt Abneigung, der Abneigung gegenseitige Verachtung.

Prinzessin Mary, das dritte Kind des königlichen Paares, heiratet am 28. Februar 1922 einen 14 Jahre älteren Mann namens Henry, Viscount Lascelles. Es gibt eine kleine Aufregung darum: Lascelles ist zwar der zukünftige Erbe eines Grafentitels (er wird Earl of Harewood werden, wenn sein Vater stirbt), aber weit davon entfernt, königlichen Blutes zu sein. Dass diese Eheschließung überhaupt möglich ist, verdankt das Paar einer Entscheidung George V., die jener nebenbei verkündet hat, als das Königshaus im Krieg seinen Namen ändert. In weiser Voraussicht der Schwierigkeiten, die seine Kinder bei der Braut- beziehungsweise Bräutigamschau bekommen werden, hat der König die eherne Regel aufgehoben, dass in die königliche Familie nur einheiraten darf, wer selbst einer königlichen Familie entstammt. Auch Angehörige »guter britischer Familien« sollen nun als potenzielle Ehepartner in Frage kommen. Viscount Lascelles ist ein solcher Kandidat: ausgezeichnet im Krieg, Erbe eines gigantischen Vermögens, Bewohner mehrerer Landgüter in Yorkshire und Irland, mit einer Residenz in London. Lascelles (nicht verwandt mit der gleichnamigen Familie von Hofbeamten) geht gerne auf die Rebhuhnjagd, sammelt teure Möbel und Kunstgewerbe, kurz: ist ein Landedelmann und damit nach des Königs Geschmack. Was die Prinzessin an ihm findet, ist nicht so klar; wie auch umgekehrt das Gerücht umgeht, der Viscount habe nur um ihre Hand angehalten, weil er im Club entsprechend gewettet hätte. Dass die junge Frau in die Ehe mit diesem nach Darstellung John van der Kistes »charmefreien und unattraktiven« Mann einwilligt, erklärt sich der Prinz von Wales so: »Das arme Mädchen wird frei sein und aus dem Buckhouse-Gefängnis entlassen«, wo sie (angeblich) wie eine bessere Dienstmagd behandelt worden sei.

Der zweitälteste Sohn des Königs, der immer noch sehr schüchterne Albert, ist des Lebens unter dem gestrengen Auge seines Vaters höchst überdrüssig und findet die Routine am Hof unerträglich. Er flieht in die Arme einer jungen Dame, Lady Sheila Loughborough, so behauptet es jedenfalls Susan Williams in ihrer Biografie Edwards VIII. Frau Loughborough hat einen entscheidenden Vor- wie Nachteil: Sie ist verheiratet. Das ist gut, weil man keine Heiratsabsichten in der Liaison mitverhandeln muss; das ist schlecht, weil Lord Loughborough verständlicherweise und George V. ebenso ihre Einwände haben. Prinz David behauptet später in einem Brief, dass der König seinen Bruder mit einem Herzogtum von der Dame weggelockt habe: York habe er nur bekommen, weil er Loughborough aufgab. Und in der Tat: Kaum ist Albert Herzog von York, geht er wieder unabgelenkt auf Brautschau.

Berties Stottern, schon immer ein Problem, erwächst zu einer ernsten Hürde für jeden öffentlichen Auftritt und jeden gesellschaftlichen Erfolg. Auch beim anderen Geschlecht kommt Wortkargheit nicht besonders gut an. Als Albert am Rande eines Luftwaffen-Balls im Sommer 1920 einer jungen Dame namens Elizabeth Bowes Lyon begegnet, mag er selbst sofort überzeugt sein, dass sie die Liebe seines Lebens sei. Aber Elizabeth? Natürlich unterhält sie sich mit diesem netten, gut aussehenden, aber schüchternen und ungeschickten Jüngling aus dem Königshaus; man weiß, was sich gehört. Aber mehr, pardon, ist nicht drin. Sie ist gerade erst in die Londoner Gesellschaft eingeführt worden, und die jungen Männer der besseren Häuser liegen der Tochter des Earls von Strathmore und Kinghorne scharenweise zu Füßen. Das will ausgenutzt sein. Sie ist nicht die Schönste der Debütantinnen, aber sie hat ungeheuren Charme, ein sehr spezielles Lächeln, eine faszinierende, grundsympathische Persönlichkeit. Sie bringt kein Erbe mit, aber ihre Familie ist so tief in der Geschichte des Königreichs verwurzelt, dass man daheim über die Windsors nur als Zugereiste spricht. Sie wird eine gute Partie für sich finden, da sind Eltern und Elizabeth unbesorgt. Albert gehört nicht in diese Kategorie: Eine Heirat ins Königshaus gilt als abwegig, der Hof als moralisch verdächtig.

Albert weiß davon nichts. Weil er sich von seinem Vater hat einreden lassen, dass man sich als Prinz nicht in die Gefahr bringen darf, abgewiesen zu werden, lässt er über einen Strohmann fragen, ob die junge Dame ihn anhören würde. Der Bescheid ist abschlägig. Ein Freund macht dem Verstörten klar, dass er es selbst probieren muss – die Welt habe sich verändert, die Ladys ließen sich nicht fernabfragen. Albert nimmt all seinen Mut zusammen: Es gibt wieder einen Korb.

Albert gibt auf. Er orientiert sich neu. 1921 versuchte er es bei Helen »Poppy« Baring, Erbin der gleichnamigen Bank. Die junge Dame nimmt – im Gegensatz zu Fräulein Bowes Lyon – sein Angebot im August des selben Jahres an. Queen Mary freilich legt ihr Veto ein; das ist schwerwiegend, schon weil jeder Nachfahre von King George II. den jeweiligen Monarchen um Erlaubnis fragen muss, wenn er heiraten will. Poppy ist Mary nicht »gut genug«, wahrscheinlich, weil sie in den falschen Kreisen verkehrt.

Queen Mary nimmt sich der Sache selbst an. Sie ist zwar offiziell der Meinung, dass sie sich heraushalten sollte aus den Liebesangelegenheiten ihrer Kinder, aber – es gibt auch Grenzen. Die Königin lädt sich, als sie im Sommer auf Balmoral weilt, bei den Bowes Lyons ein, die in Schottland Glamis Castle bewohnen, jene gewaltige, steingraue Burg, die Shakespeare einst seinem düsteren Macbeth zuerkannte. Mutter Bowes Lyon ist unpässlich, also spielt Elizabeth die Gastgeberin, und die Königin ist gleich entzückt. Was für eine passende Braut wäre das – für David, den Prinzen von Wales, der ja am dringendsten verheiratet werden müsste, schon der dynastischen Absicherung wegen. Lady Airlie, eine Freundin der Königin, die den Prinzen gut kennt, winkt ab: Der sei noch lange nicht so weit.

Aber das Gerücht ist in der Welt. In der ersten Woche des Januars 1923 lässt die Londoner Presse die angebliche Katze aus dem Sack: Noch in den nächsten Tagen werde die Verlobung des Prinzen von Wales bekannt gegeben; die nächste Königin von England sei die Tochter eines bekannten schottischen Adeligen und eine Freundin von Prinzessin Mary. Fast richtig, könnte man im Rückblick sagen. Aber wirklich nur fast.

Albert wittert jetzt seine Chance. Eine gute Woche später, am 13. Januar 1923, nach einem unzweifelhaft romantischen Spaziergang durch die Wälder des südenglischen Anwesens der Strathmores nimmt Elizabeth seinen Zweitantrag (oder ist es der dritte?) an. Vielleicht will sie sich die Kränkung weiterer Spekulationen in der Presse ersparen oder hat sich damit abgefunden, dass sie ohnehin mit dem Königshaus in Verbindung gebracht wird. Am 26. April wird geheiratet in Westminster Abbey, und der Hof trägt dick auf. Eine solche Zeremonie hat es in der wichtigsten Abtei Londons seit dem 14. Jahrhundert nicht mehr gegeben, und eine so große öffentliche Anteilnahme ohnehin noch nie. Fast wäre der Gottesdienst sogar vom Radio übertragen worden. Die Granden der Abtei lehnen ab, weil sie fürchten, es könnte jemand zuhören, ohne den Hut abzunehmen.

Elizabeth ist ein Erfolg für die Königliche Familie. Sie wird die Prophezeiung ihrer Mutter erfüllen, die Bertie zwar schon immer gemocht hat, ihn aber für einen Mann hielt, der »von seiner Frau gemacht oder zerstört wird«. Bertie ist im siebten Himmel und hat nun eine Kraft in seinem Leben, an der er sich festhalten kann. Auch von ihren Schwiegereltern wird Elizabeth bald ins Herz geschlossen. George V. entdeckt eine Geistesverwandtschaft. Sie sei »unmodern«, schreibt die *Times* über die junge Dame, und ihre Figur sei »nicht von der flachen, jungenhaften Gestalt, die heute so sehr bewundert wird«. Das wird George gefallen haben. Nur sie darf es sich erlauben, hin und wieder zu spät zu einem Essen zu erscheinen. »Wir haben wohl zu früh angefangen«, lächelt der König gnädig. Die Söhne, erwachsen schon, wären vor Publikum schärfstens kritisiert worden.

Die Herzogin von York, wie Elizabeth nun heißt, wird nach der Hochzeit von George V. durch »Letter Patent«, also einen öffentlichen Brief, zur Königlichen Hoheit gemacht: im Englischen kurz HRH (Her Royal Highness). Das geht damals beinahe unter, wird aber das Vorbild für alle späteren Hochzeiten im Königshaus sein. Heiratet eine Bürgerliche einen Königlichen, dann wird sie ebenfalls Königliche Hoheit, findet George V. und setzt folglich eine Präzedenz.

Albert und Elizabeth spielen in den kommenden Jahren eine eigenartige Rolle am Buckingham Palace. Auf der einen Seite sind die Yorks ein ausgesprochener Nebenschauplatz. Hin und wieder vertreten sie den König bei öffentlichen Terminen, doch das ist selten. Hin und wieder kümmert sich Albert um die Sorgen und Nöte der

Industriearbeiter; er lässt Jugendcamps abhalten, in denen wie bei den Pfadfindern der Nachwuchs aller sozialen Schichten bunt gemischt wird. Die Yorks führen, schon aus finanziellen Gründen, ein vergleichsweise bescheidenes Leben in White Lodge, dem großen, imposanten Elternhaus von Queen Mary in der Mitte von Richmond Park im Westen Londons. Bald ziehen sie mitten in die Stadt in ein großes Haus am Piccadilly. Am städtischen Leben aber nehmen sie eher selten teil. Das bescheidene und informelle Familienleben der Yorks, von dem die medialen Bannerträger des Hofes bald in den einschlägigen Publikationen berichten dürfen, findet jedoch ungeheuren Anklang in der Öffentlichkeit, zumal nach der Geburt der Prinzessinnen Elizabeth (1926) und Margaret (1930). Bald gibt es Bilder und sogar Filmaufnahmen der Familie, sich vergnügend in einem Garten bei Windsor. Mit der Wirklichkeit im Hause der Herzogsfamilie hat die Idylle wenig zu tun: Hier geht es eher langweilig und manchmal deutlich distanziert zu, wie üblich bei Königs. Aber Elizabeth weiß, wie wichtig das Image ist. Nach einem Anfangspatzer – dem einzigen Presseinterview ihres Lebens gleich nach Bekanntgabe der Verlobung – wird sich die Herzogin zur Meisterin der Medienfernsteuerung entwickeln. Sie ist, anders als ihr Schwiegervater, von der Wichtigkeit öffentlichen Erscheinens felsenfest überzeugt, aber sie wird Journalisten und Autoren wie Gesindel behandeln, ganz wie er.

Die beiden jüngeren Söhne werden dem König länger Sorgen machen als der gut verheiratete Albert. Prinz Henry, der dritte Sohn, ist die unauffälligere Gestalt. 1928 hat sein Vater ihn zum Herzog von Gloucester gemacht; ein alter Titel, der seit 1834 nicht mehr »besetzt« war. Henry ist Soldat geworden, hat als Offizier in der Kavallerie gedient und samt Bärenpelzmütze bei der großen Geburtstagszeremonie für den König mitgemacht, dem »Trooping the Colour«. Aber ein Star ist er nicht – er gilt als langsam und langweilig, trinkt zu viel wie alle seine Brüder, was ein Problem wird, wenn er nichts zu tun hat.

Die Eltern schicken ihn deshalb auf Reisen. Er fährt nach Belgien zur Hochzeit von Kronprinz Leopold und Prinzessin Astrid, reist nach Tokio zur Krönung von Kaiser Hirohito, ist Gast der gleichen Feierlichkeiten für den Kaiser von Abessinien, Hale Selassie. Zwischendurch gerät er für einen kurzen Moment in die Nähe einer Karriere: Der Premierminister von Polen, Marshal Pilsudski, überlegt, ob er sich selbst zum König machen und zur Absicherung einer Dynastie seine Tochter an Prinz Henry verheiraten sollte. George V. hält die Sache zum Glück nicht für eine neuzeitliche Idee: Die Tochter ist erst acht Jahre alt. Henry darf Henry bleiben.

Prinz George, der jüngste Sohn von George V., ist vergleichsweise hübsch, vergleichsweise charmant und mit einem recht guten Selbstbewusstsein ausgestattet. Die Eltern haben ihn für ein paar Jahre zur Navy geschickt, wie man es mit Prinzen so macht. Ähnlich wie Albert aber ist George oft seekrank und damit nicht wirklich geeignet, seinem Vaterland zur See zu dienen. Erst 1929 allerdings schafft er es, seinen Vater davon zu überzeugen, dass es nun gut sei mit der Marine.

Der König hatte seine Gründe, den Jüngsten am liebsten auf See zu sehen. An Land nämlich hängt sich George stets an seinen ältesten Bruder und tourt mit ihm durch die Clubs, Hotels, Kneipen und Ballsäle. Er ist ein sehr guter Tänzer, gewinnt sogar mal an der Riviera einen Preis im Tangotanzen – unter falschem Namen, versteht sich. Und er hat Affären, jede Menge, wenn man den Überlieferungen glauben darf, und ganz sicher nicht nur mit Frauen. Mit einer amerikanischen Schauspielerin hüpft er ins Bett, dann versucht er es mit einem argentinischen Diplomatensohn; als das auseinander bricht, tröstet er sich mit einem Angehörigen des italienischen Königshauses und einem Architekten aus Paris. Über Jahre, so heißt es, ist er auch mit dem berühmten Schauspieler Noel Coward verbunden. Sein Vater ist aber so richtig außer sich, als der junge George in einer Schwulen-Disko von der Polizei erwischt wird – Homosexualität steht damals noch unter Strafe. Am nächsten Morgen öffnen sich die Gefängniszellen wie durch Zauberhand, als sich die Identität des hübsch geschminkten jungen Mannes bestätigt.

Aber das ist noch nicht alles. 1928 lernt George eine Amerikanerin namens Kiti Whitney Preston kennen und lieben, die ihn nicht nur monatelang vergnügt, sondern ihn auch mit Kokain und Morphium versorgt. Der Prinz wird drogenabhängig. Zum Erstaunen manchen Beobachters ist es Prinz David, der sich seines jüngsten

Bruders schließlich annimmt. Er überzeugt Kiti davon, dass es das beste wäre, das Land auf Dauer zu verlassen und sperrt seinen Bruder mehr oder weniger auf einem Landsitz ein, wo er ihm »Doktor, Gefängniswärter und Polizist in einem« ist. Sein Vater lobt ihn bald für seine selbstlose Tat, für die David gar auf eine geplante Sommerreise hat verzichten müssen: »Ich finde es großartig, was du alles für ihn getan hast.«

Es passiert nicht oft in diesen Jahren, dass David gelobt wird. Der Streit brodelt schließlich weiter. Der Prinz von Wales drängt zur Moderne. Der König bremst. Es ist sein Glück und das der Monarchie, dass die konservative Starre, in die der Buckingham Palace verfallen ist, auf eigenartige Weise dem Zeitgeist entspricht.

Kulturell und gesellschaftlich ist eigentlich reichlich Schwung gekommen ins London jener Zeit: Das hat der Prinz von Wales schon Recht. Die alte soziale Ordnung ist durchlässig geworden und durch den Fortschritt im Eisenbahnwesen und beim Autoverkehr rückt jetzt auch die bislang ferne Provinz gesellschaftlich, wirtschaftlich und politisch näher an das Zentrum des Landes. Der Königshof kann eine völlig neue Bedeutung erlangen. Aber der britischen Mittelklasse, nervös geworden durch die anhaltende wirtschaftliche Schwäche des Landes, ist gar nicht nach Aufregung und Umbruch. Sie will Ruhe und Ordnung und sehnt sich zurück in die vermeintliche Stabilität der Vorkriegszeit. Daran ändert sich auch nichts, als sich die britische Volkswirtschaft ab Mitte des Jahrzehnts langsam erholt. Die Briten profitieren endlich von der Entwicklung in Deutschland: Dort geht es aufwärts, weil die Franzosen und Belgier 1925 das Ruhrgebiet räumen. Aber die alte, neue Konkurrenz schafft Unruhe im britischen Bergbau, es kommt zum Generalstreik, die politische Lage spitzt sich zu.

Ende November 1928 erkrankt George V. schwer. Wie noch immer, wenn in der Königlichen Familie jemand erkrankt, solidarisiert sich das Land. Es gibt Fürbittengottesdienste und Sonderdrucke der Zeitungen mit Sachstandsmeldungen vom Krankenbett. Vor Buckingham Palace drängelt immerfort eine Menschenmenge, die die nächsten Bulletins des Leibarztes erwartet. Kaum aber steht der Prinz von Wales – nach einer eiligst abgebrochenen Safari in Afrika –

am Bett zu Sandringham, erholt sich der König wieder. Nie so ganz allerdings. Er verringert seine öffentlichen Engagements und lässt sich häufiger von seinen Söhnen vertreten.

Bis ihm eine Herausforderung ins Haus steht, die seinen ganzen Einsatz fordert. Im Oktober 1929 platzt an der New Yorker Wall Street die Börsen- und Bankenblase der zwanziger Jahre, die Weltwirtschaftskrise bricht aus. Großbritannien ist besonders schwer getroffen – das Land ist immer noch hoch verschuldet, und trotz wirtschaftlicher Erholung sind weit über 10 Prozent der Arbeitsfähigen ohne Job. An der Regierung sind seit einem knappen halben Jahr wieder die Sozialisten unter Ramsay MacDonald. Dem wirtschaftlichen Zusammenbruch hätte wahrscheinlich kein Premier so recht begegnen können, doch MacDonald zeigt sich als besonders überfordert. Er mag hochintelligent sein und von großem politischen Talent, doch ihm fehlt der Sachverstand. Die Arbeitslosigkeit verdoppelt sich in Jahresfrist; im Frühjahr 1932 klettert die Quote in Großbritannien auf über 25 Prozent und liegt damit zeitweise höher als in Deutschland. Hier wie dort wittern die Extremisten Morgenluft, aber im Vereinigten Königreich längst nicht so stark wie in Deutschland. Das hat Gründe im politischen System. Die großen britischen Volksparteien sind, aller scharfen Rhetorik im Unterhaus zum Trotz, nicht so tief ideologisch zerstritten wie die Lager der Weimarer Republik. Aber die politische Stabilität verdankt Großbritannien auch seinem König. Ganz persönlich greift er in dieser Krise ein. Er geht dabei über sich und die Grenzen der konstitutionellen Monarchie hinaus.

Die politische Apotheose George V. beginnt am Samstag, dem 22. August 1931. Der König, der erst am Freitag seinen Urlaub auf Schloss Balmoral angetreten hatte, ist in die Hauptstadt zurückgekehrt, um einen entnervten Premier zu empfangen. MacDonald bietet seinen Rücktritt an, weil ihm die Partei nicht mehr folgen will. Der König hält dagegen. Er macht dem Sozialisten Mut, nicht aufzugeben. Er sei die einzige Person, die das Land durch diese Krise bringen könne. Er möge versuchen, eine Koalition mit den anderen Parteien zu bilden.

Das klingt wie Höflichkeit. Es ist weit mehr. Es ist ein Bruch mit der wichtigsten Tradition der konstitutionellen Monarchie: Der

König darf sich nicht einmischen. Er kann seinem Premier einen Rat erteilen (den der nicht annehmen braucht) oder ihn ermahnen. Aber einen Rücktritt ablehnen? Dem Premier erklären, dass man eine Art Große Koalition wünsche? Das darf der König nicht. George V. überschreitet die Linie, die zwischen der demokratisch legitimierten Macht des Parlamentes und der rein symbolischen Macht des Monarchen gezogen ist.

Aber es passiert. Nach vielem Hin und Her und einer Sitzung von drei Parteiführern unter Vorsitz des unpolitischen Königs wird am folgenden Montag kurz vor zwölf Uhr mittags eine Nationale Koalitionsregierung gebildet: aus Einzelpersonen, die nicht ihre Parteien vertreten. Die Nationale Regierung wird Großbritannien bis 1940 regieren. Sie erhält von der Geschichte keine guten Noten – weil sie sich wie alle großen Koalitionen weder als entscheidungsfreudig noch als richtungsweisend erweist. Ramsay MacDonald bringt sich um ein ehrendes Ansehen in seiner eigenen Anhängerschaft. Labour wird bis in die Grundfesten erschüttert. MacDonalds Sozialisten gehen – ohne ihn – in die Opposition. 1935 wird die Unterhausfraktion der Arbeiterpartei dafür vom Wähler praktisch ausgelöscht.

Hat George V. sich das erhofft? Die Selbstauflösung der Sozialisten? Im Privaten war er ein Konservativer. Warum hat er dann ausgerechnet an dem Labour-Premier Ramsay MacDonald festgehalten? Es gibt sehr unterschiedliche Antworten auf diese Frage. Es ist dem König vorgeworfen worden, Teil eines Komplotts gegen die Sozialisten gewesen zu sein. Eine Weile hieß es, George V. habe mit den Banken unter einer Decke gesteckt, mit dem internationalen Finanzkapital.

Das eine wie das andere klingt fremd, wenn man sich mit der Persönlichkeit des Königs beschäftigt. Er spricht immer von Pflicht, von Verantwortung für das Ganze. Er hat sich nicht mit sozialistischen Ideen oder gar den Details der Sozialpolitik anfreunden können, aber das Wohl der britischen Unterschichten kümmert ihn durchaus. George V. kritisiert es, wenn seine Minister in die Sommerferien entfleuchen, obwohl die Probleme sich türmen. Er bestärkt seinen Sohn David darin, sich Regionen des Landes anzugucken, in denen es soziale Spannungen gibt. Seinen Sohn Albert hat George mit dem »Fachgebiet« Industrie betraut und ihn angehalten, sich für harmonischere soziale Verhältnisse zwischen Kapital und Arbeit einzusetzen.

George V. hegt ein zutiefst paternalistisches Gefühl für sein Land. Er ist der große Vater seiner Untertanen. Er will, dass es ihnen gut geht, dass sie sich selber helfen können und dass es keinen Streit gibt, in dem womöglich auch seine milde Führung angegriffen werden könnte. Was liegt da näher, als in der Krise auf die Spitze der Arbeiterpartei zu setzen: Nur ein Ramsay MacDonald, so hat George V. wahrscheinlich gedacht, könne das Königreich durch schwierige Zeiten führen, ohne dass revolutionäre Umtriebe drohen.

Es ist am Ende nicht ganz so gekommen. Die Linke hat rebelliert – nur nicht sehr erfolgreich. Ramsay MacDonald ist auch der falsche Premier gewesen. Stanley Baldwin, der Chef der Konservativen, führt die Regierung bis 1935 aus der zweiten Reihe und nimmt dann offen die Zügel in die Hand. Der König wird trotzdem erfolgreich: Die Radikalen, weder die von links noch von rechts, können in seinem Reich nicht die Oberhand gewinnen. Das ist ihm wichtig gewesen. Nicht mehr, nicht weniger.

Hat sein Einfluss in der politischen Krise am Anfang der dreißiger Jahre das Bild George V. verändert? Nein. Für das Volk ist dieser Aufruhr schnell in Vergessenheit geraten. Im Volk ist es wohl auch nicht so spürbar, wie sich die Stellung George V. 1931 veränderte, als Großbritannien, Kanada, Australien, Neuseeland, Südafrika, Irland und Neufundland das »Statut von Westminster« beschließen. War der König vorher Souverän aller dieser anderen Länder, weil sie von Großbritannien abhängig waren, so ist er jetzt Souverän in eigener Kapazität (das ist noch heute so, wenngleich natürlich die Liste der Länder, in denen die Queen Staatsoberhaupt ist, sich stark verändert hat). Im Volk ist der alternde George V. aus anderem Grund ungeheuer populär geworden: durch die Weihnachtsansprache.

Der König, kein geborener Redner, setzt sich seit 1932 am ersten Weihnachtstag um die Mittagszeit in einem kleinen Zimmer von Sandringham vor das Mikrophon der BBC und spricht zu seinen Untertanen rund um den Globus. »Ich spreche jetzt von meinem Zuhause und von meinem Herzen zu Euch allen«, sind die heute legendären Worte, mit denen die erste Weihnachtsansprache eines Staatsoberhaupts an seine Untertanen beginnt. Es ist eine Idee der BBC, mit der man den König lange bedrängt hat. Es ist ein großartiger Erfolg. Überall hören sie seine hohe, kräftige Stimme, und überall haben die Menschen plötzlich einen Kloß im Hals. Für die meisten ist es das erste Mal, dass sie ihren Souverän sprechen hören. Eine Tradition ist geboren, die bis heute fortlebt.

1935 jährt sich die Thronbesteigung des Königs zum 25. Mal. Die Regierung wünscht sich eine mächtige, prachtvolle Prozession. Das gibt es jetzt auch anderswo wieder verstärkt, nicht zuletzt in Berlin und Tokio, aber auch in den USA. Auch London soll ein Volksfest bekommen – am besten ein Fest des Empire. Man will natürlich auch zuhause für gute Stimmung sorgen. Aber die Hauptbotschaft der Veranstaltung soll nach außen gehen. Es gilt, Macht zu demonstrieren.

Eine Woche lang wird im Mai 1935 das »Silver Jubilee« gefeiert, in London zumeist, aber auch in allen anderen Hauptstädten des Empires. Höhepunkt ist – wie stets – die Prozession vom Palast zur St. Paul's Cathedral, bei der George V. und Queen Mary aus einer offenen Kutsche heraus die Huldigungen von Hundertausenden von Zuschauern entgegennehmen. Zwei Tage später versammelt sich die Elite des Commonwealths im St. James's Palace, dann die Parlamente in Westminster Hall zur Ehre des Königs. Neville Chamberlain, der spätere Premierminister, fasst die erhoffte Wirkung beim Blick auf die Botschafter von Deutschland, Spanien, Italien, Japan zusammen: »Das wird's ihnen zeigen.« Doch nicht nur die mögen überrascht sein. Auch der König selbst hat mit solcher Begeisterung der Massen nicht gerechnet. Findet er sich doch – obwohl er ein zurückgezogenes Leben geführt hat – plötzlich so beliebt und geliebt wie einst sein Vater und seine Großmutter. Für den (erzkonservativen) Erzbischof von Canterbury, Cosmo Gordon Lang, ist das kein Widerspruch, wie er in seiner Predigt in St. Paul's zu verstehen gibt:

Gucken wir [auf diese 25 Jahre] zurück, dann begreifen wir, dass es Jahre von fast ununterbrochener Sorge und Last gewesen sind. Sie begannen in einer Atmosphäre bitteren Parteienstreits. In ihre Mitte kam plötzlich die schwerste Prüfung, der die Nation sich je stellen musste [der Erste Weltkrieg]. Seitdem sind Jahre von arbeitsreicher Anstrengung gefolgt

… den Handel und die Industrie wiederzubeleben, auf denen das Leben der meisten beruht, und die Grundlagen eines echten Friedens zu finden. Aber unter der aufgewühlten Oberfläche hat es eine tiefe Unterströmung gegeben: einen Geist der Einigkeit, des Vertrauens und beständiger Stärke. Dieser Geist fand sein Zentrum im Thron.

Harold Nicolson, der Biograf des Königs und konservativer Unterhausabgeordnete, mag ein etwas weiter fassendes Resümee ziehen und kommt doch zum selben Schluss: Dass George V. die Tugenden der Mittelklasse personifizierte:

In diesen 25 Jahren hatten seine Untertanen erkannt, dass König George die privaten und öffentlichen Tugenden repräsentierte und verstärkte, die sie selbst als spezifisch britische Tugenden begriffen. In ihm sahen sie, widergespiegelt und vergrößert, was sie als ihre eigenen individuellen Ideale begriffen: Glaube, Pflicht, Ehrlichkeit, Mut, Common Sense, Toleranz, Ehrbarkeit und Wahrheit.

Was Nicolson dabei nicht ausdrücklich bemerkt, ist die Nostalgie einer solchen Betrachtung. George V. hatte sich aus der Vergangenheit begründet und seinen Hof im Stil der viktorianischen Ära aufgebaut. Alexander Gauland kritisiert zurecht, dass der König »den politischen und wirtschaftlichen Veränderungen … mit Unverständnis und Kopfschütteln« begegnet sei. »Hinweise und Warnungen konnte er seinen Ministern kaum geben, da er die Dinge nicht wirklich einzuordnen vermochte.« Weil er sich so neutral verhielt, konnte er ein Ruhepol sein im Leben seines Reichs; vorangebracht hat er jedoch weder die Monarchie noch die Gesellschaft.

Das Jubilee ist Georges V. letzter großer Auftritt. Er sieht alt aus auf den Bildern der Festlichkeiten, alt, krank, gebrochen, ergraut. Am Montag, dem 20. Januar 1936, schließt George V. seine kühlblauen Augen für immer. Es ist ein langsamer, friedlicher Tod gewesen, dem – wie heute bekannt ist – der königliche Leibarzt am Ende mit einer Morphiumspritze etwas nachgeholfen hat. Euthanasie im Königshaus: Die Pflichterfüllung reicht soweit, dass der Tod zu einer für die seriöse Presse angenehmen Zeit festgestellt werden kann, damit nicht nur die Gossenblätter ihre Chance haben. Fast die ganze Königliche Familie ist am Totenbett vereint, Queen Mary und ihre vier Söhne. Als der Leibarzt dem König die Augen schließt, bricht der Prinz von Wales, nun Edward VIII., in Tränen aus. Seine Mutter, die Königin, hat ihm ungerührt als erstes die Hand geküsst: Er ist nun nicht mehr ihr Sohn allein, er ist ihr König. Edward VIII. beginnt seine Regentschaft schluchzend; und irgendwo in London sitzt Chips Channon, Chronist der Zeit und wie Nicolson Tory-Abgeordneter im Unterhaus, und schreibt in sein Tagebuch: »Mein Herz geht hinaus zum Prinzen von Wales an diesem Abend, weil er doch so schrecklich darunter leiden wird, König zu sein. Seine Einsamkeit, seine Abgeschiedenheit, seine Isolation wird bald mehr sein als seine angespannte und phantasielose Natur es ertragen kann. Noch nie ist ein Mann so verliebt gewesen ...«

Kapitel 4

Von Liebe und Leiden

Edward VIII.

Es gibt ein wunderbares Porträtfoto des jungen David, Prinz von Wales. Der Kopf ganz leicht geneigt, der Mund ernst verschlossen, die kurzen Haare artig zu einem Seitenscheitel gekämmt. Er guckt nach links, der Kopf ist etwas gedreht, die Haut wirkt in der Aufnahme, die kaum Tiefenschärfe besitzt, so ebenmäßig, als wäre sie aus Marmor geschliffen. Und dann diese Augen, dieser Blick. Ernst, stolz, und doch auch melancholisch, beinahe traurig. Es ist ein sehr schönes Gesicht und ein Blick, der einem das Herz zerreißen möchte.

Wer war dieser Mann, der als Edward VIII. nur 325 Tage auf dem Thron saß und als einziger Monarch der englischen Geschichte freiwillig eine Abdankungserklärung unterschrieb? Der Plot ist bekannt: König liebt geschiedene Amerikanerin, muss sich entscheiden zwischen Thron und Frau, Liebe gewinnt. Es ist ziemlich bequem für die britische Krone, dass die meisten, die diese Geschichte überhaupt noch kennen, sich mit dieser Romanze zufrieden geben.

In der Affäre Edwards VIII. geht es um Liebe, ja richtig. Aber es geht auch um die Frage, was Monarchie ist, was man von ihr erwartet; was Pflicht bedeutet und Verantwortung, was Zumutbarkeit. Die Rolle der Monarchie in der Demokratie ist damals neu verhandelt worden, das Verhältnis des Monarchen zur Gesellschaft, Fragen von Macht und Ideologie, von Popularität, vom Anspruch des Individuums auf Privatsphäre, von öffentlicher und individueller Moral. Es ging mit anderen Worten um ganz ähnliche Fragen wie die, die auch heute von der britischen Monarchie zu beantworten sind; am Anfang des 21. Jahrhunderts und mit dem Blick auf einen Thronfolger mit einer ganz anderen Biografie und doch ähnlichen Problemen.

Für Charles und Camilla hat sich vorerst eine Lösung gefunden.

Wenn Edward VIII. beim britischen Establishment Rückhalt gehabt und seinem Land die Aussicht gegeben hätte, ein guter, vielleicht gar großer Monarch zu werden, wenn er selbst es wirklich gewollt hätte, dann wäre doch für Wallis Simpson eine Lösung gefunden worden, oder? Die Frage ist akademisch. Er hatte nicht, er wollte nicht, er wurde nicht gewollt. Aber warum?

Es ist nicht einfach, der Sache auf den Grund zu kommen. Nicht nur, dass immer noch allerhand Papiere, die zur »Abdication Crisis« (der Abdankungskrise) gehören, in den Königlichen Archiven von Windsor unter Verschluss sind. Nicht nur, dass Edward VIII. damals die britische Gesellschaft und heute die Geschichtsschreibung spaltete, es also nicht das gibt, was man gemeinhin die »Lehrmeinung« nennt: eine weitgehend von allen geteilte Lesart. Was es so schwer macht, zu einem Urteil zu kommen, sind die Kräfte, die in dieser Affäre gewirkt haben: Liebe sicher, aber auch Neid, Auflehnung, Gier, Angst – große Gefühle allesamt. Weil vor allem Emotionen die damals Handelnden bewegten, weil sich ohne Blick auf die Motivlage die Geschichte aber nicht erzählen lässt, ist jeder Biograf auf seine Intuition angewiesen, auf seine eigene Erfahrung. Das Innerste der Protagonisten verschließt sich den Historikern. Zum Glück.

Donald Spoto zum Beispiel hat Edward abgeschrieben als jemanden, der nie Lust auf das Königtum hatte und deshalb nach Ausreden suchte (intuitiv genauso wie bewusst), den Thron nie besteigen zu müssen. Susan Williams hat ganz im Gegenteil partout beweisen wollen, dass Edward VIII. einem Komplott des Establishments zum Opfer gefallen und dass dabei vor allem die Unterklasse betrogen worden sei, deren Champion er war. In *War of the Windsors*, einer Kollektion höfischer Verschwörungstheorien, wird unter anderem der Versuch gemacht, Edward VIII. als so etwas wie den britischen Nazi zu porträtieren, der – Gott sei Dank – ins Abseits gedrängt werden konnte.

Die Quellen sind genauso unentschieden. Henry »Chips« Channon, der Tory-Abgeordnete, Gesellschaftslöwe und hocheifrige Tagebuchschreiber, war ein Freund der Herzogin und des Herzogs von Kent und mochte Wallis Simpson gern: Aus seinen Aufzeichnungen erfährt man sehr schön, wie die Royalisten jene Jahre erlebten. Kritik am König übt Chips selten. Harold Nicolson, sein Parlaments- und Parteikollege und später der offizielle Biograf Georges V., war weitaus weniger angetan vom Thronfolger David. In seinem Tagebuch wird viel geschimpft. Sämtliche Memoiren der Nachfolgejahre sind parteiisch geschrieben; allen voran natürlich die des Ex-Königs selbst. Es gibt unwichtige Begebenheiten, die in vier, fünf Varianten für die Nachwelt überliefert wurden – das lässt erahnen, wie wenig belastbar die Aussagen der Zeitgenossen zu wichtigen Begebenheiten sind.

Philip Ziegler hat sich die Mühe gemacht, an den entscheidenden Stellen auf die wackelige Quellenlage hinzuweisen. Sein Ansatz ist es, möglichst wenig zu spekulieren und den Handelnden möglichst häufig zuzugestehen, nicht strategisch oder intrigant, sondern aus dem Moment heraus gehandelt zu haben. Als »offizieller Biograf« hat Ziegler – anders als alle anderen – Zugang zu Archivmaterialien bekommen, die noch nicht veröffentlicht sind. Man kann vermuten, dass er seine Gründe hat, sich für oder gegen bestimmte Interpretationen auszusprechen.

Edward Albert Christian George Andrew Patrick David, geboren am 23. Juni 1894, von der Familie stets David genannt, ist am 1. Juni 1925 zu Gast in Südafrika. Sein Job ist es – das ist schon beschrieben worden – Stimmung für das Empire zu machen, dessen Architektur ein wenig wankt. Vor beiden Kammern des südafrikanischen Parlamentes hält er in Kapstadt eine Rede. Es ist das Übliche, das, was man von Königssöhnen zu hören erwartet: Lob und Preis den Anwesenden, Betonung der Wichtigkeit der imperialen Verbindungen nach London, Verweis auf gemeinsames Erbe und gemeinsame Werte. Aber dann, kurz vor Ende der Rede, überrascht der Prinz sein Publikum. Er hängt ein paar Sätze in Afrikaans an, der Sprache der Buren. Das ist etwas, was man als Engländer bis dato nicht tut. Die kleine Geste zeigt den vom Burenkrieg noch traumatisierten Voortrekkern mehr als alles andere, dass das Empire auch für sie ein Herz haben kann. Der Applaus ist entsprechend. Der Prinz wird von den sonst gegen alles Englische meuternden Nationalisten sofort ins Herz geschlossen, sie umringen ihn, singen ihm Lieder. Nach dem Essen sieht man die Mitglieder der verschiedenen Parteien im Gespräch miteinander, als wäre das üblich: Aber solch eine Lockerheit im Umgang hat es in Jahrzehnten bitterer Feindschaft nie gegeben.

»Die Tour nach Südafrika war die Apotheose des Prinzen von Wales«, schreibt Philip Ziegler. »Es würde noch viele gute Momente über die nächsten zehn Jahre geben, aber nie wieder würde er seine Qualitäten zu so großem Vorteil und über eine so lange Periode einsetzen.« David hat sich in die Pflicht genommen. Er mag die Buren nicht, hält sie für grob, dumm und überflüssig; aber er tut so, als lägen sie ihm am Herzen. Das war sein Job. Er hat ihn gemacht.

Am 18. November 1936, elf Jahre später, reist derselbe Mensch, jetzt als König Edward VIII. von London aus nach Dowlais im Süden von Wales. Als er aus seinem Auto steigt, befindet er sich mitten in der Verwüstung, die die seit nunmehr sieben Jahren anhaltende schwere wirtschaftliche Depression hinterlassen hat. Hunderte von ausgemergelten Männern stehen vor ihm, in Lumpen, dreckig, schlecht ernährt. Sie begrüßen ihren König vor der Ruine ihres alten Stahlwerks, das seit Jahren geschlossen ist. Der König braucht ein paar Sekunden, um seine Haltung wiederzufinden ob dieses verzweifelten Anblicks. Die Männer aber haben die walisische Hymne angestimmt, und aus ihren Augen strahlt dem Monarchen Hoffnung entgegen. Er lässt sich durch das Werk führen, lässt sich berichten über die 75-prozentige Arbeitslosigkeit und ihre Folgen. »Diese Stahlwerke haben den Menschen einst Hoffnung gebracht«, sagt er laut. »Es muss etwas getan werden, damit sie hier bleiben und arbeiten.« Es muss etwas getan werden. »Something must be done.« Ein Satz, der sofort von den Lokaljournalisten aufgenommen wird, der Hoffnung säht in der hoffnungslosen Gegend, und den man auch im fernen London noch hören wird. Die Herzen der Menschen fliegen ihm zu. Hier ist ein König, der noch für die Niedrigsten seiner Untertanen etwas übrig hat, sich engagiert, Partei ergreift.

Besser als sein Vater George V., der immer Mühe hatte, einen Draht zu seinen Untertanen zu finden; besser als sein Großvater Edward VII., der nicht eingesehen hätte, warum er sich mit Buren abgeben soll oder mit arbeitslosen Stahlarbeitern – besser als diese beiden kann David, Prinz von Wales, König Edward VIII., die Massen in seinen Bann schlagen, in ihnen Gefühle erwecken. Er sieht den Kontakt zu allen Untertanen als seine Amtspflicht an, mehr als seine Vorfahren. »Ich bin Ihnen besser bekannt als Prinz von Wales – als ein Mann, der während des Krieges und seitdem die Gelegenheit hatte, die Menschen fast jedes Landes der Erde kennenzulernen«, hat er am 1. März 1936 in seiner ersten Radioansprache als König gesagt. »Und auch wenn ich jetzt zu Ihnen als König spreche, bin ich doch immer noch der selbe Mensch, der diese Erfahrungen gemacht hat, und dessen ständiges Bemühen es bleiben wird, die Wohlfahrt seiner Mitmenschen zu fördern.« So etwas kommt natürlich an.

Seine Popularität ist auch technisch bedingt, das sollte man nicht unterschlagen. Mitte der dreißiger Jahre ist das Kino das wichtigste Massenmedium der Mittelklasse geworden. 20 Millionen sitzen jede Woche im Filmtheater, das ist fast die Hälfte der Bevölkerung. Und jede Woche gibt es vor dem Film das *Newsreel*, die britische Wochenschau. Der Prinz von Wales kommt oft darin vor, fast häufiger als der König. Einer der besonders populären Berichte heißt »50 000 Meilen mit dem Prinzen von Wales« – der Film zu seinen Empire-Werbereisen. Jeder kennt und liebt ihn, diesen »Prince Charming«. Wenn die Biografin Susan Williams auf 282 Seiten Elogien auf diesen Menschen versammelt, weil sie ihn für den Hoffnungsträger der Armen hält, dann hat sie Recht. Prinz David ist der erste echte Medienstar der Windsors. Er ist auch der erste Weltstar in ihren Reihen. Es ist aber kurzsichtig, ihn darauf reduzieren zu wollen. Susan William könnte schließlich wissen, was die *Newsreel*-Zuschauer, die Fanpost-Schreiber und die Wimpelwinker am Wegesrand bis zum 2. Dezember 1936 nicht wissen konnten: Dass es noch andere Dimensionen von Edward VIII. gab. Zwei, um genau zu sein.

Am Hof ist die Begeisterung über Prinz David schon vor dem berühmten Südafrika-Erfolg 1925 nicht ungeteilt. Nicht nur der König selbst – oft ungerecht, oft kleinkariert – kritisiert den Unwillen des Prinzen, sich an Konventionen zu halten. In David vermutet man einen Störenfried, vielleicht gar einen Rebell. Ihn drängt es als Kind seiner Generation und mit den Eindrücken des Krieges im Hinterkopf, die steife Förmlichkeit des Hofes zu überwinden. Er glaubt, dass der Palast an den Rand des gesellschaftlichen Lebens in der Hauptstadt gerückt ist (damit hat er ja auch Recht), und sucht zumindest für sich selbst den Anschluss an den Zeitgeist wiederherzustellen. Doch sein halböffentlich zur Schau gestellter Widerwille gegen allen Pomp und alle Trivialität ist, anders als die ängstlichen Hofschranzen es fürchten, kein Ausfluss strategischen Handelns. Was man als Willen zu angemessener Modernisierung begrüßen kann, ist oft genug vor allem Bequemlichkeit: Der Prinz weigere sich, »ein Mindestmaß an Belastung auf sich zu nehmen«, zitiert Ziegler diejenigen, die mit des Prinzen Kurs nicht einverstanden sind.

Und sie könnten Recht haben. Wenn man in Davids Briefen oder seinen Memoiren liest, dann steht da selten etwas vom Zwang zur Modernisierung, vom Machtkampf um Neuerung oder dergleichen. Meistens ist er vom »Princing« schlicht genervt, vom Hofleben »mit vielen altmodischen und langweiligen Leuten und Konventionen«. Wenn er die Bälle, die Empfänge, die Reisen beschreibt, die er als Thronfolger zu absolvieren hat, dann ist alles immer in erster Linie »schrecklich«, »belastend« und überhaupt nur »blöder Aufwand«, »a bloody stunt«. Davor will er fliehen. Darum geht es ihm.

Mitte der zwanziger Jahre hat sich »Prince Charming« angewöhnt, sein Lächeln an- wie abzustellen, wie er gerade Lust hat. Auf dem Heimweg von Südafrika, seinem Supererfolg, führt er das vor. Er soll noch in Südamerika vorbei, in Montevideo, Buenos Aires, Santiago de Chile. Aber er will nicht mehr lächeln und findet das pompöse Theater der Südamerikaner belastend, also lächelt er wenig und kommt den Wünschen seiner Gastgeber nur unwillig entgegen. Der Prinz von Wales macht bei den offiziellen Terminen einen so uninteressierten Eindruck, dass es sogar dem unbeteiligten Publikum auffällt. Alle sind froh, als die Tour zu Ende geht.

Die, die ihm gnädig sind, sehen David als Opfer. Er ist in den sieben Jahren nach Kriegsende immerhin dreimal um den Erdball gereist; und das im Zeitalter vor dem Verkehrsflugzeug. Er hat sich verausgabt, immer und überall, hat sich komplett dem untergeordnet, was auf der Tagesordnung stand, ob offizieller Besuchsklimbim oder privates Vergnügen, hat nie viel geschlafen, dafür um so mehr geraucht und getrunken. Die Massenbewunderung, die ihm überall entgegenschlägt, muss ihn verändert haben. Immerzu hat er Sonderbehandlungen erfahren, ständig sind ihm seine Wünsche von den

Lippen abgelesen worden, jede Frau, die er wollte, stand weitgehend zur Verfügung. Das ist nicht gut für den Charakter eines bereits in sich ruhenden Menschen – was muss es erst bedeuten für einen jungen Mann, der einsam ist, von Selbstzweifeln geplagt wird und keinen richtigen Beruf hat?

Der konservative Premierminister Stanley Baldwin wird nach der Thronverzichtskrise zu seiner Frau sagen: »Er ist ein abnormales Wesen, halb Kind, halb Genius.« Alan Lascelles, der Stellvertreter von Godfrey Thomas, dem prinzlichen Privatsekretär, bis 1928, und ab 1943 Privatsekretär von George VI., wird davon sprechen, dass Prinz David den Eindruck gemacht hätte, in seiner Entwicklung halb stehen geblieben zu sein. So enthusiastisch er sein kann, so neugierig, interessiert, offen für alles, so launisch ist der Prinz doch manchmal, so unverantwortlich, selbstgerecht, unreif. Er sieht ja sogar jungenhaft aus – noch weit bis in die Zeit nach seinem 40. Geburtstag hinein. David ist und bleibt ein Junge. Schon das macht Probleme.

Aber das Hauptproblem ist nicht seine ewige Jugend, sondern sein Privatleben. Der Prinz von Wales ist verliebt. Er ist immer verliebt, seit 1917 und bis an sein Lebensende. Nicht immer in die gleiche Frau, nicht immer exklusiv in eine einzige, aber immer völlig leidenschaftlich, immer mit absoluter Hingabe. Das ist eigentlich eine gute Sache, denn wie sein Vater ihm ja mehrfach mitgeteilt hat, kann er kaum ein guter König werden, wenn er keine Frau an seiner Seite hat. Königtum ist einsam, wenn man nicht mit wenigstens einem Menschen auf fast gleicher Augenhöhe ist, mit dem man den Tag oder Sorgen und Ängste besprechen kann, ohne sich einen Zacken aus der Krone zu brechen. Es wäre also gar nicht schlecht, wenn David »eine« hätte; allein, die Liebschaften des Prinzen sind keine, die sich mit dem Königtum verbinden lassen würden. Eher im Gegenteil. Das Privatleben von Prinz David würde die meisten seiner Fans und den überwiegenden Teil seiner Untertanen konsternieren. Am Anfang seiner öffentlichen Karriere ist das nicht so wichtig – noch jedem Prinzen ist eine Zeit zugebilligt worden, in der er sich die Hörner abstoßen darf. Aber bei David wird diese Zeit sehr lang werden. Und als endlich Wallis Simpson kommt und den Prinzen beruhigt, da vervielfachen sich die Probleme mit dem Königtum nur.

Der Prinz hat die körperliche Liebe 1916 kennen gelernt, im Krieg, dank seiner Kameraden. Das macht man so unter Offizieren, das war bei seinen Vorfahren nicht anders: Die Kollegen meinen, dass ihr Prinz ein bisschen Nachhilfe braucht in derartigen Dingen, und sie finden eine willige, professionelle Lehrerin namens Paulette. Was für ein Erfolg! David scheint ganz begeistert zu sein von diesem Lehrstoff. Ziegler schreibt: »Von diesem Moment an wurde Sex zu einer der drängendsten Beschäftigungen des Prinzen.« Es ist nicht ganz klar, woher Ziegler die Gewissheit nimmt. Aber immerhin: In Paris hat David ein paar Monate später eine kurze Affäre mit einer Dame namens Maggy, bei der er gleich lernt, was man beachten muss, wenn man als Prinz eine Affäre hat. Er schreibt ihr schmierige Briefe, sie hebt die Schriftstücke auf und macht ihm Schwierigkeiten, als die Liaison zu Ende ist. Seine Schlussfolgerung ist von bestechender Naivität: Von nun an wird er alle seine Damen bitten, Briefe alsbald zu vernichten. Was glücklicherweise so gut wie keine macht.

Marion Coke zum Beispiel hebt alles auf. Sie ist die erste wirkliche Liebe des Prinzen, und zwar wahrscheinlich rein platonisch. Es ist ohnehin keine Beziehung der Art, wie man sie gemeinhin von 21-Jährigen erwartet. Marion Coke ist zwölf Jahre älter als der Prinz, und sie ist mit dem Viscount Tommy Coke verheiratet. David macht sich keine Illusionen, sie sich auch nicht – aber es scheint eine wirklich tiefe Verbindung gewesen zu sein. Er lässt sich von ihr »bemuttern«: führen, beraten, beschwichtigen, trösten, hin und wieder in privater Audienz, häufiger durch Korrespondenz. Die Beziehung ist nicht exklusiv. Gleichzeitig unterhält der Prinz eine Romanze mit Lady Sybil »Portia« Cadogan, Tochter des Viscount Chelsea, Henry Cadogan. Sie ist eine ungewöhnliche Partnerin für den verwöhnten Prinzen. Sie wird als eine eher große Frau beschrieben, nicht hübsch, aber von einnehmender Persönlichkeit. Angeblich kommt man immerhin so weit miteinander, dass David sich Gedanken darüber macht, um Portias Hand anzuhalten. Nicht allzu lange allerdings, und wohl auch zu spät. Im Juni 1917, der Flirt mit dem Prinzen ist wohl zwei, drei Monate alt, schickt Portia ein Telegramm an ihre Eltern: »Verlobt mit Edward«. Die Cadogans sind ganz aus dem Häuschen, bis sich herausstellt, dass der Glückliche nicht Edward

»David« Windsor, sondern Edward Stanley ist, der zukünftige Graf von Derby.

Nach Portia wird es für den Prinzen keine Brautschau mehr geben. Es ist der einzige der Nachwelt bekannte »ernsthafte« Versuch Davids, eine Ehefrau zu finden, die die Gnade seiner Eltern gefunden hätte. Es ist nicht überliefert, ob er darunter gelitten hätte, dass es mit Portia nicht geklappt hat. Wahrscheinlich aber wohl nicht: Lady Airlie, eine Freundin der Queen, die offenbar überall ihre Ohren hatte, ließ noch drei Jahre später verlauten, dass der Prinz noch nicht reif sei für eine Ehe. Er wird so bleiben. Von nun an wird er Affären haben, kurze sexuelle Abenteuer, oft nur für eine Nacht. Und er wird – parallel dazu – hintereinander drei Frauen lieben, die alle verheiratet sind.

Die erste ist Freda Dudley Ward. Dass sie sich treffen, ist reiner Zufall. Der Prinz ist zu Besuch in London und dort im Februar 1918 auf einer Party am Belgrave Square eingeladen. Um Mitternacht wird das Fest unterbrochen durch einen Bombenalarm. Freda ist mit einer Freundin in der gleichen Gegend unterwegs und hat sich in den Hauseingang geflüchtet, um zu warten, bis der Alarm vorbei ist. Sie wird eingeladen von der Gastgeberin, mit in den sicheren Keller zu kommen. Man sitzt dort eine Stunde nebeneinander, kommt ins Gespräch, später bleibt Freda bei der Party, es wird früh. Ein paar Tage später wohl schreibt David ihr: Er lädt sich zum Tee ein. Der Brief an »Mrs. Dudley Ward« wird allerdings von Fredas Schwiegermutter geöffnet, die den Prinzen prompt empfängt. Die peinliche Szene kann man sich vorstellen. Aus der Affäre wird aber trotzdem etwas.

Winifred »Freda« Dudley Ward, geborene May Birkin (und in der Tat eine Tante der Schauspielerin Jane Birkin) ist ein paar Monate älter als der Prinz und kommt aus wohlhabendem bürgerlichen Haus. Fünf Jahre zuvor hat sie den Parlamentsabgeordneten William Dudley Ward geheiratet und zwei Töchter in die Welt gesetzt; die Ehe mit dem 16 Jahre älteren Mann besteht allerdings nur noch auf dem Papier. Beide gehen ihrer eigenen Wege, halten aber – so will es die Zeit – die Fassade aufrecht. Freda oder Fredie, wie sie der Prinz nennt, ist eine kleine, zierliche Frau von auffälliger Schönheit. Sie ist intelligent, wenn auch nicht gebildet, sie ist gern in Gesellschaft, sie gibt sich modern, lebendig, fröhlich, ohne dabei verantwortungslos zu werden. Vor allem aber, schreibt Daniel Spoto, schlägt sie ihren Prinzen »mit einer starken Persönlichkeit und einem ungewöhnlichen Taktgefühl« in den Bann. Ein Jahr lang ist die Beziehung der beiden von außerordentlicher Leidenschaft, daraus entwickelt sich eine tiefe Liebe, die 15 Jahre überdauern soll. Freda ist die Hauptkorrespondentin des eifrigen Briefeschreibers David Windsor in diesen Jahren. Sie ist seine Begleiterin bei Dinners und Festen in der höheren Gesellschaft, wo jeder Bescheid weiß über die Liaison, auch Fredas Gatte. Freda hilft dem Prinzen, eine Balance zu finden zwischen öffentlicher Aufgabe und privaten Sehnsüchten. Die Freundin diszipliniert ihn, was das Trinken und Rauchen anbelangt. Sie ist es auch, die dem Prinzen 1930 zur Hand geht, Fort Belvedere einzurichten. Hier wird sie für einige Jahre sozusagen Hausherrin sein. Freda ist gut für David.

Hätte er sie gerne geheiratet? Man weiß es nicht. Auf der einen Seite ist durch George V. verbürgt, dass sein Sohn ihm gegenüber einmal klargestellt habe, Freda sei die einzige Frau in seinem Leben, die er wirklich hätte heiraten wollen – das war, bevor er Wallis Simpson kennen lernte. Es ist ihm wie dem König und Freda klar, dass Heirat keine Option ist: Freda ist verheiratet, und eine Scheidung steht nicht zur Debatte. In den zwanziger Jahren macht man sich als Geschiedene oder Geschiedener zum Outcast der Gesellschaft. Am Hof werden Geschiedene nicht auf die Gästeliste gesetzt; da kann ein Prinz keine Geschiedene heiraten. Die Eheschließung ist also eine unerfüllbare Sehnsucht; und möglicherweise hat David nur deshalb mit der Idee gespielt. Freda schrieb später, dass David sie davon überzeugen wollte, dass sie beide irgendeinen Weg finden könnten. Sie nahm das nicht ernst, sondern hielt es für eine Verrücktheit.

Es gibt manche, Donald Spoto etwa, die einen medizinischen Grund anführen, warum David sich all die Jahre am liebsten mit älteren oder verheirateten Frauen umgibt. Er sei unfruchtbar, möglicherweise. Das ist nicht belegt, aber es gibt immerhin Indizien für diese Theorie: Im Februar 1911, als er und sein Bruder Bertie zur Marineschule in Osborne gingen, war dort Mumps ausgebrochen. Diese Kinderkrankheit war auch damals nicht unbedingt gefährlich, aber bei Jungen in der Pubertät konnte (und kann) sie erhebliche

Folgen haben. Hypogonadismus nennen die Mediziner die Unterentwicklung der männlichen Geschlechtsmerkmale und -drüsen, die durch Mumps ausgelöst werden kann. Bertie erkrankte damals kurz an Mumps (er war 15 Jahre alt), David, 16-jährig, aber lag zwei Wochen danieder. Wurde damals die Pubertät des Thronfolgers jäh unterbrochen? Ist er von nun an unfruchtbar gewesen? Erklärt sich so seine auf Dauer jungenhafte Erscheinung?

Spoto geht ein bisschen zu weit: Er glaubt, dass Hypogonadismus der Grund gewesen sei, warum David bei seiner Investitur zum Prinzen von Wales im Juni 1911 ausgesehen habe wie ein 11-Jähriger. Das macht natürlich keinen Sinn. David war ja als 16-Jähriger an Mumps erkrankt; er hätte zumindest ein bisschen älter wirken müssen als ein kleiner Junge. Es gibt allerdings einen merkwürdigen Hinweis in den Erinnerungen von Frank Giles, dem späteren Herausgeber der *Sunday Times*. Der war 1940 Adjudant des nunmehrigen Herzogs von Windsor auf den Bermudas. Nach einem Golfspiel will er gesehen haben, wie der Herzog nackt aus der Dusche kam. Sein Körper sei komplett haarlos gewesen, »selbst an dem Platz, wo man es [eine Behaarung] am meisten erwarten würde«.

Man kann sich in einem wahren Spekulationslabyrinth verirren, wenn man diese These weiterspinnt. Setzt man voraus, dass David wusste, dass er keine Kinder zeugen konnte, dann kann man darin den Grund vermuten, warum er sich keine Königin suchte, mit der er einen Thronfolger hätte produzieren sollen. Man kann damit begründen, warum er so sorglos auf Schürzenjagd ging, die ganzen zwanziger Jahre lang: Er konnte seine Bettgefährtinnen nicht schwängern. Man kann erklären, warum verheiratete Frauen für ihn als Lebensabschnittsgefährtinnen günstiger waren: Sie erwarteten keine Ehe und wollten keine Kinder von ihm.

Aber weiß man es? Man kann Davids Verhalten auch viel schlichter begründen. Dem Thronfolger liegen die Frauen der Welt regelrecht zu Füßen. Sucht er sich eine Braut, dann wird er sein Sexleben einschränken müssen. Verheiratete Frauen als Langzeit-Liebhaberinnen sind da einfacher. Sie können zumindest nicht mit der gleichen Inbrunst Treue fordern wie eine Ehefrau.

Noch 1931 wird David, der inzwischen ein so buntes Liebesleben führt, dass es jenes seines Großvaters Edward VII. in den Schatten stellt, in einem Brief an Freda Dudley Ward seine unsterbliche Liebe bezeugen: »Ich liebe und bewundere nur dich so richtig, mein Schatz.« Drei Jahre später wird sie in Fort Belvedere anrufen und von einer Angestellten die Auskunft erhalten, dass es Anweisung gebe, ihre Anrufe nicht mehr durchzustellen. In den Memoiren des Herzogs von Windsor wird Freda, die große Liebe seiner Jugend, mit keinem einzigen Wort erwähnt. Auch das ist David: stil- und gnadenlos. Aber das ist vor allem, fürchtet man, die neue Macht hinter dem Mann: Wallis Simpson.

Schuld an allem Unglück, das nun folgt, ist Thelma Furness; jedenfalls schreibt das Chips Channon in sein Tagebuch, milde übertreibend. David hat die 24-jährige Tochter des amerikanischen Konsuls Harry Hays Morgan im Sommer 1929 kennen gelernt. Thelma ist natürlich verheiratet, sogar schon zum zweiten Mal, eine beachtliche Leistung für ihr Alter. Sie scheint eine Schwäche für reifere und wohlhabende Männer zu haben. Ihr erster Gatte, der Amerikaner James Vail Converse, war 16 Jahre älter als sie; ihr zweiter Gatte, Viscount Marmaduke Furness, Erbe einer Reederei, sogar 22 Jahre. Da scheint der Prinz gleich vergleichsweise jung: nur elf Jahre trennen die beiden. Man versteht sich auf Anhieb. »Die natürliche Scheu und Zurückhaltung des Prinzen«, wird Thelma in ihren Memoiren schreiben, habe sie gleich fasziniert; umgekehrt wird es ihre Eleganz, ihre endlos gute Laune und ihr Hang zur Frivolität gewesen sein, die David für sie einnahm. Thelma ist nicht so zurückhaltend wie Freda, die sich in das öffentliche Leben des Prinzen höchstens mal mahnend eingemischt hat, deshalb geht Lady Furness den Höflingen auch wesentlich schneller auf die Nerven. So überredet sie den Prinzen zum Beispiel, sie auf einer Wallfahrt nach Lourdes zu begleiten, wo der britische Thronfolger und damit das zukünftige weltliche Oberhaupt der anglikanischen Kirche vor einem katholischen Priester niederkniet. Als Fotos davon veröffentlicht werden, gibt es einen Aufschrei. 1930 begleiten Thelma und Marmaduke Furness den Prinzen auf eine Safari nach Afrika – nicht wirklich offiziell, aber auch nicht recht als Paar: Gattin, Gatte und Prinz beziehen zwar Zelte im gleichen Camp, aber das Zelt von Thelma steht neben dem des Prinzen, das von Marmaduke am anderen Ende des Lagers. Der Viscount soll nicht begeistert gewesen sein, aber offen für freundliche Ablenkung.

So geht das über Jahre. Freda hat immer noch einen besonderen Platz im Herzen des Prinzen, aber Thelma spielt die erste Geige, was das gesellschaftliche Leben anbelangt. Bald verbringen Thelma und David jede Minute, die sich ihm eröffnet, allein. Er ist für sie »der kleine Mann«, er nennt sie »Toodles«. 1933 lässt sie sich von ihrem Mann scheiden, was ihren Ruf am Hof nicht verbessert.

Da hat es der König, sonst eher taubstumm in solchen Angelegenheit, bereits für dringend angebracht gehalten, seinen Sohn auf die Affäre anzusprechen. Im März 1932 haben Vater und Sohn ihr letztes eingehendes Gespräch über die Frage, wie der Prinz von Wales sich seine private wie öffentliche Zukunft vorstellt. Es bleibt ohne Ergebnis, weil zwei unterschiedliche, miteinander nicht in Einklang zu bringende Vorstellungen aufeinander treffen. David glaubt, dass die Gesellschaft permissiver geworden ist seit dem Ersten Weltkrieg und dass der Hof mit seinen traditionellen Vorstellungen von Familie und Moral nicht widerspiegele, was die Untertanen denken. Außerdem ist der Prinz der Meinung, dass sein Privatleben niemanden etwas angehen solle, solange er seiner öffentlichen Verantwortung gerecht wird. George V. – und sein Hof – vertreten einen anderen Standpunkt. Die Zeiten seien vorbei, sagt er zu seinem Sohn, dass die Gesellschaft es stillschweigend hinnehmen würde, wenn der Thronfolger oder gar der König sich eine »offizielle« Mätresse halte wie noch Edward VII. Und nur dadurch, dass das Königshaus ein hochanständiges Leben führe, also die Ideale vor allem der Mittelschichten repräsentiere, werde der Bestand der Monarchie garantiert. Ein Prinz habe kein Privatleben. Das einzige, was der Prinz privat halten könne, wäre das, was im Verborgenen geschehe. Aber das will David nicht mehr. Er will, dass sein Land ihm erlaubt, so zu leben, wie er es für richtig hält.

1931 stellt Thelma dem Prinzen eine Freundin ihrer Schwägerin vor: Wallis Simpson, geborene Warfield. Die Amerikanerin, Jahrgang 1896, ist in zweiter Ehe mit Ernest Simpson verheiratet, einem langweiligen Angloamerikaner, der ihr das Leben einer Angehörigen der oberen Mittelklasse am Rande der Londoner Society ermöglicht.

Für das erste Treffen zwischen David und Wallis hat die Geschichtsschreibung mindestens zwei mögliche Termine anzubieten, ein Mittagessen im Hause des Lord Milford Haven (einem Onkel von Prinz Philip) oder ein Abendessen auf dem Landsitz der Furnesses, Burrough Court. In jedem Fall geht es aber ganz gesittet zu, man wird miteinander bekannt gemacht, der Prinz ist nicht weiter beeindruckt. Wallis dagegen ist natürlich ganz hingerissen – wie jeder, der statusbewusst ist und zum ersten Mal mit einem ausgewachsenen Thronfolger in Kontakt kommt.

Wallis verhält sich klug. Sie wird zu einer engen Freundin von Thelma Furness und gehört so bald zu einer Gesellschaft, in der immer wieder auch der Prinz von Wales auftaucht. Es vergehen trotzdem Monate, bis man sich wieder sieht. Verbrieft sind Treffen im Mai 1931, ein Essen bei den Simpsons im Januar 1932, ein Besuch des Ehepaars auf Fort Belvedere im gleichen Monat. Noch im Mai 1933 schreibt Wallis an ihre Tante Bessie Merryman, die treueste und wichtigste ihrer Korrespondenten, dass »Thelma immer noch die Prinzessin von Wales« sei. Aber immerhin: Am 19. Juni 1933 gibt David in einem Nobelrestaurant ein Essen zur Feier des 37. Geburtstags von Wallis. Man ist sich inzwischen näher gekommen; er hat ihre entwaffnende Persönlichkeit zu schätzen gelernt und ihren auf gewisse Weise respektlosen Charme.

Im Januar 1934 macht Thelma einen entscheidenden, einen monumentalen Fehler. Sie will nach Amerika reisen, um dort ihrer Zwillingsschwester Gloria beizustehen, die Ärger in der Familie hat. Ein paar Tage vor der Abreise trifft sie sich im Hotel Ritz zum Mittagessen mit Wallis, längst eine enge Freundin. »Da wird der kleine Mann aber sehr einsam sein«, sagt die, als Thelma ihre Reisepläne erläutert. »Tja, dann musst du dich eben um ihn kümmern während meiner Abwesenheit. Pass auf, dass ihm nichts Schlimmes passiert«, kommt prompt die Einladung zur feindlichen Übernahme. Thelma Furness räumt das Feld, ohne es eigentlich zu merken. Arglos fährt sie nach Amerika. Es wird schon nichts mehr ausmachen, dass sie sich auf dem Rückweg über den Atlantik eine heiße Affäre mit dem indischen Prinzen Aly Khan leistet, die in London flugs bekannt wird. Den englischen Prinzen hat sie da schon verloren.

Wallis hat sich um David gekümmert, in aller Form: Diese Chance hat sie sich nicht entgehen lassen. Mit Gatte Ernest im Schlepptau taucht sie am ersten freien Wochenende in Fort Belvedere auf und ergreift unauffällig die Initiative. Vier Tage später ist David in der Wohnung der Simpsons am Bryanston Court eingeladen und zeigt sich beeindruckt. Dann ergibt sich die Gelegenheit zum ersten Tête-à-tête, weil Ernest sich um die schlingernden Geschäfte seines Transportunternehmens kümmern muss. Das werdende Paar tanzt im Dorchester Hotel durch die Nacht. Wallis wird sich später daran erinnern, dass David ihr damals das Kompliment macht, sie sei die erste Frau in seinem Leben, die sich für seinen Beruf interessiere.

Als Thelma Ende März zurück nach London kommt, wird sie zügig abserviert. Der Prinz, den sie in Fort Belvedere besucht, gibt sich kühl und distanziert. Wallis kommt zu Besuch und demonstriert Nähe zum Hausherrn. Als David sich beim Abendessen mit den Fingern ein Salatblatt aus der Schüssel holen will, schlägt Wallis es ihm scherzhaft-tadelnd aus der Hand. Sie lacht, er lacht, Lady Furness packt ihre Sachen. Wallis schiebt sie höflich, aber ohne Zögern zur Seite und macht sich dann daran, den ganzen Freundeskreis der Ex-Geliebten aus dem Terminkalender von Fort Belvedere zu streichen. Das, was Thelma passiert ist, soll ihr nicht zustoßen. Den Preis, den sie in den Händen hält, will sie behalten.

Das dämmert langsam auch den anderen. Denen, die am Anfang noch von den Simpsons berichteten, dies seien »sehr langweilige Leute«. Denen, die gerade noch davon überzeugt waren, dass der Prinz jetzt bald vernünftig werden, sich also eine geeignete Jungfrau aus britischem Hause suchen würde. Harold Nicolson schreibt voller Verwunderung ins Tagebuch, dass er die Liaison nicht recht nachvollziehen kann. Chips Channon gibt sich bunter:

Es gibt gewaltige Aufregung um Mrs. Simpson, die jetzt XXX [geschwärzt, aber gemeint ist Thelma Furness] und ihre ganze Gruppe aus York House verbannt hat. Das ist ein Krieg bis aufs Messer zwischen der Vergangenheit und der Gegenwart. Offiziell bin ich auf der Seite von XXX [Thelma Furness], aber insgeheim erfreut, denn sie war immer ein entsetzlich eigensüchtiger, närrischer Einfluss. Mrs. Simpson hat den Prinz enorm verbessert. Eigentlich empfinde ich das Duell um den Prinzen von Wales ... als grobe Ablenkung. Eigentlich übersteigt die Romanze alles andere an Interesse. Er ist offensichtlich irrsinnig verliebt, und sie, eine fröhliche, wenig attraktive Amerikanerin, geistreich, eine Parodistin und exzellente Köchin, hat ihn komplett unterjocht. Nie ist er so verliebt gewesen.

Nie ist er so verliebt gewesen: Never has he been so in love. Nie war die Aufregung größer. Und nie wussten weniger Leute Bescheid. Das übersieht man leicht im Eifer dieses Gefechts: Das Volk hat nichts von Freda Dudley Ward geahnt, nichts von Thelma Furness, und mit dem Namen Wallis Simpson hätten weder der durchschnittliche Brite, noch Politiker oder Journalisten etwas anfangen können im Jahre 1935. Die Simpsons stehen höchstens mal auf einer Gästeliste. Sonst nichts. Harold Nicolson und Chips Channon sind Ausnahmeerscheinungen: fest verwurzelt in dieser kleinen, exklusiven High Society, innerhalb derer man sich abends zu großen Gesellschaften trifft, in den prächtigen Häusern der einschlägigen Adressen rund um Green Park, wo man locker mit Prinzen über Prinzen lästert und ständig Grafen und Herzöge in- wie ausländischer Art am Abendbrottisch sitzen hat. Wo man Personal führt und Landsitze hält, möglichst ohne Geldsorgen. Die Simpsons sind Außenseiter; sie sind nicht wirklich reich.

Die Presse schweigt zu dieser Angelegenheit, weil die Herausgeber und Chefredakteure, die auch zur »in«-Gesellschaft gehören, keinerlei Veranlassung sehen, das private Leben des Thronfolgers an die Öffentlichkeit zu zerren. Es könnte schließlich die Verhältnisse destabilisieren. Das will das Establishment nicht.

Als es dann aber öffentlich wird, im Dezember 1936, da schlägt Wallis wie ein Meteorit ein in die nichtsahnende britische Welt. Sie ist ein so gewaltiges Ereignis, dass die öffentliche Meinung sie überhöht – in alle möglichen Richtungen. Im Handumdrehen wird sie Heilige und böser Dämon zugleich.

Ob das der Grund ist für das aus der Rückschau höchst amüsante Potpourri sensationeller Enthüllungen, die erklären sollen, was Prinz David an Wallis Simpson fand? Ihre Schönheit soll es ja nicht gewesen sein, versichern die Zeitgenossen – dass Schönheit eine Sache der

Betrachtung ist, sei einmal dahingestellt. Es sei der Sex gewesen, behauptet Thelma Furness, Wallis habe dem Prinzen über körperliche Schwierigkeiten hinweg geholfen. War er vorher so schlecht im Bett? Immerhin passt die These zu den Gerüchten, Wallis sei eine Nymphomanin gewesen. Andere aber sagen, sie habe als Lesbe nur mit Frauen verkehrt; was hat sie dann bloß mit David im Bett gemacht? Donald Spoto stellt die These auf, dass Wallis ein Hermaphrodit gewesen sei, also halb Frau, halb Mann. Damit erklärt sich sofort, warum sie immer so »männlich« gewirkt habe, nicht wahr? Die Sache lässt sich aber immer noch vertiefen. Wallis ist nämlich, wie Gerüchten zufolge der britische Geheimdienst in einem allerdings verschollenen Dossier zu belegen wusste, bei einem Besuch in Shanghai in ganz unerhört aufregenden sexuellen Praktiken chinesischer Provenienz geschult worden. Vielleicht auch nicht. In jedem Fall ist die Dame, um die Nachrichtenlage zusammenzufassen, ein Quell multipler sexueller Möglichkeiten weit oberhalb der normalen Vorstellungskraft.

Oder eben gerade nicht, was erstaunlicherweise auch bei Spoto steht. Der zitiert indirekt einen alten Freund von Wallis, Herman Rogers, der wiederum Wallis mit einer Bemerkung zitiert, die den Rückschluss zulassen könnte, dass zwischen ihr und dem Prinzen, späterem König, späterem Herzog nie irgendetwas gelaufen sei. Rein bettmäßig, konkret. Sie habe an ihren Körper »unterhalb der Mason-Dixon-Linie« nie einen Mann gelassen, soll sie gesagt haben, soll sich Rogers erinnert haben. Das wäre zumindest überraschend. Wallis hatte wahrscheinlich in den dreißiger und mit Sicherheit in den fünfziger Jahren noch Geliebte nebenbei, darunter auch einen jungen Schwulen. Die Sache ist kompliziert, keine Frage. Und wenn man es en detail durchdenkt, kommt man zu dem Schluss, dass einige dieser Gerüchte nicht ganz stimmen können.

Soweit zur Komödie. Das Leben ist langweiliger. Es ist schnell erzählt, was wahrscheinlich wirklich den Kern dieser Liebe ausgemacht hat. Wallis Simpson wird von denen, die ihr gewogen sind, als eine perfekte Gastgeberin geschildert, eine Frau mit Stil und Geschmack, mit eigenem Kopf, aber nicht zickig dabei. Das macht sie attraktiv. Ihr fehlt, vielleicht weil sie Amerikanerin ist, vielleicht weil sie ein unverdrehtes Selbstbewusstsein hat, die Neigung zur Unterwürfigkeit, die ansonsten so gut wie jeden überfällt, der mit Angehörigen der Königlichen Familie in Berührung kommt. Sie ist souverän genug, dem Prinzen zu lassen, was des Prinzen ist; sie ist selbstsicher genug, ihn in die Mangel zu nehmen, wenn ihr etwas nicht passt; sie ist selbstbewusst genug, sie selbst zu sein. Das imponiert dem Prinzen, der sonst von allen mit Samthandschuhen angefasst wird. Wallis ist erfrischend anders. Ziegler geht noch ein bisschen weiter: »Es war ihre Personalität, nicht ihr Äußeres oder ihre sexuellen Techniken, die ihn gefangen nahmen. Sie gab ihm etwas, dass er vorher nie gefunden hatte ... Wallis war grob, dominant, oft unglaublich ruppig. Sie behandelte den Prinzen bestenfalls wie ein Kind, das man zur Ordnung rufen musste, und schlimmstenfalls mit Verachtung.« Sie war sein Mr. Brown.

An Wallis mag den Prinzen schon allein fasziniert haben, dass sie die Machtverhältnisse, die er gewohnt war, umgedreht hatte. Dass daraus später ein Bild entstanden ist, das Wallis als herrschsüchtige, gierige Hexe zeigt, die über Leichen gegangen wäre, um an Macht oder Geld zu kommen, ist höchst unglücklich. Channon zum Beispiel beschreibt sie als wirklich nette, höfliche, angenehme Frau mit besten Manieren, die einen ausgesprochen guten Einfluss auf den bis dato immer etwas launenhaften Prinzen gehabt habe. Sie habe seine Trunksucht eingeschränkt, habe ihn dazu angehalten, sich etwas korrekter zu benehmen, habe ihn glücklich gemacht. Winston Churchill ist ähnlicher Meinung: »Er lebte auf in ihrer Gesellschaft«, schreibt er, »er wirkte gereifter und nicht mehr wie ein kranker, gequälter Mensch.« Wallis tut dem Thronfolger gut – jedenfalls in dieser Phase seines Lebens. Alle nehmen natürlich an, dass Wallis Simpson eine vorübergehende Erscheinung im Leben Davids ist, so wie Freda oder Thelma. Es gibt ein paar Snobs, die finden, dass eine Amerikanerin aus kleinen Verhältnissen nicht der Umgang ist, den ein zukünftiger König haben sollte. Es gibt Leute wie Harold Nicolson, die etwas realitätsnäher bemerken, dass Wallis zwar das Beste aus Prinz David herauszuholen weiß, dass sie ihn aber davon abhält, sich mit den Leuten zu treffen, die er treffen sollte: die Aristokratie und den Hofstaat. Diese Leute interessieren Wallis nicht und umgekehrt. Aber sie wären wichtig für den Prinzen von Wales.

Es gibt wieder andere, die glauben, dass die Verbindung mit Wallis eine ganz tolle Idee ist. Die falschen Leute: die Deutschen. Seit 1933 ist Adolf Hitler in Berlin an der Macht, und er löst bei den Briten durchaus gemischte Gefühle aus. Auf der einen Seite ist man beeindruckt: Bis 1936 ist offenbar die Wirtschaftskrise gemeistert, die Nazis melden Vollbeschäftigung. Es gibt viele, darunter George V. und den Prinzen von Wales, aber auch Spitzenpolitiker, die sich den Faschismus in Deutschland und Italien durchaus unter dem Blickwinkel betrachten, ob man die Rezepte der Diktatoren nicht auch in Großbritannien anwenden sollte. Man ist auch aus übergeordneten Gründen nicht abgeneigt gegenüber den Deutschen. Fast alle halten die Bolschewisten in der Sowjetunion für die eigentliche Gefahr – die machen schließlich, im Unterschied zu Hitler, ganz offen in Revolutionsexport. Aber trotzdem ist man auch abgeschreckt von dem kleinen geifernden Schreihals von Berlin. Er ist den Briten zu militaristisch, zu autoritär, zu aggressiv in seinen Tönen. Er erinnert damit auf der Insel an den verhassten Kaiser. Und dass er gegen Juden hetzt, ist vielen doch ein bisschen unangenehm. Das ist vor allem stillos.

Hitler ist in jener Zeit zumindest offiziell an einer Entente mit Großbritannien interessiert. Die Vorzeichen sind die gleichen wie bei Wilhelm II.: Er möchte, dass die Briten sich aus seinen Plänen für Kontinentaleuropa heraushalten, und ist dafür einstweilen bereit, ihre Einflusssphären rund um den Globus nicht anzutasten. Prinz David wird, später auch als Edward VIII., von den Deutschen als Verbündeter gesehen. Schon früh hat sich David – in der nur relativ privaten Gesellschaft von Diplomaten – positiv über das Hitler-Regime geäußert. Im Juni 1935 hält er eine Rede vor dem Veteranenverband, der »British Legion«, in der er die Ex-Soldaten dazu auffordert, den ehemaligen Feind im eigenen Land zu besuchen. Man könne von den Deutschen lernen. Die Veteranen fahren, lassen sich fotografieren und statten sogar dem Konzentrationslager Dachau einen Besuch ab, nicht ahnend, dass die normalen Insassen für die Visite ausgelagert und durch gut ernährte, sehr zufriedene, aber verkleidete SS-Männer ersetzt worden sind. Dem Prinzen werden schon vorher die Ohren gewaschen. Nicht, dass es den machthabenden Politikern nicht passt, dass er Werbung für Deutschland macht – er darf sich grundsätzlich nicht politisch äußern, und seine in eine vorher abgesprochene Rede nachträglich eingeführte Sentenz ist natürlich politischer Art. Der Prinz zeigt Reue. Deutschenfreundlich darf er bleiben.

Aber ist er nun ein Nazi, wie manch Diplomat, darunter ab 1936 auch der spätere NS-Außenminister Joachim von Ribbentrop, deutscher Botschafter zu London von 1936 bis 1938, hoffnungsfroh nach Berlin kabelt? Und bestärkt Wallis Simpson, dem Berliner Regime ebenfalls nicht abgeneigt, den zukünftigen König in dieser Haltung, wie der amerikanische Geheimdienst angeblich fürchtet? Wallis ist immerhin mit den Ribbentrops befreundet, die ab Mitte der dreißiger Jahre häufiger in London unterwegs sind. Sie richtet es ein, dass der SS-Standartenführer den britischen Thronfolger beim Dinner kennen lernen kann. Aber reicht das schon? Wohl kaum, schreibt nicht zuletzt Ziegler. Wenn man fair sei, müsse man »skeptisch sein gegenüber Berichten, die den Prinzen zum Krypto-Faschisten oder potenziellen Judenhasser machen«. Zumal, wie schon angedeutet, seine grundsätzliche Faszination für das, was man an Nazi-Deutschland von außen als erstes sehen konnte (und wollte), von vielen seiner Zeitgenossen geteilt wurde. 1936 war das Jahr der Olympischen Spiele von Berlin, in der die Medienvertreter der halben Welt begeisterte Berichte über das saubere, tüchtige Land verbreiteten.

1936 ist auch das Jahr Edwards VIII. Es ist das schwierigste Jahr in der Geschichte der britischen Monarchie, vom 1649 vielleicht abgesehen, als Charles I. in Westminster Hall zum Tode verurteilt wurde.

»Wenn ich tot bin, wird sich der Junge binnen zwölf Monaten ruinieren«, hat George V. zu Stanley Baldwin gesagt. »Was mag es nützen, wenn ich doch weiß, dass mein Sohn sie enttäuschen wird?«, erwiderte George V. dem Erzbischof von Canterbury, als der ihm dazu gratulierte, wie wunderbar sein Wirken doch sei für die Monarchie. Dem Höfling Ulick Alexander gab er zu Protokoll: »Mein ältester Sohn wird mir nicht folgen. Er wird auf den Thron verzichten.« Und kurz vor seinem Tod schrieb er: »Ich bete zu Gott, dass mein ältester Sohn nie heiraten und Kinder haben wird, und dass nichts kommen wird zwischen Bertie und Lilibet und den Thron.« Lilibet, das war der Augenstern des alten Königs: seine älteste Enkelin, das kleine Mädchen, das in der Tat dereinst als Elizabeth II. den Thron besteigen wird.

George V. stirbt am 10. Januar 1936. Der Prinz weint eine halbe Stunde und gibt dann seine erste Anweisung: Die Uhren von Sandringham sollen wieder auf die Londoner Zeit umgestellt werden. Seit den Tagen Edward VII. galt auf dem Anwesen immer eine andere Zeit, jedenfalls für die Tage, an denen der Souverän hier residierte: Eine halbe Stunde früher schlug die Stunde, damit man abends eine halbe Stunde länger Tageslicht hatte und also noch auf die Jagd gehen konnte. Für die Höflinge und die Nachwelt ist dieser Befehl das erste schlechte Omen: Was wird er noch alles ändern? Für seine Mutter und die Brüder ist das eine sehr genehme Korrektur. Sie haben das immer albern gefunden, diese kleine künstliche Zeitblase von Sandringham.

Am 11. Januar wird Edward VIII. am St. James's Palace proklamiert, nach den gleichen Ritualen wie sein Vater. Ein paar Eingeweihte beobachten, wie der König von einem Fenster des Palastes aus, verdeckt von einer Gardine, dem Spektakel im Hof zuguckt. Neben ihm steht eine Dame in unauffälligem Zivil, die unten so gut wie niemand kennt. Harold Nicolson schmunzelt, als die Dame in einem verdunkelten Wagen weggefahren wird und jeder sich verbeugt, weil man denkt, dass sei eine Schwester des verstorbenen Königs. Er weiß es besser: Es war Wallis Simpson. Das nächste Omen.

Das dritte kommt bei den Beerdigungsfeierlichkeiten Georges V., einem noch viel gewaltigeren Spektakel, als es die Beerdigungen von Edward VII. oder Queen Victoria gewesen sind. Für die feierliche Prozession, die vom Bahnhof Kings Cross nach Westminster führt, hat man die große »Imperial Crown«, die wertvollste Krone des Königreichs, oben auf dem von der Königlichen Standarte verdeckten Sarg befestigt. Die Söhne des Königs, darunter der neue Monarch, schreiten hinter dem schaukelnden Kanonenwagen, als sich unterhalb Big Bens, nur wenige Meter vor dem Ziel der Reise, das juwelenbesetzte Malteserkreuz von der Krone löst und zu Boden fällt. Godfrey Thomas, der als bisheriger Privatsekretär des Prinzen von Wales schon in den nächsten Tagen zurücktreten will, wird wie

Harold Nicolson in seinen Papieren notieren, dass ihm dies wie ein schlechtes Zeichen vorgekommen sei:

Ich bin nicht abergläubisch, aber das bestätigt mich in meiner Überzeugung, dass er nicht zum König geeignet ist und dass seine Regentschaft in der Katastrophe enden wird. Die erhöhte Verantwortung mag noch für ein Wunder gut sein, aber ich denke nicht, dass er sich sehr lange wird halten können. Man kann eine Fassade für einen Prinzen von Wales aufbauen – nicht so einfach für einen König.

Der neue König selbst und seine drei Brüder stellen in Westminster Hall am aufgebahrten Sarg des alten Königs für 20 Minuten die Ehrengarde – und über eine Million Untertanen erweisen ihrem toten Souverän die Ehre, mehr als je zuvor bei einem solchen Ereignis. Die Trauerfeier in der St. George's Chapel von Windsor Castle beginnt über eine Stunde verspätet, wie uncharakteristisch für diesen König. Die Prozession mit dem Sarg ist in Windsor steckengeblieben, weil die Menschenmassen die Straßen blockierten.

Kaum ist der Vater begraben, wachsen die Spannungen in der Familie. Bei der Testamentseröffnung erfährt der frisch gebackene König zu seiner Überraschung, dass er am privaten familiären Erbe nicht partizipiert (so wenig wie George V. selber nach dem Tod Edwards VII., wie ihm die Höflinge erklären). Edward VIII. aber ist offen wütend. Er lässt prüfen, ob das Testament anzufechten sei – sehr zum Ärger seiner Mutter. Er verordnet dem Hof ein striktes Sparregiment, bei den Löhnen vor allem, den Zusatzleistungen für das Personal und bei der Bauunterhaltung – sehr zum Ärger des Hofstaats. Er bewirkt, dass ein eigentlich für wohltätige Zwecke vorgehaltenes Stiftungsvermögen des Herzogtums Lancaster, das ihm unterstellt ist, in seine Privatschatulle umgeleitet wird – sehr zum Ärger der Regierung. Gleichzeitig führt der König ein Leben ungehemmter Kostenentwicklung. In Regierungsflugzeugen werden Einkäufe für Wallis vom Kontinent aus zollfrei ins Land gebracht. Er lässt Fresspakete mit Champagner und Kaviar auf Kosten des Hofes in ihre Wohnung bringen. Er beschenkt Wallis mit Schmuck und Gold. Es ist erstaunlich, wie schnell und aus welch einseitiger, materieller Motivation Edward VIII. sich isoliert: gegenüber seiner Familie, seinem

Hof und der Regierung seines Landes. Seine Umgebung wittert Wallis Simpson hinter dieser Mischung aus Geiz und Geldgier. Sie hat zu diesem Zeitpunkt, das ist bekannt, schon einiges für sich persönlich auf die Seite geschafft. Aber wie könnte sie auch darauf verzichten? Sie selbst geht noch bis Mitte 1936 davon aus, dass ihre Liaison mit dem König nicht von Dauer sein wird. »Wenn er sie fallen lässt, wird sie fallen, fallen in das Nichts, aus dem sie kam«, hat Channon ein paar Tage nach der Thronbesteigung Edwards VIII. seinem Tagebuch anvertraut. Wallis Simpson denkt genauso.

Auch Stanley Baldwin kennt die Situation, ebenso wie Winston Churchill, Neville Chamberlain, Anthony Eden – alle, die im Unterhaus etwas zu sagen haben. Niemand ist wirklich besorgt wegen Mrs. Simpson Anfang 1936. Jeder geht wie Channon davon aus, dass sie eine Episode bleiben wird oder zumindest sehr leise Hintergrundmusik. Was die Mächtigen ärgert, ist Edwards Nonchalance im Umgang mit der Politik. Der König redet ein bisschen viel in der Halböffentlichkeit von Partys und Empfängen, findet man in Downing Street. Die Deutschen sind davon ganz begeistert. Das FBI vermeldet, Wallis Simpson habe ein Verhältnis mit Herrn Ribbentrop. Na ja.

Aber die erste Warnung liegt schon in der Luft. Ernest Simpson vertraut im Februar 1936 einem führenden Freimaurer, dem ehemaligen Lord Mayor von London, Sir Maurice Jenks, an, der König wolle seine Frau Wallis heiraten. Was er denn tun solle? Jenks ist sprachlos. Und wendet sich umgehend an Stanley Baldwin, den Premierminister. Der tut die Sache erst einmal ab. Aber er ist besorgt. Er ist alarmiert, als er im Mai 1936 vom König zu einem Abendessen eingeladen und Wallis Simpson vorgestellt wird. Meint der das tatsächlich ernst? Es ist nicht ganz klar, wann Edward VIII. sich entschieden hat, Wallis Simpson, koste es was es wolle, zu ehelichen. Es gibt Hinweise, dass er schon im Oktober 1935 dazu entschlossen ist. Es gibt andere, die nahe legen, dass er sich dieses Ziel erst später setzt. Wallis Simpson muss spätestens im Mai 1936 gewusst haben, was der König mit ihr vorhat. Der Premierminister, bemerkt Edward vor besagtem Abendessen, müsse »früher oder später meine zukünftige Frau kennen lernen«. Aber ist sie sich klar darüber, was das bedeutet? Weiß er das?

Man könnte fast meinen, dass der alte Streit wieder hoch kommt: die Frage, ob der Prinz, jetzt König, Anspruch auf ein ungestörtes Privatleben hat. Ist »die Existenz eines konstitutionellen Monarchen unteilbar in allen ihren Aspekten?«, wie Edward VIII. als Herzog von Windsor in seinen Memoiren fragen wird. Oder wird er sein Glück machen dürfen wie jeder andere Untertan auch? Und wo liegt die Grenze jenes Glücks? Winston Churchill, ein Konservativer, sieht zum Beispiel die Beziehung zu Wallis Simpson mit großer Gelassenheit. Soll doch der König eine Mätresse haben – solange die Bevölkerung nichts davon weiß. Aber Heiratspläne? Auch Churchill ist nicht begeistert, als im Frühsommer durchsickert, dass die Simpsons die Scheidung planen. Das ist nicht unproblematisch: Damit Wallis wieder heiraten könnte, müsste Ernest Simpson schuldig von ihr geschieden werden. Dazu bedarf es des Beweises eines Ehebruchs. Und nach einer vorläufigen Scheidung darf sie sich sechs Monate lang nicht in den Verdacht bringen, selbst nicht treu zu sein. Sonst ist die Scheidung hinfällig. Das ist gar nicht so einfach zu bewerkstelligen, wenn man gleichzeitig die Frau im Leben des Königs ist.

Aber immerhin ist Gatte Ernest zu loyaler Diensterfüllung gegenüber dem Monarchen bereit: Er lässt sich in flagranti erwischen. Zwei Hotelangestellte finden unabhängig voneinander den verheirateten Mann mit einer fremden Frau (seiner Freundin Mary Raffay) in einem Hotelbett vor; die Sache wird also aktenkundig. Das Scheidungsverfahren kann in Gang gesetzt werden. Ernest zieht aus der gemeinsamen Wohnung aus.

Die Regierung wird nervös, als sie zunächst gerüchteweise davon erfährt. Es ist keine gute Zeit für einen Skandal im Palast. Im März ist die deutsche Wehrmacht in das zuvor entmilitarisierte Rheinland einmarschiert und hat begonnen, die Befestigungen an der Westgrenze des Reiches wieder zu errichten. Im Mai sind die Italiener in Addis Abeba eingedrungen, Mussolini hat das abessinische Reich für erobert und das »neue italienische Imperium« für gegründet erklärt. Im Juli stehen in Spanien alle Zeichen auf Bürgerkrieg. Die Wiederaufrüstung Großbritanniens, die man für wichtig hält, um einen Krieg zu verhindern, kommt nur schleppend voran. Und die wirtschaftliche Lage in den »Sonderwirtschaftszonen«, wo die alten

Schwerindustrien mit der Wirtschaftskrise zusammengebrochen sind, bleibt unverändert angespannt; alle Bemühungen scheinen fruchtlos, die Dinge dort wieder in Gang zu bringen.

Und was macht da der populäre König, der seinen Untertanen im Radio eben noch versprochen hat, sich unermüdlich für ihre Wohlfahrt einzusetzen? Er plant eine Kreuzfahrt auf einer privaten Luxusyacht über das Mittelmeer, von Italien aus und mit seinen Freunden, Wallis Simpson natürlich inklusive. Baldwin ist schlicht entsetzt, kann aber über den Außenminister nur durchsetzen, dass sich der König nicht in Italien, sondern an der dalmatinischen Küste einschifft, der Abessinien-Krise wegen. »Indem ich also meine Pläne änderte, um den Sachzwängen der britischen Außenpolitik zu entsprechen, unterzog ich mich einer unbeschreiblichen Nachtreise per Zug nach Jugoslawien mit einem Rattern und Ruckeln, wie ich es zuvor nie erlebt hatte«, schnauft der Herzog von Windsor noch zehn Jahre später in beleidigtem Unterton. Am 7. August legt die »Nahlin« in Sibenik an der Adria ab und macht sich auf den Weg Richtung Ägäis und Istanbul.

Die Reise der »Nahlin«, eigentlich ein unspektakulärer Urlaub mit einigen wohlmeinenden Landgängen bei den Monarchen und Staatschefs auf dem Weg, wird später in die Geschichte eingehen als skandalöse Unternehmung. Das hat vor allem zu tun mit den Fotos, die es von dieser Reise gibt. Sie zeigen Edward und seine Geliebte in Badebekleidung oder lachend beim Schwimmen. Es sind Bilder, die man nie zuvor von einem britischen König gesehen hat: ein Mann besten Alters in lässiger Haltung, ungezwungen, lachend, modern. Und mit freiem Oberkörper, sozusagen halbnackt. George V. hätte sich entleibt, bevor solch ein Foto von ihm veröffentlicht worden wäre. Edward VIII. ist das eher egal, ein bisschen kokettiert er wohl auch mit dem Risiko. Die Bilder werden schließlich veröffentlicht – zwar nicht im britischen Empire. Man sieht sie aber in Amerika und auf dem europäischen Kontinent. Dort ist der Name Wallis Simpson nun weithin bekannt, dort stehen auch die dazugehörigen Gerüchte in den Zeitungen.

In Großbritannien ist die Situation unverändert. Alle lieben den König. Niemand weiß etwas von Wallis Simpson, die kleine Elite

Gute Laune für die Kamera: Wallis und David in Nassau, der Hauptstadt der Bahamas. Die Windsors empfanden sich zu Recht als abgeschoben.

rund um den Hof exklusive. Der britische Botschafter in Athen, Sir Sydney Waterlow, schreibt in einem vertraulichen Brief an den neuen Privatsekretär des Königs, Alec Hardinge, dass der Besuch politisch äußerst erfolgreich war, er aber deprimiert sei von der Gesellschaft, die er an Bord der »Nahlin« getroffen habe: »von einer fast unglaublichen Geistlosigkeit« sei die Truppe gewesen, »ohne Würde und kein Funke von intelligentem Interesse an irgendetwas, das man gesehen oder gehört hätte«. Nachdenklich legt Hardinge den Brief zu den Akten. Zwei Monate später wird er, ein unerhörter Vorgang, die Affäre mit einem weiteren Brief ins Rollen bringen, indem er Stanley Baldwin seine Sorge um die Zukunft der Monarchie unter Edward VIII. ausbreitet.

Blickt man zurück, dann ging nach dem Ende der Sommerreise alles sehr schnell. Für die Zeitgenossen aber hat es eine Ewigkeit gedauert. Zeit ist relativ.

Ende September tritt Wallis Simpson zum ersten Mal in Balmoral auf, als Gast des Königs. Albert und Elizabeth, der Herzog und die Herzogin von York, sind in Birkhall auf Sommerfrische, einem etwas abseits liegenden Haus auf dem königlichen Anwesen von Balmoral. Sie werden um Wallis Simpson einen ordentlichen Bogen machen. Grund genug, verschnupft zu sein, hat der König seinem Bruder und seiner Schwägerin schon gegeben, und den Bewohnern von Aberdeen noch obendrauf: Er hat sein lange geplantes Erscheinen bei der Eröffnung eines neuen Krankenhauses abgesagt und den Termin an seinen Bruder weitergegeben mit der Begründung, er sei noch in Trauer um den Vater. Aber dann steht er mit seinem Auto gleichzeitig am Bahnhof von Aberdeen, um Wallis Simpson vom Zug abzuholen, und lässt sich von den Zeitungsfotografen erwischen. Edward hat den »King Charming« einfach abgestellt für die Öffentlichkeit. Wallis ist ihm wichtiger als die Pflichten, die mit der Krone einhergehen. Er geht auch nicht mehr jeden Sonntag zur Kirche, wie die Monarchen es sonst immer gehalten haben. Er vergnügt sich lieber. Ein Mann seiner Zeit.

Gut drei Wochen später, am 16. Oktober 1936, empfängt Edward wichtigen Besuch in Buckingham Palace: William Maxwell Aitken, Lord Beaverbrook. Der ehemalige (und zukünftige) konservative Minister ist Besitzer des einflussreichen *Daily Express* und des Londoner *Evening Standard*, und gut bekannt mit allen anderen Pressemagnaten jener Zeit. Zum neuen König steht er loyal. Als der sich mit einer recht privaten Bitte an ihn wendet, ist er gerne bereit, den Wunsch des Königs zu erfüllen, auch wenn Edward nicht weniger erfragt als eine Selbstzensur der Presse. Am 23. Oktober soll das Scheidungsverfahren zwischen Wallis und Ernest Simpson eröffnet werden, fern der Hauptstadt in Ipswich in der Grafschaft Suffolk, aber nicht wirklich von interessierten Augen abgeschieden. Der König bittet, dass von diesem Verfahren so wenig wie möglich in die Zeitungen gelangt: Er möchte Wallis schonen und sich nicht die Chance verderben lassen, seine Geliebte dereinst heiraten zu können.

Genauso passiert es. Sehr eifrige britische Zeitungsleser erfahren dank einer Kurznotiz, dass eine gewisse Frau Simpson, »in der Londoner Gesellschaft bekannt«, am 27. Oktober von ihrem Mann geschieden wurde, der sie betrogen hat. Mehr nicht. In den USA ist das Presseecho nicht so zurückhaltend. *Die New York Daily Mail* bläst über ihre Titelseite, dass der König von England eine Amerikanerin heiraten werde: Der Hochzeitstermin stehe schon fest. Ein Orgie von Spekulationen in allen Blättern Amerikas beginnt. Die britischen Verlage, die die ausländischen Zeitungen importieren, haben alle Hände voll zu tun: Mühsam wird jeder Hinweis auf Wallis Simpson getilgt, herausgeschnitten, geschwärzt. Man fürchtet eine Klage von Ernest Simpson, sollte solch ein Text in den britischen Vertrieb gelangen. Darum sickern die Nachrichten nur langsam ein. Briefschreiber aus den Vereinigten Staaten fragen ihre britischen Freunde nach Wallis Simpson, und die wissen von nichts. Im Commonwealth-Ministerium gehen besorgte Berichte der kanadischen Regierung ein: Dort werden die Blätter des Nachbarlandes unzensiert ausgeliefert; und nach erster Skepsis ob der amerikanischen Spekulationen macht sich nun Unmut über den Monarchen breit. Im Londoner Unterhaus stellt eine unwissende Abgeordnete die Frage, warum in der ausländischen Presse so viel geschwärzt wäre. Die Frage bleibt öffentlich unbeantwortet. Am Versicherungsmarkt Lloyds steigt die von der BBC zu zahlende Prämie auf das Risiko, dass die Krönungsfeierlichkeiten im nächsten Mai ausfallen werden, von 4 auf 21 Prozent der Kosten. Auch das führt zu einer Anfrage im Unterhaus. Sie wird niedergebuht mit dem Ruf »Shame, shame«, »Schande, Schande«. Aber der Fragesteller, John McGovern aus Glasgow, weiß eine Antwort auf solchen Vorwurf: »Ja, Mrs. Simpson.« Im Protokoll der Sitzung taucht die Bemerkung vorsichtshalber nicht auf.

Schon am 20. Oktober hat Stanley Baldwin dem König in einer Unterredung deutlich zu machen versucht, dass die Regierung immer mehr Briefe erhalte von besorgten Bürgern. Ob die Beziehung zu Frau Simpson nicht etwas diskreter verlaufen könne? Edward VIII. verneint. Er werde die Dame nicht durch die Hintertür hereinbitten. Ob die Scheidung nicht verschoben werden könne? Das sei nicht seine Angelegenheit. Ob Wallis Simpson nicht für eine Weile das Land verlassen könne, damit sich die Aufregung lege? Keine Antwort.

Am 11. November besucht der König die Heimatflotte in Portland. Ein fulminanter Erfolg. Edward redet nicht nur mit den Marinesoldaten, sondern er singt sogar mit ihnen. Die halbe Marine steht Kopf. Die Presse ist begeistert von diesem neuen königlichen Stil. Von Wallis Simpson berichtet sie weiterhin nichts. Im Unterhaus aber wird kein anderes Thema lebhafter diskutiert. »Es scheint so närrisch«, schreibt Chips Channon, immer mittendrin, immer auf Seiten des Königs, am Abend in sein Tagebuch, »dass die Monarchie, die älteste Institution in der Welt nach dem Papsttum, stürzen sollte über die liebe Wallis.«

Fünf Tage später ist Premierminister Baldwin wieder beim König. Baldwin ist ein gewiefter Politiker, nicht feige, wenn es um das übliche Armdrücken geht. Aber er ist auch ein privater Mensch – er will eigentlich nicht herumfuchteln im Leben seines Königs, aber er muss. Und diesmal wird nicht um den heißen Brei herumgeredet. Diesmal wird angesprochen, was die »Society« nun seit Wochen diskutiert: Ob Edward Windsor Wallis Simpson heiraten wird, wenn deren bisherige Ehe in sechs Monaten wirklich aufgehoben ist. Der König bestätigt: Er will. Baldwin sagt ihm: Das gehe nicht. Er weiß so wenig wie der König, wie die Öffentlichkeit das aufnehmen würde. Sie ist schließlich immer noch nicht informiert. Aber der Premier macht dem König deutlich, was er denkt, wie die Öffentlichkeit reagieren würde: ablehnend nämlich. Deshalb dürfe der König Wallis nicht heiraten. Edward sieht das anders: Die Regierung sei es, die nicht wolle, dass er sie heirate.

Er könnte ja, rein theoretisch. Die Regierung kann ihm alles Mögliche verbieten, aber nicht eine Ehe, solange er keine Katholikin heiratet. Er als Souverän kann – das haben seine Vorfahren 1707 mit dem Parlament ausgehandelt – noch jedem weitläufigen Anverwandten eine Eheschließung verbieten, aber ihm als Souverän steht die Entscheidung selber zu, wer die Richtige ist. Dass die anglikanische Kirche es nicht wünscht, dass er eine Geschiedene zur Gattin nimmt, darüber dürfte Edward VIII., wenn er sich entsprechende Gedanken machen würde, sogar schmunzeln. Warum hat denn Heinrich VIII. sich von Rom losgesagt und die anglikanische Kirche gegründet? Doch nicht der Auslegung heiliger Schriften wegen. Sondern weil er sich scheiden lassen und wieder heiraten wollte, ganz legal.

Eine Woche später das gleiche Spiel noch einmal. Der König fährt nach Süd-Wales in die Elendsgebiete und begeistert das Volk und die Lokalpresse; die Regierung sitzt in London und redet nur noch über ihn. Am 25. November treffen sich Stanley Baldwin und Edward VIII. wieder in Fort Belvedere – der König kommt nun gar nicht mehr nach London, aus Angst, die Öffentlichkeit würde etwas merken. Jetzt besprechen sie die Frage, ob es eine so genannte morganatische Ehe geben könnte: eine Ehe, bei der die Gattin nicht Queen, nicht Königliche Hoheit wird, sondern bürgerlich bliebe. Das ist eine Idee, die in royalistischen Kreisen seit Tagen die Runde gemacht hat, und die auch bei Baldwin schon auf dem Tisch gelegen hat. Man hatte nicht erwartet, dass der König und Wallis Simpson sich dafür interessieren würden. Aber nun scheint der König, der eben noch mit Abdankung drohte, an einer Lösung interessiert. Und er macht seinen ersten Fehler.

Edward VIII. bittet den Premierminister (auf dessen Vorschlag hin), die Regierungen der anderen Länder, in denen er König ist, nach ihrer Haltung zum Vorschlag einer morganatischen Ehe zu fragen. Damit händigt er den Schlüssel zu seinem Schicksal an den Premier aus. Baldwin braucht – und nichts anderes tut er – nur noch in Ottawa, Canberra, Neu Delhi, Kapstadt, Dublin und Wellington nachhorchen, was man dort über solch ein Arrangement denkt. Im Kabinett hat er sich schon Rückendeckung für eine Absage geholt und vorsichtshalber die Opposition befragt, ob sie in dieser Frage anders denke. Nur aus Neuseeland kommt eine Antwort im Sinne des Königs. Und von Winston Churchill.

Vor dem hat die Regierung jetzt Angst. Vor Churchill und seinem zuweilen recht irrationalen Verhalten in der Politik. Wird er sich mit dem König zusammentun? Wird er vielleicht eine Königliche Partei gründen, die dann – getragen von der Popularität Edwards VIII. – gegen die Koalitionsregierung gewinnen würde? Wird Churchill, auch das wird in den Gängen des Parlamentsgebäudes am Ufer der Themse diskutiert, eine Halbdiktatur nach dem Vorbild Mussolinis errichten? Baldwin ist nervös. Er begeht den Fehler, dem König zu erlauben, sich mit Churchill zu beraten. »Die Schlacht um den Thron hat begonnen«, schreibt Channon am 28. November abends in sein Tagebuch.

Zwei Tage später steht der eifrige Tagebuchschreiber gedankenverloren am Fenster seines Wohnzimmers, als der Himmel über London sich hell, fast orange einfärbt: Der Kristallpalast brennt, jenes gläserne Wunderwerk, das der Prinzgemahl Albert 1851 für die »Great Exhibition« in den Hyde Park hatte stellen lassen. Über vier Stunden lang schmilzt das Glas und der Stahl. Es ist das größte Feuer, das London seit Jahrhunderten erlebt hat. Am Ende bleibt von der viktorianischen Pracht nur eine Ruine. Wieder ein Omen.

Noch ist der größte Teil der Öffentlichkeit nichtsahnend, doch die Zahl derer, die Bescheid wissen, wächst exponentiell. Ein unwichtiger Bischof in Yorkshire macht schließlich eine Andeutung in einer Predigt, die von den Journalisten zum Anlass genommen wird, die Story des Jahres endlich zu verbreiten. Am 2. Dezember 1936 sind alle Titelseiten gefüllt mit Wallis Simpson. Wie gut, dass sie am Tag zuvor schon ihre Wohnung am Regent's Park verlassen hat (ein Stein war von der Straße aus durch ein Fenster geworfen worden; Hassbriefe waren eingegangen) und nach Fort Belvedere gezogen ist. Jetzt steht eine Menschenmenge vor dem Haus und schimpft. Vor dem Buckingham Palace steht eine andere Menge: die Royalisten zur Unterstützung des Königs. Ein paar Tage später wird die Wache vor den Königlichen Palästen das erste Mal mit scharfer Munition ausgerüstet, weil die Regierung wirklich nicht mehr weiß, was passieren wird.

Am 3. Dezember verlässt Wallis Simpson das Land. Sie reist in Begleitung eines Lord-in-Waiting (ein Höfling, dem Edward vertraut) an die Côte d'Azur in das Haus von Freunden. Im Gepäck hat sie Juwelen im Wert von rund 100 000 Pfund, ein Millionenvermögen in heutigem Wert. Nun wird es noch sieben Tage dauern, vom Bekanntwerden der Heiratspläne des Königs bis zur öffentlichen Erklärung seines Thronverzichts. Sieben Tage, in denen sich in London ein wahrhaftes Drama abspielt, auf den Straßen genauso wie hinter allerhand verschlossenen Türen. Sieben Tage, die den König in so rasender geistiger Anspannung erleben, dass Freunde um seine psychische Gesundheit fürchten. Für Baldwin sind diese sieben Tage die schwersten seiner Amtszeit. Die öffentliche Stimmung ist zunächst mit dem König, doch schließlich wendet sie sich gegen ihn, weil er sich offensichtlich für nichts entscheiden kann.

Man kann die Ereignisse nur en detail schildern oder lieber gar nicht: Hier fehlt der Platz dazu. Aber es stellt sich die Frage, was eigentlich passiert ist in diesem kollektiven Gefühlsausbruch, der schon binnen eines Jahrzehnts fast völlig in Vergessenheit geraten sollte. In jedem Rückblick steht schließlich, dass der König zurücktrat, weil er eine geschiedene Amerikanerin heiraten wollte. Das scheint unglaublich banal, drei Jahre vor dem Ausbruch eines Krieges, dem Millionen zum Opfer fallen werden. Das scheint Seifenoper zu sein, schon damals. Aber stimmt es auch?

Es gibt viele Theorien darüber, warum sich Edward VIII. am 7. Dezember zur Abdankung entschloss und sie am 10. Dezember feierlich verkünden ließ. Es gibt drei, die sinnvoll erscheinen: Die erste ist, dass Wallis Simpson dem britischen Establishment wirklich als die falsche Frau an der Seite des britischen Königs erschien. Das stimmt, aber nur, wenn man es richtig versteht. Es ging der politischen Führung mit Sicherheit nicht um die Person Wallis Simpson, sondern um die Frage, ob die Monarchie und damit das Staatssystem in eine Krise käme, wenn der König eine Geschiedene heiraten würde. Es ist nach wie vor – allen gesammelten Briefchen, die Susan Williams für ihre Verteidigung Edwards VIII. zitieren mag, zum Trotz – völlig unklar, wie das Volk auf diese Königliche Hochzeit reagiert hätte. Duldend, gar huldigend? Oder vielleicht wütend und ablehnend? Wie groß wäre die Unruhe gewesen? Hätte Labour im – moralisch arg verklemmten – Kleinbürgertum gegen die Dekadenz des Königtums wettern und werben können?

Die Regierenden hatten Angst. Das lässt sich nachspüren, aus jedem Schritt dieser Krise. Aber was bewegte Edward VIII.? Hin- und hergerissen wirkt er in diesen Tagen – mal hat er sich schon aufgegeben, dann sieht er plötzlich doch eine Lösung, mal kündigt er kämpferisch an, er werde etwas unternehmen, dann lässt er jede Initiative fahren. Das ist die zweite These: dass er den Thron nicht wirklich gewollt hat. Dass Wallis Simpson für ihn die willkommene Ausrede war, ein Leben außerhalb des goldenen Käfigs des Palastes zu führen. Dass er – einmal König geworden – aber natürlich auch die Lichtseiten seiner neuen Existenz erlebt hatte und halten wollte. Dass er deshalb bis zum Ende hin- und hergerissen war.

Wahrscheinlich ist es ein Teil der Wahrheit. Hätte Edward VIII.

am Thron gehangen, dann hätte er andere Wege gesucht. Baldwin, der in den letzten Monaten der kurzen Regentschaft des jungen Königs zu dessen ärgstem Widersacher wurde, hat dem späteren Herzog von Windsor bescheinigt, sich zu jeder Sekunde konstitutionell und ehrenvoll verhalten zu haben. Edward VIII. hätte den Machtkampf auch anders führen können, öffentlicher, aggressiver. Er hatte Berater – wie Lord Beaverbrook, aber auch wie Churchill –, die sich ein bisschen Kampf sehnlichst wünschten. Aber Edward wollte nicht kämpfen, er wollte keine royalistische Revolution.

Und Baldwin? Theorie Nummer drei: Baldwin hat die Affäre Wallis Simpson genutzt, um das Land von einem König zu befreien, der – wie er glaubte – dem Land nicht bekommen wäre. Er hat sozusagen sanft geputscht beziehungsweise die Gelegenheit, die sich zu einer Korrektur der königlichen Thronfolge ergab, gnadenlos genutzt. Es spricht sehr viel dafür, dass hier der zentrale Kern der Thronkrise liegt. Baldwin machte sich schon wegen Edward Sorgen, als der noch Prinz von Wales war. Die politische Elite betrachtete den jungen Mann immer mit großer Skepsis – nicht obwohl, sondern gerade weil er so populär war. Sie fürchteten, womöglich zu Recht, dass Edward mit dieser Popularität nicht immer verantwortungsbewusst umgehen würde. Es bestand außerdem die Gefahr, dass er sich eines Tages einmischen würde in die Angelegenheiten der gewählten Volksvertreter, und zwar in nicht akzeptabler politischer Ausrichtung, und dass er dadurch, unter dem Einfluss seiner bunt zusammengewürfelten Freunde, dem Land und der Monarchie Schaden zufügen könnte.

Am 10. Dezember 1936 unterschreibt Edward VIII. morgens seine Abdankungsurkunde in Anwesenheit seiner Brüder. Sodann fährt er zu seiner Mutter und nimmt Abschied von ihr; von ihrer Seite eine ziemlich kühle Angelegenheit. Nachmittags, nachdem Baldwin im Unterhaus die Abdankung bekannt gegeben hat, geht Mr. Edward Windsor ins Studio der BBC, um sich seinen Untertanen zu erklären. Sein Bruder Albert, seit dem Morgen König George VI., hat mittlerweile klug entschieden, dass der Ex-König nicht ohne Titel bleiben soll. Ein königlicher Herzog soll er werden, der Herzog von Windsor. Das ist ehrenvoll, vor allem aber politisch opportun. Als Bürgerlicher

»Zeigt dem König, dass Ihr mit ihm seid«: Demonstrationen zur Unterstützung von Edward VIII. Die Regierung fürchtet einen Aufstand.

hätte Edward Windsor für das Unterhaus kandidieren können, eine für die Mächtigen ganz unerträgliche Vorstellung. Als einfacher Adliger hätte er einen Sitz im Oberhaus gehabt. Als königlicher Herzog steht ihm nur das Recht zu, in der Kammer mitzuhören.

Bevor der Ex-König noch in der Nacht das Land in Richtung Frankreich verlässt, begeht er seinen zweiten folgenschweren Fehler. In der Verhandlung darüber, wie viel Geld er in Zukunft aus der Schatulle des neuen Königs erhalten soll, tischt Edward seinen Brüdern eine falsche, sehr negative Darstellung seiner Vermögensverhältnisse auf. George VI. zeigt sich großzügig und macht allerhand Zusagen, was die Rente des Herzogs von Windsor betrifft. Ein paar Monate später aber kommen die Buchhalter des Hofes dem Herzog auf die Schliche – das ist keine Kunst. Diese Lüge ist für Philip Ziegler der unverständlichste Schritt im Leben des Edward Windsor. Weil sie ihm das Vertrauen genau der beiden Männer kostet, die er am dringendsten brauchen wird in seiner Zukunft: George VI. und Winston Churchill.

Kapitel 5

Für Tapferkeit

George VI.

Am 11. Dezember 1937, um acht Minuten vor 12 Uhr, wird aus Prinz Albert, Herzog von York, völlig ungeplanterweise ein König und Kaiser, ein »King-Emperor«. Blass und hager steht der kleine Mann vor seinem Kronrat im St. James's Palace, wie alle in dieser Affäre müde und ausgezehrt von den Aufwühlungen der vergangenen Wochen, und sagt mit zögerlicher Stimme:

Ich treffe Sie heute unter Umständen, die in der Geschichte unseres Landes ohne Parallele sind. Nun, da die Pflichten der Souveränität mir zugefallen sind, erkläre ich vor Ihnen, dass ich die strikten Prinzipien einer konstitutionellen Regierung einhalten werde, und meine Entschlossenheit, vor allem anderen für die Wohlfahrt des Britischen Commonwealth der Nationen zu arbeiten. Mit meiner Frau als Gefährtin an meiner Seite nehme ich die schwere Bürde an, die vor mir liegt. Ich setze dabei auf die Unterstützung aller meiner Völker.

Er will nicht King Albert heißen, lässt er noch verlauten – das klinge ihm zu deutsch. Er nennt sich lieber George VI., nach seinem Vater. Der Name passt auch besser. George VI. und George V. haben so viel gemeinsam, dass es auch den Zeitgenossen schnell auffallen muss: Sie sind beide Zweitgeborene und standen zunächst im Schatten des älteren Bruders, der eigentlich auserkoren war, die Krone zu erben. Beide haben bei der Marine gedient und ihre Offizierskarrieren abbrechen müssen, als die Pflicht der Familie rief. Beide kamen in den Genuss einer völlig unzureichenden Bildung und verfügen über relativ rudimentäre Vorstellungen von der Welt der Politik. Sie sind beide sehr konservativ, nicht nur in politischer, sondern vor allem in gesellschaftlicher Hinsicht. Beide haben dem schnellen Leben der Stadt immer die Beschaulichkeit einer Landadelsexistenz vorgezogen. Sie sind beide fleißig, pflichtbewusst, geradlinig bis zur Unhöflichkeit, ihren Frauen treu ergeben, distanziert zu ihren Kindern. Beide sind relativ schüchtern und stehen ungern vor großen Menschenmengen. Beide sind Langweiler. Und beide haben eine Neigung zu Wutanfällen, fürchterlichen Ausbrüchen, oft aus den geringsten Anlässen und unterschiedslos gegen jeden, der sich einen kleinen Fehler leistet, sei er nun der Hilfskammerdiener oder der Premier Großbritanniens.

Man braucht nicht mal Laienpsychologie, um sich solche Persönlichkeitsstrukturen zu erklären: Beiden ist schon als Prinzen ein Minderwertigkeitskomplex anerzogen worden, vor allem von ihrem jeweiligen Vater, der streng und überkritisch zu ihnen gewesen ist, der sie ständig forderte und nie richtig lobte. Da sind jeweils fanatische Pflichterfüller herangewachsen. Männer, die ihre Welt sortiert halten müssen, damit sie ihnen nicht auseinander fällt, und die das, was man von ihnen erwartet, bis zur Perfektion ausfüllen müssen, weil sie die Furcht mit sich herumtragen, jemanden zu enttäuschen.

Aber es gibt auch Unterschiede. Als George V. 1910 auf den Thron rückte, stand die Monarchie in voller Kraft, bedroht allenfalls vom Parteienstreit und dem Konflikt zwischen Ober- und Unterhaus.

Im Dezember 1937 aber ist alles anders. Das vergisst man heute, wenn man sich an die Thronverzichtsaffäre erinnert. Im Rückblick und im Verhältnis zur europäischen Katastrophe, die keine 22 Monate später mit dem deutschen Überfall auf Polen ihren Anfang nehmen soll, erscheint die Krise der britischen Monarchie von 1936 heute wie ein bizarrer Schluckauf der Geschichte. Die Affäre Edwards VIII. ist ein Fall für die *Frau im Spiegel*, mag man denken, nicht für ernsthafte Betrachtung. Für die Zeitgenossen aber steht die Zukunft auf dem Spiel. Die innere Befindlichkeit von Edward, Herzog von Windsor, die doppelt geschiedene Wallis Simpson oder die auf König George VI. drückende Last mag die Boulevardpresse auch damals sehr interessiert haben (vor allem die amerikanische, witzigerweise). In den Gängen des Oberhauses und der Paläste, auf den Dinners und Partys der »London Society« werden Fragen ganz anderer Dimension gestellt, und zwar ängstlich, auch und gerade nach dem Rücktritt Edwards VIII. Wird das Volk es hinnehmen, dass der König einfach ausgewechselt wurde? Wird der Republikanismus Aufwind bekommen? Werden die Briten eine sozialistische Revolution erleben wie die Russen? Wird Edward VIII. gar zurückkehren, wenn ihn eine populistische, vielleicht gar faschistische Partei ruft? Wird der Herzog, einstweilen in Österreich untergeschlupft, vielleicht eine Art Gegenhof errichten, gegen seinen Bruder, aber vor allem gegen die Regierung der Nationalen Koalition? Wird sich die Gesellschaft dann spalten? Es gibt Leute in jenen Monaten, die den gefallenen König unterstützen. Die Veteranenverbände zum Beispiel warten nur auf seinen Ruf. Auch in der Armee gibt es Unruhe. Eine Staatskrise droht.

Dazu tritt die Sorge, dass der gute Bertie mit dem Königtum überfordert sein wird. Er sorgt sich ja selbst. Seinem Vetter Louis Mountbatten schreibt er kurz nach der Thronbesteigung: »Ich habe nie gewollt, dass das passiert. Ich bin reichlich unvorbereitet dafür. David ist sein ganzes Leben lang eingearbeitet worden, während ich nicht ein einziges Staatsdokument gesehen habe. Ich bin nur ein Marineoffizier. Das ist die einzige Sache, von der ich etwas verstehe.« Bertie ist, wie höflich gemunkelt wird, nicht mit einer schnellen Auffassungsgabe gesegnet; zudem wirft auch seine körperliche Belastbarkeit Fragen auf. Der Mann ist erst 41 Jahre alt, aber Alkohol und Nikotin haben ihm schon reichlich zugesetzt. Man kann ihn auch keinen guten Redner nennen, der vor großen Menschenmengen besteht. Sein Stottern ist zwar nicht mehr ganz so fürchterlich wie in seiner Jugend: Albert hat Training erhalten (und erhält es noch) von einem Logopäden mit dem passenden Namen Lionel Logue, der nach Elizabeth wohl »die wichtigste unterstützende Rolle im Leben des zukünftigen Königs« gespielt habe, wie Kirsty McLeod in ihrem Buch über die Abdankungskrise *Battle Royal* schreibt. Aber Bertie macht beim Reden immer noch auffällige Pausen, und wenn seine Frau nicht in der Nähe ist und ihn mit aufmunternden Blicken vorwärts treibt, dann sind auch größere Ausfälle möglich.

Kurzum: Bertie ist nicht geeignet für eine öffentliche Rolle, in der alles auf Präsentation ankommt. Es hat Überlegungen gegeben, den Herzog von York deshalb zu übergehen, falls Edward VIII. auf den Thron verzichtet. Es gibt kein Vorbild für den freiwilligen Rücktritt vom Königtum, darum ist auch nicht zweifelsfrei geregelt, dass automatisch der dynastisch ermittelte »wahrscheinliche Thronfolger« (»Heir Apparent«) zum König wird. Das Parlament, das hat das Königshaus schon vor Jahrhunderten gelernt, vergibt die britische Krone, wenn die normale dynastische Verbindung ins Stocken gerät, niemand sonst.

Aber was sind die Alternativen? Prinz Henry, Herzog von Gloucester? Arrogant, dumm, langweilig. Prinz George, Herzog von Kent? Der hat inzwischen eine wunderhübsche Frau geheiratet, Prinzessin Marina von Griechenland, das wäre sicher populär. Aber sein Vorleben? Skandalträchtig. Dann lieber Bertie als George VI., und drohe er auch eine schlechte Kopie des Originals zu werden.

Nach der Aufregung der Thronverzichtsaffäre ist die Thronbesteigung Georges VI. ein definitiver Antiklimax. Der Chefredakteur der *Times*, Geoffrey Dawson, schickt seine Reporter aus, um am Morgen auf den Straßen die Stimmung einzufangen. Sie kommen allesamt mit leeren Händen zurück. Da gibt es nichts einzufangen, so komisch das klingt: Niemand redet über George VI., keiner wedelt mit Fahnen, keiner huldigt, protestiert oder demonstriert. Das Land scheint in Apathie verfallen zu sein. Ein guter Anfang. Genau das ist es, was sich der Hof jetzt wünscht. Ruhe und Unaufgeregtheit. Das braucht das Land, aber auch der König.

George VI. ist am Ende, bevor er überhaupt angefangen hat. Am Abend des 9. Dezember, dem Tag vor der öffentlichen Erklärung des Thronverzichts durch seinen Bruders, ist Bertie bei seiner Mutter vorbeigefahren, bei Queen Mary. Die 69-Jährige lebt seit dem Sommer in Marlborough House, einem imposanten großen Herrenhaus, von dessen Garten aus man über die Mall hinaus auf St. James's Park blicken kann. Bertie hat den ganzen Tag mit Beratungen zugebracht, die mit seiner bevorstehenden Thronbesteigung zu tun haben. Er ist beim Premier gewesen, hat mit den wichtigsten Hofbeamten geredet und mit dem Rechtsanwalt seines Bruders, Walter Monckton, einem der wenigen Beteiligten an dieser Krise, die das Vertrauen beider Seiten behalten werden. Bei seiner Mutter, zu der Albert eigentlich schon seit Jahren nur noch ein distanziertes, beinahe kühles Verhältnis hat, bricht der Sohn im Prinzen durch. Kaum hat er ihr erzählt, was alles passiert ist und wie er die Sache empfindet, da bricht er in Tränen aus. Eine Stunde lang, so wird Queen Mary später Harold Nicolson erzählen, hat der nächste König sich an ihrer Schulter ausgeweint. Das ist wahrscheinlich die längste Zeit der Zärtlichkeit seit frühester Kindheit, die ihm von Mutterseite aus widerfahren ist.

Bertie hat nicht nur Angst vor dem Königtum, vor den Aufgaben, die nun auf ihn zukommen. Er hat nicht nur Angst davor, die Monarchie durch eine wirklich schwierige Situation steuern, sie im Grunde genommen retten zu müssen. Er teilt nicht nur die Sorgen der politischen Elite, dass es für das ganze System des Staates, dass es für das Vereinigte Königreich und darüber hinaus sogar das Empire ungeahnte Folgen haben könnte, wenn ihm das Bewahren nicht gelingt. Nein, der Mann ist enttäuscht. Tief enttäuscht von einem der wenigen Freunde, die er in seinem Leben gehabt hat.

Bertie hat ja nicht nur im Schatten Davids gestanden, im Internat erst in Osborne, in Dartmouth, selbst beim Studium in Cambridge. Der junge Albert hat immer aufgeguckt zu seinem Bruder. David war charmanter im Umgang mit Mädchen, witziger, schlagfertig, lebendiger, erfolgreicher. Bertie war zweiter Sieger und stotterte. Aber es gab etwas, das verband. Die Schikane zuhause, die Langeweile, die die beiden ertragen mussten am Hof. Die Haft im goldenen Käfig: Dinner mit dem König und der Königin, eine Stunde lang auf die Sekunde, im Frack, danach die immer gleichen Gespräche im Herrenzimmer über die gleichen Themen mit den gleichen Bemerkungen jeden Abend, bis pünktlich halb elf, dann Totenstille. Die beiden haben sich gegenseitig ihr Leid geklagt, füreinander Partei ergriffen, einander geholfen.

Der Herzog von York hat das leicht unlautere Treiben des Prinzen von Wales nicht von Anfang an aus moralischen Gründen verworfen. In den Zeiten, in denen Thelma Furness in Fort Belvedere herrscht, sind die Yorks viel und gerne zu Gast, und man amüsiert sich sehr miteinander, vor allem die beiden Damen. Die Brüder scheinen für eine Weile mit sich und dem jeweils anderen völlig im Reinen. Bertie geht davon aus, dass es fürs Leben so ist. Aber David beginnt, ihn auszubooten, erst wie zufällig, dann bewusst. Je länger Wallis Simpson ihren immer dominanteren Einfluss auf das Leben des Thronfolgers ausübt, desto weniger darf Bertie darin eine Rolle spielen. Nach dem Tod des Vaters wird die Beziehung erst kühl und dann bricht sie ab, am Ende herrscht Funkstille. In den zwei Monaten vor dem Thronverzicht hat David nicht ein einziges Mal mit Bertie über seine Pläne hinsichtlich Wallis Simpsons und die anstehenden Probleme gesprochen. »Wir wissen nichts, gar nichts«, ruft Elizabeth einem Reporter zu, der sie auf der Straße fragt, was denn los sei mit dem König. Sie ist wütend über diese Art der Behandlung.

Man kann sich vorstellen, wen Elizabeth verantwortlich macht für den Gang der Dinge. Wallis Simpson und sie verstehen sich nicht, seit man sie einander vorgestellt hat in Fort Belvedere – noch zu Thelma Furness' Zeiten. Die Herzogin findet die Amerikanerin zu laut, zu aufgetakelt, zu stilfremd. Die Amerikanerin findet die Herzogin altmodisch, altbacken, langweilig, dick. Mitte 1935 gibt es eine besonders unglückliche Szene: Wallis Simpson gibt im Esszimmer von Fort Belvedere eine kleine Probe ihrer mimischen Talente und parodiert die Herzogin von York. Plötzlich öffnet sich die Tür und die Herzogin von York tritt ein. Binnen Sekunden, heißt es bei Kirsty McLeod, wird aus Abneigung Feindschaft.

Elizabeth ist wichtig für George VI. Der von ihm vor dem Kronrat geäußerte Halbsatz, er wisse seine Frau als Gefährtin an seiner Seite, ist keine höfliche Formel. Alle haben ja schon immer gesagt, dass dieser schwache Mann eine starke Frau brauche, um überhaupt zu bestehen. Nach dem Amtsantritt bekommt dieser Satz eine ganz neue Dimension. Der neue König erkennt das an. Drei Tage nach der Thronbesteigung wird die neue Queen von ihrem Gatten in den Hosenbandorden aufgenommen – den höchsten und ältesten Ritterorden des Landes. Er ändert die Regel, dass sich die Königin als Gefährtin des Souveräns immer hinter ihm zu halten hat: Sie darf, von den ganz großen Ritualen einmal abgesehen, jetzt auch einen halben Schritt vor ihm gehen, wie es sich normalerweise für Mann und Frau gehört. Er wird sie zusätzlich, auch das ist neu, damit beauftragen, für ihn Dienstgeschäfte wahrzunehmen.

Vor allem aber braucht er sie neben sich. Das hat ihm gefehlt in den Tagen der Thronverzichtskrise. Elizabeth hatte es vorgezogen, sich mit Fieber ins Bett zu legen. Das ist eine recht typische Verhaltensweise für die Dame: Wenn ihr etwas nicht passt, zieht sie sich in ihre Gemächer zurück. Eine wirkliche Szene, das wird man bei ihr nicht erleben. Sie ist öffentlich immer ganz charmant und höflich, die Seele der Gesellschaft. Ihre Ellenbogen setzt sie subtiler ein.

Sie ist es – im Gespann mit Schwiegermutter Queen Mary, dem Privatsekretär des alten Königs, Alec Hardinge (den George VI. für eine Weile übernimmt) und Premier Stanley Baldwin –, die für den Exorzismus aller Erinnerung an Edward VIII. verantwortlich zeichnet, den das neue Regime in den Wochen nach der Thronbesteigung betreiben wird. Bertie ist zwar enttäuscht von seinem Bruder. Aber die Härte aufzubringen, ihn zu demütigen und seine Freunde aus dem Haus zu werfen, das schafft er nicht. Er will ganz im Gegenteil immer noch Brücken bauen, Verständnis zeigen. Aber die anderen lassen ihn nicht, sie sind unbeschwert von brüderlicher Freundschaft, aber auch unnachgiebiger und rachsüchtiger.

Es hat im Grunde schon am 10. Dezember begonnen, im Unterhaus. Als nach Ende der Rede Stanley Baldwins, in der er die Abdankung bekannt gibt, die Parlamentarier aus der vollgestopften Kammer in die Lobby drängen, fährt Nancy Astor den konservativen Parlamentarier Chips Channon an: »Die, die auf ihrer Seite standen, gehören alle erschossen.« Er muss sich jetzt ein paar Monate wegducken, bevor man ihn wieder am Hof empfängt. Andere sind nicht so glücklich.

Lady Cunard versucht, Wallis zu einer flüchtigen Bekanntschaft herunterzustufen, aber ihr enges Verhältnis zur zukünftigen Herzogin von Windsor ist stadtbekannt. Sie wird am Hof aus der Kartei genommen: An sie ergehen jetzt keinerlei Einladungen in königliche Zirkel mehr, und wer sicher sein will, nicht auch in die Ungnade des Hofes zu fallen, der verleugnet Cunard seinerseits. Peregrine Cust, Lord Brownlow, der als Lord-in-Waiting für Edward VIII. gedient und in dieser Funktion Wallis Simpson bei ihrer »Flucht« aus Großbritannien Anfang Dezember das Geleit gegeben hat, erfährt aus der Zeitung, dass sein Posten neu besetzt worden ist, nachdem »sein Rücktrittsersuch angenommen worden war«. Er hat nicht ersucht. Aber er hat die Dummheit begangen, den Herzog von Windsor in seinem österreichischen Exil zu besuchen. Das gefiel Queen Elizabeth gar nicht.

Nicht jeder wird in die Wüste geschickt. Duff Cooper, der jahrelang eng mit Prinz David befreundet war und ihn als Edward VIII. sehr unterstützte, ist Minister im Kabinett Baldwins. Die Coopers werden höflich eingeladen und mit viel Charme ins Yorksche Lager hinübergezogen. Ähnlich geht es Winston Churchill, gegen den Elizabeth zeitlebens einen Groll hegen wird, weil er in den entscheidenden Wochen Edward VIII. unterstützt und sogar Pläne für ihn geschmiedet hat. Aber die Queen weiß, dass es zu gefährlich wäre, den konservativen Wirbelwind im Kalten stehen zu lassen. Man muss ihn weglotsen vom Herzog von Windsor, damit die beiden sich nicht verbünden. Dafür setzt man gerne auch ein Lächeln auf.

Säuberungen dieser Art sind nicht unbekannt am Hof. Noch bei jeder Thronbesteigung hat sich unvermeidlich auch die Gesellschaft verändert, die in Buckingham Palace ein- und ausgeht. Aber diesmal ist es doch anders. Der Thronvorgänger ist schließlich noch da. Das führt zu bizarren Verrenkungen: Als entschieden wird, den Herzog von Windsor nicht zu den Krönungsfeierlichkeiten im Mai 1937 einzuladen, begründet der Hof dies damit, dass es nicht dem historischen Vorbild entspräche, dass bei der Krönung eines Souveräns sein Vorgänger dabei sei. Das ist richtig: Üblicherweise waren die Vorgänger nämlich tot. Die wahre Begründung ist natürlich eine andere, und das weiß David auch. Queen Elizabeth ist besorgt, dass der populäre »Prince Charming« ihren schüchternen, wohlmöglich ins Stottern geratenden Gatten in den Schatten stellen könnte. So lange der neue König sich nicht fest in die Herzen seiner Untertanen vorgearbeitet hat, will man den alten König nicht im Lande sehen – und Wallis sowieso nicht.

Es bleibt nicht aus, dass unter diesen Bedingungen das Verhältnis zwischen den Brüdern langsam, aber sicher auseinander fällt. Am Anfang, als David auf Baron Eugene de Rothschilds österreichisches Schloss Enzesfeld geflohen ist, getrennt von Wallis, deren schwebendes Scheidungsverfahren eine Begegnung riskant macht, da telefonieren sie noch. Oder besser: David telefoniert mit seinem Bruder. Endlos sind seine Tipps und Tiraden, seine Vorschläge zu Veränderungen am Hof, seine Kommentare zu dem, was man ihm aus London gesteckt hat. Bertie bekommt kein Wort dazwischen. Die

Königin bemerkt, dass die Anrufe ihren Gatten emotional schwer belasten. Deshalb wird Ende Januar die Notbremse gezogen: Dem Herzog wird bedeutet, dass die täglichen Telefonkonferenzen auszubleiben haben. David ist zutiefst beleidigt, König George zutiefst erleichtert.

Es bleibt nicht bei solchen Kleinigkeiten. Der Streit ums Geld bricht wieder aus: Im Februar weiß George VI., dass sein Bruder ihn schlicht belogen hat, als er ihm sagte, er stehe finanziell vor dem Nichts. Georges Hof ist gerade dabei, die »Civil List« neu zu verhandeln. So heißt – seit ihrem Entstehen 1760 zu Beginn der Regentschaft Georges III. – das wichtigste finanzielle Arrangement zwischen Staat und Souverän. In der Civil List wird festgelegt, wie viel Geld das Parlament dem König überweist, damit der den königlichen Haushalt finanzieren und seine Aufgaben als Staatsoberhaupt wahrnehmen kann. Es ist nicht die einzige Geldquelle des Königs, aber diejenige, auf die das Parlament am schärfsten guckt. Und gerade Anfang 1937 schauen die Parlamentarier ganz besonders genau hin – die Monarchie hat keinen guten Ruf in diesen Zeiten, die Staatskasse ist leer, es gibt hohe Soziallasten und die (umstrittene) Notwendigkeit, sich vor einem aufrüstenden Dritten Reich zu wappnen, also auch Geld für Rüstung auszugeben.

Da passt es nicht, dass der *Daily Mirror* Anfang Februar eine Geschichte über die Verhandlungen publiziert, die immer noch zwischen König George VI. und dem Herzog von Windsor laufen. 25 000 Pfund, so hatten die beiden am Tag der Abdankung vereinbart, soll der Ex-König jährlich bekommen – heute sind das gut eine Million Euro. Die Parlamentarier, die schnell recherchiert haben, dass der exilierte Herzog auch ohne die Zuwendungen aus Großbritannien ein materiell bestens abgefedertes Leben führen könnte, sind dermaßen erbost, dass einige drohen, die Civil List um den gleichen Beitrag abzusenken. Der König, mag er noch so enttäuscht sein von dem tumben Täuschungsversuch seines Bruders, ist trotzdem entschlossen, seinen Teil der Verabredung einzuhalten. Für ihn ist das eine Frage der Ehre. Er will aber auf jeden Fall die Verhandlungen über die Civil List erst abschließen, bevor er aus der Zusage einen Vertrag macht. Es kostet insbesondere Winston Churchill, aber auch Baldwins Nachfolger

Neville Chamberlain den besseren Teil des Jahres 1938, um die Parlamentsgefechte um die Civil List zum Ende zu bringen. Zu diesem Zeitpunkt kann die Einigung nichts Gütliches mehr haben.

Ende 1937 sprechen König und Ex-König nicht mehr miteinander. Die Beziehung zerbricht, weil ihre Welten immer deutlicher auseinander klaffen. Das lässt sich verstehen, von außen, im Rückblick. Aber weder der eine, noch vor allem der andere scheinen in jenem Jahr die Übersicht und den emotionalen Abstand zu bewahren. Die Frauen an ihrer Seite sind daran nicht unschuldig.

Das trifft vor allem auf David zu. Der sitzt auf dem Kontinent in goldenen Käfigen und muss sechs Monate Wartezeit abtrödeln, bis er sich endlich mit Wallis vereinen darf. Die ist logischerweise auch nicht in Bestform und hadert mit allem. Was einst spielerisch anfing, wird jetzt zur Gewohnheit der Fernbeziehung: Telefonisch malträtiert Wallis David, dann baut sie ihn wieder auf, bezirzt ihn, beschimpft ihn schließlich wieder. Ihre Schikanen hätten für ihn etwas Heimeliges gehabt, schreibt Kirsty McLeod, »erinnerten sie ihn doch an die zornigen Ausbrüche seines Vaters«. Aber nicht nur deshalb ist Wallis jetzt die Zentralinstitution seines Lebens. Es entspricht der inneren Logik der Situation: Er hat seine eigentliche Lebensbestimmung für sie aufgegeben; scheitert er bei ihr oder müsste er sich das Scheitern eingestehen, dann wäre alles umsonst gewesen – sein ganzes Leben, streng genommen. Diese Sorge ist aus seiner Perspektive nicht unbegründet. Er befürchtet, dass er die wichtigste Person in seinem Leben enttäuschen wird. »Es war eine Beziehung wie aus dem Psychologie-Lehrbuch«, so noch einmal McLeod:

Für David musste es so aussehen, als habe er seine zukünftige Frau unter falschen Vorzeichen umworben und gewonnen. Hatte er gehofft, in der Lage zu sein, ihr die Sicherheit von Reichtum und Status bieten zu können und einen Platz in den Geschichtsbüchern als seine Gemahlin auf dem ehrenvollsten Thron der Welt, so fand er sich jetzt in der Situation wieder, sie mit sich in eine schmachvolle Verbannung nehmen zu müssen, begleitet von Beschimpfungen durch ihre Feinde und dem feigen Schweigen ihrer bisherigen Freunde. Es würde ein Leben lang dauern, Wallis dafür zu entschädigen, was er ihr zugemutet hatte.

Also will er eine prachtvolle Hochzeit – für Wallis, nicht für sich. Sie soll in Frankreich stattfinden, seine Brüder und möglichst seine Mutter sollten dabei sein, ein Erzbischof der anglikanischen Kirche vielleicht. David lebt in Wolkenkuckucksheim. Die englische Staatskirche lehnt Scheidung ab; und wer wieder heiraten will, der kann das nur ohne kirchlichen Segen tun – erst im Jahre 2002 wird dieser eherne Grundsatz aufgeweicht. Seine Mutter hat ihm klar gemacht, dass sie nicht bereit ist, seine zukünftige Frau auch nur zu empfangen. Und George VI.? Queen Mary und Queen Elizabeth werden schon dafür sorgen, dass der nicht auf die Idee kommt, seinem Bruder einen Gefallen zu tun. Nichts darf den Anschein erwecken, die königliche Familie würde die Hochzeit von David mit Wallis in irgendeiner Weise gutheißen. Dies wird ihm natürlich niemand deutlich sagen, sondern höflich verklausuliert. Aber für David ist die Nachricht, dass letztendlich kein Mitglied seiner Familie bei der Hochzeit anwesend sein wird, trotzdem wie ein Faustschlag in die Magengegend. Zumal er ahnt, was passieren wird: Der überwiegende Rest der geladenen Hochzeitsgesellschaft nimmt sich die Entscheidung des Hofes zu Herzen und kann aus irgendeinem Grund nicht zur Hochzeit kommen. David ist entsetzt.

Am Abend vor der Hochzeit, am 6. Mai 1937, folgt der vorerst letzte, aber härteste Schlag: Wallis Simpson wird per Ordre des Königs nach ihrer Heirat zwar Herzogin von Windsor, aber keine Königliche Hoheit. David selbst hat (von Wallis gedrängt) in mehreren Briefen darum gebeten, dass sie königlich wird. Vielleicht hätte er es besser bleiben lassen. Vielleicht hat das George VI. erst auf die Idee gebracht, dass man diesen Status des allerhöchsten Adels verweigern könnte. Der zuständige Innenminister John Simon wies den König darauf hin, das dies eigentlich nicht möglich sei. Es gibt erst zwei Fälle, in denen sich diese Frage überhaupt stellte – bei Georges eigener Hochzeit mit der bürgerlichen Elizabeth Bowes Lyon und bei der seines Bruders Henry mit Lady Alice Montagu Douglas Scott. Sonst waren die Damen und Herren der Wahl immer schon Königliche Hoheit aus eigenem Recht. Bei Elizabeth und Alice wäre man der Regel gefolgt, so Sir Simon, dass eine Frau immer den Status des Mannes übernimmt, wenn sie ihn heiratet – schon der gemeinsamen Kinder wegen. Das morganatische Prinzip, bei dem Kinder und Ehefrau bürgerlich bleiben, habe man Edward VIII. erst vor ein paar Monaten verweigert. So könne es nicht gehen.

Aber George VI. ist entschlossen – schon weil seine Frau ihn bedrängt. Die vormalige Königliche Hoheit Elizabeth Herzogin von York, jetzt Ihre Majestät die Königin, will »dieser Frau« (»that woman«) auf gar keinen Fall gönnen, mit ihr auf einer gesellschaftlichen Stufe zu stehen. Das hat mit Oberflächlichkeiten wie Scheidungsurkunden nur wenig zu tun. Es ist verletzter Stolz im Spiel, aber auch Wut über den Umgang mit den Institutionen. Elizabeth hat sich vor langer Zeit dazu entschieden, dass sie, ihr Gatte und ihre Kinder sich mit ihrem Leben dem Königtum verschreiben, dieser Familie dienen, sich den Notwendigkeiten der Monarchie unterwerfen. Für Elizabeth ist Wallis schlicht der Gegenentwurf: Sie wolle – wie die Hannoveraner in der Regency-Ära – den Status und den Luxus, aber nicht die Verantwortung und die Pflichten. George VI. teilt die Meinung seiner Frau. Er setzt sie seinem Premier in dürren Worten auseinander: »Ist sie [Wallis] eine geeignete und angemessene Person, um Königliche Hoheit zu werden nach all dem, das sie diesem Lande angetan hat; und würde das Land es verstehen, wenn sie mit der Heirat automatisch eine würde?«

Deshalb wird eine neue Regel gebastelt. Königliche Hoheit werde nur, wer in die Thronfolge einheiratet. Seine Königliche Hoheit Prinz David, der Herzog von Windsor, hat auf die Thronfolge verzichtet – für sich, für seine Frau, für eventuelle gemeinsame Kinder. Es ist eine an den Haaren herbeigezogene Begründung, die wahrscheinlich vor keinem Gericht halten würde. Premier Baldwin leistet seinem König noch einen Dienst, der solch eine Prüfung verhindert: Er legt eine Aktenspur, die aufzeigen soll, dass nicht George VI., sondern die Regierungen Großbritanniens und aller sonst unter der Krone versammelten Länder diese Entscheidung getroffen haben. Am 26. Mai wird der Kabinettsbeschluss ratifiziert, dann übergibt Baldwin aus Gesundheitsgründen die Amtsgeschäfte an Neville Chamberlain. Zwei Tage später wird dem Herzog von Windsor die Mitteilung durch seinen Rechtsanwalt Walter Monckton überreicht. David weint über diesem Brief.

Am 3. Juni – einen Monat, nachdem die Scheidung Wallis Simpsons offiziell gültig geworden ist – heiratet der Herzog von Windsor die Liebe seines Lebens auf dem Château de Candé in der Touraine. Das Renaissance-Schloss gehört dem französischen Industriellen Charles Bedaux, der es in den USA wahrhaftig vom Tellerwäscher zum Millionär gebracht hat. Bedaux ist gerne Gastgeber unter der Bedingung, dass er Werbung machen darf mit den Windsors. Die Hochzeitsgesellschaft ist so wenig illuster, dass die beiden bekanntesten Anwesenden neben dem Paar in beruflicher Mission auf das Schloss gekommen sind. Cecil Beaton, der große Porträtist der Königlichen Familie, ist hier, um das Hochzeitsfoto zu schießen. Randolph Churchill, der Sohn Winstons, berichtet für eine Zeitung.

Nichts ist danach noch reparabel. Lebenslang werden die Windsors übel nehmen, auf Rache sinnen und verbittert sein. Der neue König und seine Königin bleiben wie gelähmt von diesem ganzen Theater. Sie schwanken zwischen Verärgerung über den Bruder und Schwager und der Angst, dass er sein Charisma gegen sie einsetzen wird. Im Oktober 1937 wird der britische Botschafter in den USA, Ronald Lindsay, nach Balmoral einbestellt, um mehrere Stunden lang mit König George VI., Königin Elizabeth sowie den Privatsekretären des neuen Königs über den Herzog von Windsor zu reden. Er notiert später, dass der Monarch und seine Berater über den Ex-König wie über einen »verhassten rivalisierenden Thronanwärter, der im Exil lebt«, geredet hätten. George VI. habe auf ihn den dringenden Eindruck gemacht, sich wie ein mittelalterlicher König ständig Sorge darum machen zu müssen, wie sicher der Thron noch sei.

Der Anlass des Gesprächs ist eine Presseerklärung von David vom 3. Oktober, in der er ankündigt, in Kürze auf Reisen zu gehen: zuerst nach Deutschland, danach in die USA. »Eine Bombe«, kommentiert der König trocken gegenüber seinen Mitarbeitern. Wobei er nicht die Reise nach Deutschland meint. Die kommt zwar ungelegen, weil jeder in London sich darüber im Klaren ist (anders als offenbar der Ex-König), dass Hitler diesen Besuch propagandistisch ausschlachten wird. Aber Deutschland ist im Herbst 1937 noch nicht der verhasste Feind. Selbst Churchill glaubt, dass man mit Herrn Hitler zur Not auch Geschäfte machen kann, und hofft, dass sich ein Krieg vermeiden lassen wird. Die Reise des Herzogs nach Amerika macht der Regierung – und dem Hof – größere Sorgen, weil man fürchtet, dass er dort wieder an Popularität gewinnen könnte. Er ist sehr beliebt gewesen bei den Amerikanern, als er noch Prinz war. In der Thronverzichtsaffäre haben die amerikanischen Zeitungen überwiegend für Edward VIII. Partei ergriffen, schon weil mit Wallis, der »Queen von Baltimore«, ja eine Landsfrau auf den britischen Thron vorgerückt wäre.

Handkuss vom Führer: Die Herzogin und der Herzog von Windsor treffen Hitler auf dem Obersalzberg.

Das stört gewaltig. George VI. und Queen Elizabeth haben eigene Reisepläne. Sie sollen auch nach Amerika – die Verbindung stärken und bei den Amerikanern die Bereitschaft wecken, nicht lange neutral zu bleiben, sollte es in Europa wieder Krieg geben. Der Botschafter wird angewiesen, den Besuch des Herzogs von Windsor in der protokollarischen Bedeutung herunterzustufen, wo es nur geht. David soll möglichst wenig Unterstützung bekommen von der Botschaft, soll abgeschirmt werden von den in den USA lebenden Briten, möglichst auch von Präsident Franklin D. Roosevelt.

Aber erst einmal ist Deutschland dran. Am 11. Oktober 1937 steigen der Herzog und die Herzogin am Bahnhof Friedrichstraße in Berlin aus dem Zug. Empfangen werden sie von einer Batterie von Arbeitsfront- und SS-Uniformen sowie dem Chef der Arbeitsfront, Robert Ley. Von der britischen Botschaft ist nur der dritte Sekretär anwesend, eine viel niedere Charge hätte wirklich nicht geschickt werden können. Die Gastgeber bieten Entschädigung. Gut tausend Volksgenossen jubeln »Eddie« am Bahnhof zu, vor dem Hotel Kaiserhof am Willhelmsplatz sind es noch ein paar mehr.

Es ist eine eigenartige »private Visite«, als die sie offiziell angekündigt ist. In den nächsten zwölf Tagen wird der Herzog quer durch Deutschland reisen: von der Franz Stock Werkzeug- und Maschinenfabrik im Grunewald zur »Ordensburg Crössinsee« der Arbeitsfront in Pommern, von einer Kraft-durch-Freude-Messe in Düsseldorf zur Porzellanmanufaktur in Meissen, von einem Arbeitslager bei Dresden zu den Daimler-Benz-Werken in Stuttgart. Und er wird auf den Obersalzberg fahren, Hitlers Berchtesgadener Ferienresidenz, um zwei Stunden mit dem Führer persönlich zu verbringen. Die Herzogin ist manchmal, aber nicht immer dabei, weshalb sie sich viel in Hotelzimmern und -lobbys langweilt. Die beiden werden von organisierter, aber auch offenbar spontaner Begeisterung begleitet – in Düsseldorf schafft es die Polizei kaum, den Herzog und die Herzogin vor den jubelnden Menschenmassen in Sicherheit zu bringen. Im Verlauf der Woche kommen sie mit Nazigrößen wie Hess, Goebbels und Ribbentrop zusammen, und der Herzog taucht, ganz seine Art, unangemeldet bei einem Rentnerehepaar in der Essener Krupp-Siedlung auf, weil er deren Häuschen besichtigen will. Aber es wird nicht ganz klar, was er eigentlich erreichen möchte. Er hat kein politisches Mandat, er hat keine Mission, noch nicht mal eine private. Dass er sich aufschwingen will zum Tribun des Proletariats, das mag ihm so recht niemand abnehmen. In der britischen und amerikanischen Presse wird endlos spekuliert, was seine Intentionen seien. Vielleicht bringt es die *New York Times* am ehesten auf den Punkt: »Der Herzog ... ist jetzt für ein paar Monate untätig und außerhalb des Scheinwerferlichts der Welt gewesen. Er vermisst sowohl eine Aufgabe als auch die Aufmerksamkeit und ist froh, zu beiden zurückzukehren, vorausgesetzt, die Tätigkeit wird nicht zu anstrengend.«

Überall veranstalten die Nazis großes Theater für Edward. Das Publikum schwenkt Fähnchen (nur nicht am Berghof, denn da gibt es keine Götter neben Hitler). Die Kapellen stimmen die britische Hymne an, »God save the King«, in Langfassung, die sonst nur ein König kriegt. Auch Wallis wird nachgeadelt. Sie wird durchweg als Königliche Hoheit angesprochen. Überall gibt es Sonderbehandlung: große Staatskarossen mit SS-Begleitung, Musik, die besten Suiten in den besten Hotels.

Das Propaganda-Ministerium sorgt dafür, dass der Herzog sich nie allzu weit von einer Kamera entfernen muss. Der Besuch wird minutiös verfolgt, im Ausland wahrgenommen und dem deutschen Volke zur Bejubelung anempfohlen. David kommt auf seine Kosten. Er bedankt sich, indem er überall schön mitmacht. Und häufig, wenn auch nicht immer, artig den Arm hebt, wenn er mit »Heil Hitler« grüßt.

Er geht den Nazis auf den Leim. Das Volk ist vor dem Besuch hilfreich davon informiert worden, dass Edward VIII. von Bolschewisten und Juden um seinen Thron gebracht worden ist. Er ist also schon eingebaut in die Nazi-Ideologie, bevor er in Berlin den Zug verlassen hat. Dass Robert Ley sein Gastgeber ist, der »Reichsleiter Deutsche Arbeitsfront«, dass ihm (und den begleitenden Journalisten) überall nur das Feinste vorgeführt wird, was das Dritte Reich an Lebens- und Arbeitsbedingungen zu bieten hat, das hat seinen guten Grund. Goebbels hat den Wert des zunächst nur als »privaten Besuch« geplanten Ausflugs erkannt: Nach innen wird der Ex-König als höchste internationale Prominenz gefeiert, die das Wirken der Nationalsozialisten für die Arbeiterschaft in Deutschland lobt, preist und für richtig erklärt. Im Ausland wird der deutsche Fortschritt beworben und der Besuch des Ex-Königs als Beispiel dafür, dass man Deutschland auch unterstützen kann – nicht nur misstrauisch beäugen, wie es die meisten Regierungen in Europa tun. Mag sein, dass Ribbentrop, der im Februar 1938 Hitlers Außenminister werden wird, immer noch von der Entente zwischen Berlin und London träumt. Mag sein, dass er eingesehen hat, dass mit dem jetzigen britischen Establishment an ein Rapprochement nicht zu denken ist. Da käme es ihm gelegen, wenn die britischen Anhänger des Herzogs sich ermutigt fühlen, gegen anti-deutsche Politik zu wettern.

Merkt Prinz David, dass er ausgenutzt wird? Es ist schwierig, hinter die Fassade zu blicken: Seine eigenen Memoiren enden mit der Abdankungswoche; Wallis' Lebenserinnerungen sind wie Zuckerguss. Der Deutschlandbesuch erscheint der Nachwelt wie die fröhliche Tour eines freundlichen Onkels, der nach dem Befinden schaut. Sicher, er stellt auch ein paar kritische Fragen, wenn die Journalisten zuhören; und er wird unruhig, wenn Nazi-Chargen allzu heftig Propagandalyrik reden. Aber ist das nicht einfach seine Art? Er langweilt sich schnell, was auch immer das Thema sein mag; er hat sich noch nie lange im Griff gehabt. Von der Begegnung auf dem Obersalzberg mit Hitler ist ein Foto überliefert: Führer und Ex-Führer auf den Treppen des Berghofs. Laut Wallis Simpson habe Hitler mit dem Herzog nur 20 Minuten allein gesprochen, den Rest der zweistündigen Begegnung habe man in größerer Runde gemeinsam Tee getrunken (obwohl es Mittagszeit war). Beim Abschiednehmen habe Hitler ihre Hand lange zwischen seinen beiden Händen gehalten. Erst dann habe sich sein Körper angespannt zum »deutschen Gruß«. Den der Herzog von Windsor vor den Kameras zu erwidern wusste.

Buckingham Palace beobachtet jeden Schritt der »Parade des Herzogs« mit Argusaugen – und mit wachsendem Ärger darüber, wie sich der Herzog für die Werbezwecke Deutschlands missbrauchen lässt. König George VI. und seine Frau, Königin Elizabeth, ahnen aber nicht, dass sie nicht ganz unschuldig an der Entwicklung sind. Sie selbst haben David schließlich empfohlen, seine Hochzeit auf dem Château de Candé zu feiern. Schlossbesitzer Charles Bedaux aber ist ein Nazi-Freund. Er hat vor 1933 gut gehende Geschäfte mit Deutschland geführt, die er wieder aufnehmen möchte. Im Konzert mit anderen, ähnlich interessierten Industriellen aus Amerika, Großbritannien und Frankreich sucht er jetzt die Verbindungen zum Dritten Reich zu verbessern, und er nutzt nicht nur offizielle Kanäle. Er hat den Besuch des Herzogs von Windsor in Deutschland vermittelt und teilfinanziert. Dafür sollen sich in Berlin Türen öffnen.

In den USA, wo die Aufregung über Davids bevorstehenden Besuch langsam in Gang gekommen ist, formiert sich gewerkschaftlicher und antifaschistischer Widerstand gegen den Herzog, nachdem bekannt wird, dass Bedaux die Reise organisiert und bezahlt. Charles Bedaux ist bei den Arbeitern verschrieen, schon weil die von ihm propagierten Produktionsmethoden nicht auf Gegenliebe der Beschäftigten stoßen. Jetzt greifen die Gewerkschaftsführer seine frische Hinwendung zum faschistischen Deutschland auf und machen mobil. Erfolgreich. Die Hafenarbeiter in New York kündigen an, dass sie das Schiff, auf dem der Herzog und die Herzogin ankommen sollen – ausgerechnet die deutsche »Bremen« – nicht festmachen werden. In Baltimore, wo Wallis aufgewachsen ist, wird der Bürgermeister bedrängt, einen Empfang abzusagen. Und so geht es weiter. Bedaux gibt irgendwann auf. Die Windsors auch.

Am 6. November, das umfangreiche Gepäck des herzoglichen Paares steht schon zur Verladung in Cherbourg bereit, geben Wallis und David bekannt, dass sie ihre Amerikavisite abblasen. Es ist ein schwerer Schlag für den Herzog. Er wäre sehr gerne in die USA gereist. Er hat sich viel davon versprochen: nicht zuletzt einen solch beeindruckenden Empfang, dass allein die öffentliche Meinung die britische Regierung dazu zwingen würde, ihre Isolationspolitik gegenüber den Windsors aufzugeben. Er will heim nach Großbritannien: Das ist der einzig wahre Antrieb für all sein merkwürdiges Handeln und Tun. Und nun sitzt er wieder nur in Paris, und Wallis wird offenkundig immer unzufriedener. Was für eine Folter.

Für Buckingham Palace sind das gute Nachrichten. Endlich einmal. Mitte 1938 ist die Situation für George VI. und Queen Elizabeth noch immer nicht entspannt. Auch die Krönungsfeierlichkeiten im Mai 1937 haben wenig daran ändern können, dass die Krone an Bedeutung verloren hat für die Menschen. Das liegt zum einen am normalen Gang der Dinge: Die Welt ist demokratischer geworden, die Probleme der Menschheit werden außerhalb des Hofes gelöst (oder gemacht), die Massenpresse, die mit den zwanziger Jahren entstanden ist, kann jetzt auch andere Identifikationsobjekte anbieten als gekrönte Häupter. Man darf nun Schauspielerinnen verehren oder Leute, die mit Flugzeugen Heldentaten verbringen. Und die Royalisten, für die die Monarchie trotzdem über allem steht, sind weiter düpiert, weil man die von Gott vergebene Krone offensichtlich ablegen kann wie einen Hut.

George VI. ist nicht der Mann, der aktiv etwas an dieser Situation ändert. Er müsste jetzt in die Gesellschaft hinein, in die Theater, Clubs und Kinos, er müsste sich sehen und feiern lassen. Aber er ist wie sein Vater. Er isst gern alleine mit seiner Gattin, geht gern früh ins Bett. Intelligente Gespräche überfordern ihn, für Kunst interessiert er sich nicht, Politik bereitet ihm Kopfschmerzen und Ängste. Er ist willig, er ist eifrig, aber auch ein bisschen mutlos.

Da stirbt, am 23. Juni 1938, die Mutter von Queen Elizabeth, die Gräfin von Strathmore, Lady Nina Cecilie Bowes Lyon. Die Familie

Gala unter Freunden: Der letzte Vorkriegspräsident Frankreichs, Albert Lebrun (2. von rechts), besucht im März 1939 George VI. Ganz links vorn Queen Mary, in der Mitte vorn Queen Elizabeth.

ist naturgemäß bestürzt über den Tod der 75-Jährigen. Am Hof hat der Trauerfall aber noch ganz andere Wirkungen. Für den 28. Juni war die Abreise des Königspaares nach Paris geplant: zur Wiederholung jener Reise Georges V. vor dem Ersten Weltkrieg gewissermaßen, durch die die treue Verbundenheit unterstrichen werden soll. Die Reise muss verschoben werden. Norman Hartnell, der in diesem Jahr seine Karriere als der berühmteste Courtier der Königlichen Familie beginnt, bekommt ungeplant Arbeit: Sämtliche Kleider, die die Queen in Paris tragen wollte, müssen farblich nachgebessert werden; alles wird jetzt weiß, denn so können Königinnen seit Victoria Trauer tragen. Kein leichter Job. Die geplante Garderobe füllt 50 Koffer.

Das Familienschicksal verhilft Elizabeth indirekt zu ihrem ersten großen Triumph. Die weiße Königin raubt Paris schlicht den Atem. Noch eben als mausgraue Matrone verspottet und von Wallis Simpson legendär nur als »schäbige Herzogin« (»dowdy Duchess«)

bezeichnet, findet sich Elizabeth nun auf den Titelseiten der Illustrierten wieder. Über Nacht ist sie zu einer Mode-Ikone geworden; die Franzosen feiern das britische Königspaar, als hätte es nie ein anderes gegeben. Adolf Hitler, so geht die Legende, sieht sich die *Wochenschau*-Berichte über den königlichen Besuch in Frankreich mit ähnlich Gefühlen an. Das sei »die gefährlichste Frau Europas«, soll er kommentiert haben.

Der Kontinent ist längst von aufgewühlter Vorkriegsstimmung erfasst. Im März ist der »Anschluss« Österreichs verkündet worden. Seit Mai hat Hitler den Druck auf die Tschechoslowakei verstärkt, das Sudetenland an Deutschland abzutreten. Im Sommer scheitert die letzte große Offensive der spanischen Republikaner und internationalen Brigaden gegen die Faschisten, die von der deutschen »Legion Condor« aus der Luft Unterstützung erhalten. Im September sieht alles danach aus, als würde um das Sudetenland ein Krieg ausbrechen. Neville Chamberlain, der britische Premier, reist drei Mal nach Deutschland, erst auf den Obersalzberg, dann nach Bad Godesberg, schließlich nach München, um diesen Krieg um jeden Preis zu verhindern. Er hat gewichtige Gründe. Das Vereinigte Königreich ist schlecht gerüstet gegen Nazi-Deutschland, die britischen Militärs warnen davor, dass man der Luftwaffe zu diesem Zeitpunkt kaum etwas entgegensetzen könnte. Auch die Bevölkerung fürchtet nichts mehr als einen Krieg. Die Bilder aus Spanien tun ihr Übriges. Chamberlain hofft immer noch, dass Hitler sich besinnen wird. Selbst als der aufkeimende deutsche Widerstand um Ludwig Beck die britische Regierung bedrängt, Hitler mit einer harten Haltung auszubremsen, glaubt Chamberlain, dass es klüger wäre, mit einer Beschwichtigungspolitik den »Frieden für unsere Zeit« zu sichern. Das ist keine Einzelmeinung. Großbritannien huldigt dem Pazifismus.

Als der Premier aus München zurückkommt, wo sich Deutschland, Frankreich, Italien und Großbritannien darauf geeinigt haben, dass die Tschechoslowakei de facto vor Hitler kapitulieren soll, wird er in London begeistert gefeiert. Noch bevor Chamberlain sich im Unterhaus erklären kann, wo die Opposition und Teile seiner eigenen Partei durchaus der Meinung sind, dass »Appeasement« (Beschwichtigung) die falsche Politik gegenüber Adolf Hitler ist, empfängt ihn

George VI. in Buckingham Palace. Der König und die Königin sind genauso begeistert von diesem Münchner Abkommen wie das Volk auf den Straßen. Der König bittet den Premier hinaus auf den Balkon: Gemeinsam lassen sie sich von Tausenden feiern.

Es ist ein Verfassungsbruch, das nur am Rande: Der König darf nicht Partei ergreifen, aber hier tut er es. Später wird es ihm vor allem peinlich sein, wenn die kollektive Erinnerung an 1938 sich verändert hat. Nach dem Krieg gibt es in Großbritannien kaum noch jemanden, der »damals« für Chamberlains Politik gewesen sei. Appeasement wird zum Schimpfwort werden. Das ist die große britische Geschichtsklitterung, die sich fortsetzt bis in die heutigen Tage. Winston Churchill, der zur Aufrüstung rief, war damals ein einsamer Rufer in der Wüste. Nachher wollten alle Churchillianer gewesen sein.

Aber nicht nur Chamberlain, auch George VI. und Elizabeth sind sich sicher, dass Krieg jetzt nicht in ihrem Interesse wäre. George V. hat ihnen diese Meinung eingebleut: Ein Krieg sei nicht nur eine Prüfung für das ganze Land, er sei auch eine Gefahr für die Monarchie. Am Ende des Ersten Weltkriegs haben sie sehen können, wie Königsthrone und Fürstentümer gefallen sind. Und die britische Monarchie, damals sehr stabil, steht heute auf tönernen Füßen. Bruder David, der Herzog von Windsor, sieht das letztlich ganz ähnlich. Auch er will auf keinen Fall Krieg. Zum einen sind seine Erinnerungen an die Besuche auf den Schlachtfeldern in Frankreich noch zu präsent. Zum anderen geht es ihm um seine neue Rolle: die des Friedensvermittlers. Chamberlain hatte ihm im September die Schau gestohlen, eigentlich wollte der Herzog damals los gen Deutschland, um mit Hitler zu reden. Aber so leicht gibt sich David nicht geschlagen. Er schreibt wichtigtuerisch Briefe an den deutschen Reichskanzler und allerlei andere führende Politiker und bekommt, wenn überhaupt, nur freundliche Antworten. Am 10. Mai 1939 aber gelingt ihm immerhin der Coup, über den amerikanischen Radiosender NBC eine »Friedensbotschaft« an die Welt zu richten – von Verdun aus, am Jahrestag einer der blutigsten Schlachten des Ersten Weltkriegs. Er spricht als »ein Soldat des letzten Krieges, der ernsthaft darum betet, dass ein grausamer und zerstörerischer Irrsinn nicht noch einmal die Menschheit überkommen möge«.

Das Timing ist einerseits unglücklich. Vier Tage zuvor haben sich König George VI. und Königin Elizabeth auf der »Empress of Australia« Richtung Quebec eingeschifft. Endlich findet ihre lang geplante Nordamerika-Reise statt; und sie sind reichlich nervös. Andererseits kommt die Radioansprache noch rechtzeitig: Auf See hat das Königspaar noch einige Tage Zeit, sich zur Gegenoffensive zu wappnen.

Erfolgreich, offenbar. Das Paar aus London wird im frankophonen Quebec – ganz uncharakteristisch – empfangen wie Besuch aus dem Märchenland. Im englischsprachigen Teil Kanadas sind die Massen kaum zu bremsen. Elizabeth lächelt, was das Zeug hält, selbst Gatte George schafft es, ein wenig scheu zu grinsen. Schließlich fahren sie über den 49. Breitengrad nach Süden, und die USA explodieren gewissermaßen. Die ganze Nation scheint völlig aus dem Häuschen zu sein, so gigantisch ist die Begeisterung. Das Königspaar wird in Washington gefeiert, bekommt in New York eine Konfettiparade, die laut *New York Times* alle bisherigen Rekorde bricht, Elizabeth wird von den Lesern einer Zeitungskolumne zur »Frau des Jahres« gewählt und Bertie sonnt sich in der »special relationship«, die US-Präsident Franklin D. Roosevelt mit ihm eingegangen ist.

Amerika ist auch der Durchbruch zuhause. In den sieben Wochen seit ihrer Abfahrt hat sich die Stimmung für die Monarchie auf den Inseln völlig gewandelt. Die Zeitungen haben die strategische Bedeutung des Staatsbesuchs auf der anderen Seite des Atlantiks gewürdigt: Das Königspaar macht Werbung bei einem zögerlichen möglichen Alliierten für einen Krieg, der kaum noch zu verhindern scheint. Die Berichte über die Begeisterung, die George VI. und vor allem Elizabeth in Amerika entgegengeschlagen ist, machen Eindruck. Als die »Empress of Britain« in Southampton einläuft, erwartet die royalen Heimkehrer eine unübersehbare Menge. Wimpelschwenkende Untertanen säumen die Zugstrecke nach London, und in der Hauptstadt wird den Monarchen ein veritables Bad bewundernder Dankbarkeit bereitet. Harold Nicolson beschreibt, wie er mit seinen Parlamentskollegen aus dem Unterhaus kommt, um die Menschenmenge am Parliament Square mitzuerleben. »Wir ließen alle Würde fahren und schrien und schrien«, heißt es in seinem Tagebuch, »der König trug ein glückliches Schuljungengrinsen. Die Königin war großartig ... sie ist wahrhaftig die erstaunlichste Königin seit Cleopatra. Wir kamen zurück ins Parlament mit einem Kloß im Hals.« Erst um Mitternacht ebbt die Volksfeststimmung ab.

Genau das hat Hitler gefürchtet: die Massenwirkung einer Cleopatra. Sie hat es geschafft. Es war höchste Zeit für die Monarchie und höchste Zeit für Großbritannien, dass dieses Land um sein teuerstes Symbol zusammenrückt, die Krone. Es wäre vielleicht über kurz oder lang sowieso passiert, weil Kriegsangst kollektive Bewegung schafft. Aber das Haus Windsor verdankt es auch ein bisschen Elizabeth, dass es gerade jetzt funktioniert hat. Sie hat sich wirklich in die Herzen ihres Publikums gelächelt, erst in Paris, dann in der Neuen Welt und endlich auch zuhause.

Wenn sie etwas kann, diese Queen, dann ja genau das: lächeln. Sie wird ihre legendäre Mundbewegung bis zu ihrem Lebensende perfektionieren, ihre praktisch anknipsbar vollendete Freundlichkeit, gepaart mit der von ihr erfundenen royalen Winkbewegung der Hand. Es ist ein Lächeln, dass zur Legende werden wird. Sein Geheimnis sind Elizabeths Augen. Die Königin kann sie aufreißen und zum Leuchten bringen. Wenn ihr Blick über eine Menge geht, schaut sie nicht über die Menschen hinweg, sondern wie von Gesicht zu Gesicht. Jeder hat das Gefühl, für einen ganz kleinen Moment von ihr direkt und ganz persönlich wahrgenommen worden zu sein. Jeder ist überzeugt, dass sie ihm ganz persönlich dieses Lächeln geschenkt hat.

Am 1. September 1939 überfällt die Wehrmacht Polen. Am 3. September erklären Frankreich und Großbritannien Deutschland den Krieg. Der Irrsinn ist zurückgekehrt nach Europa.

George V. im Ersten Weltkrieg, George VI. im Zweiten Weltkrieg – es gibt so viele Parallelen, dass man nachvollziehen kann, warum selbst hinlänglich gebildete Briten heute den einen nicht mehr von dem anderen unterscheiden können. Innerhalb der königlichen Familie aber sind die Auswirkungen für die nachwachsenden Generationen deutlich andere. David und Bertie haben im Ersten Weltkrieg ein bisschen »mitgekämpft«, sie sind im Krieg erwachsen geworden. Elizabeth und Margaret aber, die königlichen Kinder im Zweiten Weltkrieg, sind nicht nur als Prinzessinnen vorab entschuldigt, sie sind auch zu jung, um eine aktive Rolle zu spielen. Für sie wird der

Krieg das Erwachsenwerden nicht beschleunigen, sondern im Gegenteil herauszögern.

Die eine ist 13, die andere 9 Jahre alt, als der Krieg ausbricht. Fern ab aller Aufregung haben Elizabeth und Margaret Rose (wie die kleine Schwester Zeit ihrer Kindheit genannt wird) den Sommer auf Schloss Balmoral in Schottland verbracht. Doch nun sind ihre Eltern in die Hauptstadt zurückgekehrt; nach Bekanntwerden des deutsch-sowjetischen Nichtangriffspakts am 22. August hält man die Anwesenheit des Königs in London für nötig. Die Prinzessinnen werden am 3. September aus dem Schloss evakuiert und ins kleinere Birkhall gebracht, einem immer noch sehr üppigen Haus in einer abgeschiedenen Ecke auf den zu Balmoral gehörenden Ländereien. Zur Gouvernante und den nötigsten Dienern stoßen jetzt ein Polizeioffizier, ein königlicher Rittmeister, ein paar Schutzpolizisten, vor allem: ein Chauffeur. Der britische Geheimdienst fürchtet ernsthaft, dass die Deutschen versuchen könnten, die Prinzessinnen zu entführen.

Weihnachten geht es nach Sandringham, doch die nahe Küste macht die britische Regierung nervös. Zunächst werden die Prinzessinnen darum nach Royal Lodge im Park von Windsor geschafft, dem »privaten« Anwesen der Königsfamilie aus den Zeiten, als sie noch die Herzogfamilie von York war. Als die Wehrmacht am 10. Mai 1940 die Niederlande überrollt, werden die wertvollen Kinder schließlich auf die Burg von Windsor bestellt. Warum das zum Fort ausgebaute mittelalterliche Königsschloss der Regierung als sicherer gilt, ist ein Rätsel: Für deutsche Bomberpiloten ist die Burg auf dem Hügel bei Heathrow wahrscheinlich noch bei dickem Nebel erkennbar. Aber geschlafen wird auf Windsor in tiefen Gewölbekellern; unter dem Brunswick-Tower gibt es bald auch einen modernen Bunker. In Windsor bleiben die Prinzessinnen für fast vier Jahre. Das Königreich weiß nichts davon. Auf Fotos stehen Elizabeth und Margaret stets vor neutralem Hintergrund. Der Feind soll nicht erfahren können, wo sich die nächste Generation der Windsors befindet.

Die Landverschickung ist nichts neues für die Mädchen. Elizabeth ist mit acht Monaten das erste Mal an die Großeltern Strathmore abgeschoben worden. Da müssen die Eltern nach Australien, um in der Hauptstadt Canberra das neue Parlament zu eröffnen. Diskussionen, ob der Säugling mitgenommen werden könnte, sind nicht überliefert – und hochgradig unwahrscheinlich. Nicht, dass es der Herzogin an Mutterstolz ermangelt. Aber die gesellschaftlichen Pflichten gehen schon damals vor. Als Klein-Elizabeth ihre Eltern nach sechs Monaten wieder sieht, stehen Fremde vor dem kleinen Mädchen. Das Kindermädchen Clara Knight, genannt »Alla«, hat ihr das erste Wort beigebracht: »Mummy«. Mangels passenden Objektes hat die Einjährige einfach jeden als Mama angesprochen, einschließlich der Familienporträts an den Wänden im Flur. Die echte Mutter gibt sich beim offiziellen Wiedersehen in der Großen Halle des Buckingham Palast trotzdem hocherfreut.

Die Prinzessin weiß es nicht, aber sie spielt bereits jetzt eine wichtige Rolle. Sie ist – zu jenen Zeiten neben David, Prince of Wales – einer der wichtigsten Sympathieträger für die britische Monarchie. Auf George V. können die Untertanen alles Mögliche projezieren, Würde, Ernst, Pflicht, Moral. Aber fürs Herz ist er nichts, und Queen Mary schon gar nicht. Für allen Kitsch, den jene Zeit genauso braucht wie jede andere in diesem Jahrhundert, für Märchenstunden über glückliche, hübsche Prinzessinnen in Seidenkleidern ist Elizabeth zuständig. Das macht sie zum Star, bevor sie es wissen kann. Mit drei Jahren erobert Elizabeth die Titelseite des New Yorker *Time Magazine*, als sie vier Jahre alt ist, wird ihre erste Biografie veröffentlicht. Von ihrer Reise zu den Antipoden bringen die Eltern für die kleine »Betty«, wie sie allenthalben genannt wird, drei Tonnen Geschenke und Devotionalien mit, vom Stofftier bis zur Gesamteinrichtung einer Puppenstube. Das Mädchen wird dies (zum Glück) nicht zu sehen bekommen. Die Geschenke werden an Kinderheime verteilt.

Die Geburt Prinzessin Margarets 1930 hat das öffentliche Interesse an den Yorks und an Elizabeth selbst noch verstärkt. Das hat auch etwas mit der Frage der Thronfolge zu tun, wie üblich bei Königshäusern. Aber die Idee einer »Königin Elizabeth II.« keimt eher in den Hinterzimmern des Hofes – und bei George V., der seine Enkelin über alles zu lieben scheint. Für das mit glänzenden Augen zuschauende Volk sind solche Erwägungen eher abseitiger Art. Man freut sich einfach über die Idylle der bescheidenen Kinderstube der Prinzessinnen am Piccadilly, 25 Schlafzimmer, 16 Angestellte, elektrischer Lift. Eine hübsche Familie, diese Yorks. Man wäre selbst gerne so.

Diese Idylle kann man behutsam ausmalen. Für das Publikum – und, wer weiß, vielleicht auch in der Realität – werden Rollen entwickelt, Charaktere geformt. Der Herzog: ernsthaft, pflichtbewusst, ein Mann, der auch Schwierigkeiten überwinden kann. Die Herzogin: liebende Mutter, charmante Gattin und Gastgeberin, britische Anständigkeit, Würde. Und auch Prinzessin Elizabeth bekommt schon als Kleinkind Attribute verliehen. Ausgerechnet Winston Churchill, nicht eben bekannt für seine Einblicke in die Kinderpsyche, erzählt seiner Frau über die Zweijährige, die er in Balmoral erlebt hat: »Sie ist ein Charakter. Sie hat eine Aura von Autorität und Nachdenklichkeit, die für ein Kind erstaunlich ist.« Das ist eine Idee, die sich entwickeln lässt. Brav, fast streberhaft, tiefsinnig, verantwortungsbewusst und liebevoll sei »Lilibet« gewesen, wie ihr Großvater und die Familie sie jahrelang genannt hat. Margaret wird zum Familienclown stilisiert, auf den Lilibet gerne ein altkluges Auge wirft. Wenn die kleine Schwester ungeschickt oder unartig ist, dann weist die Ältere sie, ach wie süß, mit einem strengen »Oh, Margaret!« zurecht.

Elizabeths Mutter, noch als Herzogin von York, bemüht sich nach Kräften, das saubere Image am Leben zu halten. Durch Abschottung. Sie ist an einem Einblick der zeitgenössischen Medien in das familiäre Idyll nur dann interessiert, wenn sie die Umstände (und damit möglicherweise den Ausgang der Berichterstattung) bestimmen kann. Es gibt also eine Reihe gestellter Fotos öffentlicher »Auftritte«, aber es gibt so gut wie gar keinen Zugang zur Alltäglichkeit. Das Bild, das von der Kindheit Elizabeths und Margarets entsteht, ist ein nachempfundenes. Es ist immer von interessierter Seite eingefärbt. Das Königshaus kennt seine propagandistischen Notwendigkeiten: Es hat Werbung zu machen für sich und für das Vaterland, auch schon in der Zwischenkriegszeit. Elizabeth ist ein Werbeträger.

Es gibt eine Ausnahme: Über die Erziehung der zukünftigen Königin erscheint – ein Erstfall in der Geschichte des Königreiches – ein Bericht, der nicht vom Königshof kontrolliert ist. Umso größer ist der Skandal um den Text gewesen – weniger des Inhalts wegen als ob seiner Existenz.

Im Frühjahr 1932 tritt Marion Crawford in den Dienst der Yorks. Die 23-jährige Schottin, von den Kindern bald »Crawfie« genannt, ist der Familie empfohlen worden. Ihre Ausbildung hat sie mit benachteiligten Kindern zusammengeführt. Sie interessiert sich für Kinderpsychologie. Die ausschlaggebende Qualifikation hat nach Ansicht der Elizabeth-Biografin Sarah Bradford mit pädagogischen Fähigkeiten aber erst in zweiter Linie etwas zu tun: Crawford ist gut zu Fuß. Für die heranwachsenden Kinder tritt Crawfie an die Stelle des Kindermädchens »Alla«, die von nun an – und für viele folgende Jahre – das Regiment über die nächtliche Ruhe im Kindertrakt übernimmt. Als Gouvernante wird Crawfie auch die Ausbildung der Mädchen übertragen. Sie soll unterrichten in Schreiben und Lesen, in Singen, Tanzen, der Musik und Malerei. Crawfie übernimmt die Stellung unter der Bedingung, bald wieder nach Edinburgh zurückkehren zu können. Daraus wird nichts. 14 Jahre lang bleibt sie für Elizabeth und Margaret die erste Ansprechpartnerin, Vertrauensperson, wichtigste Hilfe – noch vor der Mutter.

Ihren Platz in der britischen Geschichte (und Sprache) aber verdankt Crawfie ihrem Nachleben. Drei Jahre nach dem Ausscheiden aus dem Dienst veröffentlicht die Ex-Gouvernante, inzwischen als Marion Buthlay verheiratet, ein Buch mit dem Titel *Die kleinen Prinzessinnen*. Darin gibt sie ihre Erfahrungen preis, ohne dass die Veröffentlichung vorher mit dem Hof abgesprochen wäre. Entsprechend groß ist das Interesse der Öffentlichkeit. Am Hof indes ist man so entsetzt über den Vertrauensbruch, dass Marion Buthlay über Nacht zur persona non grata wird.

Nicht, dass Crawfies Erinnerungen irgendwelche Peinlichkeiten enthalten. Das Buch ist voll von kitschigen Halbwahrheiten und hölzernen Plattitüden. Es verherrlicht die Familienidylle der Yorks ganz im Sinne des Königshauses, Kritik wird allenfalls angedeutet. Doch aus Sicht der Queen und ihrer Töchter hat Crawfie sich trotzdem schwer an der Monarchie versündigt. Sie hat Licht fallen lassen auf Alltäglichkeiten, die traditioneller Ansicht nach im Verborgenen hätten bleiben müssen: Sie hat das »Magische« gestört, von dem Walter Bagehot gesprochen hat, sie hat die Entrücktheit ein wenig überbrückt. Vor allem Queen Elizabeth macht ihrem Zorn auffallend öffentlich Luft. »To do a Crawfie«, eine Crawfie zu machen, das soll nicht wieder vorkommen. Marion Buthlay wird regelrecht ausradiert aus dem höfischen Leben. Aus dem Gnaden-Apartment am Kensington Palace wird sie herausgemobbt von den Nachbarn, von denen keiner mehr etwas mit ihr zu tun haben will, weil er fürchtet, dass der königliche Bannstrahl sonst auch ihn treffen könnte.

Aber das ist Zukunft. Für die Zeit vor und während des Krieges gibt Crawfies Schmachtwerk zwischen den Zeilen einen Hinweis auf das, was im Hause Windsor mal wieder verbockt wird: die Ausbildung eines zukünftigen Souveräns. Der Besuch einer normalen Schule, erstmals überhaupt erwogen am Königshaus, wird für die Prinzessinnen gleich wieder verworfen. Angeblich, so mutmaßt Ben Pimlott in seiner herausragenden Biografie Elizabeths II., stößt die Idee schon deshalb auf Widerstand, weil es mit der Schulwahl für die Prinzessin zu einer unnötigen, politisch riskanten Bevorzugung einer einzelnen Schule hätte kommen müssen. Zudem ist man sich am Hof nicht einig, wie man die geeigneten Schulkameradinnen für den königlichen Nachwuchs aussuchen sollte – denn dem Zufall überlassen will man das lieber nicht; wer weiß, mit wem sie sonst in Verbindung geraten könnten. Der Kontakt zu Gleichaltrigen aus der Außenwelt wird auf ausgewählte Kinder aus besseren Häusern beschränkt. In Buckingham Palace wird später eine Pfadfinderinnengruppe gegründet werden, in der sich vor allem Lilibet hervortun wird. Aber von der Normalität bleibt das weit entfernt.

Elizabeth bekommt wie ihre Schwester Margaret Unterricht zunächst nur durch Crawfie; das Curriculum ist breit, doch ohne jede Tiefe, schon weil es der Gouvernante an Vorbildung fehlt. Immerhin: Aufgrund einer Initiative der Großmutter, Queen Mary, wird die Genealogie der europäischen Königshäuser, die englische Geschichte und die Geographie der Kronkolonien und Territorien in den »Lehrplan« aufgenommen. Der Vize-Provost der vor den Toren Windsor Castles beheimateten Elite-Schule Eton, Sir Henry Marten, gibt Klein-Elizabeth Privatstunden in Verfassungsgeschichte. Es wundert nicht, dass sich die spätere Königin zeitlebens über ihre beschränkte Schulbildung beklagen wird. Man fragt sich, was vorgegangen ist in den Köpfen der Verantwortlichen am Hof: Hat man geglaubt, dass eine vernünftige Bildung für die Prinzessinnen unwichtig sei? Offenbar. Und ja bis 1936 sogar mit einer gewissen Berechtigung. Natürlich war Lilibet die dritte in der Thronfolge damals, aber doch in der allgemeinen Erwartung nur als Platzhalterin. Der Prinz von Wales, dann Edward VIII., würde sich ja irgendwann doch noch verheiraten, nahm man an, und einen Thronfolger in die Welt setzen, der die York-Töchter ganz schnell an den Rand des Interesses rücken würde. Elizabeth wurde in den ersten elf Jahren ihres Lebens vorbereitet auf eine Karriere als hochadelige Braut. Und nicht als Königin.

Ihren Onkel David kennt Elizabeth nur von flüchtigen Besuchen des Prinzen auf Royal Lodge. Wallis Simpson begegnet sie nicht. Als David seine Holde einmal überraschend vorbei bringt, werden die Kinder schnell mit Crawfie in den Wald geschickt. Auch von der sich zuspitzenden Krise der Krone 1936 schirmt man die Kinder ab, bis ihnen am 10. Dezember 1936 eröffnet wird, dass der Papa ab morgen König ist. Ganz pragmatisch heißt das für die Kinder, dass sie umziehen werden in den nur wenige hundert Zimmer größeren Buckingham Palace, (bis heute) kein wirklich heimeliger Bau. Zum Ausgleich für den schmerzvollen Abschied vom alten Kinderzimmer gibt es jetzt mehr Platz für die Holzpferde (die Lilibet sammelt, umsorgt und selbstverständlich jeden Tag reitet), für die Corgis (diese Plage der Bediensteten und lebenslange Freude Elizabeths wird seit 1933 begeistert gepflegt) und die Pfadfinderinnen; und außerdem hat Elizabeth nun eine eigene Zimmerflucht mit Wohnzimmer. Es gibt darüber hinaus jede Menge zu entdecken und auszuprobieren: Wenn man zum Beispiel an einem der bunt uniformierten Wachsoldaten vorbeiläuft, die wie Statuen rund um den Palast stehen, präsentiert der Mann kurz sein Gewehr, ohne dabei auch nur mit den Augen zu zwinkern. Das funktioniert auch mehrfach, wenn man ein bisschen vor- und zurückgeht. Man muss allerdings Prinzessin sein und darf sich nicht von der Gouvernante erwischen lassen.

Es ist ihre Schwester Margaret, die Elizabeth auf die ernsteren Hintergründe der Veränderungen anspricht. »Wirst du jetzt Königin?«, fragt die Sechsjährige die Zehnjährige. »Ich glaube schon«, ist die Antwort. Das wird Margaret ein Leben lang in Erinnerung bleiben.

Elizabeth ist plötzlich Thronfolgerin (wenn sie auch nicht so genannt wird – es könnte ja, rein theoretisch, noch ein Bruder geboren werden, der sie dann überholen würde). Die Kinder, so wird entschieden, sollen in Zukunft standesgemäßer erzogen werden. Sie dürfen, wenn Dritte dabei sind, nicht mehr »Mummy« und »Papa« sagen, sondern »the Queen« und »the King« – und einen Knicks machen. Das Mittagessen in der Kinderstube wird von nun an von livrierten Dienern gereicht. Es bleibt von der langweiligen Küche englischer Art, aber immerhin wird jetzt täglich ein Menü gedruckt. Auf Französisch. In der Pfadfinderinnengruppe müssen alle bei der Begrüßung vor Elizabeth und Margaret Rose einen Hofknicks machen.

Und dann kommt auch noch der Krieg. Die unermüdliche Crawfie versucht einmal mehr, etwas »Normalität« zu retten – oder das, was inzwischen von ihr übrig geblieben ist. Eine neue Pfadfinderinnengruppe wird gefunden, in der es Elizabeth und Margaret nun plötzlich wirklich mit fast normalen Menschen zu tun haben: mit den Kindern von Bediensteten in Windsor. Sie kommen plötzlich, oh Gott, mit jungen Männern in Kontakt – Angehörige der Grenadier Guards, dem Wachregiment auf Windsor. Die Bemühungen um eine der zukünftigen Aufgabe etwas angemessenere Ausbildung werden fortgeführt, von nun an zum Teil im Fernunterrichtsverfahren. Der Wattehandschuh, den die Sorge um die psychische Unversehrtheit der Kinder ihrer Erziehung aufgezwungen hat, wird dagegen noch nachgestopft. Damit es keine allzu aufregenden Nachrichten von den welthistorischen Geschehnissen gibt, liest Crawfie aus Zeitungen vor. Die Zensur der Erfahrung bleibt erhalten.

Auch diesmal ist der Krieg für Großbritannien kein Spaziergang. Niemand ist Weihnachten zurück; allerdings hat das auch keiner erwartet. Aber es wird 1940 ziemlich bitter. Die Verminung der norwegischen Küste durch die Briten kommt zu spät; Skandinavien fällt an die Deutschen. Dem Westfeldzug der Wehrmacht können die Westmächte nichts entgegensetzen. Das britische Expeditionskorps entgeht Ende Mai nur deshalb der Katastrophe, weil Hermann Göring die Einschließung Dünkirchens nicht den Panzern überlassen, sondern mit der Luftwaffe inszenieren will. 300 000 alliierten Soldaten gelingt in buchstäblich letzter Minute die Flucht über den

Kanal. Mitte Juni fällt Paris, Mitte Juli ordnet Hitler die Vorbereitung der »Operation Seelöwe« an: die Eroberung der britischen Inseln. Neville Chamberlain hat längst eingestehen müssen, dass der Versuch, Hitler durch Entgegenkommen zu besänftigen, gescheitert ist. Im Mai ist er zurückgetreten. George VI. hat Lord Halifax, den Außenminister, zum Nachfolger auserkoren, der Hitler noch ganz anders schmeicheln wollte. Doch Halifax winkt ab; aus nicht ganz nachvollziehbaren Motiven – möglicherweise ist er politisch schwer unter Druck gesetzt worden. Der König muss also Winston Churchill in den Palast rufen lassen; selbst wenn er ihn wegen seines flamboyanten und unberechenbaren Wesens nicht mag; selbst wenn er dieser »britischen Bulldogge« nicht verzeihen will, dass er Edward VIII. unterstützt hat bis zum bitteren Ende.

Vielleicht ist die ganze Entwicklung ein Glück für George VI., so zynisch das klingt. »Der Krieg, und Churchill, haben einen König aus ihm gemacht«, schreibt der britische Verleger und Unterhaus-Abgeordnete Nigel Nicolson, Sohn Harold Nicolsons, in seiner 2003 erschienenen klugen Betrachtung *The Queen and Us*. Am Anfang des Krieges ist George VI. einfach der Monarch, der eben da ist. Am Ende verkörpert er für die Briten wie kaum ein anderer die stolze, standhaft leidensfähige Haltung ihrer Nation im Kampf. 1945 steht der König in der öffentlichen Anerkennung nur noch hinter Winston Churchill, dem eigentlichen, in unerreichbare Höhe gefeierten Helden dieser Zeit.

Das ist, mit Verlaub, sehr erstaunlich im Anbetracht der handelnden Person. George VI. hat keinerlei Einfluss auf die Schlacht gegen Nazi-Deutschland: Er mag die Uniformen des Oberkommandierenden aller Teilstreitkräfte tragen dürfen und wird auch über jede noch so kleine Bewegung informiert, aber niemand erwartet von ihm (oder hätte es sich gefallen lassen), dass er Anregungen oder gar Anweisungen gibt. Churchill, der im König persönlich anfangs nicht viel mehr sieht als einen relativ dummen Jungen, der aber aus monarchistischem Grundgefühl die Institution bewahren will, schneidet den König, wo er kann. Er kommt zu spät zu Audienzen, »vergisst«, Informationen weiterzugeben, stellt sich nach vorn und den König in den Hintergrund. George VI. darf Truppen zuhause besuchen, bevor sie in den Krieg ziehen, er darf ihnen Orden verleihen, wenn sie zurückkommen, und in den späteren Kriegsjahren – wenn die Lage mal etwas ruhiger ist – wird er auch die Front beehren. Doch nicht einmal das macht er besonders gut. Er ist einfach kein Mensch, der mit anderen Leuten leicht ins Gespräch kommt, er wirkt vor Publikum immer nervös und angespannt, ihm fehlen Ausstrahlung und Charme, die seinen Bruder durch solche Situationen getragen hatten. Seine Reden sind eine Tortur für ihn wie für seine Zuhörer, die Reisen werden sämtlich von Zipperlein begleitet, aufgeregtem Magen, Sonnenbrand. Er sieht noch nicht einmal aus wie ein König, möchte man sagen: eher wie ein Königslehrling. Bis in seine späteren Jahre hat er ein Jungengesicht. Die Soldaten, verhärtet im Kampf, empfangen ihn höflich, aber völlig unbegeistert. Winston Churchill lassen sie hochleben, wenn er nur sein Gesicht aus dem Bunker hebt.

Die Gelegenheit, aus Churchills Schatten zu treten und sich ein eigenes Image zu schaffen, erhält George VI. von unerwarteter Seite: von der deutschen Luftwaffe. Am 10. September 1940 wirft ein Bomber eine einzelne Bombe auf Buckingham Palace, ein strategisch idiotischer Einfall der Deutschen. Niemand kommt bei dem Angriff zu Schaden, aber dank eifriger Mithilfe des Ministry of Information wird das Königspaar nun fast über Nacht zum Symbol des unbeugsamen britischen Stolzes. Vor 40 Journalisten zeigen sich Königin und König betroffen von der Zerstörung, aber ungerührt in ihrer Haltung. Sie lassen sich nicht von ihrer Arbeit abhalten. »Ich bin froh, dass sie auch uns bombardiert haben«, lässt sich die Queen ein paar Tage später zitieren, »es gibt mir das Gefühl, dass ich dem East End ins Gesicht sehen kann.« Dort, in den Wohn- und Arbeitsquartieren der Londoner Arbeiterschicht, sind die deutschen Bomber besonders erfolgreich in ihrem Zerstörungswerk. Die Besuche Georges und Elizabeths an den Bombenkratern in Shoreditch, Bethnal Green und Bow sind nicht nur, aber auch Propagandaveranstaltungen. Vereinzelt werden sie, wie Piers Brendon und Phillip Whitehead herausgefunden haben, von Unmutsäußerungen der Bevölkerung begleitet oder schlicht von Desinteresse. Doch durch das Medienecho erfüllen die Touren, die auch – oft ad hoc – auf die zerstörten Innenstädte von Coventry, Belfast, Manchester und Glasgow ausgeweitet werden, ihren

Britischer Gleichmut gegen deutschen Blitz: George VI. besichtigt Trümmer.

eigentlichen Zweck: die Solidarität des ganzen Landes mit den Bombenopfern zu zeigen.

Das Königspaar hat seinen Job entdeckt und nimmt ihn beflissen auf. Wenn sie schon kaum »draußen« mitwirken können, dann doch immerhin innen. Die Kampfmoral an der Heimatfront wird ihre Aufgabe und ihr Erfolg. »Der König ist noch in London«, heißt ein Straßenlied jener Zeit. Es ist noch lange nicht alles verloren, soll das bedeuten. Der Souverän leidet mit seinen Untertanen, er spart wie sie, nimmt Opfer auf sich. Und er tut nicht, was die anderen machen, für die Geld kein Problem ist: Während die Aristokratie dazu übergeht, die Kinder in die Sicherheit Kanadas zu verschicken, bleiben die Prinzessinnen im Lande. Die Queen kreiert ein Bonmot, das zur Legendenbildung dient: »Die Prinzessinnen werden nie ohne mich weggehen; ich werde nicht weggehen ohne den König, und der König wird nie das Land verlassen.«

Seit dem Krieg ist viel Energie darauf verwandt worden, der Nachwelt zu zeigen, dass das Mitleiden begrenzt war. Es wird unterstrichen, dass der König gar nicht mehr in Buckingham Palace gewohnt habe, sondern allabendlich samt Gattin und Gepäck in den Bunker von Windsor gefahren wurde. Es wird berichtet, dass Joseph Kennedy, Vater des späteren US-Präsidenten und damals Botschafter der USA in London, bei einem Dinner im Palast wählen konnte zwischen Hasen und Fasan. Man hat sich die Mühe gemacht, zu erforschen, dass Queen Elizabeth 1 277 Kleidungscoupons im Jahr zugewiesen bekam, im Vergleich zu 66, später gar nur 48 für das ordinäre Volk. Und dass der König sich bei Lord Halifax, von Churchill zum Botschafter in Washington hinwegbefördert, Toilettenpapier der Sorte

»Bronco soft« bestellt habe, die es in Großbritannien nicht mehr gab. Mal abgesehen davon, dass der seriöse, wenn auch ausgesprochen königstreue Historiker Robert Rhodes James mit der Autorität exzeptionellen Zugangs zu Tagebüchern und Dokumenten einige dieser Behauptungen in seinem Buch *A Spirit Undaunted* von 1998 widerlegt hat (was niemanden davon abhält, sie wie Wahrheit zu wiederholen): Die Frage stellt sich, was damit bewiesen werden soll.

Monarchie funktioniert in heutiger Zeit als Projektionsfläche. Das konstitutionelle Königtum ist nicht bedeutend und sinnstiftend aus sich selbst heraus. Es symbolisiert immer das, was gebraucht wird. Victoria war das Empire für ihre Untertanen, das Symbol für das Reich, in dem die Sonne nicht unterging. Edward VII. war die Größe und Pracht, die dieses Empire auf seinem Höhepunkt zu erreichen verstand. George V. hat seinen Untertanen Kontinuität, Stabilität und Willenskraft erst in einem Krieg und dann in einer wirtschaftlich schwierigen Phase repräsentiert. Mit den Individuen, die auf dem Thron saßen, hatte all das immer nur zweitrangig etwas zu tun; und während Edward und George immerhin für sich in Anspruch nehmen können, gelebt zu haben, was sie symbolisierten, so ist Victoria an der Entstehung des Empires nun überhaupt nicht beteiligt gewesen. Sie war nur einfach da, als es wichtig wurde.

So wie George VI. da ist, als sein Volk eine Symbolfigur braucht für die Zeiten, die es durchmachen muss. Er hat das erkannt, genau wie seine Frau und die Regierung, darum stilisiert er sich als der quintessenzielle Brite, der sich unbeugsam dem Angriff der deutschen Barbaren gegenüberstellt. Dass er zuhause Hasenbraten isst, ist völlig uninteressant, so lange es nicht öffentlich wird. Er soll eine Rolle spielen für das Publikum. Das tut er. Und zwar gut. George VI. legt Wert darauf, dass er jede Woche in vollem Wichs in Buckingham Palace Orden verleihen kann – weil er will, dass jeder Ordensempfänger das Gefühl hat, mit der vollständigen großartigen Zeremonie geehrt zu werden. Mit einem sehr kleinen Stab, in einem zerbombten, ungeheizten, schlecht beleuchteten Palast (Buckingham Palace wird neun Mal getroffen im Zweiten Weltkrieg, beim letzten Treffer einer V1-Rakete gleich nebenan sterben über 100 Grenadiere) organisiert er Reisen, gibt diplomatische Empfänge, hält Reden und Radioansprachen, gründet einen Club zwecks Schweinezucht (um die Versorgungslage zu verbessern) und schafft es nebenbei in seinem immer enger werdenden, schließlich ganz vertrauensvollen Dialog mit Winston Churchill, dessen manchmal nicht ganz so unbeugsame Stimmung aufrechtzuerhalten. Das braucht der: Von Herbst 1940, als die deutsche Luftwaffe ihren »Blitz« gegen England beginnt, bis zum Sieg Montgomerys über Rommels Afrika-Korps in der Schlacht von El Alamain am 3. November 1942 geht in diesem Krieg nichts so, wie die Briten es sich wünschen. Mehrfach berichtet Churchill seinem König in den berühmten Dienstagsaudienzen von der Sorge, einer deutschen Invasion nichts entgegensetzen zu können. Die Macht der britischen Verteidigung, ihre Waffenstärke, ihre Durchhaltekraft, all das ist wenig mehr als Schein. George VI. weiß das, denn er ist – so sieht es zumindest sein Biograf Rhodes James – viel besser und detaillierter informiert als sein Vater im Ersten Weltkrieg.

Den Höhepunkt der Regentschaft dieses Königs sieht Nigel Nicolson (als einziger) im Jahr 1943, als der König auf eigenen Wunsch und gegen die Bedenken der Militärs die monatelang schwer umkämpfte Inselfestung Malta besucht. Die Inseln, auf denen es wegen der italienischen und deutschen Blockade zu einer Hungersnot gekommen war, hat der König schon ein Jahr zuvor mit dem George Cross ausgezeichnet, dem von ihm eigens für zivile Tapferkeit gestifteten Orden. Als am 20. Juni um 5.30 Uhr morgens über Lautsprecherwagen ein Überraschungsbesuch des Königs angekündigt wird, läuft halb Malta im Hafen von Valetta zusammen. Nicolson beschreibt die Szene mit Pathos: »In der hellen Morgensonne sahen sie [die Menschen] eine schlanke Figur in weißer Uniform alleine auf einer erhöhten Plattform über dem Bug des Kreuzers auftauchen. Er war so tief bewegt von ihrem Jubel wie sie von seiner unerwarteten Anwesenheit. Es gab nichts Vorgespieltes auf beiden Seiten.« George braucht nichts tun auf Malta. Die Menschen fühlen sich einfach unendlich geehrt von dem Umstand, dass er sich die Mühe gemacht hat, zu ihnen zu kommen. Sie überschütten ihn mit Geranienblüten, dem einzig Purpurrot, das sie auf die Schnelle besorgen können. Er lächelt sich durch den Tag, selig fast, selbst wenn die Geranienblüten seine schneeweiße Uniform ruinieren.

»Their finest hour«: Prinzessin Elizabeth, Königin Elizabeth, Winston Churchill, George VI. und Margaret auf dem Balkon von Buckingham Palace.

Die meisten anderen Biografen stellen einen anderen Höhepunkt im Leben Georges V. heraus: den 8. Mai 1945, VE-Day, wie sie ihn in Großbritannien nennen, »Victory Europe Day«. Natürlich sind die Menschenscharen ganz besonders groß, die an diesem Tag die Mall entlang und durch Green Park eilen, und intensivst verlangen sie nach ihrem König. Der kommt endlich auf den geschmückten Balkon von Buckingham Palace mit seiner Königin und schiebt seinen Premier, Winston Churchill, freundlich in die Mitte. Links steht die Prinzessin Elizabeth, rechts die kleine Margaret. Achtmal müssen sie an diesem Nachmittag raus, immer wieder die Nationalhymne hören oder die Hochrufe der Menschen unten mit Winken quittieren.

Es ist keine wirklich spontane Veranstaltung: Sie ist am 6. Mai für den kommenden Tag geplant worden; man hat Beleuchtung angebracht und den seit 1938 nicht mehr benutzten Balkon geschmückt. Die Rede, die George VI. zum Sieg im Radio hält, ist seit Tagen aufgezeichnet. Die Deutschen brauchen dann aber etwas länger, um sich ihrem Schicksal zu ergeben.

So sind natürlich auch die Massen an diesem Tag nicht spontan, und nicht der Jubel für den König. Was da passiert, ist einfach das, was man macht, wenn ein Krieg gewonnen worden ist, der der Nation so viel abverlangt hat. Auch anderswo treffen sich die Menschen auf den zentralen Plätzen ihrer Hauptstädte, auf den Champs Elysee in Paris oder der Mall in Washington. In London jubelt man halt vor Buckingham Palace. Wenn der König herauskommt, singt man »God save the King«. Man feiert den Mann als Symbol, als Stellvertreter für alle anderen, die es zu feiern gilt. Mit Nicolsons Worten: »Indem sie ihnen zujubelten, bejubelten sie sich selbst.«

George VI. hat einen guten Krieg gehabt. Sein Bruder David einen katastrophalen. Das liegt nicht allein an ihm. Wie einen peinlichen Onkel hat man ihn behandelt, den man ins Gartenhäuschen sperrt, wenn Besuch kommt. Aber er hat das nicht wahrhaben wollen. David hat einfach so getan, als sei das nur ein vorübergehendes Missverständnis. Er ist immer noch aufgetreten, als sei er bedeutend, wodurch er es selbst seinen immer spärlicher werdenden Freunden unmöglich gemacht hat, ihm eine neue Basis zu verschaffen.

Am Kriegsanfang flieht der Herzog quer durch Frankreich und über den Kanal in seine alte Heimat. George VI. hat diese Rückkehr endlich erlaubt, allerdings unter der Bedingung, dass er den Bruder nicht in einem seiner fünf Paläste unterbringen muss. David ist mit Wallis also in dem für seine Verhältnisse bescheidenen Haus des treuen Freundes Fruity Metcalfe und dessen Gattin Alexandra abgestiegen. Ihre Gastfreundschaft nutzt er aus bis weit über die Grenzen des Erträglichen. Alexandra Metcalfe chauffiert das Herzogspaar täglich nach London, begleitet sie beim Shoppen oder zu Besuchen bei den wenigen Freunden, um sie abends wieder nach Sussex zu bringen: Sie wollen nicht in einem Hotel in London schlafen müssen. Nach einem heiklen Treffen mit seinem Bruder und dessen Gattin, bei dem David für sich eine aktivere Rolle im Krieg einfordert, wird er offiziell nach Frankreich zurückgeschickt: als Generalmajor bei der Britischen Militärmission in Paris. David hat dort eigentlich nichts zu tun, unternimmt aber doch etwas: Er kundschaftet für die britische Generalität die Marginot-Linie aus, die französisch-belgische Befestigungslinie gegen Deutschland. Seinen Bericht liest niemand in London, zum eigenen Schaden, wie sich später herausstellt, denn David hat die neuralgischen Punkte herausgearbeitet. In *War of the Windsors* wird ein deutsches Geheimdienstdokument zitiert, aus dem hervorgeht, dass seine Erkenntnisse immerhin ins deutsche Hauptquartier gelangen. Charles Bedaux, des Herzogs vormaliger Gastgeber, hat wohl dafür gesorgt. Dass der Herzog das weiß, ist eher unwahrscheinlich.

Als die deutschen Truppen genau dort angreifen, wo er es vorhergesagt hat, macht sich der Herzog hurtig (und unter Zurücklassung seines Freundes Fruity Metcalfe, dem er nicht einmal Kleingeld hinterlassen hat) in Richtung Madrid auf, von wo aus er zügig nach Lissabon reisen will. Für fünf bis sechs Wochen spielt sich erst in der spanischen, dann in der portugiesischen Hauptstadt ein eigenartiges Tauziehen um den Herzog ab, für den sich plötzlich sowohl die Deutschen als auch die Briten wieder interessieren. Ribbentrops Plan ist es, David in Spanien festzusetzen, bis Deutschland entweder England erobert oder an den Verhandlungstisch gekämpft hat. Unter deutscher Vorherrschaft soll er dann in London wieder auf dem Thron eingesetzt werden, Wallis selbstverständlich als Königin an seiner Seite.

Churchill hat dem Herzog inzwischen auf Vorschlag des Hofes und unter Umgehung sämtlicher verfassungsrechtlicher Gepflogenheiten den Posten des Gouverneurs der Bahamas angeboten; so hätte er ein würdiges Amt, wäre aber weit weg von der Schusslinie. Es ist nicht ganz klar, was der Herzog selbst von den deutschen Plänen weiß (sie verhandeln bis kurz vor Schluss nicht direkt mit ihm, sondern über Emissäre, die zum Teil selbst nicht ahnen, in wessen Auftrag sie agieren). Es ist auch nicht sicher, inwieweit die Informationen stimmen, die es über die Verhandlungen gibt, denn sie stammen ausschließlich aus deutschen Archiven – da mag manches geschönt sein. Am Ende ziehen die Windsors über den Atlantik. Aber der Verdacht bleibt, dass sie bereit sind, mit den Deutschen gemeinsame Sache zu machen. Meint man es gut mit dem Herzog, dann zählt man ihn in dieser Zeit zu den Friedensfreunden: zu jener vergessenen Minderheit in Großbritannien, die nicht wie Churchill gegen Nazi-Deutschland kämpfen, sondern einen Separatfrieden mit Hitler aushandeln wollte. Immerhin – der Ex-Premier David Lloyd George gehörte auch dazu. Im Juni 1940 noch schreibt Herzog David von Madrid aus an seinen Bruder, er möge doch dringend Churchill wieder absetzen und nach Lloyd George rufen. Es ist eine absurde Idee, schon weil sie an den politischen Verhältnissen im Unterhaus vorbeigeht. Aber so ist er eben, der Herzog: völlig von seiner eigenen Weisheit und dem Einfluss des Königshauses überzeugt.

Die Bahamas sind das Gegengift. 700 Inseln, davon 30 bewohnbar, und insgesamt kaum halb so groß wie Hessen. Der Gouverneurspalast in der Hauptstadt Nassau ist vergammelt und termitenzerfressen, die Wirtschaftslage entsprechend, die weltpolitische Bedeutung im Niveau noch darunter. »Ich hasse diesen Ort jeden Tag mehr«, schreibt Wallis an ihre Tante Bessie, »wir beide hassen es, die Leute hier sind kleingeistig, und die Besucher gewöhnlich und uninteressant.« Man kann David nicht den Vorwurf machen, er habe nicht versucht, das Beste aus seinem goldenen Exil zu machen. Er ist bisweilen ungemein eifrig, hofft immerzu, dass jemand von ihm Notiz nehmen wird, ihn lobt und anerkennt. Aber niemand interessiert sich noch für ihn.

Es gibt einen traurigen Anlass für David, eine zarte Versöhnung mit seiner Familie zu versuchen. Am 25. August 1942 stürzt bei Caithness im Norden von Schottland ein Flugboot in einen Hügel. Von den 14 Passagieren sterben 13, unter ihnen Prinz George, der Herzog von Kent. Angeblich ist er auf einem Flug nach Island gewesen, um die dort stationierten Truppen zu besuchen. Es ist zumindest wahrscheinlich, dass das nicht stimmt. Die Gründe für den Flug wie für den Absturz, selbst die genaue Liste der Passagiere liegen nach wie vor im Verborgenen: Papiere, Berichte, Briefe sind aus den Archiven entfernt worden. Die Autoren Picknett, Prince und Prior behaupten in *War of the Windsors*, dass der Herzog in der Nähe von Caithness den »Stellvertreter des Führers« Rudolf Hess getroffen habe und auf dem Weg ins neutrale Schweden war. Dass es um einen letzten Versuch gegangen sei, mit Hitler einen Separatfrieden zu erreichen.

David wird von all dem nichts gewusst haben. Für ihn ist der Verlust des Bruders, dem er über die Drogenabhängigkeit hinweggeholfen hatte, eine persönliche und keine politische Angelegenheit. Er schreibt an seine Mutter, sie schreibt zurück. Die Briefe sind erstmals wieder freundlich, fast herzlich. Doch schließlich wird der Kontakt wieder abgebrochen – von David. Er wird seine Mutter und seinen

Bruder erst 1945 wieder sehen, bei einem nicht ganz einfachen, angespannten Besuch in London, ohne Wallis. Da wird er immer noch hoffen, dass sie eines Tages seine Frau anerkennen werden, und dass das Vereinigte Königreich seine Dienste wieder in Anspruch nehmen wird. Vergeblich das eine wie das andere.

Sein Bruder George VI. mag die Monarchie und seine Stellung als König am Ende des Zweiten Weltkriegs befestigt haben, er mag die Herzen seiner Untertanen erobert haben, aber er hat die Angst vor seinem Bruder nie verloren – und nie Wallis verziehen.

Kapitel 6

Die Queen

Elizabeth II.

Am 6. Februar 1952 wird Winston Churchill in aller Herrgottsfrühe vom Privatsekretär des Königs geweckt. Er habe schlechte Nachricht, sagt Edward Ford dem Premierminister. Seine Majestät George VI. sei in der Nacht verstorben. »Das sind nicht nur schlechte Nachrichten«, antwortet Churchill ihm, »das sind die schlimmsten.« Und ein paar Minuten später, noch immer ganz gedankenvoll: »Ich kenne die neue Königin gar nicht. Sie ist ja noch ein Kind.«

Nicht ganz. Als Prinzessin Elizabeth Alexandra Mary Windsor an diesem schicksalsträchtigen Morgen zur Königin Elizabeth II. wird, ist sie 25 Jahre alt, verheiratet, hat zwei Kinder »und ist die bekannteste Frau der Welt nach Shirley Temple, der Schauspielerin«, wie Nigel Nicolson in seiner Betrachtung *The Queen and Us* einzuwenden weiß. Und das mit Shirley Temple ist umstritten.

Die »Karriere«, die Lilibet (wie sie einstweilen heißen soll, um die Verwechslung mit ihrer Mutter Elizabeth zu vermeiden) in diesem zarten Alter hinter sich hat, ist bemerkenswert. Keine sieben Jahre ist es her, da hat man sie für die Kriegspropaganda Rollen spielen lassen: mal die Aufopferungsvolle, getrennt von ihren Eltern, stoisch wie der Rest der Nation die Last des Krieges tragend. Mal die Gelassene, vom Hoffotografen Cecil Beaton in idyllische Szenen gesetzt, fröhlich und stolz, als könnte der Krieg gegen Nazi-Deutschland dem britischen Weltreich nichts anhaben. Das ist die Aufgabe Lilibets und ihrer Schwester Margaret Rose gewesen: fröhlich und zuversichtlich, aber nicht affektiert zu wirken.

Für Szeneübliches ist wenig Zeit gewesen. Liebschaften haben in Lilibets Leben keine große Rolle gespielt. Sie hat das distinguiert distanzierte Flirten bei den jungen Gardisten ausprobiert, die Windsor

Castle bewachen. Ernsthaft interessiert hat allenfalls der Sohn des Herzogs von Grafton, Hugh Euston. Zeitweise gilt er gar als Favorit der Prinzessin. Aber die Aussicht, einst als »Queen's Consort«, als machtloser Begleiter des Souveräns zu enden, ist für den jungen Euston wahrscheinlich eher abschreckend. Auf ihn wartet ein Leben als reicher Landadliger. Man bleibt freundschaftlich verbunden.

Das Mädchen hat sich ohnehin längst anderweitig entschieden. Schon im September 1942 schreibt die 16-Jährige an ihre Gouvernante Marion Crawford, sie habe sich mit Freundinnen über ihr heimliches Idol unterhalten, und »der ist es«. Crawfie weiß, wer gemeint ist: Philip, Prinz von Griechenland, frisch beförderter britischer Marineleutnant auf dem Zerstörer »Wallace«, der in der Themsemündung Frachtkonvoys vor deutschen U-Booten sichert. Wenn er Landgang hat, residiert der Prinz bei seiner Cousine, der verwitweten Herzogin Marina von Kent in Iver, Buckinghamshire, einen Katzensprung entfernt von Windsor. Philips Name taucht häufig auf im Besucherbuch des Schlosses – ganz unschuldig. Offiziell ist er nur zu Weihnachten 1943 und beim anschließenden Neujahrsfest Gast der königlichen Familie. Margaret erinnert sich später, man habe bis tief in die Nacht gelacht und getanzt. Eine höfische Romanze bahnt sich an, doch keine, die das Wohlgefallen des gastgebenden Königspaares hat.

Die Wächter über die Dynastie von Windsor haben andere Pläne. In den Hinterzimmern des Hofes und im »Drawing Room« der Königin Elizabeth wird über Lilibets Zukunft als liebende Ehefrau durchaus breiter diskutiert. Im europäischen Hochadel sind die Möglichkeiten inzwischen begrenzt: Das unverheiratete Material ist entweder zu jung, zu alt oder zu deutsch. Und in der ersten und zweiten Reihe der britischen Aristokratie finden die heimlichen Bevollmächtigten der Königin bei der Bräutigamschau auch nicht viel Passendes. Es gibt, will der große Hofschreiber Robert Lacey wissen, eine Liste mit elf Namen (von denen Euston einer ist), die bei der Queen im Schreibtisch liegt. Philip von Griechenland steht nicht darauf.

Er ist vor allem zu deutsch; mit dem Prinz von Hessen hat Philip sogar Nazis in der engen Verwandtschaft. Er ist ungehobelt, hat kein Geld, keine Familie, die etwas hermachen würde, und ist überdies mit den falschen Leuten bekannt und verwandt: den Mountbattens.

Allein Lilibet scheint völlig und für sich entschieden zu sein. Seit dem 22. Juli 1939. Die Szene ist überliefert. George VI. und Queen Elizabeth statten an diesem Tag der Marineakademie von Dartmouth einen offiziellen Besuch ab. Man ist auf einer Fahrt mit der königlichen Yacht, der »Victoria & Albert« (Vorgängerin der »Britannia«). Und passenderweise ist Lord Louis Mountbatten mit von der Partie, Cousin des Königs und Kommandant der Fünften Zerstörerflotte.

Mountbatten, in der Familie nur »Dickie« gerufen, spielt eine eigenartige Rolle im königlichen Umfeld. Der Sohn des 1914 aufgrund seiner deutschen Herkunft aus der Marine geworfenen britischen Admirals Prinz Louis von Battenberg hatte sich in jungen Jahren mit Bertie in Cambridge angefreundet, bevor er mit dem etwas interessanteren Bruder, dem Prinzen von Wales, um die Welt gereist war. Edwards politische Ansprüche teilte Mountbatten bis unmittelbar vor der Abdankung, um sich dann im Handumdrehen eines Besseren zu besinnen und die Nähe des königlichen Ersatzpaares zu suchen. Er gilt als charmant, lustig, unterhaltsam, abenteuerlich, er hat mit Edwina Ashley sehr reich und sehr offen geheiratet (die beiden sind erotisch vielseitig und unabhängig voneinander aktiv). Und Mountbatten ist intrigant. Er buhlt unverfroren um Einfluss. George VI. weiß das und geht amüsiert zur Tagesordnung über. Queen Elizabeth meidet ihn, soweit es geht, weil sie ihn nicht ausstehen kann. Aber in Dartmouth ist er dabei, und er zieht seine Schachfiguren so zufällig, dass man vermuten könnte, es stecke nichts dahinter. Das aber denkt niemand, eben weil er Lord Louis ist.

Am Nachmittag stößt ein Neffe des Lords wie zufällig zu den Besuchern. Prinz Philip, Sohn von Prinz Andrea von Griechenland und Dänemark sowie der Prinzessin Alice, einer Schwester Mountbattens. 18 Jahre alt ist der junge Mann, groß gewachsen und von nordischen Zügen, ganz »un-griechisch« also, was nicht weiter wundert, da auf dem griechischen Thron genau genommen das Geschlecht derer von Schleswig-Holstein-Sonderburg-Glücksburg sitzt, also Norddeutsche. Philip hat eine turbulente, um nicht zu sagen traurige Jugend hinter sich. Der Vater ist eineinhalb Jahre nach Philips Geburt aus Griechenland vertrieben worden, was für Philip eine Kindheit in Paris bedeutete. Dort musste er das Auseinanderbrechen des Elternhauses miterleben. Er ist bei Kurt Hahn in Salem und – nach 1933 – bei demselben im Exil im englischen Gordonstoun in eine harte Schule gegangen. Weil seine Mutter sich – verwirrt oder in geistiger Zurückgezogenheit, Genaueres ist unbekannt – weitgehend von Mann und Kindern isoliert hat und sein Vater ohne größeres Interesse an seinem Nachwuchs an der französischen Riviera lebt, ist Philips Familienleben auf einen losen Kontakt zu seinen vier in Deutschland verheirateten Schwestern begrenzt. Wenn überhaupt, dann steht er nach 1933 mit seinem Onkel Georgie in Verbindung, dem Marquis von Milford Haven und älteren Bruder von Louis Mountbatten. Das ist ein Mann mit bunter Vergangenheit, einer extravaganten und bisexuellen Gattin namens Nada und der größten privaten Sammlung von Pornographie, die jener Zeit bekannt ist. Ein umstrittener Platz für ein Kind. Georgie stirbt im April 1938 an Knochenmarkkrebs. Seitdem kümmert sich Lord Louis Mountbatten um Philip.

1939 ist der junge, für königliche Verhältnisse entsetzlich mittellose Mann als Quereinsteiger auf dem Marine-College im Dienst. Er ist noch nicht mal Brite (jedenfalls glauben das alle, obwohl es nicht stimmt, denn als Nachkomme von King George II. hat er automatisch das Recht auf die britische Staatsbürgerschaft), aber Eindruck macht er schon. Vor allem auf Lilibet. Ganz en passant, schreibt Marion Crawford, habe Philip seiner Cousine zweiten Grades nach Ingwerkeks und Limonade beim Tennis imponiert. Am nächsten Tag ist die Sache offiziöser: Der Kadett Philip wird von der königlichen Gesellschaft zum Tee eingeladen. Lilibet habe nach dieser Begegnung auf fast unartige Weise von Philip geschwärmt, so Crawfie. Er hat also alle Register gezogen, auf die es bei 13-jährigen Teenagern ankommt. Lilibet hat sich verliebt.

Ein Foto des vollbärtigen, ungemein hübschen Philips wird auf einem hoheitlichen Schreibtisch gesichtet. Er bekommt jetzt auch Post von seiner Cousine. Aber Philip ist erst im Mittelmeer eingesetzt, ab 1944 dann im fernen Osten. Die Prinzessin sieht ihr Idol nur sehr selten. Die Romanze muss warten.

Der Entertainer, Schriftsteller, Ex-Politiker und Radiojournalist Gyles Brandreth, der im Jahr 2004 ein Porträt der Ehe von Philip und Elizabeth veröffentlichte, behauptet felsenfest, von Philip erfahren zu haben, dass der Kontakt jener Jahre nicht über das hinausging, was zwischen Cousinen und Cousins üblich sei. Brandreth ist nur schwer zu widersprechen, weil dem Mann Informationsquellen zur Verfügung standen, die wahrscheinlich ohne Gleichen sind. Aber Brandreths Argumente wirken schal. Wie oft schreiben sich denn Vettern und Basen in jener Zeit? Wie viele schenken sich gegenseitig Porträtfotos? Brandreth verdreht sich, weil er dem Herzog von Edinburgh einen Gefallen tun will. Das ist wirklich nicht nötig. Was passiert, ist auch so verständlich: Ein sehr junges Mädchen hat sich in einen jungen Mann verguckt, das kommt häufiger vor. Der nimmt das nicht weiter ernst, aber dumm ist er auch wieder nicht: Elizabeth Windsor ist eine gute Partie für einen mittellosen Prinzen. Er sollte sie lieber nicht vor den Kopf stoßen. Auch er hat ein Bildchen von ihr.

Man muss ehrlich sein: Von hier an ist alles, was die Gefühle anbelangt, Spekulation. Bislang ist es in dieser Familiengeschichte um Menschen gegangen, die schon verstorben sind. Man kann in ihren schriftlichen Hinterlassenschaften, ihren Briefen, Tagebüchern und den Briefen und Tagebüchern ihrer Zeitgenossen lesen. Das Bild, das sich ergibt, ist immer subjektiv: Es ist beeinflusst von denen, die damals diese Quellen geschaffen haben, es ist aber auch beeinflusst davon, wie die Welt heute über das Menschliche, über das Gesellschaftliche, das Politische denkt. Was nicht heißt, dass man sich kein Bild machen darf. Objektive Geschichtsschreibung ist ein Ziel, das sich anstreben, aber nicht erreichen lässt.

Bei Elizabeth und Philip, bei ihren Geschwistern, Kindern, Kindeskindern ist die Quellenlage vollkommen anders. Es gibt erschreckend wenig Schriftliches, was der Nachwelt schon zugänglich ist – das Meiste wird noch Jahrzehnte in den Archiven unter Verschluss gehalten werden. Dafür gibt es Menschen, die berichten können, berichtet haben und immer noch erzählen. Entsteht dabei objektivere Geschichte? Nicht wirklich. Zeitzeugen sind Beteiligte, und Monarchie löst bei ihnen – genauso wie bei den Royals selbst – offenbar einen Reflex aus. Die Freunde der Königlichen Familie zeichnen ein zuckersüßes Bild, weil sie sich der Monarchie und den beteiligten Menschen verpflichtet fühlen. Die Kritiker reden oft mit seltsam überhöhter Verachtung, vielleicht weil sie glauben, dass sie ein anderer Umgang mit der Monarchie verdächtig machen würde. Nichts ist ihnen akzeptabel, alles scheint schwarz, was die »Freunde der Familie« als blütenweiß schildern. Bei Zeitungen, Film, Fernsehen und anderen Medien sind die Grenzen zwischen Vermutung und Behauptung schon bei der Beschreibung von Fakten fließend. Gefühlslagen werden frei nachempfunden. Man muss sehr skeptisch, sehr misstrauisch sein. Manchmal zerfallen selbst für ehern gehaltene Wahrheiten unter genauerer Betrachtung zu nichts.

Die Queen ist nie dem Eindruck entgegengetreten, dass sie nie einen anderen als Philip in Erwägung gezogen habe. Sie ist eine Frühentschlossene gewesen. Und geblieben, das ist das Bemerkenswerte. Wenn sie sich entschieden hat für etwas, dann hält sie daran fest. Auch gegen Widerstände, und meistens sehr erfolgreich.

Nach Kriegsende können Elizabeth und Margaret aus ihrem unauffälligen Exil auftauchen. Am 8. Mai, als Vater, Mutter und Winston Churchill auf den Balkon von Buckingham Palace treten, sind auch die beiden Prinzessinnen dabei. Elizabeth hat eine hässliche, braune Uniform an und guckt sehr ernst. Margaret, in nettem Kleid, lächelt fröhlich. Für die Öffentlichkeit sind die beiden Prinzessinnen nach den Jahren des Versteckseins fast so etwas wie eine Wiederentdeckung.

Dieser Eindruck entspricht nicht ganz den Tatsachen. Cecil Beaton hat stets pünktlich Geburtstagsfotos geliefert: Inszenierungen einer Jugend. Elizabeth ist seit 1942 Colonel der Grenadier Guards, sie ist hin und wieder als Staatsrat aufgetreten, in Vertretung ihres Vaters. Im März 1945 erst hat die Thronfolgerin als »Nr. 230873 Second Subaltern Elizabeth Alexandra Mary Windsor« ihren Dienst im Auxiliary Territorial Service angetreten, der Hilfsbürgerwehr sozusagen. Im Kader-Kursus für Lkw-Fahrerinnen hat sie gelernt, Öl und Bremsflüssigkeit zu wechseln. Das war wie immer gefilterte Wirklichkeit für die Prinzessin: Statt wie ihre Mitschülerinnen in der Schule zu bleiben, ist sie allabendlich nach Windsor gefahren worden; statt mit den Kursteilnehmerinnen zu essen, wurde sie von den Offizieren in die Führungsmesse geleitet. Und im Klassenraum hat Elizabeth immer in der ersten Reihe gesessen, rechts und links flankiert von einem »Ehren-Sergeant«.

Aber inkognito sind die Prinzessinnen dennoch geblieben. Ihre Gesichter sind noch lange nicht »Allgemeineigentum« geworden. Elizabeth und ihre Schwester Margaret können sich am Abend des 8. Mai 1945 unbeschwert unter das feiernde Volk mischen, begleitet nur von einem Rittmeister namens Peter Townsend und ein paar anderen Gardeoffizieren. Laut Überlieferung hat niemand sie erkannt. Dies scheint einer der letzten Abende gewesen zu sein, an denen Elizabeth Windsor einfach so unter ihr zukünftiges Volk treten konnte, ohne auch nur die geringste Aufmerksamkeit auf sich zu ziehen.

Das Volk ist nach dem Krieg erst einmal mit sich selbst beschäftigt. Churchill wird von den Wählern abgesetzt – die im Krieg aufgeschobenen Reformen von Wirtschaft und Sozialwesen traut die Mehrheit eher Labour zu. Es bricht eine Zeit an, in der der britische Kapitalismus mit der Planwirtschaft liebäugelt. Schließlich geht der Krieg auch im Fernen Osten zu Ende, »V-J Day« wird gefeiert, Victory über Japan. In Tokio wird die amerikanische USS »Missouri«, die die Kapitulationsurkunde bringt, am 2. September 1945 vom britischen Zerstörer »Whelp« begleitet, auf dem sich unter anderem ein gerahmtes Bild der Prinzessin Elizabeth befindet, im Gepäck des Ersten Leutnants, Seiner Königlichen Hoheit Prinz Philip von Griechenland.

Die Familie ist inzwischen informiert über diese »Romanze«. König Georg von Griechenland, ein Onkel Philips, hat im Frühjahr 1944 in einem Brief an seinen Amtskollegen in Buckingham Palace nachgefragt, ob sein Neffe überhaupt in Betracht gezogen werden könnte. George VI. antwortet, dass »wir beide denken, dass sie für so etwas jetzt noch zu jung ist«. Aber er möge Philip. »Er ist intelligent, hat einen guten Sinn für Humor und denkt über die Dinge auf die richtige Art.« Queen Elizabeth, die Mutter der Prinzessin, gibt sich neutral. Doch unbefangen ist sie nicht. Sie hat ihre besagte Liste noch in der Schublade. Hugh Euston steht drauf, aber auch Walter Dalkeith, Sohn des Herzogs von Buccleuch, und Henry Herbert, Lord Porchester, der zukünftige Earl of Carnarvon. Die wollen der Thronfolgerin alle noch vorgestellt werden, zum Teil zum wiederholten Male. Den von der Prinzessin zum Favoriten erklärten Ersten Leutnant will Mutter Elizabeth nicht wirklich.

Mountbatten ist im August 1944 voll in die Affäre Philip »eingestiegen«, zunächst mit einem mysteriösen Kurzbesuch in Ägypten, wo sich gleichzeitig Philip und der griechische König aufhalten. Thema der Besprechung: Philip soll britischer Staatsbürger werden, angeblich, so Mountbatten, auf Drängen des englischen Königs. Der eigentliche Grund dürfte durchaus Battenbergsches Eigeninteresse sein. Mit einer britischen Staatsbürgerschaft für Philip, so dünkt es dem Lord, wäre zumindest die erste Hürde im Anlauf zur Hochzeit mit der Thronfolgerin beiseite geräumt.

Es ist eine hartnäckige Hürde, wie sich zeigt. Erst sechs Monate später wird in London der Palast die halbherzige Anfrage ans Innenministerium stellen, ob der Grieche Prinz Philip von Griechenland, der kein Wort Griechisch kann und Erster Leutnant ist in der Marine Seiner Majestät, gegebenenfalls naturalisiert werden könne. Das Ministerium bekommt politische Magenverstimmung, und in den höheren Stockwerken der Palastbürokratie bricht offene Feindschaft aus. Die Höflinge wissen natürlich sofort, um was es geht: um Heiratsmaterialabstimmung. Der zur Einbürgerung anstehende Mann gilt ihnen aber »nicht als Gentleman«. Was die Herren reizt, ist nicht so sehr das Gerücht, Philip befinde sich viel in lustiger, vor allem weiblicher Gesellschaft und habe einen Hang zur Leichtfertigkeit. Was sie stört, ist sein deutsches Gesicht, sein eigener Kopf, seine unkonventionelle Art, sein Hang zu Neuerungen. Philip hat nicht die Schule von Eton besucht und also »keine Freunde« in höheren Plätzen. Philip kommt in einem Sportwagen angefahren und trägt Rollkragenpullover. Fürchterlich. Nur eine will ihn: die Prinzessin. Ausnahmsweise ist das genug.

Im Sommer 1946 – Philip ist inzwischen nach Großbritannien heimgekehrt und arbeitet sich langsam in der Marine voran – darf der Prinz die königliche Familie in Balmoral besuchen, in der schottischen Sommerfrische. Der 25-Jährige nimmt die Chance wahr. Er hält um die Hand der 20-jährigen Elizabeth an, und sie willigt hocherfreut ein. Nun muss nur noch der König zustimmen, weiß Elizabeth die Jüngere, dann wird der restliche Widerstand einfach verschwinden. George VI. bringt in diesem Sommer seiner Lilibet die Hirschjagd bei. Robert Lacey hält das für den Schlüssel zum Glück, denn so sind Vater und Tochter auch einmal völlig ungestört: »Und draußen auf dem Hochmoor, alleine zusammen, wurde eine Vereinbarung getroffen.«

Folgendes ist geplant: Im Frühjahr 1947 fahren »wir vier« (»Us four«) zusammen nach Südafrika, der König, die Königin, die Prinzessinnen Elizabeth und Margaret. Prinz Philip bleibt zuhause. In Kapstadt wird der 21. Geburtstag der Thronfolgerin gefeiert, und wenn sie wieder zuhause ist, die Verlobung bekannt gegeben. Bis dahin werden Philip und Elizabeth sich zwar sehen dürfen, aber aufpassen müssen, dass es keine Gerüchteküche gibt. Es gibt natürlich trotzdem eine.

Am 28. Februar 1947 ändert Philip seinen Namen. Seine Königliche Hoheit Prinz Philip von Griechenland und Dänemark, getauft Philip Battenberg, Prinz von Schleswig-Holstein-Sonderburg-Glücksburg, legt alle seine Titel ab und wird Philip Mountbatten, Leutnant, Royal Navy. Es ist ihm angeboten worden, den Status der Königlichen Hoheit zu behalten, aber das lehnt er stilsicher ab. Wozu jetzt Pferde scheu machen? Der Status kommt schon wieder zurück.

Zu diesem Zeitpunkt ist das Fräulein Braut schon unterwegs. Am 1. Februar hat die »HMS Vanguard« in Portsmouth losgemacht. Fast drei Wochen lang dauert die Reise nach Kapstadt, und die erste Hälfte ist wegen schlechten Wetters kein Vergnügen. Dann wird es endlich warm, und König wie Königin können den Prinzessinnen dabei zugucken, wie sie an Deck mit den Offizieren Fangen spielen. Es gibt Fotos von dieser Idylle. Ein Familienurlaub.

Es ist nicht nur Vergnügen. Seit Monaten hat die südafrikanische Regierung unter Feldmarschall Jan Smuts um einen Besuch der königlichen Familie gebettelt, um der wachsenden antibritischen Stimmung im Lande entgegen zu wirken. Smuts hat zu befürchten, bald abgewählt zu werden (was auch passieren wird) – und die burischen Nationalisten, die zu gewinnen drohen, wollen ein Apartheidregime errichten (was auch passieren wird). Der königliche Trip wird trotzdem ein Erfolg. Obwohl die Buren kräftig meckern gegen die »Gäste« (George ist südafrikanisches Staatsoberhaupt und somit keineswegs ein Gast) und gegen das öffentliche Miteinander von »Europäern und Nicht-Europäern« im Publikum, fliegen den Windsors die

Sympathien zu. Die Reise der Familie, die erste und die letzte dieser Art, strahlt sogar aus in alle Welt. Als Höhepunkt, drei Tage vor der Abfahrt, laden die Gastgeber zur Feier des 21. Geburtstags von Prinzessin Elizabeth ein. Das Land bekommt einen Feiertag, es gibt mehrere Bälle, festliche Empfänge, prunkvolle Geschenke. Und dann spricht Elizabeth im Radio; eine Sendung, die weltweit übertragen wird und zu einer ihrer legendärsten Ansprachen wird. Mit hoher, reiner Stimme verspricht Elizabeth den Millionen, die ihr zuhören, ihr Leben dem Dienst am Empire zu widmen, »der großen imperialen Familie, der wir alle angehören«.

Die Wirkung ist unerwartet selbst für den Autor des Textes, den Privatsekretär des Königs, Sir Alan Lascelles. Die Presse rund um den Erdball feiert die Ansprache wie ein historisches Ereignis. Das Debüt der zukünftigen Regentin wird mit dem politischen Unterton gelesen, den Lascelles gewollt hat: Hier wird angekündigt, dass sie dem bröckelnden Kolonialreich als eine Art emotionale Klammer dienen will. Die bis dahin eher akademische Idee des Commonwealths, der Familie gleichberechtigter Staaten, bekommt emotionalen Gehalt. Es entsteht die Vision einer friedlichen, gemeinschaftlichen Zukunft als Völkerfamilie. Aber die Millionen vor den Radiogeräten sind aus anderem Grund gerührt: Was die Menschen zutiefst beeindruckt, ist die stimmliche Zartheit, die sich mit dem ernsthaften Selbstbewusstsein des idealistischen Anliegens dieser jungen Frau paart. Fünf Jahre noch wird Prinzessin Elizabeth Prinzessin bleiben. Ihr Reich hat sie schon erobert.

1947 ist kein gutes Jahr für eine Hochzeit. Als am 9. Juli die bevorstehende Vermählung der Königstochter und Thronfolgerin mit »Lt Philip Mountbatten, RN« bekannt gegeben wird, mischen sich sofort kritische Töne in die Begeisterung. Großbritannien durchläuft – Wiederholung der Geschichte – eine horrend schlechte Nachkriegsperiode. Wieder kommt die eigene Wirtschaft nicht in Gang, wieder liegt eine hohe Verschuldung drückend auf dem Land. Dass der Hof in solch einer Situation ein prunkvolles Fest feiern will, das unweigerlich auch den Steuerzahler einiges kosten wird, stößt bei Teilen des Unterhauses und der Presse auf Ablehnung. Als gar das Gerücht umgeht, die Hochzeitskleider der Prinzessin würden in Frankreich genäht und nicht von der eigenen, notleidenden Textilindustrie, gibt es beinahe einen Aufstand. Bis hinauf zum Premierminister ist die ganze Regierung mit der Frage der »Lyoner Seide« beschäftigt, bis mitgeteilt werden kann, dass für die Hochzeit lediglich einige Meter französischen Stoffs verarbeitet würden, das Gros der Stoffe aber aus Webereien in Kent und Schottland käme.

Später sind vor allem die Kritiker von der Wirkung der Hochzeit ganz überrascht. Vielleicht hatten sie nicht begriffen, was die Monarchie in dieser Zeit bedeutet. Die Hochzeit des Jahres, die an einem düsteren 20. November stattfinden wird, bringt strahlende Schönheit in eine glanzlose Zeit. Für die Briten, zu deren Alltag noch immer Rationierung, schon wieder Streiks und wachsende Arbeitslosigkeit gehört, bringt das prachtvolle Ereignis nicht nur Ablenkung, es richtet sie auf. Das Königtum putzt sich heraus für die Traumhochzeit in Westminster Abbey. George VI. zieht alle Register des königlichen Theaterdonners. Er verleiht erst der Tochter, dann mit passendem Abstand ein paar Tage später dem zukünftigen Schwiegersohn den Hosenbandorden, seine höchste Auszeichnung. Am Vorabend der Hochzeit wird aus dem Leutnant der Marine per königlicher Unterschrift, nach monatelangem Hickhack zwischen Hofbeamten, Hofhistorikern und Regierung, »Seine Königliche Hoheit Baron Greenwich, Earl von Merioneth und Herzog von Edinburgh, Leutnant Philip« (»Prinz« Philip wird der Mann offiziell erst zehn Jahre später, als ihm seine Frau diesen Titel verleiht).

Zu Ehren Elizabeths und Philips wird eine Woche lang getanzt. London erlebt eine Art Familienfest des europäischen Hochadels und seiner unter der Nachkriegsaufruhr ächzenden Aristokratie. Tagelang geben sich gekrönte und ungekrönte Häupter in den verschiedenen Palästen der Windsors die Klinken in die Hand, immer unter dem hochinteressierten Auge der Medien. Aus allen Ecken Europas (und der Welt) sind sie gekommen, haben ihre Kronjuwelen aus den Verstecken geholt; das Haus Windsor hat mit Einladungen nicht gegeizt. Insofern fällt nur auf, wer nicht auf der Liste steht: Sämtliche deutsche Schwestern und Schwäger des Bräutigams haben zuhause bleiben müssen; und auch die Herzogin und der Herzog von Windsor sind nicht willkommen.

Mit der Hochzeit Elizabeths und Philips endet für viele Anwesende eine Ära und eine neue Zeit beginnt: Das hier ist die Siegesfeier der Demokratie, das Überlebensfest der Monarchen, ein Versprechen für eine bessere Zukunft. Es gibt einen Moment am Anfang der Feier, der dieses Gewicht erkennen lässt. Als Winston Churchill, der Oppositionsführer, in die Abbey tritt, steht die versammelte Gemeinde schweigend auf und verneigt sich, gekrönt und ungekrönt, ganz Europa sozusagen. Sie wissen, bei wem sie sich bedanken müssen.

In einer Zeit, in der für die Bevölkerung Fleisch und Zucker rationiert sind, erscheinen den Untertanen die Bilder der »Königlichen Hochzeitswoche« wie aus einer anderen Welt. Für Schulkinder wird der Tag dank des unerhörten Luxus eines süßen Brötchens zu einem Erlebnis, für Kriegswitwen und -waisen durch die Zusendung von Konservendosen samt »persönlicher Karte« der Braut unvergessen. Das Volk nimmt den Zauber auf wie ein trockener Schwamm einen Wasserschwall. Die weltweite Radioübertragung lässt ganze Städte in Ehrfurcht verstummen, einige wenige reiche Leute rund um London können Teile des Geschehens sogar auf dem Fernseher verfolgen. Das Ereignis wird natürlich auch auf Film festgehalten, für die breitere Masse. Selbst im zerbombten Berlin ist das Kino, in dem die Hochzeitsaufzeichnung gezeigt wird, für eine Woche ausgebucht.

Man wird das vergessen haben in den neunziger Jahren des 20. Jahrhunderts, als so viel von der »Königin der Herzen« die Rede ist: Elizabeth ist damals auch so eine gewesen. Das frisch getraute Paar wird schon während der Flitterwochen in Broadlands, dem Sitz der Mountbattens, vom Interesse der Öffentlichkeit erdrückt. Die Leute stehen auf Leitern, um über die Mauern des Anwesens in Romsey am Rande des New Forest zu gucken. Eifrige Gratulanten lassen das Telefon klingeln, bis ein Diener entnervt das Kabel aus der Buchse zieht. Von nun an wird beobachtet, was auch immer zu beobachten ist, und eifrig aufgesogen von Medien und Öffentlichkeit. Das junge Paar wird mit anderem jungen Adel gesehen, auch mit den aufstrebenden Stars von Theater und Film. Man kennt sich. Man tanzt, gerne bis spät in die Nacht. Für die Öffentlichkeit ist das alles wie ein Traum: In der Wirklichkeit der Untertanen kommen Bälle und Theater noch nicht recht vor. Die Prinzessin vergnügt sich stellvertretend für ihre Generation; und die Zeitungen, die über Anlass, Dauer, Art der Kleidung berichten, tragen den Traum vom lebensechten Märchen in ein immer noch graues Land.

Sie lässt sich trotzdem noch steigern, die öffentliche Liebesbeziehung. Als am 4. Juni 1948 verkündet wird, die Prinzessin sei schwanger, beginnt ein Strom von Geschenken in Buckingham Palace einzutreffen: selbstgehäkelte Babykleidung, Windeln, Storchenbilder, Milchfläschchen, Medikamente. Tausende harren am 14. November vor dem Palast aus, bis am Abend um kurz nach 21 Uhr die Geburt eines Thronfolgers proklamiert wird – mit Glockengeläut, königlichen Ausrufern und blauer Farbe im Brunnen von Trafalgar Square. Die Wacht der Geburtsjubilanten will nicht enden. Bis nach Mitternacht lassen die Massen den Säugling, zunächst nur »Baby Edinburgh« genannt, hochleben. Das Glück scheint unendlich. Alles wie bestellt in Buckingham Palace: Ehe gut, Sohn geboren, Dynastie gesichert.

Über die Kinderstube von Charles Philip Arthur George Windsor wird später sehr viel geschrieben werden – als er problematisch wird. In der Familientradition wirkt alles eher wie Routine. Nach zwei Wochen gibt Mutter Elizabeth das Stillen auf, weil sie offenbar an Masern erkrankt ist. Baby Charles wird deshalb samt Kindermädchen nach Windlesham Moor verschickt, einem Landhaus von fast bescheidenen Ausmaßen, in dem die Thronfolgerin und ihr Gatte seit der Hochzeit die Wochenenden verbringen. Man sieht sich nur noch sporadisch. Das macht der Prinzessin aber keine Sorgen. »Sie war zwar stolz auf ihren Sohn – sie schrieb ihren Freunden erstaunt über die Schönheit seiner Babyfinger –, aber sie war nicht besonders mütterlich«, stellt Robert Lacey fest.

Ab Juni 1949 zieht das Paar endlich vom (immer noch teilweise zerstörten) Buckingham Palace in das frisch renovierte Clarence House um, das viel später Sitz der Königinmutter werden soll. Im Oktober wird Philip auf die Mittelmeerinsel Malta versetzt, wohin ihm Elizabeth bald folgt. Weihnachten 1949 verbringt Prinz Charles deshalb allein bei seinen Großeltern, dem König und der Königin auf Sandringham. Als seine Mutter am 28. Dezember zurück nach London kommt, bleibt sie dort vier Tage, bevor sie sich auf den Weg zu ihrem einjäh-

Vier Generationen im Hause Windsor: Queen Mary, König George VI., Prinzessin Elizabeth und Täufling Prinz Charles im Dezember 1948.

rigen Sohn macht. Ende März fliegt sie wieder gen Malta und kommt erst im Sommer zurück, um mit Prinzessin Anne niederzukommen. Im November lässt sie die beiden Kinder wieder in bewährter Obhut und fliegt zu ihrem Gatten, der inzwischen das erste Mal ein eigenes Kommando führt. Weihnachten 1950 verbringt Prinz Charles deshalb mit seiner kleinen Schwestern wieder bei seinen Großeltern.

Ist das herzlos? Keiner gesunden, ausreichend materiell versorgten Mutter würde heutzutage einfallen, ihre Kinder in den ersten drei Jahren ihres Lebens ohne Not für Monate bei Kindermädchen oder Großeltern abzulegen. Auch nicht Prinzessin Elizabeth. Gyles Brandreth schreibt, sie habe vor der Geburt von Charles deklariert, dass sie »die Mutter des Kindes sein werde, nicht die Kindermädchen«. Brandreth begründet im nächsten Absatz seines Buches, warum sie diesen Vorsatz nicht einhalten konnte: »Weil die königliche Pflicht rief und Elizabeth es ihr ganzes Leben lang zu ihrer ersten Priorität gemacht hat, dem Ruf der königlichen Pflicht zu folgen, und weil es so war in ihrer Klasse und in ihrer Zeit, wurde die meiste Routine der Kinderaufzucht Mrs Lightbody und Miss Anderson überlassen.« Das ist ein ziemlich langer und ziemlich alberner Satz, den man zweimal lesen sollte um dann festzustellen, dass er an der Sache völlig vorbeigeht. Ja, in der Tat: In der Oberschicht Großbritanniens hat man damals seine Kinder von den Nannys aufziehen lassen – und bis weit in die zweite Hälfte des 20. Jahrhunderts hinein. Aber Pflicht? Routinearbeiten? Gyles Brandreth möchte die Ehre der Königin verteidigen; daher das Wortgeklingel. Er macht das, weil er weiß, dass der Vorwurf, den Charles viel später erhoben hat, in mancher Hinsicht berechtigt ist: dass Mütterlichkeit fehlte.

Sie hat das einfach nicht in sich gehabt, sagt Robert Lacey. Auch Sarah Bradford und Ben Pimlott sehen das so. Für Owen Morshead, der nach dem Krieg der Hüter des Archivs von Windsor war, liegt das in der Familientradition begründet: »Das Haus von Hannover bringt wie Enten, schlechte Eltern hervor – sie trampeln auf ihren Jungen herum.« Elizabeth Windsor ist kein Mensch, der gerne anfässt und anfassen lässt. Die Regel, dass man eine Königin nicht berührt, ist erfunden worden, weil diese Königin Berührung nicht mag. Edward VIII. hat stets und überall alle umarmt.

Es gibt noch einen weiteren Schlüssel für Elizabeths mehrfache Flucht nach Malta. Die Zeit auf der Mittelmeerinsel ist für Prinzessin Elizabeth wahrscheinlich die glücklichste Periode ihres Lebens, weil sie im Kreise der Offiziersgattinnen ein annähernd normales Leben führen kann. Sie geht einkaufen, ist am Strand und beim Friseur, wie jeder andere Mensch auch. Es ist ihre Auszeit vom Märchenjob. Viel-

Charles auf Rehrücken: Fototermin der Königsfamilie 1951 mit (von links) George VI., Prinzessin Elizabeth, Philip, Margaret und Königin Elizabeth.

leicht hat sie einfach das Gefühl, dass sie diese kurze Zeit eifersüchtig verteidigen muss – sogar gegen ihre eigenen Kinder.

Die Zeit der Freiheiten ist kurz. Der Gesundheitszustand des Königs verschlechtert sich. Er leidet unter Arteriosklerose: Langjähriges Rauchen hat ein Bein gelähmt und die Lunge beschädigt; ständig besteht Lebensgefahr aufgrund von Trombosen. Im September 1951 wird George VI. operiert, die Ärzte finden einen Tumor in der Lunge. Niemand erfährt etwas davon, auch der König nicht; allein Winston Churchill weiß Bescheid, weil sein Leibarzt die Wahrheit zwischen den Zeilen der ärztlichen Communiqués herauszulesen weiß. Churchill lässt immerhin die Königin und ihre Töchter warnen. Das öffentliche Leben von George VI. ist so gut wie vorbei; die Reisetätigkeiten des Königs übernehmen Elizabeth und Philip.

Im Oktober und November 1951 fliegen sie über den Atlantik nach Kanada und in die USA. Die anstrengende Tour trifft nicht auf so überwältigende Begeisterung wie die des Königspaares 13 Jahre zuvor, aber US-Präsident Harry Truman kann immerhin das zuckersüße Bonmot äußern, seine Mutter habe ihm immer versprochen, dass eines Tages eine Märchenprinzessin käme, »und hier ist sie«. Anfang 1952 geht es nach Australien und Neuseeland. Auf dem Hinweg statten Elizabeth und Philip Kenia einen Besuch ab, wo sie eine »Jagdhütte« namens Sagana Lodge besuchen, die ihnen das Land zur Hochzeit geschenkt hatte.

In der Morgendämmerung des 6. Februars 1952, so geht die Legende, sitzt Prinzessin Elizabeth fern jeglicher Zivilisation auf einer Plattform in der Krone eines riesigen wilden Feigenbaumes, dem so genannten »Treetops Hotel«, wo sie mit wenigen Freunden und ihrem Mann die Stille des Tagesanbruchs mitten in der afrikanischen Wildnis erleben möchte. Hier beobachten sie, wird Michael Parker, Philips Adjudant und langjähriger Freund, später beschreiben, wie ein einsamer Adler majestätisch seine Kreise zieht. Im fernen Sandringham stirbt in dieser Nacht George VI. still im Schlaf.

Es braucht seine Zeit, bis die Nachricht vom Tod des Königs die Reisegesellschaft erreicht. Die offiziellen Depeschen aus London landen ungelesen in einem Posteingangskorb der Botschaft, in der aber niemand ist, weil alle auf dem Weg zur Prinzessin sind. Zum Glück hören einige Journalisten die Kurzwellennachrichten. Erst kurz nach 14 Uhr wird den anwesenden Höflingen die Todesmeldung aus London bestätigt. Philip wird unauffällig heraus gewunken. Um 14.45 Uhr Ortszeit eröffnet er seiner Frau Elizabeth, dass sie in Kürze in der Heimat – das erste Mal seit George I. in absentia – zur Königin ausgerufen werde. Philip scheint von der Nachricht am schwersten getroffen zu sein. »Er sah aus, als habe man die halbe Welt auf ihn fallen lassen«, erzählt Parker später. Die neue Queen gibt sich gefasster. Als sie, immer noch in Jeans, Sagana Lodge verlässt, stehen die Journalisten schweigend in einer Reihe, ganz uncharakteristisch selbst für jene Zeit. Der Privatsekretär Elizabeths, Martin Charteris, hat darum gebeten, dass keine Fotos gemacht werdeen. Man folgt dieser Bitte.

Das Foto, das in die Geschichte eingeht, wird am Tage später aufgenommen. Es zeigt, wie die neue Königin in Heathrow aus dem Flugzeug steigt. Sie geht, 25 Jahre jung, schön und mit stillem Gesicht in einem schwarzen Mantel, die Gangway herunter, vor allem aber: allein. Unten, am Fuß der Treppe, warten drei Premierminister, Stock und Hut in der Linken, den Kopf zur Verbeugung geneigt. Der Premier Winston Churchill, 77 Jahre alt. Clement Atlee, Oppositionsführer, den Churchill im Oktober abgelöst hat. Anthony Eden, Außenminister, der Churchill in drei Jahren beerben wird.

Philip, der Herzog von Edinburgh, wird erst in einigen Momenten aus dem Flugzeug kommen. Von nun an bleibt das so für ihn: immer ein paar Schritte hinter seiner Frau.

Das Regnum Elizabethanum beginnt mit dem Abschied von einem sehr geliebten König. Churchill preist am Nachmittag im Unterhaus, poetisch, als Orator die Würde und die menschlichen Tugenden des Verstorbenen. Atlee spricht auch, nicht kunstvoll, aber mit feuchten Augen. Dieser König sei mehr als jeder König vor ihm geliebt worden. Übertreibt er? Die Trauer ist echt. Das Begräbnis des Kriegskönigs wird noch ein bisschen größer, noch ein bisschen perfekter als das seines Vaters. Ein halbe Million Menschen steht an, um an seinem Sarg vorbeizuziehen. Churchill, mit glänzendem Auge für den Moment, lässt am Kranz des Parlaments, der vor dem Sarg aufgestellt ist, eine kleine Karte anbringen. »For Valour«, hat er eigenhändig darauf geschrieben, »Für Tapferkeit«. Das ist die Inschrift auf dem Victoria Cross, der höchsten militärischen Auszeichnung der Briten.

Das muss sie beeindruckt haben, die Tochter, die neue Königin. Bei fast allem, was sie von nun an tun wird, orientiert sie sich an ihrem Vater. Sie ist vielleicht nicht ganz so protokollvernarrt wie er, gerät auch nicht in Wut (nein: nie), schon gar nicht über Petitessen. Sie ist als Persönlichkeit beinahe noch bescheidener als er, sie ist beinahe noch weniger gern unter Menschen, die sie nicht kennt. Aber was die Haltung anbelangt, das eigene Verständnis davon, wie man sich als Monarch zu verhalten hat, da ist sie wirklich seine Tochter: Man tut, was sich gehört und was erwartet wird, und wenn man in Zweifel gerät, dann lässt man prüfen, was die Tradition befiehlt.

»Elizabeth II. wurde Königin mit der klaren Entschlossenheit, nichts zu verändern außer ihrer Kleidung«, schreiben Piers Brendon und Phillip Whitehead in ihrem Buch *The Windsors*. Martin Charteris, der seit 1950 eng mit Elizabeth zusammengearbeitet hat und zwischen 1972 und 1977 Königlicher Privatsekretär war, ist naheliegenderweise etwas weniger bissig. Er ist zudem ein Höfling und äußerst sich gerne auf umständliche Art: »Die Königin hat eine absolut makellose negative Urteilsfähigkeit ... sie kann immer sehen, was falsch ist. Sie ist sehr sicher, aber nicht ausnehmend positiv auf diese Art. Sie ist nicht die Person, die leidenschaftlich mit dem Fuß aufstampft, weil sie alles ändern möchte.« Elizabeth ist aber auch keine Queen Victoria. Die hat jeden Wandel, wie erwähnt, gleich als solchen gehasst. Elizabeth ist eher übervorsichtig: Sie ist eine introvertierte Person, die die Dinge lieber zweimal durchdenkt, bevor sie etwas riskiert. Sie hat auch einen deutlichen Hang zum Konformismus: Sie möchte eine Rolle spielen, die den Erwartungen ihres Publikums entspricht. Von ihrem Vater hat sie gelernt, dass man sehr verantwortungsvoll mit diesen Erwartungen umgehen muss. Man darf als Souverän nie populistisch sein, nie dem Zeitgeist verfallen. Man darf nie den Kontakt verlieren. Man muss darauf setzen, dass die Menschen an einem Monarchen vor allem das Kontinuum goutieren, selbst wenn sie manchmal, aus dem Moment heraus, radikale Schritte fordern. Bisweilen muss man es deshalb aushalten, ein bisschen unbeliebt zu sein. »For valour«. Für Tapferkeit.

Es wird, auch wenn so mancher es anders erhofft hat, keinen Wachwechsel geben in Buckingham Palace. Die Frontfrau ist neu. Alles andere bleibt beim Alten.

Die Stimmung hätte auch anderes ausgehalten. Die Jugend der neuen Königin tröstet nicht nur. Im Unterhaus und in den Gazetten hat sich die Frage nach einem »Zweiten elisabethanischen Zeitalter« Bahn gebrochen. Sie liegt angeblich auf der Hand: Elizabeth I. ist als 26-Jährige auf den Thron gekommen, Elizabeth II. als 25-Jährige. Und man bräuchte jetzt solch einen Aufbruch zu neuer Größe, nicht wahr? Das Empire bricht gerade auseinander, die Inder sind schon weg (und damit der Kaisertitel), die Iren auch, der Wohlstand hinkt der Welt hinterher, und jede Woche gibt es irgendwo einen neuen Streik.

Die progressiven Geister jener Zeit fragen sich derweil, ob das Land einer Art »royalen Religion« verfalle, einem kollektiven Urglauben an übersinnliche Kräfte. Im Vorfeld der Krönungsfeierlichkeiten, die mit großem Abstand zur Thronbesteigung erst am 2. Juni 1953 in der Westminster Abbey stattfinden, wird Großbritannien in der Tat von einem monarchistischen Fieber ergriffen. Die Vorbereitung des Spektakels hält die halbe Nation in Atem. Zehn Tage vor dem Ereignis schon besetzen Leute die Positionen am Straßenrand. Tagelang wird ganz Westminster für den Durchgangsverkehr gesperrt.

Die Regierung und das Königshaus sind anders involviert. Politiker und Höflinge ringen um den Titel der neuen Königin (die nicht mehr über die Kronkolonien, sondern über Übersee-Territorien wacht, die keine Kaiserin mehr ist, dafür aber als Kopf des Commonwealth ausgerufen werden soll). Noch weit emotionaler ist das Gefecht um den Familiennamen, den das Königshaus in Zukunft tragen soll. Streng genommen müsste die Linie nun Mountbatten heißen, da Familien (damals) gemeinhin den Nachnamen des Ehemanns annehmen. Nachdem aber Lord Louis Mountbatten daheim in Broadlands deshalb schon eine Party gegeben hat, ist der halbe Hofstaat dagegen, Queen Mary und Queen Elizabeth, die Ältere, allen voran. Auch Churchill ist sich, so gern er »Dickie« Mountbatten mag, in der Ablehnung sicher: George V. habe das Königshaus auf alle Zeiten zu Windsor umbenennen wollen. Darum erhebt Elizabeth – in staatlicher Pflichterfüllung und auf Anraten des Kabinetts – Windsor zum Familiennamen (sie wird das später halb zurücknehmen: Da trennt man dann den Königshausnamen Windsor vom Familiennamen Windsor-Mountbatten, der alle bezeichnet, die nicht in der Thronfolge stehen).

Ihr Gatte ist darüber so erbost, dass es dem Vernehmen nach zu heftigsten Auseinandersetzungen in den Schlafzimmern des Königspaares kommt (bei Hochadels gibt es nicht ein gemeinsames Elternschlafzimmer, man hat mehrere mit Verbindungstüren). Für Elizabeth aber geht die Staatsräson und Krone vor dem Ehefrieden. Jetzt, in Zukunft und für alle Zeiten.

Das Krönungsfest ist, bei aller Prachtentfaltung und Huldigung, eine Manifestation vor allem dieses Gedankens. Elizabeth wird gesalbt in einer endlos verwinkelten Zeremonie, an deren Ende ihr die Großen des Landes die Treue schwören. Nicht nur erhöht wird die junge Königin jedoch, sie wird auch unterworfen. Sie kommt vor den Altar wie eine Opfergabe. Das allumfassende Versprechen, gerecht und gut über ihr Volk zu herrschen, ist größer als der Mensch Elizabeth Windsor. Sie selbst nimmt einen Auftrag Gottes an, heilig und unabweisbar, für sich, für ihre Familie und auf Ewigkeit. Elizabeth wird zu Elizabeth II.: Ein Mensch wird zur Historie.

Historisch ist auch das Ereignis, medienhistorisch vor allem. 1953 wird die Feierlichkeit nicht nur von der halben Million Menschen beobachtet, die an den Londoner Straßen übernachtet hat, um die Prozession der 27 Kutschen und 13 000 Soldaten auf gar keinen Fall zu verpassen (eine Prüfung für alle, denn es regnet ununterbrochen an jenem 2. Juni). Das monarchistische Spektakulum wird gleichzeitig zu einem Zeitzeichen, weil das stundenlange Ritual in der Abbey erstmals im Fernsehen übertragen wird. Es gab lange Diskussionen, ob man nach der Freiluftprozession auch das Geschehen in der Kirche selbst für die Kameras öffnen sollte. Prinz Philip, der sich um die Organisation des Ereignisses kümmert, ist ebenso dagegen gewesen wie die Königin selbst. Aber am Ende ist der Druck der Straße, der Medien, sogar des Parlaments stärker gewesen. Um »die Öffentlichkeit nicht zu enttäuschen«, wird der Fernsehübertragung durch das Kabinett zugestimmt – mit ein paar Einschränkungen: Einige heilige, persönliche Rituale dürfen nicht gefilmt und keine Nahaufnahmen des Gesichts der Queen gemacht werden. Aber das ändert nichts an der grundlegenden Revolution: Erstmals ist die Monarchie in einer ihrer »besten« Stunden nicht nur für ein ausgesuchtes Publikum zu sehen, sondern für die Masse. Und die nimmt die Gelegenheit wahr. Die Zahl der Fernsehgeräte im Königreich verdoppelt sich binnen Wochen auf drei Millionen. Über die Hälfte der Briten, 27 Millionen, sitzen während der Krönungsfeier in überfüllten Wohnzimmern, in Rathaussälen und Schulturnhallen, weitere Millionen in Deutschland, den USA, in Frankreich und den Niederlanden. Was sich ändert an diesem Tag ist mehr als nur das öffentliche Bild einer Monarchie. Es ist ihre Ikonographie, ihre Zeichensprache. Von nun an wird Königtum nicht mehr als Text und Standbild allein, sondern in bewegten Bildern erlebt.

Und die Verabredung wird gebrochen. Als Elizabeth II. kurz vor Ende der Feierlichkeiten den Mittelgang der Kirche entlang schreitet, dem Ausgang entgegen, bleibt die Kamera auf ihr Gesicht gerichtet.

Immer näher kommt sie, immer größer füllt das junge, makellose, ernste Gesicht dieser jungen Frau die Bildschirme. »Es war die Essenz dessen, was kommen sollte«, schreibt Robert Lacey über diese oft zitierte Szene. »Es überwand die alten Regeln und schuf neue Regeln für sich selbst. Bleib dran. Werde persönlich. Fernsehen hatte keine Grenzen als die Macht seiner Bilder.«

Noch eine Verabredung wird gebrochen, eine heimliche. Nach Ende des Gottesdienstes wird beobachtet, auch von einigen Journalisten, wie Prinzessin Margaret, 22 Jahre alt, bildhübsch und ausgesprochen lebhaft, ein paar Worte mit einem Uniformierten wechselt, der seit Jahren zum Hof gehört, Peter Townsend. Der hat einen Fussel auf der Uniform, gleich über seinen Orden, dem »Distinguished Service Order« und dem »Distinguished Flying Cross«. Margaret nimmt ihre Hand und wischt den Fussel weg von der Männerbrust: liebevoll, zärtlich, langsam, öffentlich. Ganz bewusst.

Der Luftwaffenoberst und die hübsche Prinzessin kennen sich seit 1944. George VI. hat ihn als »Rittmeister«, als »Equerry« aus der Royal Air Force an den Hof geholt, als eine Art persönlicher Assistent. Townsend war eigentlich nur für drei Monate beordert, aber er wird fast zehn Jahre bleiben. Dem König gefällt der unkomplizierte Umgang mit Townsend; die beiden haben sofort ein gutes Verhältnis zueinander.

Die Dienste Peter Townsends, der 1945 mit seiner Frau Rosemary und zwei kleinen Söhnen in ein vom König überlassenes Häuschen in Windsor Park gezogen ist, werden auch von den beiden Prinzessinnen gerne in Anspruch genommen. Man mag den attraktiven Soldaten, der schon mal süßlich als »schüchterner Gregory Peck« bezeichnet wird. »Schade, er ist schon verheiratet«, soll Elizabeth ihrer Schwester Margaret zugeflüstert haben, als er frisch am Hof erschien.

1948 gibt es erste Gerüchte – ausschließlich in der ausländischen Presse. Townsend begleitet Prinzessin Margaret nach Amsterdam zur Thronbesteigung von Königin Juliana. Die 18-Jährige lenkt alle Blicke auf sich. So fällt es auf, dass ihre Augen immer wieder den Rittmeister suchen. Was die Zeitungen in Amerika und auf dem Kontinent daraus machen, will man an der Fleet Street in London nicht einmal andenken: dass Prinzessin Margaret, seit Geburt der kleinen

Anne nur noch die dritte auf der Thronfolgerliste, zum Rittmeister eine romantische Beziehung pflegen könnte.

Es scheint einfach zu albern. Die königliche Familie ist immerzu von Angestellten umgeben, von Dienern, Kammerzofen und livriertem Personal, von den »Ladies-in-Waiting«, Rittmeistern, »Aides-de-Camp« und Leutnants, wenn etwas organisatorisch oder zeremoniell zu erledigen ist; es gibt einen unter altehrwürdigen Namen schlicht zusammenbrechenden Hofstaat mit dem »Keeper of the Privy Purse«, dem »Master of the Household« und »Lord Chamberlain«, vom »Silver-Stick-in-Waiting« und seinen anderen ehrenamtlichen Kollegen ganz zu schweigen. Das funktioniert nur, wenn eine Grundregel eingehalten wird: Man ist nett zueinander, zuweilen auch vertraulich, aber eine bestimmte Grenze wird nie überschritten. Ein Rittmeister mag ein wenig flirten mit einer Prinzessin, aber er verliebt sich nicht in sie und umgekehrt. Deshalb nimmt am Hof zunächst niemand die Sache ernst. Margaret wird zwischen 1948 und 1952 mit allen möglichen jungen Aristokraten in Verbindung gebracht; sie hat ein sehr reiches Sozialleben mit intensivem Kontakt zur Außenwelt. Es gibt Leute, die machen sich Sorgen darum, dass Margaret ihre Schwester als Ikone der Gesellschaft in den Schatten stellen könnte mit ihren Verbindungen in das Kultur- und Kunst-Set dieser Jahre. Aber Townsend? Nein.

Irgendwann im Jahr 1951 haben die beiden sich ineinander verliebt. Es ist nicht gleich aufgefallen – weil selbst die, die besonders gut hinschauten, nichts daran finden konnten, wenn Townsend sich um die Prinzessin kümmert. Das ist sein Job. Wie die beiden schließlich auf die Idee kommen, dass aus ihrer Liebe sogar eine Ehe werden könnte, ist unergründlich und wird es mindestens ein paar Jahrzehnte auch noch bleiben. Townsend ist 38 Jahre alt und geschieden, er ist »Comptroller of the Queen Mother's Household«, also ein dicker Fisch in der Bürokratie, als er im April 1953 nach einem langen Vier-Augen-Gespräch im Crimson Drawing Room von Windsor Castle um die Hand der 22-Jährigen Prinzessin anhält. Natürlich, ja.

Peter Townsend hätte sich keinen schlechteren Zeitpunkt für seinen hochromantischen Ausfallschritt aussuchen können; das spricht dafür, dass hier wirklich tiefe Gefühle im Spiel sind und nicht mal ein

Hauch von Berechnung. Am 24. März ist Queen Mary gestorben, die Großmutter von Margaret und Elizabeth. Es herrscht Staatstrauer. Im Mai sollen Margaret und ihre Mutter in Buckingham Palace aus- und in Clarence House einziehen. Im Juni wird Elizabeth II. gekrönt. Niemand im Hofstaat hat Lust, Zeit und Nerven, sich jetzt mit einer heiklen Verlobung der Zweitgeborenen mit einem verrückt gewordenen Höfling auseinanderzusetzen. Als Margaret ihre Königin und Schwester von ihrem Vorhaben informiert, ist diese – so überliefert es Sarah Bradford, Biografin Elizabeths II. – immerhin gar nicht abgeneigt. Die Queen zeigt lediglich die Probleme auf: die Regeln des *Royal Marriages Act* von 1772, die die Heiratspläne in der königlichen Familie unter den Vorbehalt der Zustimmung des Souveräns stellt; die Weigerung der anglikanischen Kirche, Geschiedene zu verheiraten. Elizabeth II. bittet die beiden um ein Jahr Zeit, damit man die Sache regeln könne. Sie hofft vielleicht, dass sich die Angelegenheit bis dahin von selbst gelöst hat – bei 22-Jährigen ist das ja nicht ausgeschlossen. Alan Lascelles, ihr Privatsekretär, wird Sorge dafür tragen, dass es zumindest allerhand Hürden gibt.

Die Verabredung also heißt: Stillhalten. Prinzessin Margaret aber fummelt öffentlich an Fusseln herum. Die britische Presse ist gnädig und schweigt. Aber die ausländische nicht. Elf Tage dauert es, bis die Geschichte sich auch in Großbritannien über die Titelseiten ausbreitet. Manche Zeitung nimmt sich der Geschichte auf gespielt naive Art und Weise an. Es sei natürlich nichts weiter als eine böse Spekulation der ausländischen Presse, die werte Prinzessin mit dem Rittmeister in Verbindung zu bringen, heißt es etwa in der Sonntagspostille *People*. Townsend sei zwar die unschuldige Partei in seiner Scheidung gewesen, aber dies »ändert nichts an dem Fakt, dass eine Heirat zwischen Prinzessin Margaret und ihm einem Schlag ins Gesicht der monarchischen und christlichen Traditionen gleichkäme«. Andere Zeitungen mutmaßen heftig in das Privatleben Margarets hinein, von Townsends ganz zu schweigen; sie spekulieren einen Streit zwischen Townsend und Philip herbei (was der Königinnengemahl weit von sich weist), verfolgen die Beteiligten auf allen ihren Wegen und mutmaßen ohne Unterlass über den möglichen Ausgang der unglücklichen Geschichte.

Das Glück ist nicht mit der Prinzessin. Die Queen wird ihre Haltung zur schwesterlichen Romanze revidieren. Die Hofbürokratie zwingt Townsend erst in eine Art Exil (nach Brüssel an die dortige Botschaft) und schickt Margaret unter einem fadenscheinigen Vorwand für zwei Jahre in die Warteschleife, um ihr dann zu eröffnen, dass eine Heirat zwar möglich, aber mit dem Verlust sämtlicher Privilegien, Titel, Einkünfte verbunden wäre. Margarets Mutter, Queenmum, hat inzwischen dafür gesorgt, dass die Regierung Anthony Edens (der selbst geschieden ist und wieder geheiratet hat) sich gegen eine derartige Verbindung ausspricht. Unter dem Druck der Familie, des Hofes und der Regierung und gegen die öffentliche Meinung gibt Margaret schließlich bekannt, dass man sich für immer getrennt habe.

Wie zur Strafe für das Königshaus werden sich weitere Peinlichkeiten in Margarets Leben reihen und den Ruf der einst fröhlichen, charmanten, intelligenten Prinzessin gründlich ruinieren. Im Mai 1960 heiratet sie den Gesellschaftsfotografen Anthony Armstrong-Jones, erhoben zum Lord Snowdon. Die beiden haben zwei leidlich gelungene Kinder, aber 1976 wird die Ehe aufgelöst. Margaret beginnt eine hochnotpeinliche Liaison mit einem drittklassigen Schlagersänger namens Roderick Llewellyn, der seine Verbindung zum Palast sogleich in klingende Münze umzuwandeln versucht. Zwei Jahre später wird die Schwester der Königin im Krankenhaus landen, weil die Leber den Alkoholexzessen nicht mehr gewachsen ist. Sie wird sich monatelang hinter großen Sonnenbrillen und in ihr merkwürdiges Feriendomizil auf der Karibik-Insel Mystique zurückziehen, sie wird reiche, aber falsche Freunde um sich scharen und von Krankheit zu Krankheit stolpern. Sie wird ihr ganzes Leben lang gute Dinge tun, auch das, aber davon wird kaum noch jemand Notiz nehmen. Prinzessin Margaret stirbt im Februar 2002, zwei Monate vor ihrer Mutter, am Ende eines keineswegs erfüllten Lebens. Sie ist ausgebrannt, nicht nur körperlich. Ein paar Wochen vor ihrem Tod noch wird sie in einem Restaurant im West End bei einer lustigen Feier unter Freunden beobachtet, darunter ihre Tochter Lady Sarah Chatto und deren Mann Daniel. Margaret lässt sich ständig nachschenken aus den Wasserflaschen, die zahlreich auf dem Tisch stehen. Auf diese Weise fällt es nicht so auf: Manche davon sind mit Wodka gefüllt.

Die Affäre Peter Townsend ist eine traurige Angelegenheit. Sie ist kitschig und gleichzeitig peinlich, weil sie von Klischees wimmelt. Rittmeister und Prinzessinnen. Pferde und Schlösser. Intrigen und böse Schwiegermütter. Kann man so etwas nicht einfach den *Lore*-Romanen überlassen? Nein, denn die Affäre ist ernster: Sie ist ein Vorgeplänkel auf das, was jetzt kommen wird. Es sind alle Ingredienzien für die gesamte Regentschaft Elizabeths II. schon vorhanden und die wichtigsten Rollen bereits verteilt.

Da ist zum Beispiel ihre Mutter, Queenmum, wie sie von nun an heißen wird, die sich mit den Krönungsfeierlichkeiten zurück gemeldet hat. »Her Majesty Queen Elizabeth, The Queenmother« lässt sie sich nennen (bei Her Majesty Queen Elizabeth II. hat sie um diesen neuen Titel angeblich nicht nachgefragt) und auch gleich den Anspruch erhoben, anders als Queen Mary, die als Witwe zurückgezogen lebte, öffentlich involviert zu bleiben. Das leuchtet durchaus ein: Queenmum ist erst 51 Jahre alt. Sie braucht einen Job, darum erschafft sie sich einen: »Es ist keine Übertreibung zu sagen, dass sie eigenhändig einen ganz neuen Typus von königlicher Rolle erfand«, schreibt Anthony Holden. Sie wird weiter Hof halten, Leute empfangen, wichtige Hofbeamte, Kabinettsmitglieder, Aristokraten, »Gesellschaft«. Sie unternimmt Auslandsreisen. Und sie mischt sich ein: bei den Kinder der Königin und bei ihrer jüngeren Tochter, die noch sieben Jahre lang bei ihr lebt. Sie achtet darauf, dass die alten Regeln eingehalten werden, dass es weiterhin moralisch zugeht (zumindest nach außen hin) und dass die Lehren des traumatischen Jahres 1936 nicht vergessen werden. So gut wie täglich lässt sie sich durchstellen zur Königin. »Your Majesty«, kann dann die Telefonistin sagen, »Your Majesty« – Ihre Majestät, hier ist Ihre Majestät.

Philip, Herzog von Edinburgh, wird von seine Frau erst im Februar 1957 zum »Prinz des Vereinigten Königreichs« gemacht. Er ist nicht glücklich am Anfang der Regentschaft. Er fühlt sich als »Amöbe«, als nichtsnutziges Anhängsel seiner Frau, die plötzlich für alles und jedes zuständig ist und deren Berater großen Wert darauf legen, dass sich der Herzog nicht in Staatsgeschäfte einmischt wie einst Prinzgemahl Albert. Philip, der sich mit dessen Geschichte sehr wohl auseinandergesetzt hat und angeblich (Lacey und Brandreth behaupten das jedenfalls) schon deshalb nicht zum Prinzgemahl habe werden wollen, hat bereits von seinem Schwiegervater, als der noch lebte, ein paar gemeinnützige Aufgaben übertragen bekommen und sucht sich nun ein paar neue dazu. Er kümmert sich um den Neubau der Königlichen Yacht, der »Britannia«. Er ist sehr aktiv bei einer Initiative, die den Bau von Sportplätzen fördert vor allem dort, wo es keine Spielräume für Jugendliche gibt. 1956 wird er seine womöglich nachhaltigste Initiative starten: den Duke of Edinburgh Award, ein Abzeichen, für das sich inzwischen über 2,5 Millionen Jugendliche einer Reihe von pädagogisch wertvollen Aufgaben unterzogen haben – weltweit. Er hält sich beschäftigt. Aber für einen Mann seiner Generation ist die Rolle des Hilfsvikars nicht die Erfüllung. Er hat gelernt, dass der Mann in der Familie den Ton angibt und eigentlich auch darüber hinaus. Jetzt ist er doppelt tonlos.

Philip sucht sich Unterhaltung. Mit Michael Parker, seinem alten Freund und Trinkkumpanen macht er sich auf, mit der nagelneuen »Britannia« ein bisschen um die Welt zu schippern. In Melbourne müssen 1956 die Olympischen Spiele eröffnet werden, das ist ein guter Anlass. Es wird viel gefeiert auf dem Weg, selbst nachdem Michael Parker schon in Gibraltar aussteigen muss, weil seine Frau ihm zuhause wegen seiner Untreue die Ehe aufgekündigt hat. Auch über Philip gibt es Gerüchte, schon wegen seiner monatelangen Abwesenheit. Seit 1957 heißt es immer wieder, dass die Dinge in der königlichen Ehe nicht zum besten bestellt sind. Nicolas Davies, ein Hofberichterstatter, hat mit den Vermutungen mehrere Bücher gefüllt, Gyles Brandreth mehrere Seiten mit Gegendarstellungen. Für Brandreth erscheint es unwirklich, dass es den Hauch eines Verdachts gibt gegen eine Ehe, die bald 60 Jahre hält. Kein wirklich überzeugendes Argument: Elizabeth und Philip können sich nicht scheiden lassen. Sie dürften sich noch nicht einmal öffentlich streiten.

Am Hof spielt Philip von Anfang an eine zwiespältige Rolle. Auf der einen Seite ist er der perfekte öffentliche Gatte, immer die protokollarisch vorgeschriebenen zwei Schritte hinter seiner Frau, und das nicht nur im physischen Sinne: »Ich musste einen Weg finden, die Königin zu unterstützen, ohne im Weg zu sein«, wird er später Brandreth erzählen. Er denkt trotzdem für sie mit, er berät sie (lieber heimlich denn offen), hört ihr zu. Er verteidigt ihre Positionen, wenn es sein muss. Aber er hält sich – was die politische Rolle der Queen anbelangt – immer im Hintergrund, übernimmt nie die Initiative. So wird es von ihm erwartet.

Auf der anderen Seite aber ist er weit mehr als die Königin davon überzeugt, dass der Hof einer konsequenten Modernisierung bedarf. »Er glaubte mit einer gesunden und unkomplizierten Leidenschaft an die Notwendigkeit, den muffigen Palast näher an das Leben der normalen Leute heranzuführen«, schreibt Ben Pimlott. Philip bringt eine Vision von Königtum mit ins Haus, die der Elizabeths nicht einmal ähnlich ist. Der Herzog hatte in seinem Leben viel größeren Kontakt zur Normalität als sie, er hat ein marodes Königtum kennen gelernt und erlitten, er ist auch – jedenfalls zu Anfang der Regentschaft – durchaus beeinflusst durch die radikalen Ideen »Dickie« Mountbattens. Philip ist ein Mann, dessen Diplomatie engere Grenzen hat. Wenn er ungeduldig wird, dann redet er Klartext.

Dadurch eckt er bei den Herren »Courtiers«, den Höflingen, an. Der Königliche Privatsekretär Alan Lascelles, den Elizabeth von ihrem Vater übernommen hat, geht nach einem Jahr. Ihm folgt Michael Adeane folgt ihm nach, als ein Enkel Lord Stamfordhams sozusagen ein Eingeborener am Hof. Er bleibt bis zu seiner Pensionierung 1972, um Martin Charteris das Feld zu überlassen, seinem langjährigen Stellvertreter. Sie alle unterscheiden sich nicht sehr voneinander.

Anders als Philip neigt Elizabeth dazu, ihnen Glauben und Vertrauen zu schenken sowie ihrer Expertise zu folgen. Das hat ihr noch ihr Vater auf den Weg gegeben, dass man im Zweifelsfall auf seine Berater hören solle: »Dafür werden sie bezahlt.« Die Wirkung ist verhängnisvoll. Denn die Höflinge bilden ein konservatives System. Die Grundregel ihres höfischen Lebens ist seit George V. (und bis heute), dass eigentlich nichts geschehen soll, was nicht vorher schon einmal passiert ist. Jedes Detail im Alltag des Königtums wird auf Präzedenzen untersucht, ganz gleich, ob es um Kleidung geht oder um die Reihenfolge des Auflegens von Fisch, Fleisch und Gemüse bei Tisch. Das hat Vorteile, weil nur so die höfischen Rituale bewahrt werden können, die einen Teil der Faszination des Hofes für die Außenwelt ausmachen. Das hat Nachteile, weil es nirgendwo im System einen

Antrieb gibt, die Rituale, die Regeln, das Wirken der Monarchie zu überprüfen. Und hinterfragt werden müsste so manches. Die Monarchie, die Elizabeth II. übernimmt, stammt streng genommen von ihrem Großvater. Es müffelt ein wenig, da hat Philip schon recht.

Vor allem der Umgang mit der Presse bedürfte einer Revision. 1953, zu Zeiten der Fussel-Affäre, sind die britischen Blätter noch verhältnismäßig brav. Sie halten immerhin für elf Tage still, wie zu Zeiten Edward VIII. Aber das Abschotten der Nachrichten funktioniert eben nicht mehr. Menschen reisen jetzt mehr; es gibt Flugverbindungen über den Kanal und den Atlantik. Der Ton ändert sich. 1954 wird *East of Eden* mit James Dean gedreht, ein Jahr später steht in Memphis, Tennessee, ein junger Musiker namens Elvis Presley das erste Mal vor kreischenden Mädchen. 1957 gründet der 16-jährige John Lennon in Liverpool die Band »The Quarry Men«. Die Welt bewegt sich.

Der August 1957 bietet ein Anschauungsbeispiel für den Wechsel im medialen Umgang mit der Monarchie. John Grigg, Lord Altrincham, ein konservatives Mitglied des Oberhauses, Journalist und Historiker, veröffentlicht einen kritischen Aufsatz über die Zukunft der Monarchie in einer kleinen Zeitschrift namens *National and English Review*. Altrincham weist darin darauf hin, dass sich das Ansehen der Monarchie auf den Kopf gestellt hat seit den Zeiten der Hannoveraner. Damals habe man die Institution der Krone verehrt und geachtet, aber zugleich die Gekrönten als unwürdige Gestalten verspottet und ignoriert, schreibt er. Heute sei das Gegenteil wahr. Die Königin und ihr Vorgänger, George VI., seien als Personen hoch geachtet, während die Überlebensfähigkeit der Monarchie mit »fundamentalem Skeptizismus« betrachtet werde. Auf die Königin käme eine gewaltige Aufgabe zu: Sie müsse sich zu einer erkennbaren Persönlichkeit entwickeln, um ihr aus Krönungstagen stammendes hohes Ansehen zu festigen. Sie müsse »Dinge sagen, an die die Leute sich erinnern können, und Dinge tun aus eigenem Antrieb, die die Leute aufmerken lassen«.

Altrincham wird auch deutlicher: Er hält die bisherige elisabethanische Monarchie für einen Anachronismus. Die Königin sei von weißen, anglikanischen, angestaubten und alten Aristokraten umgeben, die mit dem Wandel in der Gesellschaft nichts anfangen könnten. Sie erhebe den Anspruch, am Kopf des Commonwealth zu stehen, aber es gebe keinen einzigen dunkelhäutigen Mitarbeiter mit Entscheidungsbefugnis am Hof. Altrinchams Kritik richtet sich ganz ausdrücklich nicht gegen die Institution oder einzelne Höflinge. Es geht eindeutig gegen die Queen, schon weil er klarstellt, dass die Berater von ihr abhängig sind und nicht umgekehrt. Schließlich macht er sich sogar ein bisschen lustig. Die Auftritte der Queen, bei denen sie ans Mikrofon treten würde, seien fürchterlich. Es wäre schon schlimm genug, dass sie ihre Texte ablese und so den Eindruck erwecke, sie könne nicht mal ein paar Sätze in einen sinnvollen Zusammenhang reihen ohne schriftliche Hilfe. Nein, sie lese auch noch schlecht vor. Die Texte seien zum Überfluss völlig unauthentisch. »Die Äußerungen, die ihr in den Mund gelegt werden, vermitteln die Persönlichkeit eines besserwisserischen Schulmädchen, der Mannschaftsführerin eines Hockeyteams, einer Konfirmationskandidatin.«

Der Text schlägt ein wie eine Bombe. Elizabeth II. is not amused, nein: sie ist verärgert. Es gibt Leute am Hof, die die Kritik für durchaus berechtigt halten. Angeblich Philip, ganz bestimmt aber Martin Charteris, einer der Stellvertreter des Königlichen Privatsekretärs. Man ist ja durchaus schon dabei, alte Zöpfe abzuschneiden. Die höchst alberne, sexistische und penetrant exklusive »Vorstellung der Debütantinnen am Hof« etwa, Zuchtschau des weiblichen Heiratsmaterials aus der Oberschicht, soll abgeschafft werden.

Das eigentlich Bemerkenswerte aber ist die Reaktion der Medien auf Altrinchams Kritik. Es gibt erstens kaum jemanden, der sich differenziert mit ihr auseinandersetzt – diese Zeiten sind vorbei. Es gibt zweitens eine breite Ablehnungsfront gegen den Angriff – das wird sich noch ändern. Und drittens suchen sich die selbst ernannten Verteidiger der Königin schon in diesen frühen Zeiten einfach einen unwichtigen Nebenaspekt heraus und blasen ihn zum Skandal auf. Dass ein konservatives Mitglied des Oberhauses, der selbst die Elite-Ausbildung genossen hat, die ein Klassenkämpfer kritisieren würde, dass also ein »Eton Peer« mit solchen Gedanken an die Öffentlichkeit gegangen ist, findet die größte Beachtung. Der ist natürlich gleich ein Nestbeschmutzer, den man gnadenlos beschimpfen muss – selbst in den liberalen Zeitungen. Die BBC umgeht solche Heuchelei, indem sie Lord Altrincham einfach ganz aus den Studios verbannt und die Geschichte ignoriert. Also redet der Mann bei ITN, denn es gibt seit kurzem eine (kleine) Konkurrenz zum Staatsfernsehen. Als er nach einem solchen Interview aus dem Studio kommt, erhält Altrincham von einem Anhänger der »Liga der Loyalisten im Empire«, wer auch immer das sein mag, eine Ohrfeige. Der Übeltäter wird milde bestraft, weil der Richter überzeugt ist, 95 Prozent der Bevölkerung hätten ähnlich gehandelt, wenn sie sich trauen würden.

Es ist schade (aber bekannt), dass das gesunde Volksempfinden nicht empfindsam ist. Niemand merkt, dass die Debatte um die Zukunft der Monarchie hier auf ein paar Ausdrücke und die Person ihres Kritikers reduziert wird. Niemand begreift, dass die Monarchie durch solche Verkürzung größeren Schaden nimmt als durch die Kritik selbst. Es ist ein Muster, das sich wiederholen wird, immer wieder und wieder, im Umgang der Medien mit dem Königshaus: Sie werden sich immer weniger für die Monarchie interessieren und für das merkwürdige Konstrukt dieser eigenartigen Staatsform, nicht einmal mehr für die Personen, die in dieser Struktur eine Rolle spielen, aber stets für jede noch so kleine Sensation.

Ebenso schade ist, dass auch am Hof niemand das so recht begriffen hat. Es gibt im Rückblick wahrscheinlich keine Periode in der Regentschaft Elizabeths II., in der eine inhaltliche Auseinandersetzung um die Fortentwicklung der Monarchie einfacher gewesen wäre als im Jahre Altrinchams. Elizabeth und Philip sind ungeheuer populär in den fünfziger und sechziger Jahren. Die beiden haben eine triumphale Tour rund um den Erdball unternommen; von November 1953 bis Mai 1954 haben sie mit Besuchen in der Karibik, Australien, Indien und Afrika die längste Reise der Regentschaft hinter sich gebracht, sie haben 1957 unter anderem Frankreich, Kanada und die USA besucht und überall das Publikum beeindruckt (Deutschland steht erst 1965 das erste Mal auf dem Programm, 20 Jahre Kriegsquarantäne mussten wohl sein; der Empfang für die Queen ist dafür um so gigantischer).

Am 19. Februar 1960 – immerhin fast zehn Jahre nach der Geburt von Prinzessin Anne – kommt mit Prinz Andrew noch einmal Nach-

Die Familie Commonwealth: Elizabeth II. spricht in Indien vor einer Viertelmillion Zuhörer.

wuchs in die populäre Familie, am 10. März 1964 schließlich Prinz Edward, und jede Geburt wird weltweit goutiert, als sei ein Neffe in der eigenen Familie geboren worden. Leute, die die Queen aus jener Zeit kennen, halten diese Jahre für »vielleicht die glücklichsten« der Königin: Sie habe, anders als noch bei Charles und Anne, sich in ihrer Position so sicher gefühlt, dass sie es sich sogar erlaubt habe, ein bisschen mütterlich zu sein.

Der Hof verpasst in diesen Jahren seine goldene Chance, aus der sicheren, mächtigen Position hoher Popularität heraus zu handeln: Wandel vorzuempfinden, sich einzustellen auf gesellschaftliche Veränderung, die Zukunft strategisch anzugehen. Es wird später immer so wirken, als reagiere der Palast. Als komme er verspätet und nur widerwillig den Wünschen des Volkes entgegen.

Die Veränderungen draußen bleiben gewaltig. Großbritannien verliert seine Weltmachtstellung. 1956 erlebt das Land ein völliges Debakel bei dem Versuch, gemeinsam mit den Franzosen den Suez-Kanal zurückzuerobern. Die Regierung überschätzt den britischen Einfluss auf die Welt und ihre militärischen wie wirtschaftlichen Möglichkeiten, und die Quittung ist bitter. Das Kolonialreich wendet sich gegen den alten Kolonialherrn. In Afrika, Asien, in der Karibik wird der Drang immer stärker, Unabhängigkeit zu zeigen. Wirtschaftlich rückt Großbritannien für Jahrzehnte in den Schatten der USA und der entstehenden Europäischen Gemeinschaft. Der Aufwallung draußen entspricht das Aufweichen gesellschaftlicher Gewissheiten im Inneren. Die Aristokratie behält zwar ihre Bedeutung im politischen Aufbau; im Oberhaus sitzt nach wie vor der Land- und Hochadel. Aber seit 1958 gibt es Konkurrenz im hohen Haus: die »Life Peers«, die Lords und Ladys, die aufgrund ihrer Lebensleistung mit einem nicht vererbbaren Titel geadelt werden. Das hat es vorher nur in Einzelfällen und für die höchsten Richter des Landes gegeben. Nun wird der letzte Hort der politischen Macht der alten Oberklasse von Lehrersöhnen und Kaufmannstöchtern gestört.

Von der klassenlosen Gesellschaft ist das Königreich noch weit entfernt: Um die unsichtbaren Schranken zwischen oben und unten aufzuheben, wird erst – was für eine Ironie der Geschichte – die konservativste aller konservativen Premierminister kommen müssen:

Margaret Thatcher. Aber die Klassenschranken werden durchlässiger seit den fünfziger Jahren. Das erkennt man an den Schulen: Selbst die exklusivsten Internate bemühen sich jetzt – unter dem fordernden Blick der Labour-Partei – um die Rekrutierung einer etwas durchmischteren Schülerschaft. Auf den Straßen erkennt man das an der Mode, die sich langsam löst von der Uniformierung nach Art der Aristokratie; Männer sieht man jetzt auch einmal ohne Hut. Und man kann es sogar hören: Mit den sechziger Jahren wächst der Stolz auf die regionalen Akzente des Englischen; sogar bei der BBC kommen nun hin und wieder Stimmen über den Äther, die sich nicht mehr um reines »Queen's English« bemühen.

Und am Hof? Elizabeth II. lebt am Zeitgeist vorbei. Das ist, wie Penny Junor in ihrer Monografie *The Firm* meint, »sowohl ihr Handicap als auch ihre Rettung. Es mag sie daran gehindert haben, die Monarchie in diesen frühen Jahren nach vorne zu bringen, aber es hinderte sie auch daran, an ihre eigene Popularität zu glauben.« Es wäre leicht gewesen, so Junor, sich an der Bewunderung der Massen zu berauschen, sie zu verwechseln mit einer Begeisterung für das Amt und die Krone. Elizabeth hat bald ihren Stil als Monarchin entwickelt, aber mit der Leichtigkeit, die sich als Lebensgefühl mit den sechziger Jahren in ihrem Königreich entwickelt, hat der nicht viel zu tun. Im Gegenteil: Die Königin wirkt ein bisschen wie eine Streberin. Sie ist eifrig und tadellos. Von Edward Ford, einem ihrer Sekretäre, ist der Satz überliefert, dass es »wunderbar« gewesen sei, für sie zu arbeiten, sie habe sich »nie beschwert, noch eine Ordensverleihung abzuhalten, noch einen Botschafter zu begrüßen, wirklich professionell«. Sie hat keine Wutanfälle wie ihr Vater und ihr Großvater, sie ist immer höflich, immer entschieden, sie hat ein Gespür dafür, was wann wie zu tun ist.

Sie mag Routine. Da hat sie etwas von George V. Der Tagesablauf in Buckingham Palace ist festgelegt, der in Windsor Castle auch. Um 8 Uhr morgens weckt die Kammerdienerin mit einem frisch gebrühten Earl Grey Tee. Sie füllt das Bad, 17,8 Zentimeter (sieben Inches) tief und 22 Grad Celsius kalt, angeblich. Der Königin wird die Kleidung zurechtgelegt, ihre Friseurin macht das Haar. Um 9 Uhr kommt die Königin aus ihrem Schlafzimmer (der Prinz schläft in der Regel in seinem eigenen Bett), geht durch ihr Wohnzimmer in ihr Esszimmer, wo das Frühstück serviert ist. Eine sparsame Angelegenheit für den Alltag: Cornflakes (aus der Tupperdose), eine Scheibe brauner Toast, Orangenmarmelade. Manchmal frühstückt das Ehepaar Windsor auch gemeinsam. Um 10 Uhr kommt der Privatsekretär und geht mit der Queen die Papiere durch. Es folgt Programm bis 13 Uhr; dann gibt es vielleicht einen Gin und Dubonnet (das Lieblingsgetränk auch der Queen Mother, im Gegensatz zum presseweiten Vorurteil, dass diese immer nur Gin Tonic trank), ein leichtes Mittagessen, serviert von einem Diener in Livree. Nach dem Essen ein Spaziergang mit den unvermeidlichen Corgis, dann Programm, 17 Uhr natürlich Tee, um 18 Uhr Gin Tonic. Abendessen gibt es um 20.15 Uhr – in kleiner Gesellschaft oder mit großem Theater, je nachdem. Es gibt Abende, die verbringt die Queen vor dem Fernseher (sie guckt angeblich gerne Seifenopern und andere leichte Unterhaltung) oder mit dem (nicht ganz einfachen) Kreuzworträtsel des *Daily Telegraphs*. Bücher sind ihre Sache nicht: Sie liest Akten, täglich mindestens zehn rote Boxen voll. Und am nächsten Tag das Ganze von vorne. (In Sandringham und Balmoral macht die Königin Ferien, da ist der Tagesablauf wohl nicht ganz so festgelegt. Dort kocht sie den Tee auch schon mal selbst. Harold Wilson, der Premierminister, hat der Königin sogar einmal beim Abwasch in einem kleinen Jagdhäuschen im Wald geholfen).

Es klingt nicht sehr stressig, aber es ist Arbeit, das Königtum heutzutage. Der Hof Elizabeths II. mag politisch ohnmächtiger sein als seine Vorgänger, aber er hat mehr zu tun. Die Rolle des Staatsoberhauptes ist ausgefüllter als in der Vergangenheit. Elizabeth und Philip reisen viel: Sie werden bis zum Jahr 2005 über 200 Staatsbesuche machen; das ist, was man als Staatsoberhaupt seit dem Zweiten Weltkrieg eben tut. Es sind auch Staatsbesucher als Gäste zu empfangen, im Durchschnitt zwei bis drei im Jahr. Jeder Botschafter des Königreichs, der ins Ausland geht, bekommt eine Audienz vor seiner Entsendung; jeder Botschafter aus dem Ausland, der sich, wie der Ausdruck geht, »am Court of St. James« akkreditiert, darf der Königin seine Aufwartung machen. Die Königin vergibt Orden und Titel – das ist der Teil ihrer Arbeit, den sie nach eigenem Bekunden für den wichtigsten hält. Sie gibt Gartenpartys für viele und seit einiger Zeit Mittagessen für wenige Geladene, es gibt seit einigen Jahren den Programmpunkt »Dine and Stay« für besonders Geehrte, die bei der Queen in Windsor zum Abendessen bleiben dürfen und dann anschließend auf dem Schloss übernachten.

Es ist Arbeit, wirklich. »Man muss immerzu lächeln«, hat die Queen einmal gesagt: schon weil sie, wenn sie nicht lächle, einen Gesichtsausdruck hätte, der bei den Leuten den (falschen) Eindruck erwecke, sie sei über irgendetwas verärgert. Wenn die Königin auf Tour ist, ob auf Staatsbesuch oder im eigenen Land, um irgendwo eine Brücke zu eröffnen, einen Kindergarten zu besuchen oder den neuen Anbau eines Krankenhauses mit ihrer Anwesenheit zu beehren, dann trifft sie eine große Zahl von Menschen, die sie selbst gleich wieder vergessen wird. Aber alle diese Menschen werden sich tage-, wenn nicht wochen- oder sogar lebenslang an den Moment erinnern, an dem die Queen vor ihnen stand. Wenn die Königin die Krankenschwester oder den Bürgermeister nicht anlächelt, dann wird das für diese beiden eine lebenslange Enttäuschung bedeuten. Also: Lächeln bis der Kiefer schmerzt.

Als Königin muss sie sich immerzu interessiert geben. Sie muss freudig zuhören und hingucken, wenn der Gemeindechef in epischer Breite die verwickelte Bau- und Entwicklungsgeschichte des einzuweihenden Bibliotheksneubaus Revue passieren lässt. Sie muss bewundernd lächeln, wenn die Kindergruppe des Folklorevereins sich mit einigen walisischen Weisen präsentiert. Sie darf nicht einschlafen, wenn zum Auftakt der Festveranstaltung das Kammerorchester einige Sätze Elgar spielt. Sie darf sich nicht in der Öffentlichkeit an der Nase kratzen, weil sonst unweigerlich sofort ein Foto davon um die Welt geht. Immer unter Kontrolle bleiben, weil immer jemand guckt.

Und Small Talk halten muss sie, »the smallest of small talk«, wie Brandreth schreibt, den geringsten Small Talk der Welt. Nichts anderes ist möglich. Jedes königliche Wort, das in der Öffentlichkeit fällt, wird auf die Goldwaage gelegt; und weil die Königin sich nicht parteipolitisch äußern darf, weil sie mögliche Fettnäpfchen umgehen muss und ihre Gesprächspartner nicht in Verlegenheit bringen sollte, bleibt fast nur noch das Wetter übrig. Prinz Philip kann ein Lied davon singen, was passiert, wenn man sich vom Pfad der Tugend allzu weit entfernt. Er hat einen ausgesprochen sarkastischen Humor und wortstolpert schon mal leicht über die Grenzen des politisch Akzeptablen hinaus. Die Berichte über seine Ausrutscher sind Legion. Er hat von »Schlitzohren« in China gesprochen, die Ungarn als »bierbäuchig« bezeichnet und schottische Fahrlehrer gefragt, wie sie es schaffen, die Eingeborenen so lange vom Trinken abzuhalten, dass sie ihren Fahrtest bestehen können. Er hat sich politisch geäußert, zum Beispiel gegen das Verbot des Waffenbesitzes, was einen Aufschrei der Entrüstung durch das leicht entrüstbare Land gehen ließ.

Die Queen hat sich besser im Griff. Sie macht harmlosere Späße. Guckt plötzlich überrascht aus dem Fenster und lacht, wenn alle anderen es ihr nachtun. Sie zerstreut damit, genau wie der Prinz mit seinem derben Humor, die Nervosität, die es unweigerlich gibt, wenn Neulinge mit ihr in Kontakt kommen. Königliche Präsenz ist enervierend – selbst für Journalisten, die sich brüsten, mit allen Wassern gewaschen zu sein. Es ist Job der Queen und ihr Erfolgsrezept, ihren Gesprächspartner zu entspannen. Es ist auch der Schlüssel zu ihrer geheimen Macht.

Tony Benn, wahrscheinlich der republikanischste Labour-Politiker, der je in einem britischen Kabinett gesessen hat, hat etwas von dieser Macht des Lächelns erfahren, als er Postminister war. Benn wollte das Einverständnis der Queen einholen, in Großbritannien Briefmarken einzuführen, auf denen nicht ihr Kopf, sondern irgendein hübsches Design zu sehen wäre. Sie hat ihn im Palast empfangen und sich eine halbe Stunde lang hochinteressiert seine Pläne angehört; die Königin ließ sich sogar (er kniete, Pappen ausbreitend, auf dem Fußboden, sie stand gebeugt darüber) Entwürfe zeigen. Elizabeth war freundlich und ermutigend. Benn fuhr ganz siegesgewiss zurück ins Ministerium.

Britische Briefmarken zeigen immer noch den Kopf der Queen, die meisten sogar ausschließlich. Elizabeth II. weiß, dass sie einem Minister nicht widersprechen kann – das wäre nicht verfassungskonform. Aber sie hat natürlich ihre Möglichkeiten. Sie kann über andere Kanäle ihr Missfallen kund tun, sie kann »warnen und empfehlen«. Benns Premier, Harold Wilson, wollte damals keinen Streit mit der Queen. Er brauchte ihre Unterstützung beim nächsten Treffen der Regierungschefs des Commonwealths. Benn musste darum seine Briefmarkenentwürfe einpacken und alle Pläne für Reformen fallen lassen.

Es muss niemand darben im Königreich, weil es keine königinnenkopflosen Briefmarken gibt. Der Konservatismus der Briefmarkengestaltung hat im Gegenteil sogar Vorteile. Wie die Routine im Leben einer Königin transportiert das Ewiggleiche ein beruhigendes Gefühl von Kontinuität. Das ist gut und erwünscht von großen Teilen der Bevölkerung, der britischen zumal und vor allem in Zeiten großer gesellschaftlicher oder wirtschaftlicher Veränderung. Die Queen mit ihrem spezifischen Konformismus gegenüber dem, »was von uns erwartet wird«, hat das verinnerlicht. Sie weiß, dass sie sich gerade durch das Festhalten an Konventionen und Traditionen ihren Platz im Herzen der Nation erobert hat.

Und doch entpuppt sich dieses Festhalten als Falle. Es gibt in den ersten beiden Jahrzehnten der Regentschaft Queen Elizabeths II. eine unterschwellige Veränderung, auf die der Hof falsch reagiert, weil er mit Veränderung nicht umzugehen weiß. Die Krone hat die Macht der politischen Intervention, wie schon beschrieben, weitgehend verloren und sich dafür seit Victorias Zeiten auf eine immer prächtigere Repräsentation verlegt. Das hat bisher funktioniert, aber nun beginnt es, schwierig zu werden. Die Briten haben kein Problem mit Nationalstolz und Patriotismus, großes Staatstheater ist bei ihnen erlaubt und akzeptiert. Aber die Begeisterung des Volkes ist nicht mehr automatisch garantiert. Der Staat verliert sein Monopol auf bombastische Vergnügung und kollektiven Rausch. Das Volk bekommt jetzt auch andere Ablenkung der prachtvollen Art. Hollywood zum Beispiel macht dem Königshaus Konkurrenz, nicht nur mit glorreichen Filmen, sondern noch viel mehr mit glorreichen Stars, prinzessinnengleich.

Die Reaktion scheint auf der Hand zu liegen. Man muss sich jetzt, in den sechziger Jahren, ein bisschen mehr zeigen. Man darf die Presse nicht, wie der königliche Pressesprecher Colville, in die Wüste schicken, sondern man muss sich ihrer bedienen wie Edward VII. Und dann setzt man auf die Familienidylle: Damit befriedigt man Bagehots Ideal einer symbolischen Staatsfamilie an der Spitze der Familie Staat genauso wie den Bilderhunger der Illustrierten. Es passt ja auch gerade so gut: Elizabeth und Philip haben noch einmal Kinder bekommen. Die Windsors lassen sich als hübsche Familie leicht porträtieren. Sie liefern ein schönes, romantisches Bild von einfacher Moral, das die Konkurrenz in aller Regel nicht bieten kann.

So nahe es liegt, es ist gleichzeitig gefährlich; aber das wissen sie noch nicht. Das Bild von der kleinen Familie, die harmonisch an der Spitze der Gesellschaft steht und die Sehnsucht dieser nach derartiger Harmonie repräsentiert, hat in der ersten Hälfte des Jahrhunderts funktioniert, weil niemand es gewagt hätte, hinter die Kulisse zu gucken und zu prüfen, ob das Zusammenleben wirklich so idyllisch ist. Die echte Familie Windsor hat das öffentliche Ideal besetzt; von der Wirklichkeit des Familienlebens brauchte niemand etwas zu erfahren. Das kehrt sich jetzt um: Die Menschen wollen miterleben, wie die ideale Familie in Wirklichkeit lebt.

Aber was ist, wenn das Ideal nicht mit der Realität übereinstimmt? Was, wenn die Windsors sich als eine Familie entpuppen, für die das englische Wort »dysfunctional« wie erfunden scheint; ein Wort, für das es keine deutsche Übersetzung gibt, dessen Bedeutung (ungefähr: »von einer Funktionsstörung beeinträchtigt«) man sich aber denken kann?

Wenn dem so ist, dann hat eben auch die Monarchie eine Funktionsstörung.

Kapitel 7

Eine Ära Horribilis

Charles, Diana und Camilla

Januar 1972. Prinz Charles, Prinz von Wales, Earl von Chester, Herzog von Cornwall und von Rothesay, Earl von Carrick, Baron von Renfrew, Lord of the Isles, Prinz und Steward von Schottland, Thronerbe des Vereinigten Königreichs oder auch: Unterleutnant Windsor soll lernen, wie man unter Wasser aus einem U-Boot aussteigt. Das ist nicht ganz ungefährlich. Für den dritten Montag des Monats hat ihn die Royal Navy nach Gosport einbestellt, an die Südküste Englands.

Ganz in der Nähe hat der Großonkel des Prinzen, Lord Louis Mountbatten, sein Anwesen: Broadlands in Romsey. Das Haus ist Charles gut bekannt, er hat sich hier schon häufiger heimlich mit Freundinnen getroffen. Broadlands ist als Treffpunkt für Verliebte gut geeignet. Das Haus liegt abgeschirmt hinter Bäumen und hohen Mauern. Das Personal gilt als diskret. Die Königin und ihr Mann haben hier 1947 ihre Flitterwochen verbracht.

An diesem Samstag macht der Prinz in der Lady Louis Suite, seinem Schlafzimmer, endlich ernst. Er geht vor seiner Freundin auf die Knie. Will sie, Camilla Shand, seine Frau werden und Prinzessin von Wales? Camilla ist gerührt von dieser Szene, vielleicht auch erschüttert. Sie hat diese Idee bisher immer weggelacht, wenn er davon sprach. Warum solle sie leben wie in einem Aquarium, hat sie ihn gefragt. Jetzt muss sie ernsthafter reagieren. Aber sie sagt trotzdem Nein. Nein danke.

Das ist die Version dieser Szene, wie man sie sich erzählt. Sie kann noch ein bisschen ausgeschmückt werden, mit Blumen, Champagner und vielleicht einem Ring. Es gibt viele Szenen in der Geschichte des Königshauses, die auf reiner Imagination beruhen: Allein schon weil sich die Beteiligten gegenüber Dritten gemeinhin ausschweigen. In diesem Fall aber sind nicht nur die Blumen oder der Champagner strittig. Es ist ungeklärt, ob die Szene überhaupt jemals stattgefunden hat. Es gibt Leute, die schwören, dass Charles Camilla Shand einen Heiratsantrag gemacht habe, dort in diesem Schlafzimmer und wohl auch an jenem Wochenende. Es gibt andere, die das für ein völlig absurdes Gerücht halten. Charles sei damals überhaupt noch nicht so weit gewesen; er hätte sich auch nie getraut, seine Freundin um die Ehe zu bitten, weil er erstens ihre Antwort kannte (und fürchtete) und zweitens wusste, wie der Hof auf Camilla Shand reagieren würde.

Lord Mountbatten selbst, für Charles so etwas wie ein Ersatzvater, -freund, -bruder, -pate, hat dem Thronerben schon eingeschärft, dass er eine Jungfrau heiraten muss, eine Frau ohne Geschichte. Bis er die passende Braut gefunden habe, solle er fröhlich die Damenwelt erobern und sich die Hörner abstoßen. »Meine Güte, du bist in der beneidenswertesten Position in Großbritannien«, soll der alternde, für seine bisexuelle Abenteuerlust bekannte Admiral seinem Großneffen zugeraunzt haben. »Du kannst jedes Mädchen haben, das du willst.«

Beneidenswert, wirklich? Der junge Prinz wird von vielen, die ihn damals kennen, als ein Zweifler beschrieben, zurückhaltend, schüchtern, ungelenk, wortarm, ganz gleich, wie viele Damen sich den prinzlichen Avancen öffnen. Das hat ihm ja so an Camilla Shand gefallen, Anfang der siebziger Jahre: dass sie stark ist, dass sie sagt, was sie will, dass sie keine Umstände macht. Auch im Nachbarzimmer der Lady Louis Suite, dem Portico Room, der ihr bei ihren Besuchen auf Broadlands stets als Schlafzimmer überlassen wird, ist sie wohl entsprechend forsch, fordernd und fulminant. Diese Frau macht Spaß, an dieser Frau kann man sich festhalten. »Charles ist ganz hingerissen«, werden in den einschlägigen Biografien die Zeitgenossen zitiert.

Die vorherrschende Meinung besagt, dass Camilla damals keine Heirat wollte. Ihr sei bewusst gewesen, dass die nächste Prinzessin von Wales ein öffentliches Leben führen wird. Sie habe genug Kontakt zum Hof, um zu ahnen, wie das aussehen werde. Vielleicht hat sie auch antizipiert, dass es in der Tat Ärger geben könnte, wenn ihr Name in die öffentliche Diskussion gerät. Sie ist keine Jungfrau. Vielleicht hat sie Angst davor, dass die Presse über sie herfällt.

Es gibt Leute, darunter solche, die Camilla gut kennen, die das für unglaubwürdig halten. Nach ihrer Deutung der Ereignisse hätte die 25-Jährige damals nicht Nein gesagt. Natürlich habe sie Charles gewollt. Er hätte wohl einfach nicht gefragt, und Camilla hat erst einmal einen anderen genommen. Aber die Idee, den Prinzen zu heiraten, habe sie nie fallen gelassen.

Es ist nicht zu klären. Das Rätsel wird der Welt noch ein paar Jahrzehnte erhalten bleiben, weil die beiden Protagonisten es mutmaßlich nicht auflösen werden. Es ist ja auch nicht entscheidend. Die Ungewissheit an dieser Stelle mag vor allem zeigen, dass es in der Geschichte zwischen Charles, Camilla und Diana keine unbestreitbaren Wahrheiten gibt. Niemand ist schuld, niemand schuldlos an dem Debakel, das die nächsten 30 Jahre die Geschichte der Windsors überschatten soll.

Der Prince of Wales habe eine relativ unglückliche Jugend hinter sich, liest man in der wichtigsten Biografie, die es über den Thronfolger gibt. Sie ist 1994 erschienen; Charles hat daran mitgearbeitet. Er hat Jonathan Dimbleby, einem befreundeten Journalisten, Spross einer legendären Rundfunkfamilie, Interviews gegeben und unvergleichlichen Zugang zu Unterlagen eingeräumt. Seitdem weiß die Welt zum Beispiel, dass der kleine Charles sich von seinem Vater gegängelt und gedemütigt fühlte. Was Dimbleby beschreibt, erinnert fatal an die Kindheitserinnerungen des Herzogs von Windsor oder die des Prinzen Albert Edward: die Zornausbrüche des Vaters, weil der Sohn sich irgendetwas hat zu Schulden kommen lassen; das Unverständnis des Patriarchen gegenüber der weichen, passiven, weinerlichen Art des Kindes. Dimbleby schreibt: Philip »schien oft darauf aus zu sein, den Prinzen nicht nur zu korrigieren, sondern ihn auch zu verspotten, so dass er dumm und gehemmt wirken würde nicht nur vor der Familie, sondern auch vor Freunden. Zu deren Entsetzen wurde der kleine Junge häufig zum Weinen gebracht durch die Witzeleien, die er ertragen musste, und auf die er keine Antwort zu finden schien.« Charles hat im Vergleich zu seinen Vorfahren ein Zusatzproblem: Seine Mutter eröffnet ihm keinen emotionalen Hafen, in den er fliehen könnte. Er wird später davon sprechen (und Dimbleby nimmt das in sein Buch auf), dass er sich zwar sicher sei, dass seine Eltern ihn immer geliebt haben, dass sie es aber nicht vermocht hätten, es ihm auch zu zeigen. Ein bitterer Vorwurf.

Wie beim Herzog von Windsor muss man sich fragen, ob es sich hierbei nicht um eine Nach-Erfindung handelt, eine negative Verzerrung im Rückblick. Charles ist nicht in den trübsten Verhältnissen aufgewachsen. Er hatte zwei Kindermädchen, Helen Lightbody und Mabel Anderson, die ihm durchaus Wärme geboten haben. Er hat bei seiner Gouvernante Catherine Peebles, die später auch Anne, Andrew und Edward erziehen sollte, eine fröhliche, solide Grundschulzeit verbracht. Es gibt wirkliche Idyllen. Balmoral zum Beispiel: ein gigantisches Outdoor-Paradies, ein Jungentraum in den rauen Highlands. Da kann man bei Wind und Wetter fischen, angeln, später jagen, man kann Spuren suchen, Tiere bestaunen, Abenteuer erleben.

Charles ist der erste Thronfolger, der auf eine vergleichsweise normale Schule geschickt wird. Erst nach Hill House, eine private »Prep School« in Kensington. Dort kann der Prinz, acht Jahre alt, mit Gleichaltrigen aus verhältnismäßig normalen Familien spielen – das ist mehr, als seine Mutter erlebte. 1957 schicken ihn die Eltern auf das altehrwürdige Internat von Cheam, wo sein Vater 1930 sein Leben im britischen Königreich begann. Der Herzog von Edinburgh hält viel von der »spartanischen und disziplinierten Erfahrung«, die die Schule für ihre Zöglinge bereithält. »Das System mag seine Exzentrizitäten haben, aber es kann wenig Zweifel daran geben, dass diese durch seine Werte deutlich überwogen werden«, schreibt Prinz Philip 1976 im Vorwort eines Buchs über die Schule.

Charles, neun Jahre alt, ist nicht so begeistert. Er fühlt sich einsam, hat Kontaktschwierigkeiten, flüchtet sich hinter einen Schutzschild von Formalität. Sehr langsam nur akklimatisiert sich der schüchterne Junge. Akademisch kommt er leidlich voran. Er spielt das erste Mal Theater auf einer Bühne, einen frühneuzeitlichen Herzog von Gloucester. Das macht er gut.

Das Publikum guckt ohnehin. Die Medien, die den Prinzen in Hill House einigermaßen in Frieden gelassen hatten, verfolgen sein Leben in Cheam mit Argusaugen. In den 88 Tagen des ersten Schulsemesters gibt es sage und schreibe 68 Zeitungsartikel über das Leben des Neunjährigen. Wie um dem öffentlichen Interesse Nachschub zu geben, ernennt seine Mutter ihn im Sommer 1958 zum Prinzen von Wales. Der Junge erfährt davon aus dem Fernsehen. Die Schule gratuliert. Charles schämt sich.

Cheam wird ihm später als Paradies erscheinen. Nach Cheam kommt nämlich Gordonstoun. Auch da ist sein Vater schon gewesen: Philip fand das von dem deutschen Erzieher Karl Hahn gegründete Internat am Mornay Firth bei Inverness großartig, Charles findet es hier schrecklich. Es ist weniger die – von britischen Historikern, Biografen und Journalisten gern als »germanisch« beschimpfte – pädagogische Ausrichtung, die den Thronfolger bedrückt: Es sind die britischen Mitschüler. In der 14-Betten-Baracke Windmill, in der Charles untergebracht ist, herrscht ein sadistisches Regiment. Der Prinz von Wales, als introvertierter Junge mit Segelohren ohnehin Zielscheibe für Spott, wird aufgrund seiner Herkunft gnadenlos geschnitten. Nacht für Nacht wird er von Schlägen geweckt, mit Kissen und Schuhen beworfen. »Es ist eine solche Hölle hier besonders in der Nacht. Ich bekomme praktisch keinen Schlaf zur Zeit. Die Leute in meinem Schlafsaal sind gemein. Meine Güte, sind sie garstig, ich weiß nicht, wie jemand so fies sein kann. ... Ich wünschte immer noch, ich könnte nach Hause kommen. Es ist so ein Loch, dieser Ort«, schreibt er in einem Brief im Februar 1964.

Er darf nicht nach Hause. Keine Chance. Sein Vater herrscht ihn an, er solle sich gefälligst zusammenreißen. Als er nach zwei Jahren endlich etwas integriert ist und die gedemütigte Psyche Ruhe bekommt, gibt es Stress mit der Presse. Bei einem Segelausflug wird Charles beobachtet, wie er in einer Hotelbar einen Kirschbrandy bestellt. Am nächsten Tag steht die Szene weltweit auf den Titelseiten der Zeitungen. Ein Jahr später veröffentlicht die Hamburger Zeitschrift *Der Stern* Auszüge aus einem Aufsatzheft, das dem Prinzen von einem Mitschüler gestohlen worden war. Anders als die britische Presse braucht die Nannen-Truppe keine juristischen Skrupel haben. 10 000 Pfund bezahlt der Verlag angeblich für das Heft. Jetzt wird ausgebreitet, was der 16-Jährige auf eine einsame Insel mitnehmen würde (ein Zelt, ein Messer, ein tragbares Radio), ob er Mehrheitswahlrecht dem Verhältniswahlrecht vorzieht (ja) und was er von der Pressefreiheit hält (viel). Charles fühlt sich gedemütigt und bloßgestellt. Er entwickelt eine tiefe Abneigung gegen Journalisten, die ihn sein ganzes Leben lang begleiten soll.

Es gibt auch Highlights in diesen Jahren. Charles darf wieder Theater spielen und sein Talent zeigen: In Gordonstoun gibt er erst den Exeter in Shakespeares *Heinrich V.*, ein paar Monate später Macbeth persönlich. Im Februar 1966 darf er Schottland für ein halbes Jahr mit Australien vertauschen. Das Internat namens Timbertop, rund 150 Kilometer nördlich von Melbourne gelegen, ist zwar so etwas wie die australische Antwort auf Gordonstoun, doch im Outback fühlt sich Charles sehr viel wohler als in Schottland. Die Schüler sind mitmenschlicher: Sie diskriminieren ihn nicht aufgrund seiner Herkunft und schaffen es gar, seinen Status als Thronfolger zu vergessen. So erholsam für die zarte Seele Charles' ist der Ausflug, dass er – zurück für ein letztes Jahr in Gordonstoun – es sogar zum *Head Boy* schafft, einem Posten, den schon sein Vater inne hatte. Außerdem spielt er jetzt Cello.

Als Charles 1969 nach Cambridge ans Trinity-College kommt, ist er aber immer noch ein Junge, schüchtern, unreif und nervös. »Er ist bei uns gewachsen«, wird später der Dekan des Colleges, der große konservative Politiker, Ex-Schatzkanzler, Ex-Außen- und Ex-Innenminister Rab Butler sagen, ein Mann, der in Großbritannien üblicherweise als »der beste Premierminister, den wir nie hatten« bezeichnet wird. Butler erfüllt eine ausgesprochen wichtige Rolle für den Prinzen. Jeden Abend hat Charles, ein wahrhaft königliches Privileg, die Gelegenheit zu einer halbstündigen Audienz bei Butler. In den Kamingesprächen schafft es der kluge Dekan, dem Prinzen nicht nur ein Verständnis für seine zukünftige Rolle, sondern auch ein aufgeklärtes Bild der britischen Gesellschaft einzuflößen. Butler ermutigt Charles, sich mit den Forderungen und Ideen der Studentenproteste auseinanderzusetzen – 1968 herrscht sogar in Cambridge ziemliche Unruhe. Mit einem jungen, linken Waliser, Hywel Jones, der mit dem Prinzen auf einem Flur wohnt, freundet sich Charles an: Die beiden streiten oft bis in die Nacht über Politik. Aber das ist sicher nicht der Grund, warum Charles in Cambridge so glücklich ist. Der heißt Lucia Santa Cruz.

Die junge Dame, Tochter des damaligen chilenischen Botschafters in London, hilft Butler als wissenschaftliche Hilfskraft beim Schreiben seiner Memoiren und ist offenbar für Charles Hilfskraft in anderen Beziehungen. Angeblich ist sie die erste Frau, die mit dem Thronfolger ins Bett steigt. Eine offenbar erfolgreiche Einführung in die Angelegenheiten zwischen Mann und Frau. Von nun an wird der Prinz mit derartigen Sozialkontakten jedenfalls weniger Schwierigkeiten haben. Auf Lucia folgt Sybilla Dorman, Tochter des Generalgouverneurs von Malta, auf sie die Tochter eines väterlichen Freundes, Lucinda Buxton. Es werden viele andere kommen, nicht jede wird bekannt – obwohl die Presse von nun an immer dabei sein wird: Es gibt jetzt Teleobjektive, man kann nun Aluminiumleitern zusammengefaltet im Auto transportieren. Das Spiel verändert sich.

Und doch bemerkt offenbar niemand, wie Charles im Juni 1970 am Rande des Polo-Feldes der Grenadier Guards in der Nähe Windsors von der Freundin eines anderen Polo-Spielers angesprochen wird, Camilla Shand. Es regnet, so geht die Legende, in Strömen, die beiden stehen durchnässt unter den Bäumen neben dem Pferd des Prinzen und warten, dass das Spiel angepfiffen wird. Sie reden eine Stunde lang. Es gibt keine Belege. Das berühmte Foto vom Prinzen im Trikot mit Camilla vorm Baum stammt aus späteren Zeiten.

Am Anfang der Beziehung zwischen Camilla und Charles geht es nur um das Eine: um Sex. Das wird heute gerne vergessen. Die Begegnung von damals hat sich zur »Liebe auf den ersten Blick« verklärt; Dimbleby hat dafür gesorgt, mit der seitdem immer wieder zitierten Zeile, Charles habe »mit all der Intensität der ersten Liebe sein Herz an sie mit einem Mal verloren«. Wahrscheinlicher ist, was Anthony Holden, Caroline Graham oder Rebecca Tyrrell in ihren Biografien behaupten: dass Camilla sich an den Prinzen herangemacht hat, weil sie sich rächen wollte an ihrem Freund. Andrew Parker Bowles, fast zehn Jahre älter als sie und ein ungeheuer attraktiver Gardeoffizier, »brach die Herzen der Frauen so schnell wie seine Klassengenossen das Geld ihrer Eltern ausgaben«, schreibt Holden. Camilla hat das durchaus mitbekommen, ihn auch schon in flagranti erwischt – und

Am Rande eines – anderen – Polofelds: Prinz Charles trifft Camilla. Bei der ursprünglichen Begegnung soll es auch noch geregnet haben.

sich mit Seitensprüngen ihrerseits revanchiert. Offenbar ist das die beste Methode, die Leidenschaft ihres Freundes zu festigen.

Prinz Charles ist allerdings eine andere Kategorie als ihre bisherigen Affären. Er ist weltbekannt, reich, hat unvergleichlichen Zugang zu Orten, Leuten, Ereignissen, man muss ihn mit »Eure Königliche Hoheit« anreden und einen Hofknicks machen. Kurzum: Man kann wahnsinnig gut mit ihm angeben. Und Camilla zieht gleich, wenn sie sich mit ihm einlässt: Andrew hat sich auch schon königlich vergnügt, mit Prinzessin Anne.

Vielleicht ist sich Camilla die Affäre auch gewissermaßen selbst schuldig. Sie hat, erzählen Freunde, schon vorher immer davon geschwärmt und damit geprahlt, dass ihre Urgroßmutter Alice Keppel die Geliebte Edwards VII. war. Jetzt wittert sie die Chance, Geschichte zu wiederholen. Ihr Eröffnungsangebot an den Prinzen, so unbelegt wie längst zur Legende geworden, ist entsprechend unmissverständlich: »Meine Urgroßmutter war die Geliebte Ihres Ur-Urgroßvaters – also, wie wär's?«

Dass der die Offerte nicht ausschlagen will, überrascht damals niemanden, höchstens die Intensität, mit der er die bodenständige Blondine bald umgarnt. Camilla Shand ist eine attraktive junge Frau: keine Model-Schönheit zwar, aber sexuell so anziehend wie aktiv; dazu mit großem Selbstbewusstsein, mit eigenem Stil, ungekünstelt und offen. Charles ist bei weitem nicht der einzige, der beeindruckt ist.

Camilla ist nicht, wie eine andere Legende es neuerdings will, eine schlichte Bürgerliche. Ihre Familie hält keinen Titel, aber sie ist mit der britischen Aristokratie gut vernetzt. Der Vater, Major Bruce Shand, ist ein Kriegsheld aus dem Zweiten Weltkrieg und Anteilseigner eines Weinhandels, der die bessere Gesellschaft beliefert. In East Sussex ist er Vice Lord Lieutenant – sozusagen Stellvertreter des Stellvertreters der Queen vor Ort. Camillas Mutter Rosalind bringt einen Stammbaum und ein hübsches, großes Haus in Plumpton, wenige Kilometer vom Seebad Brighton entfernt, in die Ehe. Sie stammt aus der Bauunternehmer-Dynastie Cubitt, die schon für Queen Victoria gearbeitet hat. Rosalinds Mutter Sonia galt sogar lange als Spross der königlichen Liaison Alice Keppels.

Camilla wächst mit ihrer jüngeren Schwester Annabel und ihrem kleinen Bruder Mark als Kind einer liebevollen, reichen Familie vom Lande auf, reitend, schießend, jagend und später teure Autos fahrend. Ab dem fünften Lebensjahr geht sie im nahen Ditching auf die Dumbrells-Schule, die sich in ihrer Pädagogik, was für ein Witz, an Gordonstoun ausrichtet. Camilla, schon als Kind vorlaut, selbstbewusst, mutig und gewitzt, gedeiht prächtig. Später geht sie im edlen Londoner Stadtteil South Kensington auf die Queen's Gate-School, die sich vor allem damit rühmt, dem Außenministerium gute Diplomatengattinnen zu liefern. Dass die Schule sich seit Anfang der sechziger Jahre bemüht, auch zur akademischen Erleuchtung ihrer Schülerinnen beizutragen, geht an Camilla Shand eher vorüber: Sie absolviert die dem Realschulabschluss entsprechenden Prüfung, die O-Levels, in nur einem Fach. Das ist nichts Ungewöhnliches. Viele großbürgerliche Töchter jener Zeit werden nicht ermutigt, eine eigene Bildungskarriere zu beschreiten. Sie sind zur Heirat bestimmt.

Zur moralischen Läuterung, insbesondere aber zum Erlernen der zur Eheanbahnung nötigen gesellschaftlichen Finesse wird Camilla sodann auf Mädchenpensionate in Paris und in der Schweiz geschickt. Dort lernt sie sich benehmen, kochen und gepflegte Unterhaltungen führen. Als sie Anfang 1965 zurück nach London kommt, stürzt sie sich in Gesellschaft und Leben. Mit Erfolg. In Caroline Grahams Camilla-Biografie finden sich seitenweise Zitate anonymer Zeitgenossinnen, die ihr bescheinigen, nicht auffällig schön, aber aufsehenerregend gewesen zu sein. »Sie konnte in einen Raum kommen, und man fühlte gleich ihre Anwesenheit. Sie war keine Schönheit, sie hatte keine perfekte Figur, sie hatte keinen Titel oder überhaupt besonders gute Verbindungen. Aber sie hatte etwas. Sie verströmte Selbstbewusstsein und Sinnlichkeit«, heißt es da etwa. Sie habe einen »rohen Sex-Appeal« gehabt, bescheinigt ein anderer Mitmensch ohne Namen. Bei Partys habe sie meist im Mittelpunkt gestanden.

Die Begegnung am Polo-Feld ist ein Anfang, aus dem der Prinz erst noch etwas machen muss. Er hat gerade seine Abschlussexamen in Cambridge absolviert; und seit der Investitur als Prince of Wales in einem von Lord Snowdon, seinem Onkel, inszenierten modern-traditionellen Spektakel vor weltweit 200 Millionen Fernsehzuschauern ist er jetzt in das königliche Dienstleistungsunternehmen eingebunden. Er repräsentiert den Staat. Das ist nicht praktisch für Romanzen.

Im März und April war er mit seinen Eltern in Australien und dann »allein« bei der Weltausstellung in Tokio. Im Juli soll er nach Kanada fliegen mit seiner Schwester, die Hundertjahrfeier der Nordwest-Territorien und Manitobas zu beehren; anschließend ist noch ein Besuch in Washington bei den Nixons geplant. Und im Oktober reist er auf die Fiji-Inseln zu deren Unabhängigkeitsfeier, besucht die Kolonie der Gilbert und Ellice Inseln im Pazifischen Ozean, heute aufgeteilt und unabhängig als Tuvalu und Kiribati. Und er muss vor Jahresende noch auf die Bermudas, wo das Parlament 350 Jahre alt wird. Das ist von nun an sein Job – Prinzeln. Man ist sehr viel unterwegs.

Irgendwie schaffen sie es trotzdem. Man sieht Camilla und Charles auf Partys in London, Eingeweihte wissen von Besuchen des Thronfolgers bei den Shands in Plumpton, Camilla wird in Buckingham Palace gesehen. Spätestens 1971 sind die beiden ein »item« – ein Fall für die Gerüchteküche. In der Presse nimmt man die Sache nicht ernst: Eine 24-Jährige und ein 23-Jähriger gehen miteinander aus. So etwas ist nicht neu bei Prinzen, die gerade von der Uni kommen.

Aus dem Rückblick scheint es heute merkwürdig: Hat denn niemand richtig hingeschaut? Hat keiner etwas ausgeplaudert, der mit Charles oder Camilla enger vertraut war? Heute gibt es sie in zahlloser Menge, all die anonymen Wortbeiträge derer, die damals schon die große Liebe blühen sahen. Aber damals hat wohl tatsächlich einfach keiner darauf geachtet. Es ist gewissermaßen ein Betrachtungsphänomen entstanden, das bis heute hält. Die Geschichte der Königlichen Familie ist zur Seifenoper gemacht worden.

Das ist anders gemeint, als es im ersten Augenblick klingt. 1969 drehte die BBC einen viel beachteten Dokumentfilm: *Royal Family*. Dafür waren monatelang Kamerateams am Hof und überall dort unterwegs, wo die Queen und ihr Anhang sich aufhielten. Begrüßung des neuen amerikanischen Botschafters, Besprechung bei einem Commonwealth-Meeting, beim Rennen in Ascot, im Urlaub auf Balmoral, mit einer berühmten (und für heutige Augen leicht sichtbar: völlig gestellten) Grillszene am See. Es ist ein hochgradig kontrollierter und zensierter Blick auf das Innere der höfischen Gesellschaft daraus geworden, aber gleichzeitig das bislang intimste Porträt der Königsfamilie. Der Film ist weniger ein Triumph der BBC als vielmehr des neuen Pressesprechers des Hofes, des Australiers William Heseltine. Heseltine hatte erkannt, dass die Monarchie – anders als in früheren Zeiten – sich der Verehrung durch die Menschen nicht auf Dauer sicher sein kann; dass die Presse also nicht außen vor gehalten werden darf, sondern ganz im Gegenteil eingeladen werden muss, um über den Hof zu berichten. *Royal Family* wird heute gerne mit hoch gezogenen Augenbrauen kritisiert (das ist eine Art Muss für jede kritische Biografie eines Windsors) als der schlimme Moment, in dem der Hof den Fehler machte, »Tageslicht auf das Magische« fallen zu lassen. Seitdem hätte die Menschheit gewusst, dass die Königlichen nicht göttliche Übermenschen seien, sondern normale menschliche Kreaturen. Dass die Königin scherzt und manchmal Pantoffeln trägt. Dass ein Prinz auch weint (Edward, fünf Jahre alt) und die Familie abends amerikanische Sitcoms im Fernsehen guckt. Aber die Kritik ist plump. Einzig Ben Pimlott, der die mit Abstand beste Biografie der Queen geschrieben hat, weist auf das eigentliche Phänomen hin, das mit der Dokumentation losgetreten wird: »Der auffälligste Aspekt an dem Film, selbst wenn man ihn mehr als ein Vierteljahrhundert später anguckt, ist das dramatische Erscheinen von Mitgliedern der Königlichen Familie als Persönlichkeiten.«

Der Film erntet großen Beifall vom Publikum und vereinzelte Kritik am Hof, wo man die Idee, die Kameras hineinzulassen, als »Mountbattenismus« beschimpft: als leichtfertiges, frivoles Spiel, beifallheischend und hoch gefährlich, weil man einen Appetit anregt, den man nicht befriedigen kann. Ein bisschen behalten die Kritiker Recht: In der Tat beginnt – wegen des Erfolgs der Fernsehdoku – eine Phase unerhörten Medieninteresses an den Kleinigkeiten des höfischen Lebens. Allerdings übersehen die Kritiker, wie sehr sich die Medien noch leiten lassen – oder selber leiten: Die Charaktere der Familienmitglieder nämlich werden übernommen und weitergeschrieben wie die Rollen des Stammpersonals bei einer Seifenoper. Charles, der in *Royal Family* auffällig ungelenk und unsicher wirkt, darf deshalb bei seiner Investitur, der Einführung als Prinz von Wales, ein paar Wochen später eine Wandlung hin zu einem selbstbewussteren jungen Mann machen. Das wäre sonst vielleicht gar nicht wahrgenommen worden.

Der Start der königlichen Seifenoper, die bis in die heutigen Tage fortgeschrieben wird, hilft – Ironie der Geschichte – ausgerechnet Camilla in den Jahren 1971 und 1972. Für die Medien nämlich ist der Prinz nicht auf Brautschau; er ist für eine ganz andere Rolle vorgesehen. Er muss jetzt der »Action Man« sein, der beinahe gut aussehende, Polo spielende, Hubschrauber fliegende, Welt umschiffende Jüngling, dem das weibliche Geschlecht global zu Füßen liegt. Im September wird er bei der Navy anfangen wie sein Vater, sein Großvater, sein Urgroßvater – als Unterleutnant in Dartmouth erst, dann auf der »HMS Norfolk« in britischen und auf der »HMS Minerva« in karibischen Gewässern. Aus Sicht der Presse kann er also gar nicht an ehelicher Zukunftsplanung interessiert sein. Wer wäre das, wenn ihm solche Abenteuer offen stehen? Und so übersieht die angeblich so übermächtige vierte Gewalt, was sich vor ihrer Nase abspielt. Die Seifenoper bringt für beide Seiten Probleme mit sich.

Der Prinz hat trotzdem Pech. Ab Oktober 1971 ist Andrew Parker Bowles zurück aus Deutschland, wo sein Regiment stationiert war, umgarnt munter Camilla und macht sich wie ehedem interessant bei ihr, indem er andere Frauen hat. 1972 gibt Camilla, vielleicht, vielleicht auch nicht, dem Prinzen einen Korb. Sie sehen sich trotzdem immer öfter, bis in den Herbst hinein; die Beziehung wird eng. Kurz vor Weihnachten kommt Camilla übers Wochenende erneut nach Broadlands, und Lord Mountbatten nimmt sie mit, als er auf Einladung des Thronfolgers die »HMS Minerva« inspiziert. Es ist das letzte »Date«. Vier Wochen, nachdem er Großbritannien verlassen hat, erreicht Charles die Nachricht, dass in der *Times* die Verlobung von Camilla Shand mit Andrew Parker Bowles bekannt gegeben worden ist. Er weint daraufhin drei Stunden, behauptet ein damaliger Mitoffizier. Die Hochzeit wird am 4. Juli 1973 groß gefeiert, als *das* Gesellschaftsereignis in London. Unter den Gästen finden sich die Queen Mother, Prinzessin Margaret, Prinzessin Anne als Ex-Flamme des Bräutigams (sie wird selbst ein paar Monate später den Olympia-Reiter Mark Phillips heiraten) und Lord Fermoy, Onkel einer gewissen Diana Spencer. Charles schippert auf einem Küstenmotorschiff namens »Fox« durch karibische Gewässer. Aus seinem nächsten Brief an seinen Großonkel Mountbatten, dem letzten und wichtigsten Vertrauten, fließt fast unendliche Einsamkeit: »Jetzt habe ich keinen mehr, zu dem ich zurückkommen kann.«

Es wird acht Jahre dauern, bis ein 19-jähriges Mädchen, auf einem Heuballen neben dem Prinzen sitzend, ihn mit genau diesem Gefühl konfrontiert und berührt. »Sie sind so allein, Sie sollten mit jemandem zusammen sein, der sich um Sie kümmert«, wird Lady Diana Spencer sagen. Es ist letztendlich dieser Satz, der aus der jungen Frau eine Prinzessin von Wales machen wird.

In den acht Jahren, die dazwischen liegen, geht Charles auf die Suche. Nicht nur nach einer Frau, die er heiraten kann, auch wenn diese Frage die Öffentlichkeit und ihn selbst immer dringender beschäftigen wird, je älter er ist. Er sucht auch nach einer Rolle, wie noch jeder Prinz von Wales vor ihm. Er hat kein Vorbild, das ihm helfen kann. Er hat auch nicht das Privileg seines Urgroßvaters, des späteren Edward VII., der mehr oder minder unberührt von öffentlichem Druck (genauer: der Presse) 60 Jahre lang Urlaub machen konnte. Charles muss selbst etwas finden, und es gibt niemanden, der ihm wirklich dabei helfen will. »Mein großes Problem im Leben ist, dass ich nicht wirklich weiß, was meine Rolle im Leben ist. Im Moment habe ich keine. Aber irgendwie muss ich eine finden«, wird Charles, zur Überraschung der Öffentlichkeit, noch im November 1978 bei einer Rede an der Universität von Cambridge enthüllen.

Seine Eltern, die Queen und der Herzog von Edinburgh, sind an seiner Suche nicht beteiligt. Sie geben keine Tipps fürs Leben, sie führen keine langen Gespräche unter vier Augen am Kamin. Man sieht sich häufig, man unterhält sich, aber nicht übereinander. Allenfalls hochgezogene Augenbrauen erntet Charles für seinen Lebensstil und von Philip ein paar bissige Bemerkungen. Die Beziehung zwischen Eltern und Sohn gibt nicht mehr her. Sie ist oberflächlich herzlich, aber eigentlich kühl.

Eine Beratung wäre notwendig gewesen. Der Prinz wird sich wohl wie ein Kind gefühlt haben, das in einem Spielzeugladen eingesperrt ist, alles ist da, aber es guckt immer eine Kamera zu. Charles darf weiter den »Action Man« mimen, auf dem Minensucher »Bronington« sogar das Kommando führen, auf die Fuchsjagd gehen und Polo spielen sowieso. Er begibt sich auf die Sinnsuche: 1975 freundet er sich mit Laurens van der Post an, einem Schüler von Carl Jung, Psychologe, Anthropologe, Buchautor sowie Philosoph, bei dem er etwas über die Mysterien der Natur lernt. Die Buddhistin Zoe Sallis weist ihn ein in östliches Denken. Charles beginnt, einen Claim in der Wohltätigkeitsmonarchie zu besetzen, die seit dem Zweiten Weltkrieg an Bedeutung gewonnen hat. Er gründet den Prince's Trust (gegen Widerstände in Buckingham Palace), eine Stiftung, die sich seitdem erfolgreich um benachteiligte Jugendliche kümmert. Und dann sind da natürlich die Partys, Dinner, Einladungen, Urlaubsreisen, Skitouren, Segelreisen, Frauen. Frauen vor allem. Manche halten es länger, manche kürzer aus mit dem Prinzen. So richtig ernst ist es wohl nie.

»Seine loyalsten Freunde – nicht die Schmeichler – sorgten sich wegen des Mangels an Richtung und Mittelpunkt in seinem Leben. ... Mehr als einer unter ihnen begann, mit Blick auf den Kontrast zwischen der Intensität seiner ‚inneren' Suche und der Ungenauigkeit seiner nach außen getragenen Leidenschaften, zu fürchten, dass er Gefahr lief, in die Fußstapfen des Herzogs von Windsor zu treten«, schreibt Dimbleby in seiner nicht betont kritischen Biografie. Mountbatten habe 1978 in einem Brief genau davor gewarnt. Es war dem Großonkel aufgefallen, wie selbstgefällig und verwöhnt Charles geworden war. »Ich muss sagen, dass ich mir ziemlich Gedanken mache über all das Gerede, egozentrisch zu sein«, zitiert Diana-Biografin Sally Bedell Smith, eine Äußerung von Charles aus dem April 1979.

Der 27. August 1979 bringt für Charles ein Schockerlebnis. Lord Louis Mountbatten wird von der IRA umgebracht, indem sie ihn auf seinem Fischerboot vor der Küste Irlands in die Luft jagt. Sein 14-jähriger Enkel Nicholas Knatchbull und ein irischer Junge sterben sofort, die Schwiegermutter seiner Tochter, Doreen Lady Brabourne, einige Tage später im Krankenhaus. Es ist das erste – und wahrscheinlich letzte – Mal, dass ein Mitglied der Königlichen Familie einem Anschlag der IRA zum Opfer fällt. Charles ist sehr tief getroffen. Ohne seinen Vertrauten fühlt er sich verloren. Er sucht Trost und Halt – bei Camilla Parker Bowles. Nur Tage nach dem Mord an Mountbatten, behauptet Caroline Graham, wird der Prinz zum zweiten Mal vor seiner Freundin knien und um ihre Hand bitten. Sie weist ihn ab. Dass er eine Ehe zerbrechen und eine Geschiedene heiratet, das werde das Königreich nie zulassen. »Sie werde immer für ihn da sein, aber nicht als seine Gattin«, schreibt Graham. Für den Job solle er sich eine andere suchen.

Wenn es doch so einfach wäre. Mountbatten hatte sich fünf Jahre lang darum gekümmert, seine Enkelin Lady Amanda Knatchbull mit dem Prinzen von Wales zusammen zu bringen. In den fünf Jahren haben sie sich angefreundet und gut verstanden. Schließlich fragt Charles endlich Amanda, ob sie Prinzessin von Wales werden will. Sie hat die Frage erwartet und die Antwort parat. Nein danke. Nimm es nicht persönlich. Aber das ist nichts für mich.

Den Prinzen ins Bett zu kriegen, das ist eine Sache. Damit kann man später angeben, oder man hat mindestens die Erinnerung an eine Kuriosität im Leben. Aber heiraten? »Wen auch immer ich heirate, wird einen ganz schön harten Job haben«, antwortet Charles dem berühmten BBC-Journalisten Alastair Cooke, »immer in meinem Schatten, immer ein paar Schritte hinter mir, so wird es sein.« Wie man sich täuschen kann. Aber Recht hat er natürlich schon: Die nächste Prinzessin von Wales wird ihre Persönlichkeit öffentlich zur Schau stellen müssen, sie wird ihre Lebensentwürfe, Ideen, Vorstellungen der Monarchie unterordnen müssen. Das macht nicht jede.

»Meine Ehe muss für immer sein«, sagt Charles in einem Interview mit dem *Evening Standard* 1975, in dem Bewusstsein, dass damals (und noch eine recht lange Zeit) eine Scheidung an der Spitze des Königshauses katastrophale Folgen haben könnte. Er kann auch nicht einfach mit jemandem zusammenziehen, wie viele andere es seit den sechziger Jahren machen. Es muss am besten ziemlich schnell funken, bevor die Presse etwas mitbekommt.

Charles wird langsam nervös. Er ist 1980 32 Jahre alt. Er sucht, was das Zeug hält. Jane Ward hält es nur ein paar Tage mit dem Prinzen aus. Sabrina Guinness wird von Prinz Philip in Balmoral praktisch die Tür gewiesen. Anna Wallace, Tochter eines schottischen Großgrundbesitzers und in der Gesellschaft ob ihrer Zornesausbrüche als »Whiplash Wallace« (Peitschenhieb Wallace) bekannt, lässt sich von ihm nicht bieten, was andere sich haben gefallen lassen: Sie macht dem Prinzen eine öffentliche Szene, als er sie beim Ball auf Windsor Castle im Sommer 1980 am Tisch sitzen lässt, während er stundenlang mit einer verheirateten Frau tanzt. Mit Camilla Parker Bowles.

Angeblich heckt jene auch den Plan aus, mit dem die nächste Dame auf den Laufsteg der Heiratskandidatinnen für den Prinzen geschickt wird. Andere haben die Königinmutter in Verdacht. Egal. Die nächste Dame ist Diana. Im Juli 1980 wird sie von einem ihrer mannigfaltigen jugendlichen Freunde, Philip de Pass, eingeladen, das Wochenende im Hause seiner Eltern zu verbringen. Der Prinz von Wales wäre zu Gast, und es bedürfe »jungen Blutes« in weiblicher Form: »Du könntest ihn amüsieren.«

Diana sagt zu und reist nach Petworth, einem kleinen Ort in den grünen englischen Hügeln südwestlich von London. Am Nachmittag schaut die Gesellschaft dem Ehrengast beim Polo-Spiel zu, am Abend wird gegrillt. Das Ereignis ist zivilisiert-rustikal angerichtet; Diana findet sich, ganz die passende Beigabe zu Steak und Bratwurst, auf einem Strohballen neben dem Prinzen wieder. Und erzählt dem irgendwann, wie berührt sie doch gewesen sei von dem Bild, das er bei der Beerdigung Mountbattens abgegeben habe: »Es war das Tragischste, was ich je gesehen habe«, will sie ihrem Heuballenmitbenutzer zugeflüstert haben, »mein Herz hat geblutet für Sie. Ich dachte: Das ist falsch.« Und dann fällt dieser Satz. »Sie sind so allein, Sie sollten mit jemandem zusammen sein, der sich um Sie kümmert.«

Oh, da summt es beim Prinzen. Alleinsein – das ist sein Problem. Es ist erstaunlich, wie dieses junge Ding ihn versteht. Sie hört gut zu. Er redet bis tief in den Abend. Eigentlich möchte er seinen jungen weiblichen Fan gleich mitnehmen nach Buckingham Palace, was Diana aber, ganz englischer Adel, aus Höflichkeit gegenüber den Gastgebern ablehnt.

Später, als der Zuckerguss von der Beziehung und den dazugehörigen Gazetten verschwunden ist, wird es heißen, Diana sei an diesem Wochenende dem Prinzen zum Fraße vorgeworfen worden wie die Todgeweihten im römischen Kolosseum den Löwen. Das gehört zur Legende der Diana dazu: Es macht sie zum Opfer einer Verschwörung, von vorneherein. Es ist Unsinn, wie so vieles, was in dieser Geschichte später behauptet werden wird. Diana selbst hat diesen Unterton hinein gebracht – in einigen, aber charakteristischerweise nicht in allen ihren zu Protokoll gegebenen Erinnerungen, die sie für die Nachwelt hinterlassen hat. Sie hat es sich später so zurecht sortiert. Das machen Menschen so. Diana war im Juli 1980 schon über ein Jahr lang immer mal wieder im Umfeld von Prinz Charles zu sehen. Man kannte sich. Man hatte schon geflirtet. Auf dem Heuballen hat sie es darauf angelegt. Sie hat mitgemacht bei einem Spiel, wohl wissend, worum es geht. Das zur Planerfüllung gehörende Ziel war ja öffentlich bekannt.

Als die »Ehrenwerte Diana Frances Spencer« am 1. Juli 1961 geboren wird, kann von der Erfüllung eines lang gehegten Planes kaum die Rede sein. Ihr 37-jähriger Vater Viscount Johnnie Spencer ist vielmehr bitter enttäuscht. Mutter Frances hat mit Diana nun schon die dritte Tochter auf die Welt gebracht; der zukünftige Earl von Althorp wartet indes ungeduldig auf einen Stammhalter. Das Baby Diana sei »ein vom Körperlichen her perfektes Exemplar«, soll Johnnie nach einem Blick in die Wiege gesagt haben. Der Bruder kommt später; und die Wertigkeiten werden klar herausgestellt. Die Taufe des Ehrenwerten Charles Spencer, geboren 1964, wird in Westminster Abbey gefeiert, die Königin ist Patentante. Für Diana hat die Kirche in Sandringham gereicht und ein paar Freunde.

Als Sprössling derer von Althorp ist Diana keine Hochadlige, aber weitaus intensiver in das Netz der britischen Aristokratie verstrickt als beispielsweise die Windsors. Die Spencers haben es im 15. Jahrhundert als überregionale Schafshändler zu einigem Reichtum gebracht, sich unter Charles I. ihren Adelstitel erschmeichelt und sich seitdem quer durch die oberen Familien des Königreichs verheiratet. Wie es sich geziemt, hat die Whig-Familie verwandtschaftliche Beziehungen ins Königshaus, vor allem aber politische. Schon Anfang des 18. Jahrhunderts gibt es eine Diana Spencer, die beinahe zur Prinzessin von Wales wird. Weitläufig verwandt sind die Earls von Althorp mit Winston Churchill, mit neun US-Präsidenten, der Familie von Bismarck, Humphrey Bogart und – angeblich – mit Al Capone.

Man hat – *noblesse oblige* – am Hof gedient. Ruth Baroness Fermoy, Dianas Großmutter, wirkte für die heutige Königinmutter als Hofdame, Viscount Johnnie als »Equerry«, Rittmeister, für König George VI. ebenso wie für Elizabeth II. Lady Sarah, Dianas Schwester, wird 1978 Robert Fellowes heiraten, den damaligen Assistant Private Secretary und späteren Private Secretary der Queen. Es ist nicht unüblich, an königlichen Gesellschaften teilzuhaben.

Und reich sind sie geblieben, anders als andere Whigs. Zehn Schlafzimmer hat allein Park House, die Ersatzunterkunft in der Nähe von Sandringham, in der Diana aufwächst, weil im Familiensitz Althorp noch der Großvater lebt, mit dem sich Vater Johnnie völlig zerstritten hat. Sechs Angestellte gehören zur »Ausstattung« der Kleinfamilie, zuzüglich beheizten Swimming Pools, Tennisplatz, Cricket-Grund. Park House ist ein Kindertraum mit Teich. Diana hat einen Cockerspaniel und eine Katze, eine Strandhütte an der nahen Küste als Ziel für sonnige Ausflüge. Mit drei Jahren kann Diana reiten.

Die Idylle trügt. Die Ehe der Spencers ist schon kaputt, als Diana auf die Welt kommt; es gibt viel Streit und wohl auch Gewalt. 1967 zieht Mutter Frances aus und mit den beiden kleinen Kindern in eine Mietwohnung am Cadogan Place in London; eine der feinsten Adressen der Hauptstadt. Für eine Weile pendeln die Kindern wochenends nach Park House zurück, dann endet dieses Arrangement in Bitterkeit. Frances nämlich hat in London einen Liebhaber, Peter Shand Kydd. Der in Australien zu Reichtum gelangte Tapetenkönig aber ist verheiratet. Als seine Gattin Janet Munro Kerr im April 1969 die Scheidung einreicht, wird Frances Spencer aktenkundig – als Beteiligte am Ehebruch. Die Sache wird öffentlich, für die »bessere Gesellschaft« jener Zeit ist das ein ausgewachsener Skandal. Dem Viscount gelingt es mit Leichtigkeit, das Bild einer ehebrechenden, rücksichtslosen, vergnügungssüchtigen Frau zu verbreiten. Vor Gericht stellt sich Frances' Mutter, Lady Ruth Fermoy, hinter den Gatten und gegen ihre eigenes Blut. Vater Johnnie erhält das Sorgerecht. Frances, die im Mai 1969 den 43-jährigen Kydd heiratet, wird ihrer Mutter diesen Verrat nie verzeihen.

Dianas heile Welt spielt sich nun im Internat ab; den Vater liebt sie, aber lieber aus Distanz. Sie geht zunächst nach Riddlesworth Hall, wo sie im Schlafsaal und im Sportunterricht stets zu den Vorlauten zählt, in den »Sitzfächern« aber weniger auffällt. Die akademische Erfolglosigkeit setzt sich fort im Internat von West Heath in der Grafschaft Kent, in das Diana ihren älteren Schwestern folgt. Die »O-Levels«, der britische Abschluss der Sekundarstufe I, sehen schlechter aus als die von Camilla: fünfmal »D«, fünfmal durchgefallen, auch in der Wiederholung.

Der Hintergrund sind Motivationsprobleme. Diana lebt quasi im Mittelalter, mitten in den siebziger Jahren. Die britische Oberschicht, ungerührt von den Veränderungen der Sechziger, steht fest zur traditionellen Rollenverteilung. Mädchen sollen unschuldige, glückliche Kinderjahre verleben, ein grundlegendes, aber nicht übertriebenes Maß an Bildung vermittelt bekommen und dann passend verheiratet werden, um ihrer gesellschaftlichen – oder eigentlich: biologischen – Funktion gerecht zu werden. Sie dürfen dem englischen Adel eine nächste Generation gebären. Es klingt erbärmlich, aber so ist es.

Dianas Schwestern, die die gleichen Aussichten haben, schließen ihre Schule dennoch erfolgreicher ab. Diana bricht in den Prüfungen zusammen: Sie gefriert, sie vergisst. Ist das ein Hilfeschrei? Oder spielt sie sich und anderen schon da etwas vor? Sie sehnt sich damals, erzählt sie später, als Ballerina auf die Bühne, auf der sie schon in der Grundschule so gerne gestanden hat – solange sie nichts sagen musste. Sie nimmt Tanzstunden und träumt von einer Karriere, obwohl sie schon als Jugendliche zu hochgewachsen ist. In der Internatszeit will sie sich des Nachts in den Tanzsaal geschlichen und dort, stundenlang und alleine, Figurinen und Sprünge geübt haben. Ob sie zu diesem frühen Zeitpunkt auch schon an Bulimie erkrankt ist? Sie hätte das verbergen können, so geschickt war sie offenbar.

1975 zieht Vater Johnnie nach Althorp House, zusammen mit einer neuen Frau an seiner Seite. Die schillernde Raine wäre ein Kapitel für sich. Allein ihre Mutter ist abendfüllend: Barbara Cartland, die stets in rosarot gekleidete, von rosarotem Dekor und entsprechendem Duft umgebene Schreiberin endloser Serien von kitschigen Schicksalsromanen. Tochter Raine, die sich zuvor erst zur Lady Lewisham und dann zur Countess von Dartmouth verheiratet hat, gibt in den Siebzigern das Abziehbild einer konservativen Bezirkspolitikerin ab, »mit Ansichten so zementiert wie die Frisur«, wie Andrew Morton es ausdrückt, der spätere Biograf Dianas. Aus Sicht der Kinder ist es Abneigung auf den ersten Blick. Jane, die älteste Schwester Dianas, spricht für zwei Jahre kein einziges Wort mit der Stiefmutter. Sarah ignoriert die neue Hausherrin und tut so, als wäre sie Luft. Bruder Charles beginnt, das Haus zu inventarisieren. Nur Diana, so erzählt Lady Althorp später der Journalistin Jean Rook, sei »immer süß gewesen. Sie machte ihre eigenen Sachen.« Noch so ein Hinweis.

Einen emotionalen Hafen für die Zeit der Reife hat Diana nicht. Nach Ende ihrer Schulzeit wird sie – wie Camilla – in die Schweiz verschickt, auf das edle, teure »Institute Alpin Videmanette«. Diana genießt eigentlich nur das Skifahren. Unglücklich schreibt sie nach Hause, bis sie ihre Eltern überredet hat, das Schulgeld zu sparen und sie zurückkommen zu lassen. Ab März 1978 ist sie wieder in England. Sie geht für kurze Zeit als Au-pair-Mädchen aufs Land, dann darf sie endlich, was sie schon immer wollte: nach London, in die vom Vater zum 18. Geburtstag spendierte Vier-Zimmer-Wohnung in einem edlen Apartmentblock, 60 Coleherne Court.

Schnell ist sie in Gesellschaft. Ein enger Freund jener Zeit beschreibt sie als »ausgelassen und fröhlich, ohne sich gehen zu lassen«. Im Kreis ihrer alten Schulfreundinnen und eines wachsenden Anhangs männlicher Verehrer aus passendem Stall zeigt sie sich als Gesellschafterin der angenehmsten Art. Sie ist nicht aufdringlich und lässt ihrerseits die Dinge nicht allzu sehr an sich heran. Über ihre Schwester Sarah, die 1977 mehrere Monate als die neue Frau an der Seite des Prinzen von Wales gehandelt wird, hat sie Zugang zur Clique des Prinzen. Nur eines scheint sie nicht zu haben. Sex. James Boughey, Simon Berry, Adam Russell – geliebt wird sie von allen, aber »ran« lässt sie keinen. »Ich wusste, dass ich mich rein zu halten hatte für das, was vor mir lag«, umschreibt sie ihre Haltung ein paar Jahre später etwas blumig. Ihre Schulfreundin Carolyn Bartholomew erzählt Andrew Morton, dass ihr Diana damals vorgekommen sei wie »von einer goldenen Aura umgeben«, die die jungen Männer irgendwie davon abgehalten hätte, »weiter zu gehen«. Diana bleibt Jungfrau. Das ist erstaunlich, selbst für ihre außerordentlich konservative Klasse. Es macht sie aber attraktiv – für einen Prinzen. Kein Wunder, dass der sie bald wiedersehen will nach der Heuballenepisode. Er lädt sie ein nach Balmoral.

Am 8. September 1980 ändert sich dort Dianas Leben. Sie ist entdeckt worden, und zwar, wie passend, von einem Journalisten. Am Ufer des Flüsschens Dee macht James Whitaker sie durch die Linsen seines Fernglases aus, unweit des Schlosses Balmoral, als sie dem Prinzen beim Angeln zuguckt. Whitaker, einer der aktivsten (und skrupellosesten) Mitglieder des »Royal Rat Packs«, der Hofberichterstatter, hat im Auftrag des *Daily Star* schon häufiger hier gesessen: Ein paar Monate zuvor hatte er Anna Wallace und den Prinzen nicht nur beim Angeln erwischt. Diesmal hat das Paar die Störung früher bemerkt: Im Fernglas hat sich die Sonne gespiegelt, im Lichtblitz noch verschwindet Diana hinter einen Busch, beobachtet die Beobachter eine Weile mit ihrem Handspiegel und flieht dann, verärgert wie der zum Schein weiterangelnde Prinz, ihren Kopf in einen Schal gewickelt. »Die hier ist raffiniert«, lobt Whitaker.

Der Journalist ist kein Anfänger – er hat schnell heraus, wer da weglief. Er steckt die Geschichte einem Konkurrenten und Freund, Harry Arnold, der für die *Sun* arbeitet, das Flaggschiff des Murdoch-Konzerns auf dem Boulevardmarkt. »He is in love again«, schreit die Titelseite am nächsten Morgen: Er ist wieder verliebt. »Lady Di« sei das neue Mädchen für Charles, verkündet Arnold, der im weiteren Text prophetische Fähigkeiten beweist: »Einige Beobachter glauben, dass der Prinz dem Vorbild verschiedener Royals folgen wird, indem er eine Freundin heiraten wird, die er zu lieben lernen kann.«

Nach der Rückkehr nach London bricht die Welt der jungen Frau zusammen. Die Presse besetzt Coleherne Court und lauert Diana vor dem Kindergarten in Pimlico auf, ihrem zeitweisen Arbeitsplatz. Ein Privatleben gibt es für sie nicht mehr, aber immerhin kann Diana sich als Erfolg betrachten. Die Boulevardblätter, allen voran Rupert Murdochs *Sun*, führen ihrer Leserschaft die neueste Flamme des Thronfolgers wie einen Superstar vor. Die Fotografen buhlen um ein Lächeln für die Kamera, die Journalisten um ein freundliches Wort. In ihren Mülleimern wühlt keiner. Es gibt keine lästerlichen Kritiken. Die Zeitungsmacher lieben diese Geschichte zu sehr, als dass sie sie wieder kaputtmachen wollen; deshalb machen sie Diana zur Traumprinzessin.

Das Bild, das damals in die kollektive Erinnerung eingeht, verrät etwas davon, wofür Diana bis heute steht. Als »einfache Kindergärtnerin« geht sie in die Erinnerung ein, diese »Lady Di« oder »Shy Di« – die scheue Di. Man sieht sie vor sich in dünnen langen Baumwollröcken mit Blümchenmuster, mädchenhaft frisch. So soll es sein: Der reiche Prinz hat die dritte Tochter des Landmanns entdeckt, nachdem die zickige zweite ihn nicht haben wollte. Ein Traum wird wahr, ein Jedermannstraum aus dem Märchen, mit einem Schuss unschuldigen Sex für die Neuzeit. Die Bilder sind künstlich, für jeden einsehbar. Auch für Diana. Aber auch sie träumt jetzt vielleicht, und es gibt keinen, der sie beiseite nimmt und ihr klar macht, was die Wirklichkeit bedeutet.

Charles immerhin wird gewarnt, nur der will jetzt nichts hören.

Zum Beispiel Nicholas Soames, Enkel Sir Winston Churchills, heute selbst ein konservativer Parlamentarier: Charles solle sich die Sache überlegen, sagt er ihm Anfang 1981, Diana könne ihm intellektuell nicht mal annähernd das Wasser reichen. Penny Knatchbull – laut Jonathan Dimbleby »eine der scharfsinnigsten und am genauesten beobachtenden Freunde des Prinzen« – konfrontiert Charles mit dem Vorwurf, er habe keine intensiven Gefühle für Diana. Und die 19-Jährige habe sich in ein Ideal verliebt, nicht in ein Individuum; sie spielt vor für eine Rolle in einem Theaterstück und sei sich nicht bewusst, was von ihr erwartet werde. Als ihr Mann Norton Knatchbull, ein alter Freund von Charles, ihr beipflichtet, wird der regelrecht wütend.

Kann man es ihm verdenken? Jahrelang hat die Welt den Prinzen getriezt: Er solle nun endlich eine Braut finden, diese heiraten und einen Stammhalter für das House of Windsor zeugen; dann könne er sich wieder ungestört seinen sozialen Projekten, geistigen Interessen und seinem Sportprogramm zuwenden. Und jetzt hat er eine, die nicht gleich wegläuft, die die nötigen Prüfungen besteht, sogar »keine Geschichte« hat. Selbst Camilla Parker Bowles hat abgenickt: Die geht; die ist hübsch, die kann man noch trainieren, die macht keinen Ärger. Und dennoch wird Charles schon wieder kritisiert.

Der Prinz macht es sich nicht leicht, das kann man ihm nicht vorwerfen. Er zögert. Anfang 1981 wird er unter Druck gesetzt: Er könne Diana nicht ewig hängen lassen, schreibt ihm Vater Philip, er müsse sich entscheiden, für oder gegen sie. Charles fährt in den Ski-Urlaub, wo er mit seinem Freund Charles Palmer-Tomkinson lange Gespräche führt. Als er zurückkommt, lädt er Diana am 6. Februar zum Abendessen nach Windsor Castle ein. Er fragt sie, ob sie seine Frau werden will. Und sie sagt ja. Bühne frei für die Traumhochzeit der Achtziger.

Heute weiß man, dass die Sache im Prinzip damals schon am Ende war. Dass Charles die zarte Liebe schon betrogen hatte: Die Blondine, die die Presse im November zuvor dabei erwischt hat, wie sie in den Königlichen Zug stieg, um dort eine Nacht zu verbringen, ist nicht Diana gewesen, wie alle fröhlich spekulierten, sondern Camilla. Man weiß jetzt von den Hinweisen, die Diana vorfand in ihrer neuen

Umgebung. Man kennt die Geschichte vom Herrenarmband, das Diana aus einem Umschlag entgegenfiel, das mit dem F&G-Amulett: Fred und Gladys, wie Charles und Camilla sich nannten. Man kennt die überhörten Telefonate, die Fotos von Camilla, die aus Büchern rutschten, all das also, was Diana schon vor der Hochzeit in tiefe, panische Zweifel stürzte.

Heute ist man ja klüger. Man hat Dianas Erinnerungen gelesen, 1992 aufgeschrieben von Andrew Morton, aufbauend auf mehreren Monologen, die Diana ihm auf Band gesprochen hatte. Man hat ihr zugehört in Fernsehen, in ihrem Interview bei *Panorama* 1995. Man hat es wieder gelesen, zum Beispiel bei Julie Burchill oder bei Beatrix Campbell, die besonders heftig auf Charles eingeprügelt haben. Er habe Diana gelockt mit dem Versprechen von Liebe und ihr nur leere Paläste geliefert. Geliebt habe Charles immer nur und einzig Camilla; aber weil er zur Erfüllung seiner biologischen Funktion, der Zeugung eines Thronfolgers, eine unverheiratete Frau brauchte, habe er sich für diesen Job Diana als Gattin geködert. Sie habe geglaubt, es sei Liebe; er habe immer gewusst, dass es nur pragmatisch war.

Warum hat es damals keiner gemerkt? Warum hat die angeblich kritischste Presse der Welt und ein detailverliebtes globales Publikum so gar nichts mitbekommen? Es wurde doch alles im Fernsehen übertragen? Am 24. Februar 1981 wird morgens die Verlobung bekannt gegeben. Am Nachmittag stellt sich das Paar den Medien vor laufenden Kameras. »Können Sie zusammenfassen, wie Sie sich heute fühlen?«, fragt ein ITV-Reporter. »Schwer, die richtige Art von Worten zu finden«, sagt Charles, und guckt Diana an, »einfach freudig und glücklich. Ich bin erstaunt, dass sie mutig genug ist«, er dreht sich zu seiner Braut um, »mich überhaupt anzunehmen.« Alle lachen, und der ITV-Reporter wirft ein: »Und ich nehme an, verliebt?« In Love. Natürlich, sagt Diana und rollt ihre Augen. »Was immer ‚in love' heißt«, sagt der Prinz. Whatever in love means. Er lächelt, und Diana kichert: »Ja.«

Whatever in love means, da ist es gefallen: Im Gegensatz zu dem, was in den Büchern steht und vor allem in den bunten Zeitschriften, im Gegensatz zu dem, was sie später selbst behaupten wird, guckt Diana nicht geschockt oder beunruhigt bei dieser Antwort. Sie lacht sogar: Liebe bedeute zwei sehr glückliche Menschen. »Wie Sie sehen können«, und dann nickt sie noch dazu.

Nichts fällt auf. Nicht 1981. Die Hochzeit wird gebraucht, die Aufführung kann nicht verschoben werden. Das Bühnenbild hat Margaret Thatcher entworfen. Die Kaufmannstochter hat zwei Jahre zuvor die Macht im Land übernommen und befindet sich gerade im ersten tiefen Tal ihrer achterbahnähnlich schwankenden Popularität. Der neoliberale Umbau der chronisch kranken britischen Wirtschaft, die Zerschlagung der alten Staatsindustrien, der Kampf gegen die Übermacht der Gewerkschaften, all das hat bislang in erster Linie zu gigantischer Arbeitslosigkeit, steigendem Staatsdefizit und galoppierender Inflation beigetragen, ganz anders, als Thatcher es vorausgesagt hatte. Dafür wird die ideengeschichtliche Begleitmusik nun um so lauter gedreht: Dem Individualismus soll gehuldigt, Egoismus erlaubt, das Genießen neu entdeckt werden. Die Hochzeit kommt der glücklosen »Eisernen Lady« als Ablenkung ganz recht.

Das spürt man bei der Traumhochzeit, dem Riesenfest vom 29. Juli 1981. Die Menschentrauben an den Straßenrändern wollen keine Mystik von nationaler Selbstbestätigung wie zu Zeiten Elizabeths und Philips. Das Volk will Unterhaltung. 600 000 Menschen werden es am Ende sein, die die Straßenränder säumen: Diana-Fans und Charles-Anhänger, und längst nicht alles Royalisten. Die Traumhochzeit und der erste royale Kuss der Geschichte auf dem Balkon von Buckingham Palace wird von einem Viertel der Weltbevölkerung am Fernseher verfolgt. Die Feier ist ein historisches Ereignis, keine Frage, aber der Prunk ist Dekoration, kein Symbol mehr für das große Ganze.

Obwohl es auch einen Aufbruch gibt, der am Hof mit deutlich gemischten Gefühlen betrachtet wird. Die Prinzessin ist der neue Star im Haus. Wenn Prinz und Prinzessin sich dem Volk zeigen, dann – kann Charles bald feststellen – kommen die Leute nicht mehr seinetwegen. Er sammelt Blumen ein und Teddybären, die für Diana bestimmt sind. Am Anfang kann er noch lächeln, wie überhaupt am Anfang – anders als später erzählt wird – die königliche Familie den Neuling ganz fantastisch findet. Aber dann muss Charles zusehen, wie Diana, eben noch das kleine Mädchen vom Land, einen ganz

Der Kuss des Jahrzehnts. Und der erste seiner Art auf dem Balkon von Buckingham Palace. Charles hatte vorher um Erlaubnis gebeten. Bei Mummy.

eigenen Stil entwickelt, mit dem Publikum und der Presse zu spielen. Nicht kühl distanziert wie die geborenen Mitglieder der Königlichen Familie schreitet sie vor den Untertanen daher. Sie verbündet sich mit den Menschen; Kritiker werden »anbiedern« schreiben. Sie nimmt ausgestreckte Hände entgegen, küsst Kinder, umarmt wildfremde Menschen. Das kann sie besser als jede andere Königliche Hoheit jenseits der Königinmutter: Kontakt aufnehmen, Menschen inspirieren, ihnen das Gefühl geben, jemand besonderes zu sein. Sie flirtet mit ihren Bewunderern, mit ihrem strahlenden Lächeln, das immer echt wirkt, weil sie nichts aufsetzen muss. Sie freut sich einfach.

Prinz Philip warnt sie: Sie dürfe sich nicht blenden lassen von ihrem Erfolg. Diana überhört den Hinweis, vielleicht versteht sie ihn nicht oder hält ihn für Eifersucht. Sie badet in der Bewunderung, sammelt Presseausschnitte und arbeitet an ihrem Auftreten. Rapide ändert sich ihr Status und ihr Verhalten. Das Wort »Glamour« beginnt auf sie zu passen. Das ist kein Wort aus dem Hofwortschatz.

Williams Geburt 1982 provoziert ähnliche öffentliche Reaktionen wie die seines Vaters. Die hoffnungsvolle Idylle der jungen Familie wird in der Regenbogenpresse bis auf das letzte Detail ausgepresst – zumeist frei erfunden. Prinz Charles wird als fröhlicher Windelwechsler porträtiert, die schöne Diana als erschöpfte, aber glückliche Mutter. Man ist – nach Monaten in Buckingham Palace – endlich in eigene Apartments im Kensington Palace eingezogen; Highgrove, der von Charles erst kürzlich gekaufte Landsitz am Rande der Cotswolds in Gloucestershire, wird noch renoviert. Von außen sieht alles so aus, als habe die heile Welt eine Heimat gefunden.

Drinnen weiß man mehr. Dem Personal der Monarchie ist aufgefallen, dass etwas nicht stimmt mit der neuen Prinzessin. Sie hat Launen. Eben ist sie noch glücklich, dann bricht sie plötzlich in Tränen aus. Sie schließt sich ein in ihren Zimmern wie ein pubertäres Mädchen. Konfrontiert mit der steifen, geregelten, langweiligen Realität des Hofes, schreibt Robert Lacey, »begann die Psyche der 21-Jährigen, fragiler als irgendjemand es bemerkte, auseinander zu driften«. Die Queen, die Anpassungsschwierigkeiten vermutet, lässt Ärzte kommen, Psychiater, Berater. Es werden Medikamente verschrieben, aber niemand scheint zu bemerken, dass die junge Frau etwas verheimlicht. Sie schließt sich weg, um sich heimlich zu erbrechen. Nicht einmal engste Freundinnen bekommen etwas mit. Aber Diana hat Bulimie, wie man heute weiß. Das ist, wie alle Ernährungsstörungen, ein komplexes Phänomen, das sich einfachen, monokausalen Erklärungen verweigert, was bis heute aber niemanden davon abhalten wird, sie einfach und monokausal zu erklären. Mehrere Autoren haben ganze Bücher mit Begründungen gefüllt, was Diana mit ihrer geheimen Krankheit zu bekämpfen versuchte. Gemeinsam ist ihnen im Befund, dass sich die Prinzessin ungeliebt, unverstanden und zurückgewiesen fühlt, dass sie Zuwendung sucht, Hilfe und Halt. Die etwas weniger mitleidenden Autoren räumen ein, dass es schon unter normalen Umständen schwierig gewesen wäre, dieses Bedürfnis zu befriedigen: Diana hätte die Liebe nicht angenommen. An diesem hoch regulierten Hof, mit einem völlig überforderten Mann, unter dem Druck der Beobachtung gibt es gar keinen Ausweg. Diana richtet sich immer mehr gegen sich selbst, entwickelt – bereits nach der

Geburt von William, nach Harrys im September 1984 noch viel mehr – postnatale Depressionen und eine rasende Eifersucht gegen Camilla Parker Bowles (wie später überhaupt gegen alle Freunde von Charles). Als es ganz schlimm wird, wird sie sich selbst attackieren mit Glas, Brieföffnern, einer Nagelschere.

Am Palast guckt man nicht besonders scharf hin; man hat den Schuldigen schon gefunden. Nicht nur für Elizabeth ist es naheliegend, dass der Stress für das seelische Unglück Dianas verantwortlich ist: der stetige Aufmarsch der Fotografen, die Bedrängung durch die Medien. Seit der Hochzeit ist ihre Bewegungsfreiheit weitgehend aufgehoben. Die Queen sieht sich zu einem ungewöhnlichen Schritt veranlasst. Sie lässt die Chefredakteure der nationalen Presse zum Tee laden. Die Queen unterhält sich erst persönlich mit den Journalisten – ein Novum in der Geschichte des Königshauses – und bittet dann inständig um Rücksicht auf die junge Prinzessin, um etwas mehr Abstand.

Es nützt nichts. Die Liebesaffäre der Presse mit der schlanken Schönheit ist eine zweiseitige: Auch Diana sucht die Medien. Ende 1982 ändert sich der Ton. Man braucht neuen Stoff. Die Zahl der Koffer, das Singen der Marinesoldaten oder die Details der Dianadamenoberbekleidung sind diskutiert, gedruckt, wieder diskutiert, wieder gedruckt. Nun gilt es, auch die anderen Ecken der Szenerie auszuleuchten. Irgendjemand plaudert darüber, dass sie abends noch einen Vanillepudding bestellt habe, nach einem großen Essen. Ein Experte legt nahe, dass sie unter Anorexie leiden könnte.

Die Gerüchte bleiben kein Gemunkel, es werden Zeitungskampagnen daraus. Bald wird die Ehe bis ins Detail seziert, analysiert, diagnostiziert. Jede Kopfbewegung wird mit einem Sinngehalt gefüllt. Das meiste, was in den Achtzigern in den Zeitungen erscheint, ist pure Spekulation und schlichte Phantasie. Aber die Chefredakteure und Verleger haben naheliegende Gründe, es mit der Ethik nicht so genau zu nehmen: ein Bild von Diana auf der Titelseite wird bis in die neunziger Jahre hinein dafür sorgen, die verkaufte Auflage der Boulevardzeitungen um rund 20 Prozent zu erhöhen. Auch in Deutschland und in Amerika ist Diana die absolute Favoritin quotenbewusster Aufklärung.

Das nützt auch der Monarchie, allen Ängsten verstaubter Hofschranzen zum Trotz. Die Popularitätsraten erreichen in der ersten Hälfte der achtziger Jahre Rekordwerte. Es hilft, dass Margaret Thatcher vergleichsweise unpopulär bleibt und einen Krieg gegen Argentinien um die Falkland-Inseln führt. Prinz Andrew darf als Hubschrauberpilot an der hochriskanten militärischen Expedition in den Südatlantik teilnehmen, das Eiland von den argentinischen Invasoren zu befreien. Die Nation fiebert mit der Königin. Thatcher nutzt den Krieg gnadenlos zur Stimmungsmache, um die nächsten Wahlen zu gewinnen – erfolgreich. Dafür schließt sie sogar die königliche Familie von der Siegesparade aus. Die Queen, deren Verhältnis zu der egozentrischen Premierministerin schon länger schwierig ist, lässt sich nicht anmerken, wie verletzt sie ist. Sie weiß, dass eine kleine Geste ihrerseits reicht, um Thatcher zu kritisieren. Zum Beispiel im Commonwealth, der von der Queen beaufsichtigten Staatenfamilie. Unter den Kollegen im alten Kolonialkreis ist die Tory-Chefin ungefähr so beliebt wie bei den Gewerkschaftsführern im Land. Die Queen hingegen, die die meisten politischen Führer von Afrika und Asien aus deren Jugendzeit kennt, verfügt über bemerkenswerten Einfluss bei ihren sonstigen Staats- und Regierungschefs. Sie gibt ihnen nicht etwa Anweisungen. Aber sie zwingt Streitparteien dazu, sich zu benehmen. Ihre Anwesenheit bei Debatten verändert den Ton, das Klima. Das hilft, wenn man Kompromisse haben will. Kompromisse sind Thatchers Sache nicht. Mehr als einmal wird sie ausgebootet.

Der Thatcherismus, der bis Anfang der neunziger Jahre praktisch alle Bereiche der britischen Gesellschaft zu marktgängigen Strukturen umzubauen sucht, geht am Hof weitgehend vorbei: Die kleinbürgerlich erzogene Thatcher hat wohl zu viel Respekt vor dieser Institution. Dennoch tut sich hier ein wenig in diesen Jahren. William Heseltine, der zuvor schon die Pressearbeit des Palastes ins 20. Jahrhundert geholt hatte, wird 1986 neuer Privatsekretär der Queen und beginnt mit einer Grundüberholung der Hierarchien. Michael Peat, der heutige Privatsekretär von Charles, macht Eindruck mit einem 1 393-seitigen Bericht, in dem 188 Empfehlungen gegeben werden, die Mechanik am Hof zu verändern. Auch die Finanzen werden jetzt – erstmals seit den Zeiten Victorias – neu geordnet. Das ist dringend nötig. Anfang der Siebziger ist die Monarchie schon einmal in die roten Zahlen geraten, weil die hohe Inflation den zu Anfang der Regentschaft fixierten Staatszuschuss aufgefressen hat. Damals half die Regierung aus. Bei Thatcher wird der Nachschlag schwieriger zu beschaffen sein.

Die Öffentlichkeit bekommt von diesen Veränderungen so wenig mit wie von den wachsenden Schwierigkeiten in der Ehe der Wales'. Man ist abgelenkt. Prinz Andrew, der sich rührend nicht nur um seine militärische Karriere, sondern auch um die weiblichen Schönheiten des Erdrunds gekümmert hatte, heiratet im Juli 1986 die Tochter des Polo-Trainers von Prinz Charles, Sarah Ferguson. Das lustige Mädchen, bald Herzogin von York, doch ausschließlich »Fergie« genannt, bringt Schwung in die Hofatmosphäre, ohne so problematisch zu sein wie Prinzessin Diana. Das führt anfangs zu Konkurrenz – Charles drängelt seine Frau, sich der Schwägerin doch bitte anzugleichen. Wo Diana sich zurückzieht, stürmt Fergie in die Mitte der Gesellschaft. Als die Prinzessin merkt, wie sehr Fergie selbst der Queen gefällt, passt Diana sich ihrer alten Freundin an. Und tut so, als wäre sie auch so locker und albern wie Fergie, erst nur am Hof, schließlich auch für das Publikum. Es endet, wie es wohl enden muss: Hatten sich die Medien gerade noch gefreut über den frischen Wind am Hof, so wird jetzt beklagt, dass die angeheirateten Damen sich nicht standesgemäß verhalten.

Ist die Presse bereits damals so? Schreiben jemanden hoch, um ihn dann fallen zu lassen? Die Medien reagieren auf den unterschwelligen Richtungswechsel im Interesse der Allgemeinheit. Die »natürliche« Königliche Familie gilt als »out«, die »zeremonielle« Familie wird als zu langweilig empfunden. Von nun an wird aktiv nach Dreck gesucht, um die Royals damit zu bewerfen, weil das die Verkaufszahlen steigert. Aufdeckungsarbeit ist angesagt. Investigativer Journalismus.

Über das, was in der Ehe von Charles und Diana zwischen 1986 und 1992 passiert, sind zahllose Bücher geschrieben und Dokumentarfilme gedreht worden. Es gibt wahrscheinlich keine Beziehung in der neuzeitlichen Geschichte, die derart oft seziert und analysiert worden ist. Es ist schwierig, sie zusammenzufassen, ohne tendenziös zu wirken. Diana zum Beispiel erzählt später, dass die Ehe mit der Geburt von Harry im September 1984 zu Ende gewesen sei. Das stimmt, aber nicht ganz. Die große Liebe ist vergangen, falls es sie je gegeben hat, da hat sie Recht. Aber Charles und Diana versuchen bis mindestens 1987 immer wieder, ein Arrangement miteinander zu finden. Das ist schwierig und wird prekärer, weil auf der einen Seite Charles immer weniger bereit ist, auf seine Egoismen zu verzichten, und auf der anderen Seite Diana zu immer größeren, kaum kontrollierbaren Gefühls- und Stimmungsschwankungen neigt. Ihre Bulimie martert sie weiter im Verborgenen, doch für die, die genau hinsehen, entpuppt Diana sich langsam als Persönlichkeit mit Borderline-Syndrom.

Ungefähr im Jahr 1987 nimmt Charles alte Verbindungen wieder auf, die er hatte ruhen lassen. Es deutet einiges darauf hin (auch wenn Diana das Gegenteil behauptet hat), dass er erst damals wieder anfängt, Camilla Parker Bowles regelmäßig zu treffen. Er hat sich inzwischen ein paar neue Themen gesucht, um Profil zu bekommen: die Architektur zum Beispiel, die holistische Medizin und die Ökologie. Diana interessiert das nicht, Camilla schon.

Diana sucht ihr Heil in Wohltätigkeit. Wie eine moderne Florence Nightingale besucht sie von nun an Ambulanzen, um Kranke und Verletzte zu beruhigen, sie kümmert sich um die Kunst und den Tanz, sie beschäftigt sich mit dem Schicksal geschlagener Frauen und später, als diese Krankheit um sich greift, mit Aids. Charles ist der Traditionalist, Diana ist die moderne Fürsorglichkeit. Das ist eine gute Arbeitsteilung, weil man sie auch gegeneinander verwenden kann. Aber Dianas Interesse am Schicksal der Leidenden hat tiefere Gründe als Imagebildung. Der Psychologe Oliver James, der sich mit Dianas Innerem öffentlich beschäftigt hat, sieht hier ein Muster: »Hinter der Bereitschaft, Unbekannten bedingungslose Liebe entgegen zu bringen, steckt häufig, dass man sich selber danach sehnt, Liebe zu empfangen«, schreibt er 1997 in einem Artikel, der unbeachtet bleibt, weil er am 31. August im regulären, hinteren Teil der *Sunday Times* versteckt bleibt. Wie eine Süchtige ziehe Diana von Wohltätigkeitsthema zu Wohltätigkeitsthema, sammele »gute Dinge«, für die sie ihren Namen geben kann. 120 gemeinnützige Institutionen nennen 1993, am Höhepunkt dieser Phase, Diana als ihre Patronin.

Gesammelt werden seit 1985 auch Männer. Barry Mannakee ist wohl der erste, ein Leibwächter, der versetzt wird, als die Sache offensichtlich wird. Ende 1986 beginnt Diana eine fünf Jahre währende Liaison mit James Hewitt, einem Offizier der Life Guard, der ihr Reitstunden gibt. Es wird die bekannteste Affäre, weil er später einiges ausplaudern wird, gegen bar. Aber es ist weder die einzige, noch eine exklusive Affäre. Andere Herren, wie David Waterhouse oder Philip Dunne, werden von der Presse gejagt, weil sie sich mit der zärtelnden Prinzessin in der Öffentlichkeit haben erwischen lassen. Im Sommer 1989 wird der Autohändler James Gilbey Diana trösten, ein Freund aus alten Tagen. Diese Ausflüge sind Teil einer Suche nach einem neuen Selbst. Die Prinzessin hat sich jetzt als Opfer definiert, als Kranke, und sie wird, von 1988 an, von einem Therapeuten zum nächsten jagen, immer auf der Suche nach einer Wunderlösung für all ihre Probleme.

Seit 1987 werden die Probleme der Ehe der Wales' auch in der Öffentlichkeit breitgetreten. Nicht, dass die Presse eine Kampagne fährt – aber seit der *Sunday-Times*-Journalist Andrew Morton nachgerechnet hat, dass sich Charles und Diana kaum noch sehen, ist zumindest der Zuckerguss von den Titelseiten verschwunden. Erst sind es Dianas Affären, die verfolgt werden, dann kommt auch Camilla wieder ins Gespräch. Es wird bald offensichtlich, dass Diana mit den Journalisten spielt: ihnen Informationen zuschiebt, sie auszunutzen versucht. Es werden hässliche Geschichten über Charles in jener Zeit verbreitet: Der Prinz sei ein schlechter Vater, ein gefühlskalter Freund. Es gibt Entgegnungsversuche aus dem Umfeld des Prinzen, die sind aber nicht ganz so raffiniert.

Und schließlich plaudert Diana sogar selbst. Noch bevor der zehnte Hochzeitstag gefeiert wird, beginnt Diana, ihre Erinnerungen auf Tonbänder aufzunehmen. Sie spielt diese Aufzeichnungen Andrew Morton zu, damit der einen öffentlichen Skandal daraus schreiben kann. Die Prinzessin sorgt dafür, dass die Spuren nicht zur Quelle zurückverfolgt werden können, weil ihr das doch zu riskant erscheint. Es ist ein Verrat, das weiß sie.

Die (gekürzte) Abschrift der Tonbänder ist in der veränderten Neuauflage der Diana-Biografie Mortons nachzulesen, die der Journalist nach Dianas Tod 1997 lukrativ auf den Markt brachte. Der Text lässt nicht nur klar erkennen, dass es in der Tat Dianas eigene Worte waren, die bei Mortons ursprünglichem Buch *Diana – Her True Life* 1992 die Feder führten. Sondern auch, wie stark Morton sich zum Werkzeug hat machen lassen. Dianas Ausbrüche sind so historisch korrekt wie Marion Crawfords Kinderstubenromanzen. Sie widersprechen sich sogar – oder lassen sich mit dem, was Diana sonst hinterlassen hat, nicht vereinbaren.

Noch bevor Morton aber mit seinem Buch die Grundfesten der Monarchie ins Wanken bringt, ist die Institution schon angeschlagen. Der erste Golfkrieg im Frühjahr 1991 bietet das Präludium. Prinz Andrew, der in Falkland noch selbst an der feuchten Front gedient hat, spielt gerade Golf bei Marbella, als der Angriff auf Kuwait und Basra beginnt. Diana und Fergie lassen sich beim Skifahren und Sonnenbaden bewundern. Die veröffentlichte Meinung der Nation, selbst nicht eben kriegsbetroffen, ist erbost. Die Staatsfamilie soll in Spannungszeiten Zurückhaltung zeigen. Im Juni 1991 beweist der Journalist Philip Hall in einem Beitrag für das Fernsehmagazin *World in Action*, dass das private Einkommen der Queen und ihrer Kinder nicht aus althergebrachter Tradition steuerfrei ist, sondern erst seit den Zeiten Edwards VIII. Der Hofstaat gerät in Erklärungsnöte. Prinz Charles bastelt sich derweil ein Imageproblem, weil er Dienst vor Vaterpflichten stellt: Prinz William, bei einem Spielunfall schwer am Kopf verletzt, wird ins Londoner Kinderkrankenhaus an der Great Ormond Street verlegt und muss dort die Nacht verbringen. Diana sitzt treu am Bett, Charles geht in die Oper. Die *Sun* nimmt sich der Story an: Diana steht einmal mehr da wie eine Heilige, ihr Mann wie ein schlechter Vater.

Im Januar 1992 macht sich die Boulevardpresse über Fergie her. Auf mehreren Seiten darf die Welt begutachten, wie glänzend sich die Herzogin von York mit dem texanischen Öl-Millionär Steve Wyatt versteht. Im Februar ist Elizabeth in Australien, wo die anti-royale Stimmung für einen frostigen Empfang sorgt. Charles und Diana besuchen derweil Indien, wo die Prinzessin mit geschickter Hand den Stand ihrer Beziehung für die Presse illustriert: Als der Prinz sie in der Öffentlichkeit zu küssen versucht, dreht sie gewandt den Kopf, so dass er – im Blitzlichtgewitter – wie ein ungeschickter Freier auf ihre Wange rutscht. Anschließend lässt sie sich fotografieren: allein, von fern, in rotem Tuch vor dem Grabmal einer Traumprinzessin, dem Wunderbauwerk Taj Mahal. Die Kaffeesatzleser unter den Hofberichterstattern haben ein Festmahl.

Im März muss die Queen nicht nur das Parlament auflösen, weil Margaret Thatcher neu wählen lassen will, sondern auch die Ehe der Yorks, weil Andrew den Unartigkeiten seiner Gattin nicht länger zugucken möchte. Ende März stirbt Dianas Vater Johnnie, und die Prinzessin ist nur mit Mühe dazu zu überreden, ihren Ehemann bei der Beerdigung an ihre Seite zu lassen (die deutsche Regenbogenpresse schreibt »Versöhnung« unter die Bilder). Im April gibt Prinzessin Anne bekannt, dass sie sich von Mark Phillips scheiden lassen möchte, der eine uneheliche Tochter in die Welt gesetzt hat – in Trennung haben die beiden schon länger gelebt. Und kaum hat auch der Teil des Publikums, den das Familienleben im Hause Windsor sonst eher nicht interessiert, etwas von den Aufwallungen gehört, da bittet Andrew Morton zu Tisch, erst in der *Sunday Times* als Vorabdruck, dann mit dem Buch.

Morton macht mehr, als die Traumhochzeit des Vorjahrzehnts als Täuschung zu entlarven. Er respektive Diana schreibt die Rollen um, die in der Seifenoper verteilt sind. Aus seiner Feder vor allem stammt das Porträt der schweigenden, unbeholfenen Queen, des zornigen, groben Prinz Philip, der intriganten Queen Mother und der snobistischen Prinzessin Anne. Die Königliche Familie wird zum kalten, grausamen, langweiligen Windsor-Pack, »dysfunctional«. Charles ist natürlich der zentrale Bösewicht und Camilla die gemeine Nebenbuhlerin. Nur Diana ist Wärme, Güte, Liebe pur. Das kann nicht gut gehen.

Am 8. Juni, einen Tag nach der ersten Veröffentlichung in der *Sunday Times*, trifft sich das Prinzenpaar, um das öffentliche Ende der Beziehung zu erwägen. Charles hat schon mit seiner Mutter gesprochen, bevor er sich mit Diana trifft, und auch das Kabinett ist informiert. Scheidung steht nicht zur Debatte – es würde, dünkt der Politik, die Thronfolge gefährden. Eine Trennung wird diskutiert, kühl, als ginge es um einen Umzug der Prinzessin.

15 Stunden lang brannte es am 45. Hochzeitstag der Queen in Windsor Castle, über 100 Zimmer wurden zerstört. Eine Lampe hatte wohl eine Gardine entflammt.

Bevor sie am 2. Dezember durch den Premierminister verkünden lässt (das hat Diana verlangt), dass die Ehe der Thronfolger in einen loseren Aggregatzustand übergehen darf, erfährt Elizabeth II. durch ein anderes Ereignis, wie ambivalent das Verhältnis der Untertanen zu ihrer Familie inzwischen ist. Am 20. November 1992 bricht in Windsor Castle ein Feuer aus. Die Flammen, entfacht durch Arbeiten in der Privatkapelle, breiten sich schnell auf ein Fünftel der riesigen Burganlage aus. Über der großen prächtigen St. George's Hall bricht das Dach zusammen, und obwohl das wertvolle Mobiliar und der überwiegende Teil der hiesigen Gemäldesammlung nicht vom Feuer betroffen ist, ist es ein harter Schlag für die Königin persönlich. Windsor ist der Ort ihrer Kindheit – mit diesem königlichen Heim fühlt Elizabeth sich am innigsten verbunden. 110 Millionen Mark, so rechnen die Fachleute der sichtlich geknickten Königin vor, wird die Wiederherstellung des Glanzes kosten.

Als Peter Brooke, Minister für das Volkserbe, wie der Kulturminister in jener Zeit noch genannt wird, am Morgen nach dem Brand verkündet, die Staatskasse würde für den Wiederaufbau geradestehen, ruft er wüste Proteste auf den Plan. Die hitzige Diskussion um die Steuerpflicht der Queen wird am 26. November mit einem lange vorbereiteten Schritt überraschend beendet: Der Hof erklärt, man werde ab 1993 für einen Großteil der Einkünfte Steuern zahlen und die »Civil List« auf drei Mitglieder der Familie verkürzen: die Königinmutter, die Königin und den Prinzen von Wales. Und man werde Windsor Castle aus eigener Rechnung reparieren. Das Volk der Krämerseelen darf sich setzen.

In der jahrhundertealten Guildhall, dem stolzen Sitz der eigenartigen, da unmittelbar der Königin unterstellten Bezirksregierung des Londoner Geschäftsviertels, der »City of London«, wird am 24. November in einem Festakt dem 45. Jahrestag der Königlichen Hochzeit gedacht. Mit einer vom Rauch noch etwas kratzigen Stimme beschreibt Elizabeth die zurückliegenden Monate »in den Worten eines meiner mitfühlenden Korrespondenten als Annus horribilis«, als das Schreckensjahr ihrer Thronzeit, auf das sie, wie sie es so schön majestätisch ausdrückt, »nicht mit unverhohlener Freude zurückschauen« werde. »Keine Institution – die City, die Monarchie, welche auch immer – sollte erwarten, von der misstrauischen Beobachtung derjenigen frei zu sein, die ihr Loyalität oder Unterstützung entgegenbringen; von denen, die das nicht tun, gar nicht erst zu reden.« Es ist eine sehr persönliche, von ihr selbst geschriebene Rede, später als eine der großen Ansprachen ihrer Regentschaft gefeiert. Der Staatssouverän deutet nicht nur die Bereitschaft zu institutionellem Wandel an. Sondern die Queen bittet von der Guildhall aus ihr Volk um Verständnis und Mitleid für die Schwierigkeiten, in denen sich das Königshaus in diesen Zeiten befindet.

Mitleid mag es geben, doch wenn die Königin gehofft hat, das Annus horribilis sei endlich vorbei, dann wird sie enttäuscht. Bald veröffentlicht der *Mirror* Fotos der barbusigen Sarah Ferguson, die im Begriff ist, sich von einem Freund, John Bryan, die Fußzehen küssen zu lassen. Der Auflagenerfolg der Konkurrenz bringt die *Sun* dazu, den redaktionellen Giftschrank zu öffnen. Der Marktführer des schlechten Geschmacks druckt vier Tage später die Abschrift eines Telefonats ab, das Diana am Neujahrsabend 1989 (also drei Jahre zuvor) mit ihrem Vertrauten James Gilbey geführt haben soll. James nennt Diana darin »Squidgy«, Diana das Leben mit der Königlichen Familie (»this fucking family«) passend zum Morton-Buch »eine Tortur«. Aus ihren Andeutungen ist ferner zu schließen, das der »Vertraute« durchaus auch Intimfreund ist. Dianas Ansehen, eben durch das Morton-Buch ins Unmessbare gehoben, bricht ein.

Not amused? Nein: konzentriert. Die Queen guckt ihrem Mann beim Kutschenrennen zu.

Das Abhörprotokoll selbst will die *Sun* von einem Funkamateur haben, der seine Freizeit damit verbringt, die Frequenzen nach interessantem Material abzusuchen. Das stimmt auch, wie in *War of the Windsors* nachgewiesen wird, ist aber nicht die ganze Wahrheit: Der Funker hat nicht das Gespräch abgehört, sondern die (wahrscheinlich mehrfache) Aussendung einer Aufnahme des Gesprächs. Diana abgehört hat zweifelsohne ein Geheimdienst, denn nur solche können Handygespräche auf technisch so perfekte Weise speichern – welcher, ist bis heute ebenso ungeklärt wie die Frage, warum mitgelauscht wurde. »Squidgygate« folgt schließlich bald »Camillagate« – die Aufnahme eines Gesprächs, das Prinz Charles im gleichen Winter mit seiner Geliebten geführt hat. Der Dialog ist erstaunlich: Da reden zwei miteinander, als wären sie frisch verliebt, und man kann mitlesen, wie nah sie sich sind. Im kollektiven Gedächtnis bleibt allerdings nur hängen, in welcher Form Charles seiner wahren, aber leider verheirateten Auserwählten endlich nahe sein möchte. Als Tampon. Ein Super-Gau für das Ansehen des Thronfolgers.

Nach 1992 bricht der Krieg der Waleses offen aus. Wie eine Abhängige ergreift Diana die Initiative, führt sich den Journalisten vor und findet erfolgreich aufregende Momente triumphaler Selbstdarstellung. Sie entdeckt Hospize als neues Thema, Zufluchtsorte für unheilbar Kranke, die sie so »privat« besuchen kann, dass die Presse es mitbekommt, aber nicht zugucken darf. Als notwendige Zusatzqualität wird die Mutterschaft herausgekehrt, der sich Diana mit neuem Schwung widmet. Geradezu ruhelos reist die Prinzessin mit und ohne Kinder um die Welt, von Termin zu Termin, und ihre Kritiker werden das Gefühl nicht los, dass sie nur unterwegs ist, um sich fotografieren zu lassen: beim Reiten in der Karibik, mit den jungen Prinzen im Urlaub in Amerika, beim Essen mit armen schwarzen Kindern im Süden Afrikas – und immer mit ihrem scheuen Lächeln vor den Kameras.

Die Öffentlichkeit ist begeistert. Diana liefert, was das Publikum auch von den anderen Royals will: Präsenz im öffentlichen Leben gepaart mit sozialem Engagement und nachahmenswertem Glanz. Im Vergleich dazu sacken die königlichen Familienmitglieder in eine Grauzone ab. Prinz Charles wirkt steif und unnahbar in der Konkurrenz seiner Noch-Frau; schon dass er Polo spielt, zur Jagd geht und an Flussufern Aquarelle malt, lässt ihn als schrecklich langweiligen aristokratischen Spießer erscheinen; dass er erzählt, er würde mit Bäumen reden, bringt ihm in seinem Mutterland nur Spott ein. Seine Geschwister werden als Snobs abgewertet, obwohl etwa Prinzessin Anne weitaus aktiver ist im Dienste des Landes als Diana und Charles zusammen. Prinz Philip wird zum tollpatschigen Kommisskopf gestempelt, ganz gleich, was er tut. Nur die Königinmutter wird geliebt für ihre senile, Gin-verklärte Großmütterlichkeit. Und die Queen? Noch gibt es den allgemeinen Grundrespekt einer Königin gegenüber, doch jeder unwürdige Umwurf im königlichen Clan fällt auch auf sie zurück.

Dianas Spiel geht nicht auf, wie könnte es auch? Die Sonntagszeitung *News of the World* berichtet über Dianas bizarres Verhältnis zu dem Kunsthändler Oliver Hoare, den sie – nachweislich – über Wochen und Monate telefonisch belästigt hat. Der *Mirror* kauft Fotos, die Diana in ungünstiger Stellung beim Fitness-Training zeigen, die Zeitschrift *Hello!* erwirbt Fotos von der barbusig sonnenbadenden Prinzessin – nicht um sie abzudrucken, sondern um darüber zu schreiben, wie heldenhaft man doch darin ist, diese Fotos nicht zu veröffentlichen. Im Dezember 1993 versucht Diana der medialen Hektik ein Ende zu bereiten, indem sie sich »vom öffentlichen Leben zurückzieht«. Dem neugierigen Blick der Medien und deren zahllosen Kunden entkommt sie nicht, aber das will sie im Prinzip auch gar nicht. Sie braucht ja Zuwendung. Die Frau ist krank, inzwischen weiß es jeder.

Am 29. Juni 1994 geht Charles zum Gegenangriff über. *Charles: the Private Man, the Public Role* heißt Jonathan Dimblebys Fernsehdokumentation, die vom privaten Sender ITV ausgestrahlt wird. Sie ist weit subtiler, als Diana erwartet hatte. Dimbleby stellt das Leben des Prinzen natürlich in milderes Licht als Morton, aber er hält sich mit Attacken gegen Diana zurück. Die Prinzessin kommt nur am Rande vor – mal schmückendes, mal störendes Beiwerk zum Leben des Thronfolgers. Auch darüber ärgert sich Diana. Und über die Halbwahrheit, mit der der Prinz schlagzeilenträchtig eine Frage Dimblebys beantwortet. »Haben Sie versucht, Ihrer Gattin treu und ehrenhaft zu sein, als Sie das Eheversprechen auf sich nahmen?«, fragt der Journalist. »Ja, absolut«, antwortet Charles. »Und waren Sie es?«, hakt Dimbleby nach. »Ja«, antwortet der Prinz, um kurz zu zögern, »bis sie [die Ehe] unwiederbringlich zusammengebrochen war, und wir beide alles versucht hatten.« Charles räumt also indirekt seine Untreue ein – aber erst für die Zeit nach dem internen Ehe-Ende.

Diana ist gekränkt – und trumpft auf. Am Abend der Fernsehausstrahlung, der 13 Millionen Briten folgen, besucht sie einen lange geplanten Empfang in der Serpentine Gallery, wenige Schritte vom Kensington Palast entfernt. In ihrem kurzen, schulterfreien, sensationellen Wickelkleid schlägt sie das Publikum in ihren Bann – und vertreibt ihren Mann anderntags von den Titelseiten.

Die Queen ist wenig glücklich über des Prinzen Fernsehauftritt. Tief enttäuscht ist sie darüber, dass der Prinz und die Prinzessin ihre intimen Schwierigkeiten vor der Welt ausbreiten müssen, ohne Rücksicht auf die Institution, der sie ihren Lebensstil verdanken. Elizabeth hält das Benehmen ihres Sohnes für inakzeptabel, seine öffentliche Beziehung zu einer verheirateten Frau sowieso. Gegenüber Diana mag sie Mitleid empfinden, aber mehr wohl Wut, dass die sich nicht zusammenreißen und aufhören kann, sich aufzuspielen. Die Königin kann das Verhalten der beiden nicht begreifen. Sie selbst hat ihr

Leben, ihre Ehe, ihr ganzes Dasein in den Dienst der Monarchie gestellt. Aber diese Kinder versuchen sich selbst zu verwirklichen und reißen dabei das Haus ein.

Der eigentliche Ärger steht Elizabeth jedoch erst noch ins Haus: das Buch zur Dokumentation, *The Prince of Wales: A Biography*, das Dimbleby im November herausbringt. Es wird den nicht minder historischen Besuch der Königin in Moskau in den Schatten stellen, weil es sie selbst angreift: als Mutter. Dass die Ehe derer von Wales habe scheitern müssen, sei nicht zuletzt auf die emotionale Kälte in der Kindheit des Thronfolgers zurückzuführen, behauptet Dimbleby. Die Mutter sei distanziert gewesen und der Vater ein Tyrann, obwohl der junge Charles »Zuwendung und Anerkennung« gebraucht habe. Der Prinz ist ein Opfer.

Dianas Retourkutsche kommt ein Jahr später im BBC-Magazin *Panorama*: der größte Hofberichterstattungs-Coup der BBC seit der Abdankungserklärung des Herzogs von Windsor. 22,8 Millionen Briten sehen zu, wie ein Stichwortgeber namens Martin Bashir Diana bei der Generalabrechnung hilft. Das höchst geheim aufgenommene Interview (selbst die BBC-Spitze wusste nichts davon) wird am 20. November 1995 ausgestrahlt, drei Jahre genau nach dem Windsor-Feuer und demnach am Hochzeitstag der Queen. Es ist sensationell, aber nur formal. Diana sagt nichts Neues in die Kamera. Die Nachricht steckt in der Optik: in ihrem düster geschminkten Gesicht, ihren schmerzhaft offenen Zügen, ihrem stets geneigten Kopf, dem Dackelblick. Diana inszeniert sich so deutlich als die Betrogene und Besorgte, in einer solch absurden Nonnenhaftigkeit, dass sie eigentlich unglaubwürdig werden muss. Bei den Zuschauern aber, die nicht über die Gnade der späteren TV-Analyse verfügen, erreicht Diana exakt das, was sie zu bewirken hoffte: 70 Prozent der Briten, so Zeitungsumfragen, glauben nach der Sendung fest daran, dass Diana ein Opfer der Windsors sei und dass Charles die Verantwortung für den Zusammenbruch der Ehe trägt. Dianas nahezu sarkastischer Ausdruck zur Untreue ihres Mannes wird zum Bonmot: »Wir waren zu dritt in dieser Ehe, und so war es etwas eng.«

Hat Elizabeth es am Ende eingesehen? Haben die Hinterzimmerhofgeneräle den Bischöfen der anglikanischen Kirche so starken

Druck gemacht, dass sie einsehen mussten, dass an diesem Mummenschanz nichts mehr zu halten ist? Im Dezember 1995 schreibt Elizabeth – mit Wissen der Kirchenführung – je an Diana und Charles einen gleichlautenden Brief, in dem sie die beiden auffordert, umgehend mit den Verhandlungen über eine Scheidung zu beginnen. Aus Charles' engerer Umgebung wird der Öffentlichkeit das Schreiben zugespielt, was Dringlichkeit und Aufruhr erhöht. Während sich die Rechtsanwälte geschwind in langwierige Verhandlungen zwischen den zerstrittenen Ehepartnern und dem königlichen Hof einrichten, lassen Prinz und Prinzessin es wie zur Bekräftigung noch einmal ordentlich öffentlich krachen. Diana gibt die Scheidung von sich aus und ohne Absprache bekannt: »Die Prinzessin von Wales hat dem Anliegen Prinz Charles nach Scheidung zugestimmt«, heißt es einseitig und zum Ärger des Genannten. Sie werde Titel und Zugang zu den Kindern behalten, lässt Diana vorlaut wissen. Am Ende kommt es anders. Am 28. August 1996 wird die Ehe auf- und Diana ihres königlichen Titels enthoben. Sie darf sich zwar weiter als »Prinzessin von Wales« bezeichnen (nach dem Vornamen Diana), aber sie ist nicht mehr »Königliche Hoheit«, nicht mehr »Prinzessin Diana« – also nicht mehr Mitglied der Königlichen Familie. Sie behält ihr Apartment in Kensington Palace, ihr Büro im St. James's Palace und eine Menge Geld: 17 Millionen Pfund, nach damaligem Wert rund 20 Millionen Euro.

Diana gibt sich auch als geschiedene Prinzessin Mühe, ihrem Publikum ein warmes, zartfühlendes, anfassbares Idol zu sein. Das Engagement für die Probleme dieser Welt und ihre Fähigkeit, sich jeweils vollständig damit zu identifizieren, macht Eindruck und führt zum Erfolg. Zwei Touren nach Süd- und Nordamerika, die Diana im Sommer 1996 im Namen gleich mehrerer guter Zwecke absolviert, bringen ihr nicht nur Schlagzeilen ein, sondern auch unerwartet reichliche Spendenmittel. Sie macht sich gut – so gut, dass ihr Einsatz gegen Landminen im Unterhaus zu besorgten Einwürfen einzelner konservativer Abgeordneter führt, die um die Gesundheit der exportorientierten britischen Waffenindustrie fürchten. Ihr Eindruck ist so nachhaltig, dass Tony Blair nach seiner Wahl im Mai 1997 die Prinzessin auf seinen Landsitz nach Chequers einlädt, um über eine mögliche Rolle für Diana zu diskutieren. Er will den Zwist im Königshaus kitten, indem er beiden Seiten den nötigen Raum gibt. Blair weiß, dass die Öffentlichkeit (seine Wähler) so etwas wünscht.

Doch Diana ist einsam. Nicht selten sitzt die meistgeliebte Frau der Welt nun abends in ihrer Wohnung und guckt fern. Sie ist launisch, verwöhnt, grenzt sich ab selbst gegenüber guten Freunden. Im Sommer 1997 nimmt Diana zögerlich eine Einladung zu einem Badeurlaub an der Côte d'Azur an. Zögerlich, denn der Einladende ist umstritten im britischen Establishment. Mohammed Al Fayed ist nicht nur der Besitzer des Kaufhauses Harrods, der Zeitschrift *Punch* und der Pariser Villa von Edward und Wallis Windsor, des dortigen Ritz-Hotels und einer Reihe britischer Schlösser. Er soll auch versucht haben, zwei Politiker zu bestechen. Al Fayed ist ein vergleichsweise egomanischer Multimillionär, dem zum Lebensglück über Jahrzehnte nur ein britischer Pass gefehlt hat. Er ist Ägypter.

Diana gibt seinem Drängen nach. Man kennt sich; auch Elizabeth ist dem grummeligen Ägypter mehrfach begegnet, nicht zuletzt beim Rennen in Ascot, zu dessen Hauptsponsoren er gehört. Irgendwann, zwischen Feriendomizil mit Privatstrand und der riesigen Yacht des Ägypters, der 195 Fuß langen »Jonikal«, wird der Prinzessin sein ältester Sohn vorgestellt, Emad, genannt Dodi. Der 41-jährige Playboy ist in Begleitung des kalifornischen Models Kelly Fisher gekommen. Es ist keine Liebe auf den ersten Blick, die sich zwischen Diana und Dodi entwickelt. Es dauert ein bisschen, aber dann funkt es. Unter den faszinierten Blicken der Welt, vertreten durch eine Handvoll Papparrazi, wirft Diana sich und ihren neuen Schwarm in eine Liebesaffäre, die – wieder einmal – märchenhafte Formen annimmt. Hubschrauberflüge, heimliche Treffen auf heimischen Yachten in verschwiegenen Buchten, Dauertelefonate über Satellit. Al Fayed zahlt indirekt für Dianas Bosnien-Einsatz gegen den Fluch der Landminen, sein Sohn besticht Kelly Fisher mit Schweigegeld und umschmust seine neue Geliebte mit teurem Schmuck. Am 21. August 1997 kehren die beiden zu einem letzten kurzen Urlaub auf »Jonikal« ans Mittelmeer zurück, den sie – Diana will wieder nach London zu ihren Söhnen – am 30. August mit einem Abendessen im Pariser Ritz abschließen wollen. Glücklich, aber genervt von der wachsenden

Aufmerksamkeit von Passanten und Pressefotografen treten sie kurz nach Mitternacht den Heimweg zu Dodis Apartment an. Verfolgt von einem halben Dutzend Papparazzi auf Motorrädern steuert der Vizesicherheitschef des Ritz, Henry Paul, um 0.24 Uhr einen ungepanzerten Mercedes 220 SL mit weit überhöhter Geschwindigkeit in den Tunnel unter dem Place de l'Alma.

Kapitel 8

Die Monarchie nach Diana

William und Harry

»Seit den schrecklichen Nachrichten vom vergangenen Sonntag«, beginnt Königin Elizabeth II. am Freitag, dem 5. September 1997, um genau 18 Uhr Ortszeit, »haben wir überall in Großbritannien und rund um die Welt einen überwältigenden Ausdruck von Trauer über Dianas Tod gesehen.« 30 Millionen Untertanen hören zu. Sie sehen den Kopf der ergrauten Königin auf ihren Bildschirmen, den Kopf vor einem Fenster, durch das sie auf die Menschenmenge rund um das Victoria-Denkmal vor dem Buckingham Palace blicken können. Vor ziemlich genau 134 Stunden ist Diana in Paris für tot erklärt worden. Seit gut 134 Stunden steht die Monarchie unter Schock. Es ist nicht nur ein Mensch gestorben, der – bei allen Schwierigkeiten, die es gab – letztendlich zur Familie gehörte. Die ganze Nation ist in Aufruhr. Deshalb spricht jetzt die Queen, langsam, mit fester, getragener Stimme.

Wir haben alle versucht, auf unterschiedliche Weise damit fertig zu werden. Es ist nicht einfach, ein Gefühl von Verlust auszudrücken, weil dem ersten Schock oft eine Mixtur von anderen Empfindungen folgt – Unglauben, Verständnislosigkeit, Wut und Mitgefühl für jene, die zurück bleiben. Wir alle haben diese Gefühle in den vergangenen Tagen gespürt. Was ich Ihnen jetzt also sage, als Ihre Königin und als eine Großmutter, sage ich von Herzen.

Es ist eine Life-Ansprache. Die Queen hat diese Rede selbst geschrieben, mit ihren eigenen Beratern. Anders, als gern behauptet wird, macht die Königin das häufiger. Die Weihnachtsansprache zum Beispiel ist ihre persönliche Angelegenheit; auch die Rede zum alljährlichen Commonwealth-Tag. Sie hat den heutigen Text für diesen eilig improvisierten Auftritt dem Premierminister vorgelegt, weil dessen Büro alles abnicken muss, was die Königin sagt. Alastair Campbell, der ebenso gefeierte wie gefürchtete Sprecher Tony Blairs, hat den Entwurf der Rede nicht, wie ebenfalls behauptet wird, in den Kamin geworfen und neu geschrieben. Er hat, versichert Robert Lacey in seinem 2002 erschienenen Werk über die Queen, *Royal*, nur diese eine Passage eingefügt: »und als eine Großmutter«.

Vielleicht ist dies die wichtigste Rede, die diese Queen und Großmutter je halten wird. Es ist immerhin ein mehrfach historischer Moment, dieser Freitagabend: Mit dem Unfalltod von Diana, der Prinzessin von Wales, ist das nahezu größte anzunehmende Unglück über die Monarchie hereingebrochen. Dem zweiten und dritten in der Thronfolge, den Prinzen William und Harry, ist die Mutter gestorben; das allein ist hart genug. Aber zusätzlich ist diese Mutter, die seit ihrer Scheidung offiziell nicht mehr zur Königlichen Familie gehört, das meist-fotografierteste, beliebteste und geliebteste Gesicht der Monarchie gewesen. Und die Queen hat Fehler gemacht seit jenem Anruf um kurz vor ein Uhr morgens am vorigen Sonntag, in dem die britische Botschaft in Paris den Palast über den Unfall im Tunnel unter dem Place de l'Alma unterrichtet hat.

Das erste Mal in der Geschichte der britischen Monarchie hat die gesamte Presse offen gegen den Hof rebelliert. Weil die königliche Familie sich in Balmoral verborgen hielt und weil über Buckingham Palace keine Fahne auf Halbmast stand, haben die Zeitungen Stimmung gegen die Queen gemacht wie nie zuvor. »Wo ist die Königin, wenn das Land sie braucht?«, hat die *Sun* auf ihrer Titelseite gefragt. Darunter die Antwort in einem offenen Brief an die Queen: Der Platz der Königin sei unter ihrem Volk, sie solle zurückfliegen, sofort, nach London und auf den Balkon des Palastes treten.

Sie ist eingeknickt. Die Queen hat getan, was die *Sun* verlangte. Was für eine bittere Premiere. Jetzt ist sie wieder in London und richtet sich erstmals seit dem Tod ihrer Ex-Schwiegertochter persönlich an das globale Publikum:

Als erstes möchte ich selbst Diana meinen Respekt zollen. Sie war ein außergewöhnlicher und talentierter Mensch. In guten und in schlechten

Zeiten hat sie nie ihre Fähigkeit eingebüßt zu lächeln und zu lachen oder andere durch ihre Wärme und Freundlichkeit zu inspirieren. Ich habe sie bewundert und respektiert für ihre Energie und ihr Engagement für andere und besonders für ihre Hingabe an ihre beiden Jungen. Diese Woche haben wir alle versucht, William und Harry in Balmoral dabei zu helfen, mit dem niederschmetternden Verlust zurechtzukommen, den sie und der Rest von uns erlitten haben. Niemand, der Diana kannte, wird sie je vergessen. Millionen von Menschen, die sie nie getroffen haben, aber fühlten, dass sie sie kannten, werden sie in Erinnerung behalten.

Die Königin ist keine Schauspielerin; sie könnte nichts sagen, hinter dem sie nicht steht. Würde sie es auf Effekt anlegen, dann müsste sie scheitern. Und so sagt sie alles Gute, was sie über ihre tote Schwiegertochter zu sagen weiß.

Der andere meisterliche Aspekt fällt den meisten Zuhörern gar nicht auf. Erst Robert Lacey hat darauf hingewiesen: auf das Geräusch im Hintergrund. Es ist der leise, verhuschte Ton zu hören, den die Menschenmenge draußen am Zaun vor dem Palast macht, wo immer noch Blumen in Papierhüllen abgelegt werden. Das Tappen von Schritten, das leise Gemurmel, Rascheln von Verpackung, gedämpfter Verkehr. Ein wenig Wind. Es ist ein Geräusch, das einzigartig ist in der Geschichte: Wohl nie wieder wird man in London so sehr das Gefühl haben, in einer stillen, aber doch lebendigen Stadt zu stehen.

Eigentlich ist es Pfusch. Die Techniker, die die Beleuchtungsanlage in einem zum Studio umfunktionierten Empfangssaal von Buckingham Palace aufgestellt hatten, haben in der Kürze der Zeit das Summen der Lampen nicht in den Griff bekommen. Es brummt und knistert im Kopfhörer des Toningenieurs Peter Edwards. Er behilft sich schließlich mit einem Trick. Er stellt ein Mikrophon draußen vors Fenster und mischt den dort aufgenommenen Ton unter die Ansprache der Königin. Man hört die Beleuchtung nicht mehr, aber es scheint, als wäre das Fenster des Palastes offen, als wäre gewissermaßen das Volk mit im Raum.

Ich hoffe, dass wir morgen alle, wo immer wir sind, zusammenfinden können, um unsere Trauer über den Verlust Dianas und ihr viel zu kurzes Leben zu zeigen. Es ist eine Chance, der ganzen Welt zu zeigen, dass die britische Nation in Trauer und Respekt vereint ist. Mögen die, die gestorben sind, in Frieden ruhen und mögen wir, jeder einzelne von uns, Gott danken für jemanden, der viele, viele Menschen glücklich gemacht hat.

Es ist ein Meisterwerk, sagt Robert Lacey. Und Arthur Edwards, Hoffotograf der *Sun*, einer der bekanntesten Beobachter der Queen, erinnert sich, dass er nach der Fernsehansprache richtiggehend erleichtert war. »Sie war wieder da«, sagt er. Gerade noch zur rechten Zeit.

Der kollektive Ausbruch der Gefühle hat an diesem Freitag längst beängstigende Formen angenommen. Millionen von Menschen haben Blumen an praktisch allen Orten abgelegt, mit denen die Prinzessin in Verbindung gebracht werden kann. Es sind nicht (nur) die üblichen Royalisten, nicht nur die eingefleischte, hochhysterische Fangemeinde. Vor Kensington Palace, Dianas letzter Wohnstatt, stehen seit sechs Tagen Rechtsanwälte, Lehrerinnen, Köche und Krankenschwestern in stillem Gebet, kleine Kinder und Senioren samt Gehhilfe, Kadetten in Uniform und Transvestiten in Schwarz. Bunter geht es nimmer für eine Trauergemeinde. Die Polizei hat am Montag aufgegeben, die Blumen, die sich seit Sonntagfrüh am Zaun aufgestaut haben, wegzuräumen: Es entsteht jetzt ein riesiges Beet aus aufrecht stehenden Blumensträußen, bald kniehoch, jeder Strauß noch eingepackt in Zellophan oder Papier, dazwischen Nippes, Teddys, Briefe und Fotos. Der Anblick dieses bunten Gletschers ist so beeindruckend wie der Geruch nach einigen Tagen beißend.

Die Hysterie, die das Königreich erfasst (und nicht nur das), ist kein von den Medien hochgeschriebenes Phänomen. Ganz im Gegenteil. Die Medien haben die Stimmung genauso falsch eingeschätzt wie das Königshaus. An jenem schicksalhaften Sonntagabend sind höchstens drei, vier Fotografen unter den Tausenden zu finden, die vor Kensington Palace schweigend stehen. Vielleicht fürchtet man sich in den Redaktionen. Immerhin hat das Volksempfinden die Fotografen bereits zu Schuldigen gestempelt. Entsprechend gedämpft ist die Berichterstattung.

Die Beerdigung Dianas am Sonnabend darauf stellt das, was vorher war, noch in den Schatten. Es sind zwar »nur« knapp eine

Million Menschen in der Hauptstadt zusammengekommen (statt der erwarteten drei), um am Wegesrand zu stehen, wenn der Sarg auf dem von Pferden gezogenen Kanonenwagen vorbeikommt. Aber vielleicht hat bei vielen einfach die Sorge gesiegt, weder in die Stadt hinein noch wieder hinaus kommen zu können. Als Alternative bietet sich das Fernsehen an. Alle Kanäle übertragen, wie die Monarchie, ganz untypisch, ein persönliches Begräbnis für die tote Prinzessin inszeniert: kein Staatsbegräbnis, kein »Lying-in-State«, aber eine Prozession mit einem Gemisch von Tradition (die Königliche Standarte auf dem Sarg, die Gardeoffiziere, das feierliche Schweigen) und Moderne (die 500 geladenen Vertreter der Wohltätigkeitsorganisationen, denen Diana geholfen hat). Der Palast, der am Anfang der Woche noch wie paralysiert schien, ist jetzt zu allem Nötigen bereit. Elizabeth II. macht, was man sonst als Königin nicht macht: Sie verneigt sich vor dem Sarg. Die Standarte auf Buckingham Palace wird, was sonst auch nicht geschieht, auf Halbmast gesenkt, eine halbe Sekunde nach der königlichen Verbeugung; und Hunderttausende, die im Hyde Park vor riesigen Übertragungsleinwänden in der Sonne sitzen, applaudieren – was sich eigentlich nicht gehört für eine britische Beerdigung. In Westminster Abbey singt Elton John (und alle weinen), der Premierminister liest aus der Bibel vor, Earl Spencer hält eine großartige Rede, in der er wie im Nebensatz dem Haus Windsor an den Kopf wirft, Dianas Söhne in »Pflicht und Tradition« ersticken zu wollen (wieder rollt der Applaus der Straße in die erschrockene Westminster Abbey hinein). Es ist pure Heuchelei: Noch am Montag wollte ausgerechnet Charles Spencer lediglich eine private Trauerfeier in Althorp ausrichten: weil es so Tradition ist. Aber nun spricht er dem Volk aus dem Herzen.

Als der Sarg der Prinzessin in einem Leichenwagen gen Althorp gefahren wird, werfen die Menschen an den Straßen – ohne dass es in irgendeiner Zeitung vorgeschlagen worden wäre – ihre Blumensträuße auf die Motorhaube des Fahrzeugs. Dann ist es endlich vorbei – zumindest für das Volk.

Für die Monarchie hat es eigentlich erst angefangen. Die Zeitungen jener Tage sind nicht nur mit Nachrufen auf die Prinzessin gefüllt; mancher hat auch schon den Nachruf auf die Monarchie geschrieben. Etwas verfrüht vielleicht. Es gehört zum Charakter des Pressejournalismus unserer Tage – von dem der Nachrichtensender ganz abgesehen –, dass die Dinge distanzlos und aus ihrer Wirkung auf den nächsten Tag bedacht werden, von Stunde auf Stunde gar. Differenzierendes ist wenig gefragt, Kompetenz wirkt eher störend. Noch die kleinste Kleinigkeit wird zu großer Wichtigkeit gebläht und aus einem Stirnrunzeln eine Existenzkrise gemacht, weil jede Zeitung doch so gerne unterscheidbar sein will und also wirtschaftlich erfolgreich. Man kann es den Medien kaum übel nehmen, dass sie aus der bis dato größten Story des Medienzeitalters (allein der 11. September 2001 wird gewaltigere Dimensionen haben) die größte Krise des Königtums machen. Es ist ja eine Krise. Die Frage nach der Zukunft der Krone wird überall gestellt.

Für die Monarchie ist das ein Problem. Sie denkt in größeren Zeiträumen. Beliebtheitswerte, die dem Politiker von heute das Grundnahrungsmittel ersetzen, sind für Monarchen leise Begleitmusik. Man muss diese Werte betrachten, beobachten, auch darauf reagieren, aber nicht hektisch. Man hat Zeit; und meistens spielt die Zeit der Monarchie in die Hände. Niemand muss wiedergewählt werden; auf dem Thron kann man halbe Jahrhunderte sitzen, und in der Automatik der Thronfolge liegt beinahe die Garantie, dass bei einem Wechsel nicht die eigentliche Sitzgelegenheit zur Disposition gestellt wird.

Gleichzeitig weiß der Hof, dass er heute von der Zustimmung des Volkes abhängiger ist denn je. Ohne die Grundüberzeugung der Untertanen, dass ihnen die Monarchie einen guten Dienst erweist, wird das Königtum nicht bestehen. »She reigns, but does not govern«, heißt es am Hof: Die Königin herrscht, aber sie regiert nicht. In dem Wort »reign« steckt (viel deutlicher als im deutschen Wort »herrschen«) unausgesprochen auch die Akzeptanz, die diese Herrschaft braucht. Wenn das Volk die Queen nicht mehr als Herrschende anerkennt, dann ist ihr Handeln sinnlos. Sie kann aus der Eröffnung einer Brücke oder aus der Verleihung eines Ordens nur dann etwas Gemeinschafts- und Staatsbildendes machen, wenn die Leute sie als jemanden Besonders anerkennen. Nicht Elizabeth Windsor aber ist besonders, sondern ihre Stellung als Königin.

Schon seit einigen Jahren gibt es die sich halbjährlich treffende »Way Ahead Group«. In ihr sitzen die Queen, ihr Mann und die Kinder mit den wichtigsten Hofbeamten, um offiziell Termine zu koordinieren und inoffiziell zu diskutieren, wie es weiter gehen kann mit der Herrschaft der Windsors. Kritiker behaupten, hier werde nur heiße Luft ventiliert. Hin und wieder aber kommt etwas dabei heraus. Man holt sich Hilfe von außen. Die Moderne kehrt ein im Palast.

Die Höflinge ziehen Robert Worcester zu Rate, den Chef des Meinungsforschungsinstituts Mori, der ihnen erklären soll, wie sich das Verhältnis der Briten zu ihrer Monarchie über die Jahrzehnte verändert hat. Der Hof wird – ein Jahr nach Dianas Tod – einen »Direktor für Kommunikation« am Palast installieren, Simon Lewis, den PR-Chef von British Gas, ausgeliehen für zwei Jahre. Prinz Charles hat schon vor dem Tod Dianas einen eigenen Pressesprecher angestellt (auf Anraten Camillas), der anders als die anderen Palastsprecher pro-aktiv Geschichten streut, die gut sind für seinen Boss. Mark Bolland ist der erste »Spin-Doctor« der Royals; der erste, der agiert wie die Pressesprecher von Downing Street.

Langsam (und kaum merklich) ändert sich etwas im Ton. Die Zeitungen berichten ganz aufgeregt, wie volkstümlich Elizabeth II. doch jetzt geworden sei. Sie besucht ein Schuhgeschäft. Sie besichtigt die Filiale eines Frikadellenbräters. Sie nimmt – am 7. Juli 1999 – Platz im offensichtlich frisch renovierten Wohnzimmer von Mrs. Susan McCarron, Glasgow, um mit der 42-jährigen Schlaganfallpatientin Tee zu trinken. Von diesem besonders historischen Ereignis gibt es zwei berühmte und bedeutungsschwere Fotos. Das eine hat etwas von einem Gemälde: links Frau McCarron, rechts die Queen, zwischen ihnen ein Wohnzimmertisch, dessen gefühlte Größe etwa der Entfernung von Glasgow zum Buckingham Palace entspricht. Das Bild macht beinahe den Eindruck, als wäre die Queen erst nachträglich hineinmontiert worden, so fremd sind sich die beiden. Und dann gibt es Foto Nummer Zwei: ein Blick ins entspannte, offenbar fröhliche Gesicht der Königin, die sich selbst Tee einschenkt.

Nein, sie wird nicht volkstümlich. Das ist die Botschaft des ersten Bildes. Es wäre auch absurd, dass zu erwarten. Elizabeth Windsor lebt bald achtzig Jahre in der Wunderwelt der Höfe, mit Lakaien,

Kammermädchen und höfischer Etikette. Menschen stehen auf, wenn sie einen Raum betritt. Niemand fängt an zu essen, bevor sie nicht mit ihrem Teller begonnen hat. Die Kekse bei Frau McCarron auf dem Tisch bleiben Dekoration, weil die Queen üblischerweise nicht nascht. Selbst ihr Sohn spricht sie zuweilen mit »Your Majesty« an. Volkstümlichkeit ist schlicht nicht möglich.

Aber sie hat den Spieß umgedreht, zeigt das zweite Foto. Das Spiel heißt nicht mehr: das Publikum zu Gast bei der Königlichen Familie, sondern: die Königliche Familie zu Gast beim Publikum. Das macht die Queen mit einem Lächeln und fehlerfrei; darin ist sie ein Profi. Frau McCarron wird später erzählen, dass das Gespräch mit der Königin überraschend angenehm gewesen sei, völlig unkompliziert. Frau McCarron hat das gewundert, die Journalisten auch, aber niemanden, der schon einmal mit der Queen zu tun hatte. »Sie hat die Fähigkeit, jedem, der ihr gegenüber tritt, die Nervosität zu nehmen«, weiß Sir Peter Torry, der britische Botschafter in Deutschland, der 2004 ihren Staatsbesuch in Berlin begleitete. Es ist ihr Job, bei den Leuten, die mit ihr zusammentreffen, ein gutes Gefühl zu hinterlassen. Das ist der Kern ihres Tagewerks seit einem halben Jahrhundert.

Dieser kluge kleine Besuch entspringt einer beinahe banalen Erkenntnis, die den Journalisten Christopher Morgan immer noch erstaunt: »Die meisten Menschen in Großbritannien wissen gar nicht, was die Königin eigentlich macht.« Der Hof legt jetzt Wert darauf, dass das ein wenig anders wird. Man lässt nicht »Tageslicht auf das Magische« fallen, aber immerhin auf das Theatralische. Nun sind Journalisten häufiger bei Investituren dabei, den Ordens- oder Titelverleihungen, werden eingeladen zu Dinner-Partys oder dürfen – in Einzelfällen – beobachten, wie neue Botschafter ihre Akkreditierungsschreiben überreichen. Was sie beobachten, lässt sich vielleicht nicht eins zu eins in Zeitungsgeschichten umsetzen, aber es hilft, die Tonlage zu ändern. Wer miterlebt hat, wie neue Ordenträger (ganz gleich, ob monarchistisch eingestellt) mit glänzenden Augen davon berichten, wie sie »ein paar Minuten« mit der Queen geredet hätten (obwohl sie höchstens 30 Sekunden vor ihr gestanden haben), der schreibt vielleicht nicht mehr ganz so despektierlich über die Institution Krone. Wer den Ruck erlebt hat, der durch eine Abendgesellschaft geht, wenn die Queen erscheint – dieses innere Aufrichten, dieses geistige (manchmal auch technische) Herausputzen für den Augenblick – der wird nicht mehr leichthin schreiben, dass niemand sich noch für die Königin interessiert. Christopher Morgan berichtet seit vielen Jahren in der *Sunday Times* über die Königliche Familie, er hat seine Lieblingsfeinde (den Haushalt des Prinzen) und spart nicht mit zynischen Nebenbemerkungen, wenn er über die Windsors spricht. Aber die Queen? »Sie bringt in den Menschen das Beste hervor. Einfach durch die schlichte Freude am besonderen Anlass«, sagt er und beschreibt, wie die Königin strahlend in einen Saal tritt und ihn verändert. Wie sie das mache? »Um die Queen zu verstehen, muss man verstehen, dass sie es genießt, Königin zu sein«, sagt er, »die trübe Routine genauso wie den großen Glanz.« Das hat er gelernt, weil er hin und wieder zugucken darf, wenn die Queen Queen ist.

Es zahlt sich aus, dieser neue Ansatz, etwas professioneller mit der Presse umzugehen. Gerade an den jüngsten Büchern über das Königshaus ist abzulesen, wie weit heute die Routine des Hofes in den Vordergrund gerückt wird – in langen, meistens bewundernden Beschreibungen. Es ist fast, als wollten die Autorinnen und Autoren vergessen machen, dass sie fünf, sechs Jahre lang nur über den unendlichen Streit in der Familie und über die Skandale im Haus geschrieben haben.

Es gibt inzwischen sogar so etwas wie eine Neueinschätzung des vormals schwer Kritisierten. Es sei, hört man jetzt, damals wahrscheinlich gar nicht dumm gewesen von der Queen und Prinz Philip, die beiden Prinzen William und Harry in jener Woche Anfang September 1997 in Balmoral versteckt zu halten, statt sie – wie von Volk und Medien gewünscht – in London Parade laufen zu lassen. Vor allem William ist, das hat er selbst oft gesagt, eine sehr zurückhaltende Person, die nicht gerne in der Öffentlichkeit steht. Er war in jener Woche, wie man inzwischen weiß, mit seinem kleinen Bruder viel draußen, unter »Aufsicht« ihres Vetters Peter Philips, dem 1977 geborenen Sohn von Prinzessin Anne. Sie haben geangelt, Enten geschossen, sind Motocross gefahren. Die Großfamilie hat Picknicks gemacht, ohne Personal, so dass jeder mit anpacken musste. Das hat geholfen, den ersten Schock zu überwinden.

Ganz gleich, was Charles Spencer, der Earl von Althorp, in Westminster Abbey phantasiert hat als Vertreter der »Blutsfamilie«, von freier Erziehung und Liebe: Nicht er, nicht die Spencers, sondern die Windsors kümmern sich um die beiden mit Sicherheit traumatisierten Jungen. Die Prinzen haben Zugang zur Queen, wann immer sie wollen, es wird nicht über ihre Köpfe entschieden, sie werden nicht bedrängt. Wenn William alles zu viel wird, dann nimmt ihn der Großvater zum Schießen mit nach Sandringham. Wenn Harry sich daneben benimmt (und das kommt vor, der Junge ist, wie Schulfreunde sagen, ein rechter Heißsporn und nicht der klügste dazu), dann stellt sich die Familie schützend vor den Nachwuchs. Die beiden Prinzen dürfen (auch wenn das der Queen vielleicht nicht gefällt) bis auf weiteres darauf verzichten, sich als »Königliche Hoheit« ansprechen zu lassen, sie dürfen sich einfach »Harry Wales« und »William Wales« nennen (als Söhne des Prinzen von Wales heißen sie derzeit nicht Windsor).

Das Bemühen trägt Früchte. Prinz William berichtet, dass er ein sehr gutes Verhältnis entwickelt habe zu seinem Großvater, dem Herzog von Edinburgh, (»Der bringt mich zum Lachen.«) und zu seiner Großmutter, der Königin (»Sie ist sehr hilfsbereit bei allen Schwierigkeiten oder Problemen, die ich habe.«). Als er das im November 2004 vor einer BBC-Kamera erzählt, ist sein Verhältnis zu den Medien beinahe entspannt. Auch das ist einem neuen Denken am Hof zu danken. Zumindest in Großbritannien hat der Tod Dianas den Chefredakteuren der großen Zeitungen und Zeitschriften ein Problem hinterlassen. Charles Spencer hat sie in seiner berühmten Rede von der Kanzel der Westminster Abbey heftig beschimpft und dafür deutlichen Beifall erhalten. »Echte Güte ist bedrohlich für diejenigen, die auf der gegenüberliegenden Seite des moralischen Spektrums stehen«, hat er gewettert und Kommentatoren wie Kolumnisten gemeint. Die Papparazzi, im lukrativen Auftrag der Chefredaktionen, hätten aus »einem Mädchen, dem der Name der antiken Göttin der Jagd gegeben war, am Ende die meist gejagte Person des modernen Zeitalters« gemacht.

Lässt Frauenherzen höher schlagen: Prinz William, der sanfte Sympath.

Man hat sich darum getroffen, Palast und Presse, und einen Deal gemacht. In Eton College, wo William zum Zeitpunkt des Todes seiner Mutter schon zur Schule geht (Harry fängt dort ein Jahr später an), werden die beiden von den Medien komplett in Ruhe gelassen. Während seines – selbst für britische Jugendliche mit wenig Geld fast verpflichtenden – »Gap Years«, der Zeit zwischen Schulabschluss und der Immatrikulation als Student, lässt sich William zwei Mal intensiv von Journalisten besuchen, befragen, filmen und fotografieren, dafür lassen sie ihn sonst im Dschungel von Belize und in einem Hilfsprojekt in Süd-Chile allein. Als er im September 2001 an der schottischen Universität St. Andrews ein vierjähriges Studium der Kunstgeschichte beginnt, wiederholt sich das Spiel. Es gibt einen riesigen Medienaufriss und großes Publikum am ersten Tag, dann darf er (fast) für sich bleiben – nur die Filmfirma seines Onkels Edward, Ardent Media, verstößt gegen den Kodex und handelt sich dafür (angeblich) heftigste Angriffe durch Vater Charles ein.

Für Prinz Harry gilt das gleiche. In Eton ist er ohnehin »out of bounds«, bei seinem Gap Year – erst als »Jackeroo« in Tooloombilla, Queensland, Australien, dann als Entwicklungshelfer im von Aids schwer getroffenen Lesotho – darf die Presse zweimal gucken, filmen, fotografieren. Wenn die Familie in den Urlaub fährt, ist das genauso. Es gibt Fototermine, hin und wieder Interviews, und William ist auch schon gemeinsam mit dem Nachfolger von Mark Bolland, Paddy Harverson, bei informellen Runden mit britischen Hofberichterstattern oder an der Bar im Ski-Ressort Klosters aufgetaucht; zum netten, unverbindlichen Kennenlernen.

Das klappt. William gilt jetzt überall als der sanfte Sympath. Er ist der Prinz, der im Supermarkt einkauft; der Mann, der in der Studenten-WG genauso ungern abwäscht wie die anderen und deshalb in alterstypischer Unordnung lebt. Er ist hübsch und scheu und wird seit Ende 2003 mit seiner Mitbewohnerin Kate Middleton in Verbindung gebracht, einer jungen Dame aus nicht eben minderbemitteltem Haus, aber ohne aristokratischen Hintergrund. Weil der freundliche William sich immer so nett pflichtbewusst gibt (auch wenn er bei jeder Gelegenheit betont, noch nicht bereit zu sein, das relativ normale Leben aufzugeben für den Dienst in der Königlichen Familie), glauben immer weniger Leute, dass er als William der Letzte in die Geschichte eingehen will, indem er die Krone aufgibt. »William hat begriffen, um was es geht«, sagt der deutsche Hofberichterstatter Rolf Seelmann-Eggebert, »der findet das alles ziemlich furchtbar, was ihn erwartet. Er ist in der Familie aufgewachsen und hat auch das Pflichtbewusstsein ihr gegenüber. Der sagt jetzt nur: Lasst mich in Ruhe, so lange es geht.«

Das funktioniert also, aber es geht natürlich nicht auf Dauer. Nicht alle sind einverstanden mit diesem relativ zahmen Umgang der Presse mit den Prinzen. Nicht jeder wird als Kompensation für die Zurückhaltung mit exklusiven Nachrichtenschnipseln oder dem Zugang zu netter Abendunterhaltung belohnt. Die ausländischen Medien fühlen sich an den neuen Umgangston in London ohnehin nicht gebunden. In Australien gibt es Ärger, als Prinz Harry dort Urlaub machen will: Sogar mit Hubschraubern verfolgen ihn die Kamerateams. Die fotografierenden Papparazzi, die nicht zuletzt am deutschen Zeitschriftenmarkt gut verdienen, machen nur um die Schulen und Williams Universität einen Bogen. Es lohnt sich wieder, vor den Londoner Discos zu stehen, in denen sich Harry und William vergnügen. Die *Sun* möchte wissen, ob Kate Middleton nun die eine jene welche ist. Die *Daily Mail*, sonst immer der aufgeblasenste Hort der Tugend, zahlt für Fotos von Harrys Freundin Chelsy Davy und nimmt dafür in Kauf, dass die Papparrazi den Sohn der Prinzessin von Wales in eine Verfolgungsjagd durch den Busch von Botswana verwickeln.

Die Seifenoper ist wieder da. Harry hat mit 21 Jahren schon ein ganz eigenes Image, eine Rolle, auf die jede seiner Aktivitäten zugeschnitten wird: Harry ist jetzt der Proleten-Prinz, der schon mal auf Fotografen einschlägt, gerne zu viel trinkt und Haschisch ausprobiert. Der, nicht zu vergessen, der auf einer Party mit dem Thema »Kolonialisten und Kolonialisierte« als Pseudo-Wüstenfuchs mit Hakenkreuzbinde auftaucht, ein paar Tage nur vor dem 60. Jahrestag der Befreiung von Auschwitz. Man ist fast dankbar, dass sich nicht alle daran gehalten haben, die Prinzen völlig zufrieden zu lassen. »Ich finde das nicht sehr beruhigend«, sagt die *Observer*-Kolumnistin Mary Riddell, »dass so ein Typ nur einen Herzschlag von einer großen öffentlichen Rolle entfernt ist.«

Aber Harry ist nicht das Problemkind der Royals, noch nicht jedenfalls. »Das Problem ist der Prinz of Wales«, sagt Christopher Morgan von der *Sunday Times*. Die Königliche Familie sei sich heute darin einig, dass die Schwierigkeiten, die die Monarchie habe, allein auf das Konto dieses einen Mannes gehen, der seine Jugendliebe nie loslassen konnte und eine vielleicht nur zum Schein geführte Ehe nicht in den Griff bekam. Deshalb mache sich der Hof über ihn lustig; deshalb lasse man ihn auflaufen wie zuletzt bei der Vorbereitung seiner Hochzeit. Mary Riddell kann ähnliche Geschichten erzählen, nicht aus der Palastbürokratie, sondern aus Regierungsquellen. Charles werde »extrem schlecht beraten« und würde Minister der Regierung ständig mit Eingaben zu allen möglichen politischen Themen bombardieren. Er könne sehr bockig sein in seinen politischen Äußerungen, die oft völlig absonderlich seien. Zudem lebe er sehr »extravagant«, also sehr luxuriös. Sein Leben passt immer noch nicht so richtig zusammen.

Das Problem ist älter als die entnervte Labour-Regierung und reicht weit in die Zeiten vor dem Tod von Diana zurück. Es hat zunächst etwas mit der Persönlichkeit zu tun. »Prinz Charles ist ein Mensch mit Verletzungen, das darf man nicht vergessen«, sagt eine seiner Bekannten. Er hat, wie ausgiebig besprochen, keine besonders konstruktive Jugend hinter sich, und das Verhältnis zum Vater ist ausdauernd kaputt. Seit dieser Jugend hat er gewissermaßen drei Leben geführt, das eine mit Camilla, ein anderes mit Diana und ein

Harry, der Nazi: Mit der astronomischen Dummheit, als Pseudo-Wüstenfuchs auf einer Party aufzutauchen, löste der Prinz weltweit Entsetzen aus.

drittes mit der Öffentlichkeit, aber alle beziehungslos voneinander und eigentlich alle drei durchzogen von Lüge, Falschheit, Betrug und Manipulation. Charles hat sich umgeben mit Beratern, von denen die wenigsten in der Lage waren (oder von ihm in die Lage versetzt wurden), Unangenehmes anzusprechen. Wie in Watte gehüllt lebt er, was ihn noch manipulierbarer macht. »Er hat nicht viel Selbstvertrauen. Er hat nicht viel innere Stärke. Es ist eines der niedlichen Dinge an ihm, dass er ein unterwürfiger Mann ist«, sagt Mark Bolland über ihn, der sechs Jahre lang als sein Pressesprecher fungierte.

Es ist schwierig, dieser Person gerecht zu werden. Es gibt Auftritte, bei denen Prinz Charles einen ausnehmend guten Eindruck macht; sein Haushalt startet bewundernswerte Initiativen, etwa zur Förderung bezahlbaren Wohnraums in ländlichen Gebieten – ein Problem, das insbesondere im Umland Londons existenziell bedrohlich wird. Gleichzeitig gibt es Auftritte, bei denen Charles sich so gründlich daneben benimmt, dass jeder die Hände über dem Kopf zusammenschlägt; die Beschimpfung der Presse im Skiurlaub im April 2005 gehört in diese Kategorie. Sein Haushalt verursacht Skandale, die man für unglaublich halten möchte; den heimlichen, unkontrollierten Verkauf von Staatsgeschenken zum Beispiel und das ungehemmte Mobbing, unter dem seine Belegschaft leidet. Charles spaltet, sagt Christopher Morgan – das sei sein Hauptproblem. Er habe sich nicht im Griff, sagt Mary Riddell, er denke nicht darüber nach, wie er auf andere wirke. Er sei immer noch egozentrisch; und sei es allein aus dem Grund, es seiner Gattin Camilla Recht zu machen. Aber Mary Riddell ist auch überzeugt: »Charles wird einen sehr guten König abgeben.« Mark Bolland ist sich nicht ganz so sicher. Er setzt eher auf die Zeit nach Charles, auf William.

Bolland gehört zu denen, auf die sich Charles ein paar Jahre lang voll verlassen hat. Bolland war sein »Spin-Doctor«, als Diana starb. Ihm ist zu verdanken, dass durch gezielte Indiskretionen das Image des Prinzen in den traumatischen Monaten nach dem Unfall von Paris keinen irreparablen Schaden nahm. Er hat die »Operation PB« erdacht und ausgeführt, mit der das öffentliche Bild von Camilla Parker Bowles ausgebessert wurde. Der Tod Dianas hat die laufende Operation unterbrochen: Ausgerechnet im September 1997 sollte Prinz Charles bei einer Veranstaltung der Nationalen Osteoporose-Gesellschaft auftreten, deren Schirmherrin Camilla seit April 1997 ist. Es wäre der erste Schritt zur öffentlichen Anerkennung gewesen. Man hat das ganz schnell abgesagt.

Bolland war trotzdem sehr erfolgreich und schnell. Aus dem ehebrechenden »Rottweiler«, der die Traumehe des Jahrhunderts zerstört haben soll (so Camillas öffentliches Image in den Monaten nach dem Unfall von Paris), ist schon ein Jahr später eine gesellschaftlich einigermaßen akzeptierte Wohltäterin geworden. Auch die Zustimmungswerte für Charles, den das Volk zeitweilig fast für einen Mörder gehalten hat, haben sich verbessert: Man sieht ihn jetzt als treu sorgenden Vater, als pflichtbewussten Sohn und Fahnenträger jeder guten Sache. Die Kehrseite dieser Entwicklung ist nicht so offensichtlich. Ein »Krieg der Paläste« tobt hinter den Fassaden. In dieser Auseinandersetzung steht Mark Bolland an vorderster Front (und steckt auch die meiste Prügel dafür ein). Er füttert ausgewählte Presseleute mit dem, was in der »Way Ahead Group« diskutiert wird, mit den Peinlichkeiten, die den anderen Mitgliedern der Königlichen Familie passieren, mit Nachrichten, die gut sind für seinen Prinzen. In Buckingham Palace spielt man zunächst nicht mit, schwenkt aber schließlich doch auf diese Linie ein. Jahrelang hält der Dampf aus den Gerüchteküchen ein gutes Dutzend Hofberichterstatter auf Trab.

Mark Bolland, inzwischen ausgestiegen und nur noch hin und wieder über seinen früheren Chef lästernd, ist nicht der einzige, der in diesem System ein gutes Auskommen gehabt hat; und vor allem nicht der Gefährlichste. Charles hat seinen langjährigen Kammerdiener Michael Fawcett über Jahre hin zum Persönlichen Assistenten aufsteigen lassen. Fawcett war ein »Fels« für Charles, so wie der geschwätzige Butler Paul Burrell wohl in der Tat der »Fels« für Diana war. Fawcett weiß absolut alles über den Prinzen.

Zudem ist der Persönliche Assistent gefährlich, weil er unerhört unbeliebt ist beim restlichen Personal im Prinzenhaushalt. Er sei, heißt es, ein grober, herrischer Mann. Manche Geschichten über ihn, sehr unappetitliche darunter, sind sicher der blühenden Fantasie erzürnter Hofbediensteter entsprungen, wie etwa das Gerücht, der Diener sei ein Liebhaber des Prinzen gewesen. Andere Geschichten sind glaubhafter. Fawcett ist 2002 entlassen worden, weil er für das Chaos in Charles' Buchhaltung mitverantwortlich war. Er hat angeblich eine halbe Million Pfund Sterling als Abfindung erhalten und eine Menge lukrativer Verträge für seine neue Firma, mit der er Parties und Catering organisiert. Fawcett ist häufiger Gast in Clarence House, wo Charles heute lebt, und hat unkontrollierten Zugang zum Prinzen. Insider sagen, er sei wichtiger und mächtiger als der Privatsekretär von Charles, Sir Michael Peat, der frühere Schatzmeister der Queen und qua Amt wichtigster Vertraute des Thronfolgers.

Der Prinz kann Michael Fawcett angeblich nichts ausschlagen. Die Zeitungen haben dem 44-jährigen Ex-Diener über eine Million Pfund angeboten für seine Memoiren. Nicht wenige glauben, dass Fawcett die Monarchie endgültig zum Einsturz bringen könnte, weil er über sämtlichen Schmutz Bescheid wisse, der während des Krieges der Wales' Mitte der Neunziger aufgewühlt wurde. Das sei Fawcetts Lebensversicherung. Man werde ihn schon nicht schlecht behandeln.

Die Erfahrungen mit plaudernden Butlern sind im Prinzenhaus einfach zu schlecht. Paul Burrell, Dianas »Rock«, hat die Königliche Familie jahrelang getriezt mit seinen erst angedrohten, dann zurückgezogenen und schließlich doch veröffentlichten Memoiren. Man hat ihn schlecht behandelt. Anfang 2001 fiel die Polizei über ihn her auf der Suche nach 342 Einzelstücken aus dem Erbe der Prinzessin von Wales. Einiges fand man, zum Teil in ungeöffneten Kartons auf dem Dachboden seines Hauses: Der Gesamtwert wird in der Presse mit 5 Millionen Pfund angegeben. Knapp zwei Jahre später wird das Gerichtsverfahren gegen ihn in sich zusammenbrechen, weil sich die Königin angeblich plötzlich erinnert, dass Burrell ihr erzählt habe, er würde einige Sachen von Diana in Verwahrung nehmen, damit sie nicht unter die Räder kommen.

Burrell hat 2003 das Buch herausgebracht, das er vor 2002 gar nicht hatte schreiben wollen. Es ist gefüllt mit freundlichen Diana-Reminiszenzen und Beispielen, wie verwöhnt, hässlich und unerträglich Prinz Charles sein kann. Ein parteiisches Buch in einem Krieg, der eigentlich vorbei sein sollte. Das Buch ist sehr erfolgreich, vor allem in Deutschland. Prinz William und Prinz Harry, die bis dahin immer eher für Burrell Partei ergriffen haben, werfen ihm nun Verrat vor – auch am Gedenken ihrer Mutter. Die Burrell-Affäre, vor allem das merkwürdige Ende seines Gerichtsverfahrens, wird im Jahr 2003 von vielen als absoluter Tiefpunkt der Geschichte der Königlichen Familie bezeichnet. Mark Bolland ist sicher, dass seine gesamten Bemühungen, der Familie zu einem besseren Image zu verhelfen, mit dieser Affäre allein zunichte gemacht worden seien. Anthony Holden schrieb im März 2003 in der linksliberalen Sonntagszeitung *Observer*, für ihn markiere das Burrell-Desaster und das Burrell-Buch den Anfang des Endes von Charles, Prinz von Wales. »Nach 20 Jahren, in denen ich Charles' Missbrauch seiner Position chronologisiert habe, unter der Beschimpfung der Boulevardpresse und Beleidigungen aus dem Palast, bin ich erstaunt, wie hoch seit den Enthüllungen Burrells die Zahl der Loyalisten ist, die das Vertrauen in den Prinzen verloren haben. Sie sind desillusioniert durch den absurden Lebensstil, den man ihn nun führen sieht.«

2004 ist Burrell fast schon wieder vergessen. 2005 weiß kaum noch einer, wie man den Namen dieses Butlers schreibt.

Die Zeit ist vergesslich. Im Frühjahr 2005 überrascht der zukünftige König seine Untertanen (und Anthony Holden wahrscheinlich) mit der Ankündigung, er werde Camilla Parker Bowles heiraten. Sie werde danach den Titel Duchess of Cornwall tragen, Herzogin von Cornwall. Anfangs sieht alles so aus, als sei der Coup gelungen. Es gibt – vorsichtig – Beifall.

Die Hochzeit entpuppt sich dann doch als eine Katastrophe. Die Vorbereitungen der ersten standesamtlichen Eheschließung in der Geschichte des britischen Königshauses gehen gründlich schief – »sie hatten wohl nichts in der Schublade liegen dafür«, spottet Rolf Seelmann-Eggebert, der die Hochzeit schließlich für das deutsche Fernsehpublikum kommentiert. Die Pleitenserie ist beachtlich: Der Ort der Trauung muss ins Standesamt von Windsor verlegt werden, weil es auf der Burg nicht geht. Um die Legalität der Trauung gibt es tagelang Gezeter, weil die Rechtslage für Prinzen nicht eindeutig ist. Der Tag der Trauung muss verschoben werden, weil am ursprünglich geplanten Datum Papst Johannes Paul II. beerdigt wird. Eine beeindruckende Zahl von europäischen Königshäusern lässt sich entschuldigen. Und die Queen zeigt sich so ungnädig, dass die Presse sich bald lustig macht.

Das Ereignis selbst ist dann beinahe ein Antiklimax. Es passieren keine Pannen mehr am 9. April 2005. Die Sonne scheint, dem Wetterbericht des Vortages zum Trotz. Es sind ein paar Tausend Untertanen und Touristen an den Straßen von Windsor zusammen gekommen. Es gibt ein paar Buh-Rufe ganz am Anfang, aber das wird völlig überblendet von einer Jazz-Kapelle, die ein kluger Mensch vor das Standesamt von Windsor gestellt hat. Im BBC-Studio sitzt der frühere Chefredakteur des *Mirror*, ein unangenehmer Zeitgenosse namens Piers Morgan, der den Royals jahrelang das Leben schwer gemacht hat und sagt: »Dies ist einer der großen königlichen Momente unserer Zeit.« Er ist ganz begeistert von dieser bescheidenen Veranstaltung. Das wäre die Monarchie der Zukunft, sagt er.

Die Kritiker haben auch ihr Fest. Die Queen gibt sich nicht die Mühe, so zu wirken, als wäre ihr wohl bei der Sache. Das Hochzeitsfoto auf den Stufen der St. George Kapelle von Windsor, das vereinende, vergebende Lächeln, das Arthur Edwards, der *Sun*-Fotograf, sich und dem Prinzenpaar so sehr gewünscht hat, fällt einfach weg. Der Dialog der Staatsspitze auf den Treppen ist überliefert, dank *Sun*, die einen Spezialisten von den Lippen lesen ließ. »Das ging ja ganz gut«, sagt die Queen auf den Stufen stehend nur zu ihrem Sohn. »Ja«, antwortet der. »Wir gehen jetzt«, kündigt Elizabeth an. »Oh, ich wollte eigentlich ein Bild mit uns allen«, wirft Charles ein, aber seine Mutter dreht sich um, entfernt sich noch von ihm – und steht also noch weiter weg von ihrer neuen Schwiegertochter. Nach kaum einer Minute geht sie. Camilla erntet nicht einmal ein vages Lächeln.

Für den Vorabend der Königlichen Hochzeit hat der britische Fernsehsender ITV sich etwas besonders Nettes für seine seit 40 Jahren laufende Seifenoper *Coronation Street* ausgedacht. Ken und Deirdre Barlow, Stammcharaktere dieser britischen Lindenstraße, geben sich zum zweiten Mal das Ja-Wort. Die Einschaltquote liegt – unter den Erwartungen – bei zwölf Millionen. Am nächsten Morgen (zu zugegebenermaßen also schlechterer Fernsehzeit) verfolgen nur sieben Millionen Briten das echte Königliche Ja-Wort. Ist die Fernsehseifenoper der königlichen also doch überlegen? Das jedenfalls ist das Urteil der Weltpresse am Montag darauf, dank Reuters. Die Monarchie verliere an Anziehungskraft, kommentieren die wenigen Kommentatoren, die sich um das britische Königshaus noch Gedanken machen. Vor allem das habe diese Hochzeit der älteren Herrschaften gezeigt.

Das ist, wie man so schön sagt, symptomatisch. Die Menschen, ganz recht, sind sich nicht mehr einig in ihrem Verhältnis zur Monarchie. Die Medien, die britischen zuvörderst, sind in dieser Hinsicht entschiedener. Es gehört zum guten Ton, sich negativ zu äußern und kritisch zu sein. Nicht immer liegen sie richtig, wenn sie für die Monarchie das Totenglöckchen läuten lassen. Als die 101-jährige Königinmutter 2002 am Samstag vor Ostern verstarb, erwartete die Großstadtpresse, dass das gelangweilte Volk von Cool Britannia sich darum nicht groß kümmern würde. Als aber die schweigende Mehrheit nach London reiste und sich stundenlang in eisiger Kälte am Themseufer aufstellte, um der alten Queen in Westminster Hall die

»Das ging ja ganz gut«: Die Queen gab sich bei der Hochzeit von Charles und Camilla im April in Windsor der Jahreszeit entsprechend – kühl.

letzte Ehre zu erweisen, musste hektisch umgeplant werden – von den Verantwortlichen für die Trauerfeierlichkeiten genauso wie in den Medien. Das »Golden Jubilee« der Queen, das Fest zum 50. Jahrestag ihrer Thronbesteigung im Sommer des gleichen Jahres, hatten die Kolumnisten und Kommentatoren schon Monate zuvor in Grund und Boden geschrieben: Es werde niemand kommen, es werde niemanden interessieren, diese Zeiten seien vorbei. Christopher Morgan stand damals ähnlich skeptisch am Straßenrand der Mall und war bass erstaunt über die Mischung an Volk um ihn herum. »Ich hatte Kriegsveteranen erwartet und so etwas«, sagt er, »aber nicht so viele junge Leute.« Sie waren gekommen für eine Party in der Stadt, na sicher, aber sie schrieen sich die Kehle heiser, als die Queen in einer Kutsche an ihnen vorbeifuhr.

In den Palästen ärgert man sich natürlich über die anhaltend schlechte Presse. Die Königliche Familie verweist auf die Regionalpresse in Großbritannien, in der die Monarchie noch immer eine große Bedeutung hat, in der es noch so etwas gibt wie Respekt vor der Krone. Sie pocht darauf, die Unterstützung der schweigenden Mehrheit im Königreich zu haben. Robert Worcester hat das bestätigt. Die Zahl ist praktisch unverändert seit den sechziger Jahren des 20. Jahrhunderts: 70 Prozent der Briten halten es für gut und richtig, in einer Monarchie zu bleiben. Es gibt hier und da Abweichungen für ein paar Monate, wenn es mal besonders gut oder besonders schlecht gelaufen ist, aber der Durchschnitt bleibt konstant.

»Jedes Zeitalter hat die Monarchie gefunden, die in die Zeit passte«, sagt einer von denen, die am Buckingham Palace über den Kurs des Königshauses nachzudenken haben. Das Haus Windsor werde auch auf die Zukunft eine Antwort finden. König Charles III., will der Mann damit wohl sagen, wird ein anderes Königtum prägen als Elizabeth II. Und William V. wird noch ein anderer König werden und wahrscheinlich ein ganz anderer, als man sich das heute vorstellen will. Monarchie ist ein großes Kontinuum, das sich ständig verändert.

Epilog

Am 14. Januar 2005 will Lord Alfred Dubs of Battersea seinen großen Tag haben. Er bringt an diesem Morgen einen persönlichen Gesetzentwurf (einen *Private Member's Bill*, wie das in London heißt) in das britische Oberhaus ein, dem er seit gut zehn Jahren angehört. Das ist an sich kein besonders erfolgsversprechendes Unterfangen, weil die *Private Member's Bills* in aller Regel still und heimlich wieder in den Archiven verschwinden. Aber Dubs hat sich davon nicht abbringen lassen. Als Vorstandsmitglied des altehrwürdigen linksliberalen Thinktanks »The Fabian Society« fühlt er sich verpflichtet, im Parlament eine wichtige Diskussion anzustoßen in der Hoffnung, damit für die nächste Legislatur eine wahrhaftige Reform in Gang zu bringen.

»Dies ist«, spricht Lord Dubs, nachdem er sich von seinem Sitz in einer der rotledernen Bänke der Lords-Kammer erhoben hat, »dies ist ein atemberaubend bescheidener Gesetzentwurf. Man sagt, es sei radikal, einen Gesetzentwurf einzubringen, der die Monarchie betrifft, aber dieser ist so atemberaubend bescheiden und moderat, dass ich nicht glaube, dass irgendjemand gegen seinen Inhalt opponieren kann.«

Dubs will drei Dinge abschaffen: erstens die bisher geltende männliche Thronfolge, nach der, sollte Prinz William dereinst erst eine Tochter und dann einen Sohn in die Welt setzen, der nachgeborene Sohn den Vortritt erhält. Zweitens die Regel, nach der ein Monarch keine Katholikin heiraten darf. Und drittens den *Royal Marriages Act* von 1772, nach der die Angehörigen der Königlichen Familie den Monarchen und gelegentlich sogar die Regierung um Erlaubnis bitten müssen, bevor sie heiraten können.

Es entspinnt sich im House of Lords an diesem Vormittag eine nicht nur vergnügliche, sondern auch sehr interessante Debatte. Der Bischof von Winchester zum Beispiel wirft ein, Lord Dubs spiele mit der Säkularisierung der britischen Gesellschaft, und der Bischof von Worcester widerspricht heftig. Der Earl von Mar und Kellie, einer der wenigen nach der Reform des Oberhauses übrig gebliebenen Erbadligen aus sehr altem Hause, erklärt mit halbernster Miene, dass man die Gesetze, die während der Vereinigung mit Schottland gemacht wurden, ohnehin alle abschaffen könne, »weil Prinz James Francis Edward keine Bedrohung mehr darstellt« (der »Old Pretender« oder alte Prätendent ist nämlich seit 1766 tot). Lord Strathclyde, der Führer der Opposition im Oberhaus, der Dubs Vorschlag ganz fürchterlich findet, klärt über die Rechtslage auf, die Hochzeiten in anderen europäischen Königlichen Familien regeln. Das ist, wie Lord Falconer, der Vorsitzende des Oberhauses, sich bedankt, »für die Lords, die daran ein Interesse haben, sehr nützlich«. Es ist eine vergnügliche Debatte, wie gesagt.

Aber eine lehrreiche dazu. Denn wenn auch jeder Debattenbeitrag »unserem noblen Freund, dem noblen Lord Dubs« (so spricht man im Oberhaus) zubilligt, dass seine Ziele ganz berechtigt sind, weil es nicht mehr zeitgemäß sei, Frauen oder Katholiken zu diskriminieren, so zeigt sich doch an diesem Morgen, dass »es einen Grad an Komplexität in diesen Fragen gibt, der auf den ersten Blick nicht ersichtlich ist«, wie Lord Falconer sich ausdrückt. Es wäre sicher leicht, meint er, die männliche Thronfolge für den Königsthron abzuschaffen – aber wie steht es dann um die anderen erblichen Adelstitel im Land, für die es ganz unterschiedliche Regeln gibt? Es wäre auch möglich, das Verbot der Ehe mit einer Katholikin aufzuheben, der für den Monarchen gilt. Aber wie sollen deren gemeinsame Kinder zu guten Anglikanern werden, wenn doch die katholische Kirche vorschreibt, dass ein Katholik seine oder ihre Kinder im römischen Glauben zu erziehen habe? Wäre dann der nächste Thronfolger nicht automatisch Katholik und könne also den Thron nicht besteigen? Und noch ein Problem: Müsse nicht jede Änderung in der Thronfolge mit den 15 oder 16 anderen Staaten abgestimmt werden, die sich mit Großbritannien die Queen teilen würden? Das steht so festgeschrieben im Statut von Westminster von 1931, der diese anderen Staaten souverän werden ließ. Lord Falconer macht ein Fass auf. Wenn man Lord Dubs Änderungsvorschlägen folgen wollte, dann müsse man sich auch noch mit der *Bill of Rights* von 1688, dem *Coronation Oath Act* von 1688, dem *Union with Scotland Act* von 1707, dem *Princess Sophia's Precedence Act* von 1711, dem *Royal Marriages Act* von 1772, dem *Union with Ireland Act* von 1800, dem *Accession Declaration Act* von 1910 und dem *Regency Act* von 1937 beschäftigen. Es gäbe Wichtigeres zu tun. Das Gesundheitswesen hatte Lord Strathclyde genannt, die Bildung, der Krieg gegen den Terror.

»Niemand kann behaupten, dass ich die Monarchie abschaffen wollte«, sagt Dubs. Er sitzt, ein paar Wochen später, im Pugin Room, dem kleinen, dafür immer sehr geschäftigen Café des Unterhauses, wo es den besten Kaffee im Hause gibt. Er ist enttäuscht. Er hat seinen »atemberaubend bescheidenen Gesetzentwurf« wieder zurückziehen müssen. Seine Kollegen Lordschaften im Oberhaus haben den dringenden Eindruck erweckt, als würde der Staat in sich zusammenbrechen, wenn man diese alten, überflüssigen, anachronistischen Regeln abschaffen würde. Die Regierung habe diesen Eindruck noch unterstützt. »Sie haben einfach kein Interesse an einer Reform des Königtums«, sagt Dubs. Er hält das für dumm, weil er glaubt, dass die Zeit reif ist, über die Monarchie nachzudenken.

Alfred Dubs – der in einem der berühmten »Kindertransporte« vor den Nazis aus Prag gerettet wurde, der Nordirland-Minister war für eine Zeit unter Blair – kann sich ein wenig trösten: Er hat immerhin dafür gesorgt, dass zu Protokoll genommen wurde, dass das Establishment in Großbritannien – in beiden politischen Lagern – an einer Veränderung des Status quo in Sachen Monarchie kein wirkliches Interesse hat. Das ist eine wichtigere Erkenntnis, als man auf den ersten Blick annehmen möchte.

Die Frage, ob die Briten ihre Monarchie nicht vielleicht doch abschaffen sollten, weil Prinz Charles dies oder Prinz Harry jenes getan hat oder die Familie Windsor insgesamt ein Trauerschauspiel bietet, wird mehr oder weniger regelmäßig in den Gazetten gestellt. »Das ist allerdings eine recht deutsche Debatte«, warnt Rolf Seelmann-Eggebert, der unumstrittene Doyen der deutschen Hofberichterstattung,

Prinz Harry und Prinz William: Sie drängen nicht unbedingt auf den Thron.

vor übereilten Schlüssen. Auch die Idee, Prinz Charles könne doch zugunsten seines Sohnes, des beliebteren Prinz William, auf den Thron verzichten, werde in Deutschland häufiger diskutiert als im Königreich selbst. Der Gedanke ist hin und wieder auch in Großbritannien ventiliert worden, aber nie besonders intensiv.

Es gibt nur ein schwaches Gerücht. Der Prinz von Wales soll vor einigen Jahren seinen Generalanwalt Nicholas Underhill um eine Expertise darüber gebeten haben, wie ein Thronverzicht zugunsten seines Sohnes William denn aussehen könnte. Angeblich fiel die Expertise sehr ausführlich aus und nicht sehr ermutigend. Aber niemand weiß Genaues, und niemand bestätigt auch nur einen Hauch davon. Das Gerücht ist allein deshalb bedeutend, weil irgendjemand es in die Welt gesetzt hat. Vielleicht existiert es nur, um die These von Alfred Dubs zu erhärten: dass das Establishment kein Interesse daran hat, dass mit dem System der Monarchie herumexperimentiert wird. Niemand will das System gefährden.

Sind sie alle Monarchisten? Tony Blair ist wahrscheinlich wirklich einer. Er versteht sich – heißt es jedenfalls – recht gut mit seiner Chefin am anderen Ende von St. James's Park. Er fährt gerne zu ihr an den Dienstagabenden, die es nach wie vor gibt. Die Familienreisen nach Balmoral, wohin der Premier traditionellerweise alle paar Jahre eingeladen wird, mögen nicht ganz so beliebt sein bei den Blairs: Die sind keine Outdoor-Freunde wie die Windsors; da prallt städtisch-bürgerliche auf ländlich-aristokratische Kultur. Aber von diesen privat-persönlichen Details abgesehen hält Blair den Überbau der britischen Gesellschaft für eine gute Sache. Er hat das House of Lords radikal umgebaut und eine Art halbföderales System eingezogen ins Vereinigte Königreich. Aber den Hof ganz oben, den haben seine Reformen nicht einmal angetastet.

Viele linke oder liberale Intellektuelle, die das Projekt New Labour begleitet haben, beleidigt das. Ob David Goodhart, der Chefredakteur des *Prospect Magazine* oder Mary Riddell: die strikt republikanisch gefärbte Intelligenz, die den Pomp wie das Palaver in und um den Hof letztendlich für anachronistische Lächerlichkeit hält, wirft Blair populistische Feigheit vor. Beide wissen allerdings (schon weil sie wahrscheinlich Tony Benn gelesen haben, den großen alten Mann der britischen Linken, einen Republikaner ersten Adels), dass Tony Blair gute Gründe hat, der Königin zu lassen, was der Königin ist.

Die Macht der Königin ist theoretisch gar nicht so klein. Gemäß der ungeschriebenen Verfassung hat sie das Vorrecht, das Parlament jederzeit auf- und Neuwahlen auszulösen, einen beliebigen Politiker mit der Bildung einer Regierung zu beauftragen, Krieg zu erklären, zwischenstaatliche Verträge zu unterschreiben, Minister und Lordschaften zu ernennen, Erzbischöfe, Bischöfe und Richter einzusetzen, Ausschüsse einzurichten und Begnadigungen auszusprechen. Nichts davon wird eine Königin je tun, ohne dass die jeweilige Regierung – oder die siegreiche Partei nach einer Wahl – sie entsprechend beraten hat. Deshalb ist die Macht des Souveräns in der politischen Realität die Macht des Premierministers. Er kann, weil es die Krone gibt, Erzbischöfe suchen, die nach seinem Geschmack sind, ohne jemanden fragen zu müssen. Er kann Neuwahlen terminieren, wenn es ihm passt. Wenn er Krieg erklären will, etwa gegen den Irak, dann braucht er nicht das Parlament zu befragen oder gar seine eigene Partei, sondern es reicht, wenn er der Königin eine entsprechende Empfehlung gibt. Sie wird dieser folgen, solange sie nicht glaubt, dass der Premier den Bogen dramatisch überspannt. Nur im absoluten Ausnahmefall wird sie es wagen, sich zu weigern, und hoffen, dass das Unterhaus den Premier zu Fall bringt – und nicht das Königshaus. Es ist ein sehr theoretischer Fall. Tony Blair hat dem Irak den Krieg erklärt, ohne in der eigenen Partei eine Mehrheit dafür zu haben. Das macht ihn einzigartig mächtig unter den Führern der westlichen Welt. Nicht einmal der Präsident der Vereinigten Staaten kann so weit gehen.

Das ist die zynische Begründung dafür, weshalb die Monarchie überleben wird, selbst wenn eines Tages jemand wie Michael Fawcett einen gigantischen Kübel Schmutz über die Königliche Familie kippt.

Es gibt auch noch eine romantische Begründung. Sie geht auf Bagehot zurück, den guten, alten Bagehot. Als der schrieb, dass die Monarchie die »verständliche Form« einer Regierung sei, die parlamentarische Demokratie dagegen »unverständlich« sei, da hatte dieser kluge Journalist ein Publikum vor Augen, das wenig gebildet und weitgehend unbelesen war. Demokratie galt der Elite damals als gefährlich, weil man fürchtete, dass sie Demagogen Tür und Tor öffnen würde, das dumme, unverständige, in Machtteilhabe ungeübte Volk zu allerlei Unsinn anzustiften.

Das Publikum hat sich gewandelt. Heute können die meisten Menschen lesen und schreiben, sie haben Zugang zu allen Informationen, die man braucht, um sich politisch zu betätigen, es lässt sich von jedermann – in den westlichen Demokratien zumindest – einigermaßen überprüfen, was warum wie in Parlamenten und Kabinetten beschlossen wird. Es kann auch jeder schaffen, Minister zu werden. Es gibt einen Ex-Pflastermaler als Außenminister in Deutschland und einen Ex-Schiffsjungen als Vizepremier in Großbritannien.

Die Demokratie ist heute nicht verständlicher im Sinne Bagehots. Ganz im Gegenteil. Im Zeitalter der Globalisierung, in der Vernetzung von globalen mit kontinentalen und nationalen Rechtssystemen werden die politischen Prozesse für immer mehr Menschen immer weniger nachvollziehbar. Die Spielräume der Politik sind geschrumpft, die Parteiprogramme nur noch für Experten unterscheidbar, die Antworten auf die Probleme der Zeit immer komplexer, unübersichtlicher, unverständlicher. Die alten Gewissheiten gehen verloren, die alten Verhaltensmuster und das Gefühl dafür, dazu zu gehören.

»Je grauer die Brühe wird«, sagt Rolf Seelmann-Eggebert, »weil Grenzen durchlässiger werden und Kulturen sich mischen, desto stärker wird die Sehnsucht nach Symbolen werden, die nach innen wie außen klar machen, woher man kommt, wohin man geht, und wer man eigentlich ist.«

Es gibt Hoffnung, vielleicht eine glorreiche Zukunft sogar für das House of Windsor.

Zur Quellenlage

»Königin Victoria ist seit wenig mehr als hundert Jahren tot«, schreibt Walter L. Arnstein in der Einleitung seiner 2003 erschienenen Biografie der kleinen, großen Königin, »und sie ist bereits das Thema von mehr Biografien als jede andere Frau, die nach dem Jahr 1800 geboren wurde.« 500 Werke über Victoria hat Arnstein, Historiker an der Universität von Illinois, gefunden, zuzüglich tausender von Aufsätzen, Essays, Forschungsberichten et cetera.

Den anderen Royals geht es nicht viel besser. Die Literatur über die Queen, über Prinz Charles, Diana, die Prinzessin von Wales, über George V. und George VI., von Edward VIII. ganz abgesehen, ist praktisch unübersehbar. Die Qualität und Authentizität variiert gewaltig. Es gibt viele Bücher, die von den Hofberichterstattern der britischen Zeitungen geschrieben werden, es gibt Historiker, die sich mit dem Thema befassen, es gibt Bücher von Butlern, ehemaligen Leibwächtern, früheren Kindermädchen der Royals, von Psychologen, Modekritikerinnen und Astrologen. Und jeder wird abgedeckt: Prinzessin Margaret, die Kents, die Kinder von Edward VII., selbst zu William und Harry gibt es schon zwölf, kein Druckfehler: zwölf Biografien. Die erste erschien 1998. Da war William 16 Jahre alt.

Kurz: Die Sekundärquellen sind uferlos. In Ticehurst, einem kleinen Ort in East Sussex, kann ein Antiquariat gut davon leben, nur Bücher über diese Königliche Familie zu sammeln und wieder zu verkaufen.

Auch die Primärquellen sind unzählbar. Das Königliche Archiv von Windsor verfügt über einen unermesslichen Schatz an Briefen, Reden, Bildern, Skizzen, Tagebucheintragungen von Königen und Königlichen Hoheiten, Privatsekretären, wichtigen Hofbeamten.

Manches ist editiert, aber längst nicht alles. Was die lebende Generation der Königlichen Familie anbelangt, steht das meiste noch unter Verschluss. Es bleibt noch Arbeit für mehrere Generationen von Archivaren und Historikerinnen.

Bei der Vorbereitung dieses Buches hat der Autor darauf verzichtet, in den Archiven nach noch nicht gehobenen Schätzen zu suchen: Die Aussichten, etwas zu finden, was die Welt in ihren Grundfesten erschüttern wird, war einfach zu gering; und im Blick auf das zu bewältigende Zeitfenster – 1837 bis 2005 – ist selbst das Nachprüfen der einschlägig zitierten Quellen kaum zu bewältigen. Die Lektüre der Biografien war anspruchsvoll genug. Royalty, wie an einigen Stellen des Buches angemerkt, verführt offenbar zu Subjektivität; und gerade die jüngeren Werke über die jüngste Geschichte der Königlichen Familie müssen sämtlich mit einem gewissen Misstrauen gelesen werden. Gyles Brandreth etwa, dessen Porträt der Ehe zwischen Elizabeth und Philip ein wirkliches Lesevergnügen ist, versteht sich als Philip-Freund, muss also entsprechend gefiltert werden. Penny Junors Neuerscheinung *The Firm,* in der sie sich vor allem mit den letzten zehn Jahren befasst, ist offensichtlich das Werk einer Charles-Bewunderin. Andrew Morton ist nur als Diana-Apologet zu verstehen und der Butler, Paul Burrell, nur als Selbstdarsteller. Bis auf sehr wenige Ausnahmen wird viel spekuliert und selten genau kenntlich gemacht, wo das Faktenwissen aufhört und die Spekulation beginnt.

Aus dem weiten Fundus der Literatur, der konsultiert wurde, sollen einige wenige herausgegriffen und denen empfohlen werden, die sich zu weiterer Lektüre motiviert fühlen. Das beste Buch schlechthin über die heutigen Royals ist und bleibt Ben Pimlotts *The Queen,* eine der wenigen politischen Biografien von Königin und Königshaus. Pimlott, der 2004 überraschend verstarb, hatte dem Autor auch persönlich bei der Vorbereitung dessen ersten Buches über die Queen und Prinzessin Diana als Gesprächspartner zur Verfügung gestanden. Piers Brendon und Phillip Whitehead geben in *The Windsors* den besten Überblick über die vergangenen 90 Jahre. Das epochalste Werk über die Thronverzichtskrise von 1936 ist mit Sicherheit Philip Zieglers *Edward VIII;* die umfassendste Biografie Georges V. hat Kenneth Rose verfasst. Und auf die Victoria-Biografie von Christopher Hibbert kann auch kaum verzichtet werden. Leider ist keines dieser Werke ins Deutsche übersetzt.

Ist der sagenhafte Überfluss an Primär- und Sekundärquellen die eine Besonderheit beim Thema Windsor, dann ist die Nervosität, mit der Interviews gegeben werden, die andere. Mit der Familie selbst ist selbstverständlich nicht zu sprechen: Die Royals geben sterblichen Biografen keine Interviews; die einzigen Ausnahmen sind die so genannten »offiziellen« Biografen (Ziegler etwa), die einen privilegierten Zugang zu den Quellen bekommen, und mit denen die Nachkommen der biografierten Hoheit auch sprechen. Allerdings sind »offizielle« Biografien immer auch gefärbt. Der Hof redigiert.

Also muss man mit denen sprechen, die am Hof oder in seiner Nähe arbeiten: Hofbeamte und Hofberichterstatter vor allem. Bei beiden Gruppen ist die Gesprächsbereitschaft extrem gering. Nicht wenige wollen Geld – das gab es nicht. Wer auch gratis redet, will nicht zitiert werden. Selbst bei Hofoffiziellen ist häufig Schluss, wenn man fragt, ob die Gesprächspartner auch zitiert werden können. Die meisten wollen nicht einmal in einer Danksagung genannt sein. »Es ist besser, wenn wir nie miteinander gesprochen haben«, ist eine Standardfloskel, »denn ich muss so vielen anderen, die mit mir sprechen wollen, absagen.« Bei Hofberichterstattern lernt man interessanterweise vor allem, wie wenig sie selber eigentlich wissen. Selbst einschlägig bekannte Experten können kaum wenig mehr tun, als im Kaffeesatz zu lesen und sich von besagten Hofoffiziellen briefen zu lassen. Jenny Bond, die langjährige BBC-Hofkorrespondentin, räumt in ihrem eigenen Buch ein, dass sie mit der Queen selbst nie mehr als drei Worte gewechselt hat. Das ist ein Schicksal, was sie immerhin mit dem Autor dieses Werkes teilt.

Danksagung

Danken möchte ich denen, die sich mit mir unterhalten oder mir Zugang verschafft haben zu denen, die ich nicht nennen darf. Also ganz besonders Catherine Mayer, Sabine Rennefanz, Tine van Houts, Victoria Holdsworth, Mary Riddell, Rolf Seelmann-Eggebert, Christopher Morgan, David Goodhart, Lord Alfred Dubs, Sunder Katwala, Dipesh Gadher, Dorothee Warning. Ich danke Thomas Kielinger für seine Hilfe, sein Archiv und seine umfangreiche Bibliothek. Penny Russell Smith hat das Buch als Pressesprecherin von Buckingham Palace unterstützt; die Presseabteilung von St. James's Palace half bei Sachfragen weiter. Ein herzlicher Dank geht auch an die Pressestelle der britischen Botschaft in Berlin, die mich seit vielen Jahren bestens betreut, sowie an den Botschafter Sir Peter Torry und seinen Vorgänger, Sir Paul Lever, für Gespräche zum Thema. Ich danke Wolfgang Langhoff in London so wie all den Freunden und Kollegen, die mir in meiner Londoner Zeit geholfen haben, zu verstehen, was hinter den Palastmauern vor sich gehen mag.

Dieses Buch hätte ohne die Idee Claudio Gallios, die Unterstützung meiner Agentin Barbara Wenner, die schnelle und einfühlsame Redaktion durch Kirsten Reimers und die gute Betreuung der Campus-Lektorin Sabine Niemeier nicht entstehen können. Ihnen gebührt ein herzlicher Dank ebenso wie selbstverständlich meiner Lebensgefährtin Tania Roach und meiner Tochter Maya, die das Projekt mit viel Verständnis und Geduld (im Falle Mayas vielleicht eher: mit altersangemessener Geduld) begleitet haben.

Literatur

Allison, Ronald und Sarah Riddell: *The Royal Encyclopedia. The authoritative book of the Royal Family,* London, 1991

Amalgated Press (Hg.): *Our King and Queen in the Great War,* London, 1917

Arnstein, Walter L.: *Queen Victoria,* Basingstoke, 2003

Aronson, Theo: *The King in Love. Edward VII's Mistresses,* London, 1988

Bagehot, Walter: *The English Constitution,* London, 1873

Bedell Smith, Sally: *Diana. The Life of a Troubled Princess,* London, 1999

Bottomore, Stephen: »›Have you seen the Gaekwar Bob?‹: filming the 1911 Delhi Durbar«, in: *Historical Journal of Film, Radio and Television,* Vol. 17, Nr. 13, Washington D.C., August 1997

Bradford, Sarah: *Elizabeth. A Biography of Her Majesty The Queen,* London, 1996

Brandreth, Gyles: *Philip and Elizabeth. Portrait of a Marriage,* London, 2004

Brendon, Piers und Phillip Whitehead: *The Windsors. A Dynasty Revealed 1917–2000,* London, 2000

Brett, Reginald [Viscount Esher]: *The influence of King Edward,* London, 1915

Briggs, Asa: »Die Stellung der Monarchie im viktorianischen Großbritannien«, in: Rogasch, Wilfried (Hg.): *Victoria & Albert, Vicky & The Kaiser. Ein Kapitel deutsch-englischer Familiengeschichte,* Berlin, 1997

Burchill, Julie: *Diana,* London, 1998

Burrell, Paul: *A Royal Duty,* London, 2003

Campbell, Beatrix: *Diana Princess of Wales. How Sexual Politics Shook the Monarchy,* London, 1998

Cannadine, David: »The Context, Performance and Meaning of Ritual: The British Monarchy and the ›Invention of Tradition‹, c. 1820–1977«, in: Hobsbawm, Eric und Terence Ranger (Hg.): *The Invention of Tradition,* Cambridge, 1983

Chamberlain, Austen (Hg.): *Twenty-Five Years a King. The book of the Pathé film [illustrating the life of King George V],* London, 1935

Chance, Michael: *Our Princesses and their Dogs,* London, 1936

Channon, Henry: *Chips: The Diaries of Sir Henry Channon, (hrsg. v. Robert Rhodes James),* London, 1967

Craig, David M.: »The Crowned Republic? Monarchy and Anti-Monarchy in Britain, 1760–1901«, in: *The Historical Journal,* 46, 1, Cambridge, 2003

Davies, Nicholas: *Elizabeth, Behind Palace Doors,* Edinburgh, 2000

Davies, Nicholas: *William. The Rebel Prince,* London, 2001

Dimbleby, Jonathan: *The Prince of Wales. A Biography,* London, 1994

Fabian Society (Hg.): *The Future of the Monarchy,* London, 2003

Fortescue, John: *Narrative of the Visit to India of their Majesties King George V and Queen Mary,* London, 1912

Gauland, Alexander: *Das Haus Windsor,* Berlin, 1996

Godfrey, Rupert (Hg.): *Letters from a Prince. Edward, Prince of Wales, to Mrs Freda Dudley Ward. March 1918 to January 1921,* London, 1998

Graham, Caroline: *Camilla. Her True Story,* London, 2003

Greville, Charles: *Greville's England. Selections from the diaries of Charles Greville 1818–1860 (hrsg. v. Christopher Hibbert),* London, 1981

Hamilton, Alan: *The Times Royal handbook,* London, 2002

Hari, Johann: *God save the Queen?,* Duxford, 2002

Harris, Kenneth: *The Queen,* London, 1994

Hibbert, Christopher: *Edward VII. A Portrait,* Harmondsworth, 1982

Hibbert, Christopher: *Queen Victoria. A Personal History,* London, 2000

Hobsbawm, Eric und Terence Ranger (Hg.): *The Invention of Tradition,* Cambridge, 1983

Holden, Anthony: *Charles. A Biography,* London, 1978

Holden, Anthony: *The Queen Mother. A 90th Birthday Tribute,* London, 1990

Hutchins, Chris und Dominic Midgley: *Diana on the Edge. Inside the Mind of The Princess of Wales,* London, 1996

Jeutter, Ewald und Birgit Cleef-Roth (Hg.): *Queen Victoria 1819–1901 zum 100. Todesjahr,* Coburg, 2001

Junor, Penny: *The Firm. The Troubled Life of the House of Windsor,* London, 2005
Kiste, John van der: *Edward VIIs Children,* überarb. Aufl., Stroud, 2004
Kiste, John van der: *George V's Children,* überarb. Aufl., Stroud, 2003
Lacey, Robert: *Royal. Her Majesty Queen Elizabeth II,* London, 2002
Levine, Tom: *GegenSpieler. Lady Diana – Königin Elisabeth,* Frankfurt am Main, 1999
McLeod, Kirsty: *Battle Royal. Edward VIII & George VI. Brother against Brother,* London, 2000
McNeill, Phil (Hg.): *Charles & Camilla. The Royal Wedding Souvenir,* London, 2005
Morton, Andrew: *Diana. Her True Story in Her Own Words,* überarb. Aufl., London, 1998
Netzer, Hans-Joachim: »Albert – Ein deutscher Prinz in England«, in: Rogasch, Wilfried (Hg.): *Victoria & Albert, Vicky & The Kaiser. Ein Kapitel deutsch-englischer Familiengeschichte,* Berlin, 1997
Nicolson, Harold: *Diaries and Letters 1930–1964 (hrsg. v. Stanley Olson),* London, 1980
Nicolson, Harold: *George V,* London, 1952
Nicolson, Nigel: *The Queen and Us. The Second Elizabethan Age,* London, 2003
Picknett, Lynn, Clive Prince und Stephen Prior: *War of the Windsors. A Century of Unconstitutional Monarchy,* Edinburgh, 2002
Pimlott, Ben: *The Queen. A Biography of Elizabeth II,* London, 1996
Reed, Stanley: *The King and Queen in India,* Bombay, 1912
Reynolds, Kim: »Der Hof der Königin Victoria«, in: Rogasch, Wilfried (Hg.): *Victoria & Albert, Vicky & The Kaiser. Ein Kapitel deutsch-englischer Familiengeschichte,* Berlin, 1997
Rhodes James, Robert: *A Spirit Undaunted. The Political Role of George VI,* London, 1998
Riddell, Mary: »Blackadder bites back«, in: *British Journalism Review,* Vol. 15, Nr. 2, London, 2004
Rogasch, Wilfried (Hg.): *Victoria & Albert, Vicky & The Kaiser. Ein Kapitel deutsch-englischer Familiengeschichte,* Berlin, 1997
Rose, Kenneth: *King George VI,* London, 1983
Spoto, Donald: *Die Windsors. Geschichte einer Familie,* München, 1996
Stiftung Preußische Schlösser und Gärten Berlin-Brandenburg (Hg.): *Auf den Spuren von Kronprinzessin Victoria. Kaiserin Friedrich (1840–1901),* Potsdam, 2001

Strachey, Lytton: *Queen Victoria,* London, 1921
Strong, Roy: *Cecil Beaton. The Royal Portraits,* London, 1988
Tyrrel, Rebecca: *Camilla. An Intimate Portrait,* London, 2003
Vanderbilt, Gloria Morgan und Lady [Thelma] Furness: *Double Exposure. A twin autobiography,* London, 1959
Victoria: *Queen Victoria in her letters and journals (ausgew. d. Christopher Hibbert),* Middlesex, 1984
Warwick, Christopher: *Princess Margaret. A Life of Contrasts,* London, 2000
White, Reginald J.: *A short history of England.* München, 1970
Wieland, Rayk (Hg.): *The Neurose of England. Massen, Medien, Mythen nach dem Tod von Lady Di,* Hamburg, 1998
Williams, Richard: *The Contentious Crown. Public discussion of the British Monarchy in the reign of Queen Victoria,* Aldershot, 1997
Williams, Susan: *The People's King. The True Story of the Abdication,* London, 2003
Windsor, HRH The Duke of: *A King's Story. The Memoirs of the Duke of Windsor, Einf. v. Philip Ziegler,* orig. 1951, editierte Auflage, London, 1998
Windsor, Wallis, Duchess of: *The Heart has its Reasons. The Memoirs of the Duchess of Windsor,* London, 1980 (orig. London, 1956)
Ziegler, Philip: *King Edward VIII,* überarb. Aufl., Stroud, 2001
Ziegler, Philip: *Mountbatten,* Glasgow, 1985

Zeitungs- und Zeitschriftenartikel sind nicht aufgeführt, weil eine vollständige Liste den Rahmen sprengen würde. Allein im Umfeld des Besuchs von Queen Elizabeth II. in Berlin im Herbst 2004 und der Hochzeit von Prinz Charles mit Camilla Parker Bowles im April 2005 erschienen Hunderte von Beiträgen. Besonders erwähnt werden sollen die Texte von Thomas Kielinger in der *Welt,* Jürgen Krönig in der *Zeit,* Christoph Schwennicke in der *Süddeutschen Zeitung,* Mary Riddell im *Guardian* und *Observer,* sowie Sabine Rennefanz und Tom Levine in der *Berliner Zeitung.* Die Informationen über den Besuch Edwards VIII. in Deutschland stammen aus dem Archiv der *Times* und der *New York Times.*

Als wichtige Quellen dienten die offiziellen Websites der britischen Monarchie, www.royal.gov.uk, www.princeofwales.gov.uk und www.royalinsight.gov.uk sowie die inoffizielle Website der Monarchisten, www.etoile.co.uk, und das Adelsverzeichnis www.thepeerage.com

Register

Bildnachweise

Aus: *A King's story. The Memoirs of Duke of Windsor. Ort, Vlg. 19XX*
action press Hamburg 230
Associated Press, XXX 135, 143, 179, 197, 199, 215, 248, 257, 259, 279, 285
dpa picture alliance, Frankfurt 72, 290
DIZ, Süddeutscher Verlag, München 176
getty images, XXX 37
ullsteinbild, Berlin 51, 57, 157, 162, 276

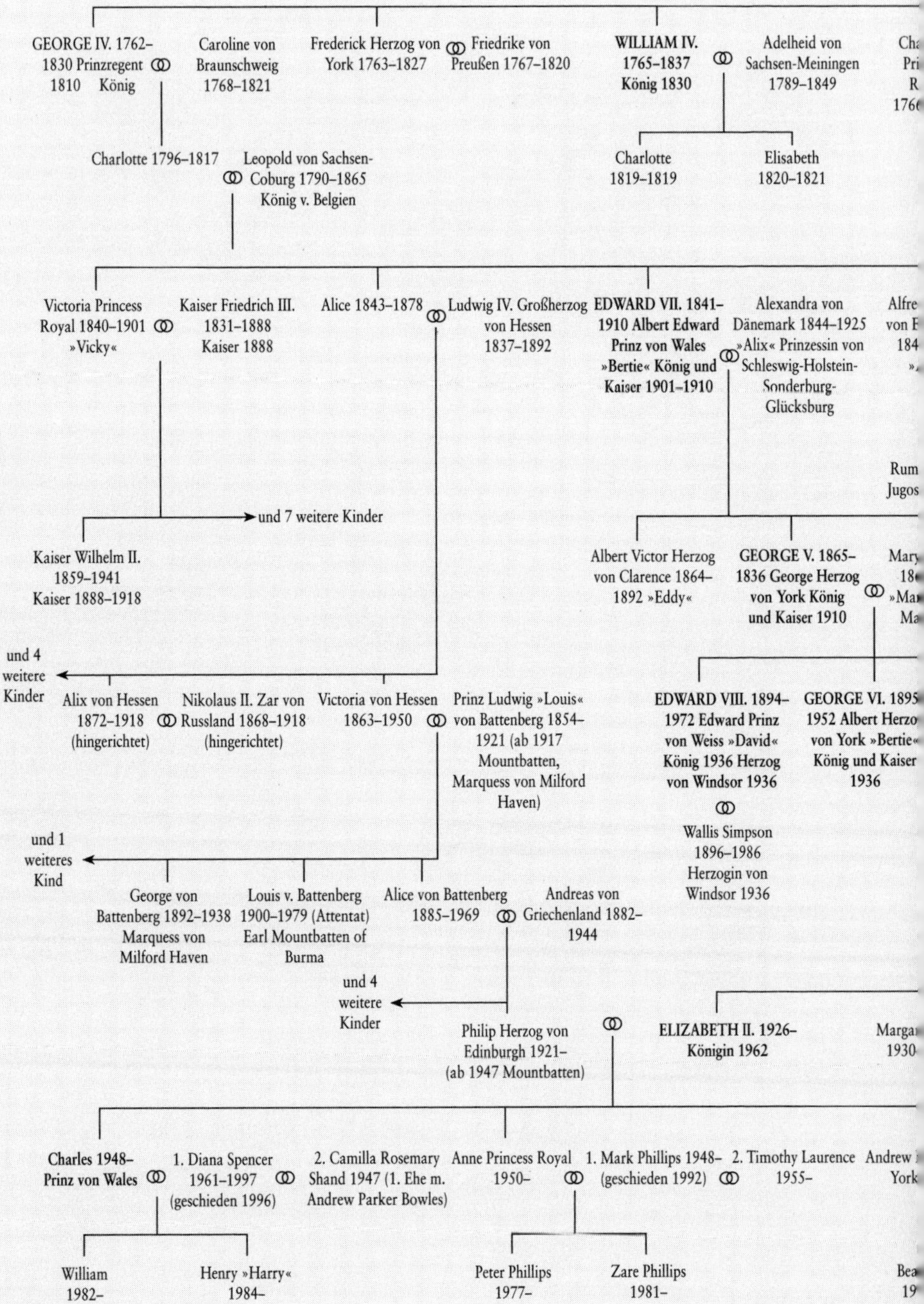

GEORGE IV. 1762–1830 Prinzregent 1810 König
Caroline von Braunschweig 1768–1821
Frederick Herzog von York 1763–1827
Friedrike von Preußen 1767–1820
WILLIAM IV. 1765–1837 König 1830
Adelheid von Sachsen-Meiningen 1789–1849
Charlotte 1796–1817
Leopold von Sachsen-Coburg 1790–1865 König v. Belgien
Charlotte 1819–1819
Elisabeth 1820–1821
Victoria Princess Royal 1840–1901 »Vicky«
Kaiser Friedrich III. 1831–1888 Kaiser 1888
Alice 1843–1878
Ludwig IV. Großherzog von Hessen 1837–1892
EDWARD VII. 1841–1910 Albert Edward Prinz von Wales »Bertie« König und Kaiser 1901–1910
Alexandra von Dänemark 1844–1925 »Alix« Prinzessin von Schleswig-Holstein-Sonderburg-Glücksburg
und 7 weitere Kinder
Kaiser Wilhelm II. 1859–1941 Kaiser 1888–1918
Albert Victor Herzog von Clarence 1864–1892 »Eddy«
GEORGE V. 1865–1836 George Herzog von York König und Kaiser 1910
und 4 weitere Kinder
Alix von Hessen 1872–1918 (hingerichtet)
Nikolaus II. Zar von Russland 1868–1918 (hingerichtet)
Victoria von Hessen 1863–1950
Prinz Ludwig »Louis« von Battenberg 1854–1921 (ab 1917 Mountbatten, Marquess von Milford Haven)
EDWARD VIII. 1894–1972 Edward Prinz von Weiss »David« König 1936 Herzog von Windsor 1936
Wallis Simpson 1896–1986 Herzogin von Windsor 1936
und 1 weiteres Kind
George von Battenberg 1892–1938 Marquess von Milford Haven
Louis v. Battenberg 1900–1979 (Attentat) Earl Mountbatten of Burma
Alice von Battenberg 1885–1969
Andreas von Griechenland 1882–1944
und 4 weitere Kinder
Philip Herzog von Edinburgh 1921– (ab 1947 Mountbatten)
ELIZABETH II. 1926– Königin 1962
Charles 1948– Prinz von Wales
1. Diana Spencer 1961–1997 (geschieden 1996)
2. Camilla Rosemary Shand 1947 (1. Ehe m. Andrew Parker Bowles)
Anne Princess Royal 1950–
1. Mark Phillips 1948– (geschieden 1992)
2. Timothy Laurence 1955–
William 1982–
Henry »Harry« 1984–
Peter Phillips 1977–
Zare Phillips 1981–